Gran Enciclopedia de los Sueños

Gran Enciclopedia de los Sueños

DICCIONARIO DE LA A A LA Z

CONÓCETE
A TI MISMO A TRAVÉS
DE 10.000
INTERPRETACIONES

Pamela Ball

integral

Gran enciclopedia de los sueños

Autora: Pamela Ball
Traducción: Mercedes Polledo / Torreclavero
Diseño de interior y maquetación: Torreclavero
Diseño e ilustraciones de cubierta: Enric Muñoz

© 2002, Pamela Ball
© de esta edición: 2002, RBA Libros, S.A.
Pérez Galdós, 36
08012 Barcelona
www.rbalibros.com / rba-libros@rba.es

Primera edición: febrero 2002

Reservados todos los derechos. Ninguna parte de esta publicación puede ser reproducida, almacenada o transmitida por ningún medio sin permiso del editor.

ISBN: 84-7901-815-1
Ref.: SEM-12
Depósito legal: B-4.111-2002
Impreso en Novagrafik

Índice de contenidos

Introducción 7

Los sueños de la A a la Z 47

Introducción

El *Diccionario Penguin de Psicología* define así el sueño: «Sucesión de experiencias próximas a la alucinación, con cierto grado de coherencia, aunque a menudo confusas y extrañas, que tienen lugar mientras se duerme o en condiciones similares».

Dormir y soñar

Se dice que los sueños son el sistema que utiliza la mente para desentrañar el significado de la diversa información a la que se enfrenta. Está sobradamente demostrado que el ser humano necesita dormir para desarrollar su actividad con eficacia; de hecho, dormir poco ejerce un efecto profundo sobre nuestras facultades. La función de los sueños parece ser equilibrar la actividad psicológica y la fisiológica. Sin el alivio del sueño, muy pronto se presenta la crisis mental y física.

En general, mientras estamos despiertos, nuestra actividad se concentra en lo exterior y lo consciente. Absorbemos sin cesar información que ha de utilizarse inmediatamente o bien almacenarse hasta que podamos situarla en una categoría y encajarla en algún esquema. Tenemos la capacidad de *leer* a los demás seres humanos y diferentes situaciones; además, podemos evaluar lo que ocurre a nuestro alrededor, tomar decisiones, descubrir y analizar sucesos a la luz de informaciones nuevas. Tanto la información como el análisis se acumulan para emplearse más tarde y pueden aparecer en los sueños, seguramente de manera arbitraria.

Hay quien no cree que los sueños tengan ninguna función especial en la vida, aparte de actuar como una especie de almacén para la información acumulada. Se ha sugerido que los sueños son algo así como el «ruido blanco» o zumbido de fondo, parecido al que emite un aparato eléctrico.

Quizá esto sea verdadero a ciertos niveles. Los sueños suponen un proceso de limpieza y desescombro, con el que se obtiene espacio todas las noches para acoger la información del día siguiente. Ahora bien, surge entonces la pregunta de adónde va el material desechado. Se parece un poco al ama de casa que, al hacer la limpieza de primavera, tira parte de la basura y almacena el resto en el desván. Lo que queda se empleará después en la casa. En el caso de los sueños, la basura, o lo que se percibe como innecesario, se devuelve al vertedero general, o inconsciente colectivo. Los materiales que quizá sean útiles en el futuro se almacenan, para recurrir a ellos aleatoriamente, y el resto queda disponible, para tener fácil acceso a él.

Otra manera de examinar este proceso es considerar la mente como un gigantesco ordenador. Durante el estado de vigilia, introducimos sin cesar información que no se archiva de modo muy eficiente. Los sueños desarrollan dos funciones: una, la clasificación y el archivado correctos de la información; la segunda, la presentación de la información necesaria para que el soñador actúe con eficacia en el mundo en que vive. Conforme esta computadora interior se vuelve más potente, necesitará menos tiempo y esfuerzo para clasificar la información, pero dedicará más tiempo a buscar información relevante, para que tanto ella como su dueño funcionen con eficiencia.

Los sueños recurren a esta base de datos que almacena información, alimentada por memoria, experiencia, percepción y creencias culturales, para formar nuevas ideas y conceptos. Asimismo, nos proporcionan una manera de solucionar problemas que quizá parezca imposible a nivel consciente. Cuando se eliminan las limitaciones que se imponen conscientemente a los pensamientos, la mente queda libre para vagar adonde quiera. Libre de inhibiciones, creará escenarios y situaciones que desafíen cualquier explicación del lado lógico de la personalidad. Ahora bien, al investigar las explicaciones, tenemos que volvernos más creativos y abiertos en la búsqueda del conocimiento. Es decir, no sólo podemos recurrir a nuestro propio almacén de imágenes, sino también a un nivel aún más sutil de información, que se encuentra a disposición de todos. Éste es el nivel que Jung denominó *inconsciente colectivo*.

El término *inconsciente* se utiliza para delimitar muchas dimensiones y aspectos del concepto de *sí mismo*. Se trata del aspecto de nuestro ser que registra nuestra experiencia vital, un conjunto de conocimientos que retenemos en un nivel de la memoria al que rara vez tenemos acceso. El tratamiento de la información se convierte entonces en el desarrollo de un concepto de la realidad, a la luz de lo que sería probable y lo que estaría muy alejado de la normalidad. Una gran parte de lo que llamamos *inconsciente* constituye un conjunto de funciones fisiológicas y psicológicas básicas, nuestra manera de sobrevivir. También consiste en una colección de normas de conducta, creencias e ideales hereditarios.

A medida que vamos teniendo mayor acceso al inconsciente colectivo, se hace evidente que ciertos esquemas se repiten continuamente. Estos modelos básicos se modifican a menudo para adaptarse a la experiencia del soñador, y a veces necesitan un mayor reajuste para una mejor adaptación. Muchos sueños nos permiten acceder a los esquemas básicos y otros muchos nos permiten efectuar los ajustes sutiles que sean necesarios.

La exploración de los sueños

Cuanto más exploramos esta base de datos de informaciones, más sutiles se vuelven las explicaciones; sin embargo, aunque parezca extraño, encontraremos aclaraciones cada vez más sencillas, fáciles y pertinentes. Así pues, a menudo hay que interpretar los sueños desde más de una perspectiva, para poder entenderlos por completo. Como el ser humano es por naturaleza holístico (es decir, una persona completa), la interpretación de los sueños no puede ser una ciencia exacta y debe tener en cuenta el entendimiento que el soñador tiene de sí mismo. Tal vez éste no busque una interpretación psicológica ni espiritual, sino simplemente una explicación fácil del sueño. El propósito es reconocer estas tres posibilidades:

1. Intentamos alcanzar un objetivo en particular o buscamos activamente una meta que quizá sea todavía inasequible. Somos capaces de tener en cuenta toda la información disponible para conseguir lo que nos proponemos.

2. Necesitamos centrarnos directamente en emociones como ira, celos, miedo y dolor.

3. Utilizamos directamente aspectos de sexualidad y espiritualidad.

Este libro intenta alcanzar dicho propósito proporcionando opciones al lector. La primera interpretación que se brinda es la más convencional. Es posible que una explicación sencilla de una o más imágenes del sueño cubra suficientemente las necesidades del lector. La segunda tiene un enfoque algo más psicológico y a menudo penetra con mayor profundidad en el significado probable para el soñador; a veces ilumina una cierta manera de proceder que quizá sea adecuada. La tercera es una explicación breve y clara del significado espiritual del sueño, que concede al soñador la oportunidad de elaborar interpretaciones más a fondo, empleando sus propias técnicas. Se puede recurrir a la meditación o a la asociación de imágenes, ya que tienen mucho en común con la simbología de las imágenes de los sueños.

Al examinar cuál de las interpretaciones es más probable, o si se puede aplicar más de una, el soñador puede comprender por completo el contenido emocional, el simbolismo, el proceso y el razonamiento de cada sueño en particular.

Si así lo queremos, podemos registrar los sueños y elaborar una biblioteca propia. Podemos dirigir nuestra progresión conforme aprendemos cada vez más sobre nosotros mismos y el mundo privado a partir del que creamos los sueños. Cuanto más accesible se vuelva ese mundo, tanto más control tendremos sobre las circunstancias externas de la vida. Al obtener más control a nivel consciente, nuestra experiencia vital se vuelve más rica. Somos más capaces de controlar nuestro propio destino y utilizar la energía que aparece a nuestra disposición para crear un futuro sostenible.

El lenguaje de los sueños

Se ha sugerido que la interpretación de los sueños se parece al aprendizaje de un nuevo idioma. Es cierto, excepto que en realidad ya conocemos el lenguaje y se trata, sencillamente, de volver a aprenderlo. Un bebé ve antes de hablar e interpreta lo que ve a un nivel muy simple. A todos los efectos, le basta con creer que él es el centro de su propio universo. Poco a poco, la amalgama de impresiones comienza a cobrar significado y orden; la confusión de sonidos va aclarando su sentido. Las sensaciones asociadas a impresiones y sonidos se vuelven reconocibles. Si lo que ocurre es aceptable, el proceso de clasificación se convierte en automático. Al mismo tiempo que mejora la capacidad de recibir y cuantificar información del bebé, la sensación de asombro disminuye y el proceso de descubrir se automatiza cada vez más. Volver a aprender el lenguaje de los sueños consiste sencillamente en recordar el proceso de clasificación y reconocer su simbolismo.

Al principio, la situación o el entorno en que se encuentra el soñador necesita interpretarse. Así se obtiene una indicación del contexto del sueño. Por ejemplo, soñar que uno se encuentra en el colegio indicaría un entorno de aprendizaje; el soñador podría relacionarlo entonces con sus circunstancias actuales. Después, se centraría en cómo se sentía o en qué emociones experimentaba, para comprender mejor la escena del sueño. Y es que, así como un dramaturgo organiza el escenario para que el público comprenda la obra, la mente dispone la escena que rodea al significado que es preciso reconocer.

A continuación, hay que descifrar el simbolismo de las diversas imágenes y reconocer las sugerencias, alegorías, alusiones encubiertas o tal vez incluso juegos de palabras. Por ejemplo, en un determinado sueño una llama (es decir, el animal) podría aludir a una pasión ardiente. Las personas que aparecen en el sueño se analizan entonces como actores significativos en el escenario que se ha dispuesto; finalmente, todo el conjunto se unifica a través de las acciones de los distintos participantes.

La obra que se representa en los sueños no suele tener secuencias lógicas: aparentemente, las escenas cambian sin ritmo ni razón. Sin embargo, si se acepta que la mente acentúa, de manera subjetiva, lo que debe averiguarse, entonces ya se ha producido una especie de orden. Una vez que se haya desvelado el tema del sueño, ya es posible definir los diversos aspectos de éste e interpretar sus símbolos.

El idioma de los sueños sí tiene temas comunes y significados generalmente aceptados, pero, como todo lenguaje, tiene sus dialectos. Todos tenemos nuestras propias variantes, que surgen de la experiencia, historia familiar, percepciones y emociones. La única interpretación verdaderamente válida es la nuestra, aunque podemos pedir ayuda a otros que hablen el mismo idioma o bien dedicar tiempo a aprender una nueva terminología. De este modo, la interpretación de un sueño en el que uno se encuentra en un barco y pesca un enorme pez sería diferente, según el soñador fuese pescador o no. De serlo, tal vez se centrase en sus emociones durante una situación del trabajo; en el segundo caso, el sueño podría tratar sobre la capacidad de lograr un éxito y las emociones asociadas a ello.

Cómo usar este libro

Lo mejor es registrar los sueños lo antes posible, justo después de que tengan lugar. Se puede hacer mediante una grabadora o anotando todo lo que se pueda recordar del sueño: es decir, qué sucedió, quién o qué aparecía en el sueño, qué se dijo o se hizo, qué sentía usted, como soñador, sobre ello, qué emociones estaban presentes, cómo se relacionaba todo. Para que la interpretación sea más fácil, se recomienda anotar alfabéticamente cada símbolo, objeto, sensación o emoción recordados. También es buena idea que el soñador adopte el hábito de llevar un diario de sueños, para registrar todos los que ocurran durante un periodo específico.

Como ya se ha mencionado, las entradas de esta *Gran enciclopedia de los sueños* se dividen en tres categorías bajo cada encabezamiento. La primera interpretación es puramente convencional. Quizá sea ésta la que se entienda más fácilmente, la más obvia. El segundo apartado ahonda algo más en el significado del objeto o la sensación y lo examina desde un punto de vista psicológico: lo que nos produce o cómo nos afecta. La tercera explicación es una frase sencilla, que proporciona el significado más espiritual o esotérico. Puesto que esta interpretación necesita algo más de intuición, el lector puede utilizarla como punto de partida para explorar el significado por sí mismo con mayor profundidad.

1. Lea todas las explicaciones completas y procure decidir cuál de las tres interpretaciones parece más verdadera. Muchas explicaciones aparecen en negrita, para facilitar la interpretación.

2. Anote brevemente los aspectos más importantes.

3. Haga esto para cada entrada que tenga registrada en sus notas; después, reconstruya el sueño, tal como ocurrió.

4. Muchas entradas del libro tienen referencias cruzadas, para que el lector pueda extender la investigación de las imágenes.

Ejemplo
Yo estaba mirando un cuadro, muy oscuro y sucio, que parecía muy antiguo. Alguien estaba conmigo, creo que era un hombre, y frotaba el cuadro para limpiarlo y después pasar el dedo a través de la esquina inferior izquierda. Después, yo corría por un camino con una amiga íntima mía, para advertir a una pareja de que el cuadro que había comprado estaba estropeado. Parecía que a la mujer no le importaba.

Lista por orden alfabético:
—Amiga, antiguo
—Camino, comprar, correr, cuadro
—Dedo
—Esquina, estropeado
—Hombre
—Inferior, izquierda
—Limpiar
—Mirar, mujer
—Oscuro
—Sucio
—Pareja, preocupar

Después de pensarlo un poco, la soñadora elaboró una explicación: aunque sus experiencias recientes habían sido más bien oscuras y deprimentes, ahora podía actuar con la ayuda de un hombre, probablemente un terapeuta, para examinar dichas experiencias, aunque quizá se sintiera vulnerable. Con el apoyo de una amiga de fuerte personalidad, podría desarrollar una fuerza semejante y afrontar los conflictos que implicaba volver a formar parte de una pareja. Asimismo, podía aceptar que, como mujer, ya no se sentía dolida o perturbada por la experiencia.

Si hubiera querido ahondar aún más en la explicación, esta mujer podría haber continuado su análisis con cada imagen por separado, para adquirir un mejor conocimiento de su propia comprensión y los posibles caminos que podría tomar.

Mejorar la comprensión de los sueños

Como habrá elementos que se comprendan y aclaren inmediatamente, quizá sean suficientes para poder interpretar el sueño con eficacia. Algunos significados encajarán en el escenario de forma más convencional, otros tendrán un sentido psicológico y otros, esotérico. Una vez que se acostumbre a interpretar sus sueños, probablemente se dará una mezcla de los tres aspectos. Por supuesto, puede haber muchas interpretaciones del mismo sueño que sean igualmente válidas, ya que el vocabulario de los sueños es tan polifacético y la personalidad, tan compleja, que son posibles diversas explicaciones simultáneas.

Una de las maneras más eficaces de adquirir una mejor comprensión de los sueños, especialmente si son difíciles de interpretar, es compartirlos con uno o varios amigos que nos apoyen mientras los analizamos. A menudo, podemos obtener muchos puntos de partida si dedicamos tiempo a explorar todas las facetas del sueño. Aquellos que apoyan al soñador escuchan con atención mientras éste describe el sueño, y hacen preguntas que les permitan comprender por sí mismos las imágenes y sensaciones experimentadas. El objetivo es que los amigos obtengan una imagen clara del sueño, no que lo exploren.

Suele ocurrir que, al relatar el sueño de esta forma, el soñador recuerda ciertos aspectos que no se habían traído a la memoria consciente. Quizá un personaje, o una imagen, se contemple desde otro punto de vista que permita enriquecer la interpretación. Por añadidura, tal vez se vuelva evidente cierta interacción entre los personajes del sueño, que ofrezca nuevas ideas. Es importante que los amigos de apoyo sólo hagan preguntas para aclarar la situación, no que dirijan la investigación.

En primer lugar, el sueño se explora desde el punto de vista personal del soñador y se puede describir subjetivamente, como por ejemplo: «yo estaba...», «éramos...», «parecía que yo...». Después, es posible centrarse más objetivamente en las imágenes, por ejemplo: «la habitación estaba en una casa grande», «el árbol era muy extraño». Este proceso es muy importante, ya que cambia la perspectiva del soñador y la desplaza a un papel más bien de observador.

El paso siguiente consiste en que el soñador escoja uno de los personajes o imágenes del sueño, se *convierta* en ese personaje y experimente la vivencia desde ese punto de vista particular. Puesto que todos los componentes de los sueños son aspectos de nosotros mismos (incluso objetos como coches, árboles o casas), al experimentar el escenario desde una perspectiva diferente, mejoramos el conocimiento de nosotros mismos. Este procedimiento puede continuarse con cada imagen del sueño, hasta que el soñador considere que lo ha comprendido. Con la práctica, uno se vuelve más eficiente en la interpretación de sus propios símbolos. El proceso de clasificar las imágenes y desentrañar el contexto del sueño se puede acelerar considerablemente.

Historia y creencia

La interpretación de los sueños tiene una larga historia llena de altibajos. Probablemente, algunas de las interpretaciones más conocidas son las recogidas en la Biblia, como la de la abundancia y el hambre que descifró José. (Por cierto, José debió de adquirir muchos conocimientos gracias a los sueños, pues parece ser que era un soñador habitual.) Los pueblos antiguos tenían mucha fe en los sueños proféticos o clarividentes, que ellos llamaban visiones. Creían que los enviaban los dioses como advertencia y guía. A la luz de la creencia actual de que muchos sueños vienen de un yo superior o de nuestro lado más espiritual, casi hemos completado el círculo.

Hacia el siglo IV d. de C., los sueños se consideraban lo bastante importantes como para que un vidente llamado Artemidoro recopilara explicaciones en *La interpretación de los sueños*. Hasta el siglo XIX, cuando Freud empezó a estudiar los sueños, muchas de las interpretaciones proporcionadas por Artemidoro se aceptaban como exactas. De hecho, muchos libros sobre interpretación de los sueños aún conservan huellas de sus explicaciones.

Los primeros psicoanalistas, Freud en particular, creían que un cierto número de sueños podían explicarse según nuestra actitud hacia nuestro propio sexo y sexualidad. Es probable que surgiera esta explicación porque entonces se conocía menos acerca de los mecanismos de la mente; de este modo, el soñador relacionaba su experiencia con el conocimiento básico que tenía de sí mismo. En cuanto aumentó la información de que disponían los terapeutas y estudiosos de los sueños, gracias a sus investigaciones, empezó a hacerse patente que este enfoque no era el único fundamento posible de una interpretación. Ahora bien, con el propósito de protegerse a sí mismos, los terapeutas han afirmado con frecuencia que sólo es posible descodificar los sueños con ayuda profesional. Evidentemente, esto no es cierto, a menos que el soñador tome medicamentos para la depresión o padezca otra dificultad similar. Como ya se ha sugerido, el lenguaje de los sueños es universal. Una introducción elemental, como por ejemplo este libro, permite que el soñador comience su viaje de exploración. Al acostumbrarse a registrar cualquier sueño que tenga, el soñador se convierte en su propio terapeuta.

El estudio de Freud sobre los sueños, que surgió de su propio trabajo como psicoanalista, se basaba en la creencia de que eran expresiones disfrazadas de lo que sucedía en lo más profundo de la mente. Por tanto, el soñador necesitaría de otra persona que le interpretara los sueños, preferiblemente alguien habituado al arte de desentrañar el sentido de las diversas imágenes. Puesto que la mente empleaba una gran abundancia de mecanismos para ocultar información al soñador, también debía haber alguien que comprendiera el funcionamiento de la mente, y ¿quién mejor que un psicoanalista?

Freud creía que el analista debía adaptarse a la mente del paciente de una forma muy especial. Tenía que ser consciente de cómo funcionaba la mente del enfermo y cultivar la «escucha con el tercer oído» (se podría describir mejor como *oír* lo que el paciente dice, más que *escuchar*). No está de más destacar aquí que quizá Freud no tomó en consideración que las inhibiciones inconscientes y la visión del mismo analista influirían en las interpretaciones. Poco a poco, se podía obtener más información averiguando qué asociaciones establecía el soñador con las imágenes del sueño. Se conseguía asociando palabras, tanto por el sonido de las mismas como por los pensamientos que generaban. Al devolver las imágenes del sueño al punto de partida, era posible saber mucho sobre los motivos inconscientes del paciente. Esto es, los traumas y acontecimientos del pasado se pueden recordar mediante la asociación, que contribuye a aclarar cómo debería actuar el soñador en la vida cotidiana. Sin embargo, las impresiones que se recuerdan son muy subjetivas, y lo que se percibe como abuso (sexual o de otra clase) quizá no tenga por qué serlo.

Freud también creía que en los sueños se podían condensar dos pensamientos en una imagen, de lo que no cabe duda, pero además consideraba que este proceso disimulaba deseos inconscientes. Por tanto, habría que descifrar el deseo inconsciente para poder llevar a cabo la interpretación. Sin embargo, es posible que, en lugar de velar por el deseo, la mente esté intentando descubrirlo. Presentar la imagen en un sueño de modo que nos obligue a pensar sobre ella crea un entorno favorable para que las cosas afloren a un nivel completamente consciente, de forma positiva. De nuevo, quizá valga la pena tener en cuenta que los pacientes del psicoanalista Freud, al mismo tiempo que se sometían al tratamiento, sentían un profundo interés por mantener ciertos secretos. Culturalmente, el clima era de inhibición y represión.

La teoría del desplazamiento de Freud sugiere que cualquier cosa que ocurra en sueños es en realidad algo diferente, que nada es lo que parece. Cualquier emoción que se siente es un símbolo de otro sentimiento o emoción que tenemos miedo de afrontar. Sólo podemos manejarlo transformándolo en algo que sí seamos capaces de abordar. A veces, no cabe duda de que es así, puesto que ocurre también en la vigilia: reímos cuando tenemos ganas de llorar o nos enfadamos cuando en realidad queremos que nos abracen. Freud veía este desplazamiento como un intento de confundir al soñador y evitar la interpretación, en lugar de considerarlo una llamada de atención que alerte al soñador sobre lo adecuado del sentimiento original.

Asimismo, Freud describió un fenómeno que denominó elaboración secundaria. Sucede cuando el sueño parece repetirse y aportar un modo distinto y más ordenado de contemplar el sueño original. Es como si los primeros pensamientos que el soñador tiene al despertarse necesitaran una ordenación y mayor significado por parte de la mente racional. De nuevo, Freud creyó que esto era un mecanismo de ocultación; en cambio, hoy se considera más bien un reforzamiento. La mente despierta recordará más eficazmente la creación de cualquier orden nuevo que se presente, y entenderá el nuevo orden de modo lógico y adecuado para permitir una interpretación racional. No hay razón por la que esto tenga que ser un mecanismo de ocultación, como creía Freud, si bien la lógica pertenece más a la vigilia que al sueño.

Muchas de las teorías de Freud siguen siendo relevantes, especialmente en lo que respecta al simbolismo. La mente sustituye algo por otros objetos y alternativas, que ejercen una función simbólica o lo reemplazan. Existen interpretaciones comunes para muchos esquemas básicos, compartidos por todos los seres humanos. Sin embargo, lo que no está claro es que todo este simbolismo surja a partir de la sexualidad infantil, soterrada o no. Para Freud, el tipo de simbolismo sexual con que se encontró era universal. Dio por hecho que esto crearía incredulidad entre sus pacientes, pero tal actitud era de esperar, puesto que muchos de ellos estaban reprimidos sexualmente. Freud se limitaba a pedir a los pacientes que reconocieran la simbología sexual que aparecía en mitos populares y cuentos de hadas. Un analista tenía más práctica que los demás en la interpretación de la importancia de los símbolos y, ya que conocía su universalidad, podía hacer suposiciones razonables sobre los posibles modos posteriores de actuar. También sería posible que el paciente comprendiera mejor su propia simbología.

Sin embargo, los discípulos de Freud se dieron cuenta de que era muy peligroso conceder al analista el poder para tener razón todo el tiempo y ser imperativo en su interpretación («si no significa esto, tiene que significar aquello»). Surgió entonces un movimiento para ampliar la interpretación de los sueños. Jung, que había sido discípulo de Freud, escribió: «Es cierto que existen sueños que representan deseos y temores reprimidos, pero ¿acaso existe algo que el sueño no pueda representar? Los sueños pueden expresar verdades ineludibles, pronunciamientos filosóficos, ilusiones, fantasías locas [...], premoniciones, experiencias irracionales, incluso visiones telepáticas y sabe Dios qué más.»

Jung sugirió una manera de acercarse a la interpretación: reconocer que los elementos y personajes del sueño forman parte de la propia personalidad del soñador y podrían examinarse como tales. Este tipo de enfoque subjetivo permitiría adquirir conocimientos sobre personalidad, miedos y dudas del soñador de forma completamente liberadora. Así, no se violentaría la integridad del paciente, ya que la interpretación sería más subjetiva que objetiva; el analista sólo estaría presente para ayudar en la interpretación.

A partir de esta sugerencia se originó el trabajo de Jung sobre los arquetipos. Reconocía la validez del impulso sexual que surgía de la dualidad entre lo masculino y femenino, y con ello aceptaba que existen partes de nosotros mismos que escondemos; pero para él importaba sobre todo el contenido manifiesto del sueño. Éste, y no las partes ocultas, revelaban lo notable. Jung creía que, en ciertas ocasiones, los sueños mostraban un conflicto o dificultad ocultos, pero otras veces descubrían un potencial o posibilidades desconocidos, bien en la vida cotidiana, bien a nivel psicológico. Insistía en que todos los sueños se ocupaban principalmente de la situación actual del soñador, no del pasado. Aceptaba la validez de ciertos símbolos comunes; de hecho, llegó a utilizar la palabra *universal* para explicar el inconsciente colectivo o almacén de información al que todos tenemos acceso. Como creía que el sueño se podía interpretar de cualquier manera que fuese útil para el soñador, también reconocía que los sueños se podían explicar de muchas maneras.

Para Jung, el ser humano conocía este intenso impulso hacia la integración, que denominó *arquetipo del sí mismo*. Ciertos temas de este gran inconsciente influían en dicho impulso hacia la totalidad y solían tratar, en gran parte, de los opuestos o dualidades. Jung percibía la existencia de un doble negativo, un *daimon* personal formado por todos los aspectos oscuros y reprimidos de nuestra personalidad, que procuraba confundir y destruir al individuo. Era posible hacer frente a esta sombra: el método más eficaz era a través de los abundantes estratos de mitos y leyendas. No sólo se podían reconocer los aspectos positivos y negativos, sino también la dicotomía básica entre masculinidad y femineidad, los aspectos que Jung denominó *animus* y *anima*. Si podíamos establecer comunicación con las partes ocultas de la personalidad y elaborar una especie de conversación interior, sería sumamente fácil seguir adelante. De este modo, cuando se llegaba a una parte desconocida de la personalidad, por lo general a través de una serie de sueños, ésta se podía integrar en el conjunto.

Las investigaciones posteriores, sobre todo las llevadas a cabo por Fritz Perls y Calvin Hall sobre el contenido de los sueños, sugieren que el sueño es una actividad muy personalizada. Para Hall, los sueños son una especie de documento personal que proporciona pistas sobre el estado particular de la mente del individuo; una especie de registro que nos permite descubrir lo que estamos pensando y elaborando mientras estamos dormidos. La mayoría de las imágenes son símbolos de este proceso. ¿Y quién mejor para leer el documento que el mismo escritor? Es preciso tener en cuenta cuatro aspectos: a) el individuo crea su propio sueño y, por tanto, se trata de una realidad subjetiva; b) el individuo es responsable del contenido del sueño; c) el individuo maneja diversos conceptos en cualquier momento dado, y quizá todos ellos sean válidos; d) los sueños se pueden leer en serie para enriquecer la interpretación. Esta interpretación puede responder a cuatro preguntas principales: 1) cómo me veo a mí mismo, 2) cómo veo a los demás, 3) cómo veo mis impulsos, 4) cómo veo mis conflictos.

A finales de los años 60, Fritz Perls desarrolló su propia filosofía de Gestalt. Propone que es posible recuperar los aspectos de nuestra personalidad que se hayan perdido y llama a los sueños «la vía magna hacia la integración». Si toda imagen del sueño es una parte enajenada de nosotros mismos, es razonable considerar la necesidad de conceder a cada parte del sueño su propia voz y la oportunidad de expresarse, con lo que se integrará. Después, todas las integraciones pueden aunarse para formar un todo superior.

Históricamente, al mismo tiempo que se desarrollaban estas terapias e investigaciones, la interpretación de los sueños consistía más bien en un juego de salón, actitud que se refleja en muchos de los primeros libros sobre el asunto. Sin embargo, lo que tratemos en un sueño puede limitarse a una diversión o bien sugerir algo muy serio. Tal vez seamos capaces de examinar nuevos conceptos, sensaciones e ideas de forma segura antes de ponerlos en práctica en la vida cotidiana. Por ejemplo, no resulta evidente al instante por qué soñar con un burro sugiere una riña de enamorados o la superación de algún disgusto. Sólo podemos suponer que la gente era menos capaz de tratarlo juiciosamente y aceptaba sin más lo que se le proponía. Quizá por eso la interpretación de los sueños tiene tan mala reputación.

Cuando los sueños entraron en el laboratorio, por decirlo de algún modo, se aplicaron métodos científicos a la investigación. Se descubrió que el cerebro genera impulsos eléctricos débiles, llamados ondas cerebrales (que se han registrado ya en el feto y demuestran la abundancia de sueños antes del nacimiento).

La actividad eléctrica del cerebro es mayor cuando existe esfuerzo mental, concentración o atención. Se conoce como actividad de las ondas beta, que también pueden aparecer a causa de la ansiedad, y que se han registrado con frecuencias de 13 ciclos por segundo y superiores, hasta 26 ciclos por segundo. Estas ondas se asocian con los *Poltergeist*.

En un estado de relajación, la actividad eléctrica decae. Las ondas cerebrales alfa varían de ocho o nueve a once o doce ciclos por segundo. Una característica del estado de profunda meditación inducido por yoga, zen o sufismo son los ritmos alfa sostenidos en la parte anterior y el centro del cerebro.

Las ondas theta, más lentas que las ondas asociadas con la relajación, se encuentran entre cuatro y siete ciclos por segundo. Se registran durante las sensaciones de vergüenza y frustración. Sin embargo, resulta interesante que las ondas theta también estén relacionadas con creatividad e inspiración. Quizá sean intermediarias entre el área espiritual y la física.

La frecuencia de las ondas delta se sitúa entre 0,5 y tres ciclos por segundo. Se asocian con el sueño profundo y, al parecer, con la liberación de la hormona del crecimiento. Los ritmos delta irregulares son muy corrientes en los meses que preceden y siguen al nacimiento. Esto enlaza con la creencia, más esotérica, de que los bebés entran en la existencia a través del sueño.

Las ondas cerebrales gamma superan los 27 ciclos por segundo. Aún no se han investigado demasiado, ni se acepta en general que sean diferentes de las beta.

La investigación sobre la actividad cerebral continúa. Se ha descubierto que si se hace llegar al cerebro una señal de 18 000 hercios, se provocan sentimientos místicos. Algunos investigadores sugieren que el cerebro es un filtro cuyo propósito es reducir la cantidad de datos que de otro modo invadiría nuestra conciencia, además de eliminar lo que resulte superfluo. Este filtro se pasa por alto en ciertos estados en que la información se percibe de forma paranormal.

Se ha descubierto que el movimiento rápido del ojo tiene lugar al dormir, durante ciertos periodos, y se ha aceptado como válido que el soñador examina algo así como una base de datos de informaciones. Si se despierta al durmiente durante dichos periodos, éste recuerda mejor los sueños; de este modo, se puede reunir un registro externo de imágenes. Uno de los resultados será que hay muchos temas comunes dentro del proceso del sueño: por ejemplo, mucha gente sueña con caerse. La aparición de gente conocida (por ejemplo, familiares) es un acontecimiento corriente en los sueños; también son frecuentes los temas del fracaso y el éxito. Asimismo, se ha aceptado que el aspecto caótico de los sueños es la norma, no la excepción.

Los laboratorios de investigación proporcionan un entorno dedicado a estudiar los sueños, pero los que allí se producen no son necesariamente tan válidos como los que ocurren en condiciones normales. Sin embargo, algunas de las técnicas que se utilizan, como despertar al durmiente a intervalos regulares y el uso de análisis estadísticos, pueden resultar de gran ayuda para interpretar los sueños. Los trabajos que se llevan a cabo en la actualidad se han convertido en una síntesis de todos estos métodos.

Investigación personal

Si se siente inclinado a ello, el lector puede organizar su propio laboratorio en miniatura y un consultorio en casa. Para el seguidor interesado de los sueños, el *laboratorio* consiste en un despertador, papel y lápiz o una grabadora, además de sentido común en abundancia. Al despertarse a horas programadas durante la noche (no necesariamente a la misma hora todas las noches) y grabar lo que ocurre en ese momento, el soñador puede recopilar una gran cantidad de información.

Los datos recogidos se pueden emplear y cuantificar de muchas formas. Se puede conservar información estadística sobre los propios sueños, que permitirá ampliar su comprensión. Por ejemplo, tal vez se descubra que un determinado conjunto de circunstancias sirve como estímulo para la aparición de un sueño en particular. Cada vez que salgamos a cenar a cierto restaurante con nuestro novio, soñaremos que nos persiguen animales. Tenemos que disponer las variables para descubrir el verdadero significado. ¿Es el novio quien nos persigue o es el camarero, que nos mira de reojo cuando entramos? Quizá no hayamos registrado el hecho conscientemente, pero algo nos ha hecho sentir incómodos. A lo mejor, ese conjunto de circunstancias (cenar fuera, dos hombres, comida rica) se dio la primera vez que pensamos en los principios del vegetarianismo... La interpretación del sueño es cosa nuestra. En este caso, se ha escogido a propósito una imagen ligeramente extraña para ilustrar el proceso que se puede seguir. Tal vez baste con registrar que soñamos con mayor vividez después de ver a nuestro novio.

El laboratorio se convierte en consultorio cuando el soñador pregunta: «Pero ¿qué significaba eso?» En realidad, la pregunta debería ser: «Pero ¿qué significaba eso para mí?». Somos nuestros mejores intérpretes y terapeutas, hasta el punto de que nosotros decidimos lo que significa el sueño. Escogemos si vamos a interpretar el sueño en términos de la teoría freudiana del desplazamiento, la teoría de los arquetipos de Jung, el contenido del sueño de Hall o la terapia Gestalt de Perl. Podremos escoger cualquiera de estas interpretaciones o todas ellas. Decidiremos cómo vamos a actuar según los descubrimientos que hayamos hecho y, sobre todo, hasta qué punto permitiremos que los sueños afecten a nuestra vida cotidiana y viceversa.

Este libro intenta reunir todas las ramas de la interpretación de los sueños, para que el soñador pueda desarrollarse de acuerdo a todo su potencial. Si una persona se entiende a sí misma, puede entender el mundo en el que vive. Si entiende el mundo en el que vive y la influencia que éste puede ejercer sobre ella, puede aceptar responsabilidad hacia dicho mundo. Si se reconoce responsable del efecto que ella ejerce sobre el mundo de la vigilia, debe explorar su propio mundo oculto. Si está dispuesta a explorar el mundo oculto, puede obtener acceso a la sabiduría universal. Si emplea la sabiduría universal, crea un futuro mejor. Si crea un futuro mejor, puede vivir en el mundo y formar parte de él. Vive una vida interior y exterior realizada.

Arquetipos

En los sueños, se muestran por separado tres facetas de la personalidad de un individuo. A veces se presenta como personas que conoce, otras veces como personajes o seres ficticios o míticos, otras con cualquier imagen.

El lado más difícil del individuo se ha llamado la *sombra*; es la representación de las peores faltas y debilidades de uno mismo. Esta parte, que tiene el mismo sexo que nosotros, se ha suprimido porque es aterradora e incontrolable. Además, existe el *anima*, llamado *animus* en una mujer : la parte de distinto sexo que el individuo. En un hombre, se trata de todo lo instintivo, lo femenino y lo sensible, mientras que en una mujer se trata de sus atributos masculinos de lógica y objetividad. Por último aparece el ideal o *sí mismo* verdadero, que contiene el mayor potencial creativo que puede alcanzar un individuo, y que al principio se comunicará probablemente mediante sueños. Aunque el *sí mismo* se presenta al principio como potencial que pertenece al futuro, cuando los demás aspectos se integran adecuadamente, el individuo puede convertirse en el *sí mismo* completo, real, múltiple. Si el soñador está dispuesto a trabajar con las imágenes arquetípicas y comprenderlas, las figuras del sueño contribuirán a crear una realidad que exista más allá de cualquiera de ellas. Así, habrán cumplido su función y no es probable que vuelvan a aparecer en los sueños, excepto en periodos de tensión. Puesto que la cualidad más importante del ser interior es la energía, que puede transformarse en potencia, cada una de estas imágenes del sueño representa un aspecto distinto de las fuerzas vitales que el individuo tiene a su disposición; cada una, a su manera, puede servir de estímulo para que la energía se convierta en acción.

Para comprender las imágenes arquetípicas y sus funciones, es importante tener presente el objetivo correcto. El crecimiento personal se produce cuando aprendemos a entender e integrar todas estas facetas de nuestro carácter. Cada aspecto de la personalidad debe crecer en su propia esfera, sin perturbar el funcionamiento de los otros. Conforme madura cada aspecto, mejora nuestra capacidad de entendernos a nosotros mismos. De este modo, cuando surja un conflicto, aun cuando resulte doloroso, no debería ser destructivo. Los distintos aspectos de la personalidad, al interactuar, deberían mejorar y limar el carácter; al haberlos examinado como entidades separadas y comprendido después, deberían volverse familiares e integrarse debidamente en el conjunto de la personalidad. Entonces sí que se puede hablar de que que «el conjunto es superior a la suma de las partes».

El ego

Al examinar, dormidos, lo que ocurre en el sueño, la parte que observa es el ego. Puesto que es nuestro lado más consciente, en los sueños tendemos a prestar más atención a los conflictos que tiene con otros lados.

Cuando el ego se disocia o aparta de otras partes de la personalidad, nuestra experiencia del mundo no es correcta. Nos volvemos egoístas y desconfiados, tenemos dificultades para relacionarnos con los demás y, a veces, con nuestro entorno; con frecuencia, no podemos aceptar otro punto de vista que no sea el nuestro. Si este proceso llega demasiado lejos, otros aspectos intentan devolvernos al equilibrio a través de los sueños.

El ego evalúa nuestra realidad externa, pero si no tenemos cuidado, la necesidad de una corrección interior (una necesidad exagerada de fantasía) puede superar a esta realidad. El desarrollo de una autocrítica objetiva, la observación de nuestras fantasías y, finalmente, la paciencia pueden conducir al equilibrio.

El equilibrio necesario entre interior y exterior, lógica e intuición o razón e imaginación significa que es preciso controlar el ego, aunque nunca se puede renunciar a él por completo.

La sombra
(una figura del mismo sexo que el soñador)

Aparece en el sueño como la persona a quien el soñador no consigue reconocer, como una vaga figura instintiva que se sitúa detrás de él. Al principio, el soñador suele tener la impresión de que esta figura es del sexo opuesto, de modo que puede confundirse con el *animus* o *anima,* y sólo más tarde se acepta como perteneciente al mismo sexo. Se trata de la parte de potencial que el individuo nunca ha desarrollado, de su parte descuidada. Contiene los aspectos de su carácter que se han prohibido y frustrado y, sobre todo, partes que nunca se han reconocido.

Todos tenemos nuestra sombra individual, que casi siempre consiste en la peor parte de nosotros mismos que no hemos conseguido reconocer. Acaso el altruista sensible tenga una sombra brutal y egoísta, la persona valiente la tendrá cobarde, la del artista quizá sea sádica. Es doloroso encontrarse con la sombra, vernos a nosotros mismos tal como somos en nuestras peores circunstancias. Sin embargo, cuando seamos capaces de afrontar esta terrible subpersonalidad, podremos aceptarnos a nosotros mismos y aprender, a partir de entonces, a contemplar el resto de la realidad con franqueza. Así entenderemos mejor a los demás y conseguiremos una mejor comprensión del inconsciente. Si tenemos el valor de afrontar la sombra, admitir su misma existencia y tomarla por lo que es, seremos capaces de crear una verdadera realidad, no una fantasía distorsionada. Después, podremos resucitar a menudo los instintos naturales, las reacciones adecuadas y la capacidad creativa que hemos suprimido conscientemente y enterrado junto con los aspectos maliciosos y destructivos de la personalidad. Cuando se comprende y emplea esta energía vital, se convierte en una fuerza que nos hace avanzar, en lugar de resultar un enemigo peligroso.

Un método para conocer conscientemente la sombra es pensar en todas las cualidades que aborrecemos en los demás, añadir a ellas todo lo que nos parece difícil de soportar en el trato que unos seres humanos dan a otros e intentar imaginar qué tipo de persona resultaría. Así obtendremos una imagen bastante exacta de nuestra sombra particular. Nuestra primera reacción es de agradecimiento por no ser así, pero si preguntamos a la familia y los seres queridos si pueden percibir estas cualidades en nosotros, probablemente contestarán que sí. Si podemos sentarnos a examinar e identificar con sinceridad nuestros esquemas de conducta, nos dirigimos hacia la integración. A menudo, sentimos un desagrado obsesivo hacia cierto conjunto de características; si fuésemos sinceros, veríamos que tales cualidades nos horrorizan porque se encuentran justo bajo la superficie, dentro de nosotros. Un buen ejemplo es la conducta homofóbica, ya que a mucha gente le aterrorizan su propia sensibilidad y creatividad. La sombra aparece a menudo en sueños como alguien por quien sentimos franca antipatía, temor o envidia, pero a quien no podemos pasar por alto. Comenzamos a crecer cuando nos damos cuenta de que algún cambio en las circunstancias nos ha dado la oportunidad de que la sombra aflore a la superficie, en lugar de dejarla enterrada con la esperanza de que desaparezca. Cuando trabajamos con todas estas imágenes aterradoras, por lo general podemos dejar de proyectar los aspectos negativos hacia fuera, y dedicar la energía que empleábamos en protegerlos o suprimirlos al crecimiento y a la creatividad. Entoncesa podemos empezar a ser maduros y reales.

El niño necesita encontrarse bien dentro de su reducido mundo, de modo que empieza muy pronto a crear un tipo de realidad que se lo permita. Esto significa suprimir las partes de la personalidad que no encajen, porque es el único modo de entenderse con ellas. También suele significar que el niño acepta las proyecciones de otras personalidades, porque no tiene bastante información para obrar de otra manera. Así, el conflicto entre la personalidad interior en sombra y la información exterior se vuelve muy destructivo, a nivel interior o exterior. Soñar puede ayudarnos a integrar la sombra en la personalidad, de tal modo que seamos capaces de vivir más plenamente a ambos niveles. Los sueños nos advierten de la necesidad de integración, además de ayudarnos durante el proceso.

Si nos centramos por completo en nuestro interior o bien en la realidad exterior, limitamos el ámbito y la variedad de nuestra vida. También corremos el riesgo de crear, una vez más, fantasías e ilusiones. La persona introvertida debe empezar por experimentar la realidad exterior; la extrovertida, el yo interior. Una experiencia así de nueva nos permite vivir de modo diferente.

Si no estamos preparados para examinar ambos lados de nuestra personalidad, perdemos mucho con ello, porque el método que hemos empleado para experimentar la vida con más comodidad se vuelve cada vez más difícil. La persona extrovertida descubre que es incapaz de mantener su relación con el mundo exterior y la introvertida pierde la sensación de tranquilidad interior.

El *anima* o *animus*
(Figura del sexo opuesto)

Cuando los jóvenes comienzan a relacionarse con otros fuera del círculo familiar, suelen proyectar su propio ideal del sexo opuesto en su compañero o compañera. Después, surgen dificultades cuando la otra persona no coincide en absoluto con esa imagen. Esta confusión entre ideal interior y realidad exterior puede crear problemas a lo largo de la vida, en cualquier relación masculina / femenina. Nadie puede acercarse del todo al lado femenino del hombre o al lado masculino de la mujer.

Estas figuras se han denominado *anima* y *animus*. Si podemos entendernos con ellas y aceptarlas como lo que son, se convierten en el origen de nuestra comprensión del sexo opuesto, además de contribuir a que nos abramos a nuestros mundos interiores. Si se descuida o violenta este potencial de androginia (unión interior), en la vida adulta es probable que el individuo pierda el contacto con los aspectos importantes del sexo opuesto. Tal vez la función interior suprimida pase al primer plano, de modo que un hombre se comporte de manera inestable o, por ejemplo, una mujer se vuelva agresiva.

Anima

Es el lado emocional e intuitivo de la naturaleza del hombre. Todas las mujeres que haya conocido el individuo (su madre, sobre todo), contribuyen a crear su imagen de lo femenino y a centrar todos los recursos femeninos que posee. En sueños, esta figura puede aparecer como una mujer completamente desconocida, con el aspecto de mujeres que el individuo conoce o como deidades femeninas.

Los sueños procuran destacar las actitudes conscientes desequilibradas. El *anima* suele aparecer cuando un hombre descuida su lado femenino, por ejemplo, forzando todo su ser hacia lo masculino, lo que aparta de su alcance las cualidades de ternura, obediencia y sensibilidad. Al prestar más atención al principio femenino, el individuo es más capaz de desarrollar sentimientos cálidos y genuinos, así como de aceptar las cualidades femeninas de espontaneidad, receptividad y otras características similares de adaptabilidad. Si no consigue integrar estos atributos femeninos, aparecerá como una persona rígida, aburrida de la vida o irresponsable. La femineidad suprimida también puede irrumpir como arrebatos de humor inestable y rabietas.

Si el hombre no comprende su *anima*, proyectará sin cesar su propia imagen negativa de lo femenino sobre todas las mujeres que conozca; entonces, tampoco comprenderá que, en apariencia, todas las mujeres tengan los mismos defectos.

A menudo, en lugar de aceptar el *anima* como un aspecto interior de su propia personalidad, que pretende ser un aliado, el hombre lo proyecta sobre un objeto *inalcanzable*, evitando cualquier contacto con el sexo opuesto. Cuando se ve frustrada, el *anima* se convierte en una fantasía femenina completamente negativa, que destruye todo a su alrededor. Sólo se vuelve una guía de sabiduría interior cuando el hombre afronta su lado destructivo y aprende a manejar la energía de la que dispone.

Animus

La mujer posee una parte masculina, o *animus*, en su personalidad. Cuando aprende a integrarla correctamente, es capaz de desarrollar su lado analítico y lógico, además del conocimiento de sí misma. Esta masculinidad interior se ve influida por su contacto temprano con la masculinidad exterior. Resulta interesante que, si los hombres que rodean a la mujer no han desarrollado especialmente su conocimiento de sí mismos, el *animus* de una mujer puede reflejar dicha carencia de entendimiento. Si bien el *animus* cambia por completo de una mujer a otra, sólo cuando la mujer está dispuesta a desarrollar este lado de sí misma, hasta que sea una personalidad casi totalmente separada, podrá emplearlo como una guía natural hacia las capas más profundas de su personalidad.

El *animus* suele manifestarse en sueños para destacar la necesidad que tiene la mujer de desarrollar los rasgos masculinos de su personalidad. Con frecuencia, una mujer puede sentirse confusa, porque las ideas convencionales que ha hecho suyas sin ponerlas en duda han distorsionado sus propios razonamientos. Dichas ideas se transmiten como verdades; no se ha preparado a la mujer para examinar sus propias convicciones. Sólo cuando es capaz de desarrollar su propio razonamiento puede aprovechar la masculinidad que posee, sin desarrollar en exceso la necesidad de competir con hombres o, del mismo modo, sin ser destructiva hacia otras mujeres.

Si el lado negativo del *animus* domina su capacidad de pensar y planear, quizá la mujer se vuelva obstinada y egoísta; quizá sienta que la vida y, especialmente, los hombres están en deuda con ella. Cuando en sueños aflora el *animus* una y otra vez, con distintas formas, la mujer debe desarrollar el lado de sí misma que puede juzgar sin dogmatizar, crear estrategias sin rigidez y mantener el control de su realidad interior deliberada, no instintivamente.

El *animus*, como el *anima*, puede proyectarse sobre los hombres que la rodean. La mujer se sentirá disgustada y desilusionada continuamente con el hombre, si no se da cuenta de que está intentando reflejar su propio lado masculino. Las relaciones amorosas que mantenga fracasarán una y otra vez, por las mismas razones, hasta que comprenda que el fracaso no tiene nada que ver con su compañero y sí mucho que ver con ella. Cuando acepte la responsabilidad de su propia inmadurez, podrá progresar y crecer, al tiempo que lo harán sus relaciones.

Los sueños nos permiten acceder a las características peculiares que nos convierten en únicos. Cuando hemos conseguido acceder al *animus* o al *anima*, durante la vigilia podemos permitirnos su control y el aprovechamiento de la energía liberada. Tal vez exista conflicto entre los atributos masculinos y los femeninos, pero una vez que se llega a cierto equilibrio, puede darse la integración de todo el carácter. Así se llega a un conocimiento mucho mayor y la vida se vuelve más fácil.

El *sí mismo*

El *sí mismo* es el arquetipo del potencial. De hecho, siempre ha estado presente, pero ha quedado oculto tras el necesario desarrollo de la personalidad. Mientras que la sombra y el *animus* o *anima* se han descuidado casi a propósito, el *sí mismo* contiene el secreto del yo integrado. Puesto que el verdadero potencial nos saluda desde el futuro, la primera experiencia en forma de sueño tal vez sea una figura que nos anima a ir hacia delante. Más tarde, puede convertirse en un símbolo de plenitud, con el que seamos capaces de trabajar en el momento actual para crear un futuro alentador.

Conforme el hombre comienza a extender su investigación para comprender el mundo en el que vive, tiene a su disposición un conjunto de materiales al que puede acceder y que puede utilizar, si se atreve. Se trata de la cualidad espiritual superior que todos tenemos, desconocida e imposible de conocer. La experiencia de cada cual es única, pero su conocimiento es universal. Es la guía interna que necesitamos entender y en la que tenemos que confiar. Si sabemos cómo llegar a esta información, volvemos a aprender que somos parte de un todo superior, con toda su gloria.

Cuando nos topamos con este aspecto por primera vez, solemos entenderlo como una figura sagrada o algún rasgo del dios particular que adoramos: Cristo, Buda, Krishna... Según nos familiarizamos con la información que recibimos, empezamos a darnos cuenta de que no necesitamos la forma ni los atributos personales con que lo hemos revestido, sino que podemos tener una consciencia directa de nuestra propia existencia. Existimos a través del tiempo y del espacio como una entidad, pero también estamos implicados en todo lo demás. (A menudo, esto se percibe como un conocimiento que ya teníamos, aunque no éramos del todo conscientes de él.) No sólo nos relacionamos con las otras personas; también lo hacemos con todo lo demás. No podemos existir sin la interacción que tiene lugar a todos los niveles de nuestras vidas, de modo que tenemos que apreciar que, finalmente, formamos parte de un todo superior. Digamos que se trata de un camino de doble sentido entre la singularidad y la gloria de nuestro ser.

Cuando en los sueños comienzan a aparecer imágenes de este arquetipo, como un gurú, dios, animal sagrado, cruz, mandala u otra forma geométrica, estamos dispuestos a afrontar el proceso de alcanzar la plenitud. Ya somos capaces de superar los límites de una consciencia egocéntrica, hacia una comprensión más amplia de la realidad superior. Esta realidad se vuelve una parte tan integral de nuestra experiencia personal, que corremos el peligro de confundirnos. Pertenecemos a la raza humana y debemos vivir dentro de nuestro mundo. Ahora bien, pertenecemos asimismo al mundo espiritual y tenemos una responsabilidad personal en ese ámbito. Sólo si conseguimos llegar a un equilibrio entre ambos aspectos y una interacción total entre ellos, podremos alcanzar la integridad. Si estamos preparados para entretejer los dos y prestar atención a las exigencias y beneficios de ambos, viviremos una vida plena.

Si existen imágenes negativas o destructivas relacionadas con este aspecto, somos conscientes de que estamos descuidando el poder del *sí mismo*. Suele ser entonces cuando tomamos la decisión de avanzar y mejorar. De no ser así, la transformación se nos impondrá desde fuera.

La gran madre / madre Tierra

Este arquetipo es la encarnación de todos los aspectos de la femineidad, tanto positivos como negativos. Sugiere plenitud total en una mujer; es la capacidad de emplear todas las áreas de su personalidad. Al intentar alcanzar esta perfección, la mujer debe utilizar y aclarar todas las funciones dispersas de su ser. Tiene que aprender a emplear sensación, sentimiento, pensamiento e intuición como instrumentos, en lugar de armas. Este arquetipo no es el lado exclusivamente maternal de la mujer, sino un sentido interior, mucho más espiritual, del *sí mismo*. Su dominio es toda la vida y la conciencia instintiva de sus procesos y se puede cultivar de muchas maneras distintas.

El *sí mismo* de una mujer

Toda mujer es la encarnación de la energía femenina. Se centra en el lado intangible de la vida, en el instinto y el sentimiento. Sus capacidades se expresan mediante las funciones de sensación, sentimiento, intelecto e intuición. Conoce y comprende los procesos de vida, muerte y renacimiento. Sus imágenes suelen ser de plenitud y nutrición, pero también eróticas y terrenales. Busca procrear, pero al mismo tiempo sabe que lleva dentro la capacidad de destruir. Puede ser despiadada en cuanto a la destrucción, ya que no ve que tenga sentido conservar lo imperfecto.

En toda mujer existe el impulso de expresar cada función lo más plenamente posible; tenderá a ofrecer compensación por lo que percibe como sus propios defectos, buscando el equilibrio a través de su hombre. A menudo se detecta el tipo de mujer maternal que busca unirse a un hombre necesitado de una madre, como ocurre con la mujer dominante y el hombre sumiso. Lo interesante es que estas relaciones funcionan, hasta que cualquiera de los miembros reconoce que puede desarrollar otros aspectos de su personalidad.

El anciano sabio

Éste es el arquetipo principal para el *sí mismo* pleno del hombre, en todos sus aspectos. Como la gran madre para lo femenino, es la figura compuesta de todos los atributos masculinos, debidamente comprendidos e integrados. Cuando una persona reconoce que la única guía adecuada es la que sale de dentro, el anciano sabio suele aparecer en los sueños. Es como si la desesperación por parte del soñador provocara su presencia. Al beber de las reservas profundas del inconsciente, un guardián y amigo parece ser una fuente de inspiración y comprensión, para aconsejar y apoyar las decisiones necesarias. Dentro del anciano sabio se combinan las funciones de sensación, sentimiento, pensamiento e intuición.

El *sí mismo* de un hombre

El *sí mismo* de un hombre se expresa mucho más a través del intelecto, la lógica y el espíritu consciente. El mundo civilizado y una sociedad tecnológica quizá obliguen al hombre a mantener una actitud de discriminación y juicio que niegue por completo la función intuitiva. Las tribus primitivas tienen mucha mayor afinidad con la tierra, por lo que necesitan recurrir menos al intelecto, pero existe la tendencia de que el péndulo vaya completamente al otro extremo. Todo individuo alcanza la madurez al desarrollar las funciones del pensamiento o intelecto, sensación, emoción e intuición. En esta época, conforme el hombre entiende mejor el proceso de separación de la madre, como un proceso de individuación y crecimiento, también comprende la necesidad de separarse de su *sí mismo* inconsciente (y mantenerse en contacto con él al mismo tiempo). Siempre y cuando no intente compensar exageradamente esta separación, desarrollando su lado masculino a costa de todo lo demás, acabará por llegar a un estado de equilibrio que le permita relacionarse con el resto del mundo, según sus propias reglas. Conseguirá una integración que le permita funcionar correctamente como ser humano. Si se pierde demasiado en un nivel intelectual, los sueños empezarán a representar el peligro en que se encuentra.

Al parecer, la mente inconsciente clasifica la información mediante la comparación y el contraste. Cuando nos damos cuenta de que existe conflicto dentro de nosotros, ya sea entre el yo interior y el exterior, lo masculino y lo femenino o cualquier otro enfrentamiento, tal vez soñemos en pares (por ejemplo, masculino / femenino, viejo / nuevo, listo / tonto). Es como si existiera una especie de péndulo interno que clasifica los opuestos finalmente en un todo unificado.

Estos vaivenes pueden tener lugar durante un cierto periodo de tiempo. A un sueño que aclare nuestro lado masculino quizá le siga otro que aclare el femenino. A menudo, en la interpretación de los sueños, examinar el significado opuesto al que se presenta como obvio puede arrojar mayor claridad sobre nuestros procesos mentales.

El *diccionario* del soñador

Casi parece que el diccionario personal de sueños se compila de forma accesible. La capacidad de acceder a la información se asemeja a la de un ordenador. Al adquirir experiencia, el soñador puede reconocer muy rápidamente los temas y tendencias de los sueños, que se convierten en una fuente abundante de material para el crecimiento. Por emplear otra comparación, el material personal que se encuentra a disposición del soñador se abona con otros conocimientos disponibles, y se vuelve accesible con una forma diferente, para proporcionar imágenes nuevas.

Ya hemos mencionado la creencia de que los sueños son un método para clasificar la información absorbida durante la vigilia. Una vez que hayamos comenzado a elaborar los sueños, el conocimiento obtenido puede permitirnos resolver numerosos problemas. Si bien en principio los sueños no persiguen este objetivo, si el yo despierto está dispuesto a hacer el esfuerzo de comprender, los sueños pueden ser una eficaz fuente de información. Al mismo tiempo que el soñador aprende más sobre el proceso de sus sueños, se vuelve más experto en consolidar la unión entre su yo interior y su personalidad cuando está despierto; esto es, el *sí mismo*, que Jung describió como un centro, coopera mejor entonces con la personalidad de la vigilia. El carácter maduro se vuelve más delicado y accesible, se desarrolla y se pone a disposición de los demás. Una vez que esta síntesis haya tenido lugar, la persona puede introducir cambios en su vida cotidiana que parecen verdaderamente fenomenales. Las oportunidades nuevas se convierten en norma, se presentan nuevas relaciones que cubren sus necesidades y existe una mayor sensación de pertenecer a un todo superior.

Esta capacidad de la mente para producir información desde niveles de conocimiento cada vez más profundos puede orientarse y dirigirse para el provecho propio. Se han registrado muchos sueños en los que se interpretaba un rompecabezas aparentemente insoluble. Por ejemplo, Albert Einstein aseguraba que, durante su adolescencia, había soñado con un trineo que se deslizaba a la velocidad de la luz. Al trabajar con esta imagen durante un largo periodo de tiempo, elaboró la teoría de la relatividad. Frederich Kekule era totalmente incapaz de caracterizar y definir la estructura del benceno. Sin embargo, soñó con uno de los símbolos espirituales más antiguos, la serpiente que se muerde la cola u *ouroboros*, lo que le permitió describir la fórmula molecular del anillo de benceno.

Con frecuencia, cuando alguien tiene un problema, al pensar y reflexionar sobre él justo antes de dormir, la respuesta se le aparecerá en sueños. Esto puede ocurrir puntualmente o durante un cierto periodo de tiempo. En primer lugar, es preciso definir el problema. Registre todo lo que sepa o haya aprendido acerca del asunto. Decida qué más información se necesita o qué aclaración desea. No complique las circunstancias; elija una sobre la que trabajar. Si le es posible dedicar tiempo a reunir información o pensar en el asunto durante el día, esto contribuirá a centrar sus ideas y elaborar datos para el proceso del sueño.

Antes de dormir, utilice una técnica o visualización creativa que le permita almacenar la información de que dispone. Por ejemplo, imagínese a sí mismo poniendo la información en una caja, cargando su ordenador interior, enviando a su *sí mismo* superior, cualquier imagen que le satisfaga. Por la mañana, si ha tenido un sueño, anótelo. Es una buena idea llevar un registro de todos los sueños que tienen lugar durante este periodo, ya que la respuesta puede tardar en aparecer y la solución quizá no se presente en un solo sueño. Lo cierto es que, instintivamente, sabemos cuándo hemos resuelto un problema. Este proceso puede mejorarse, si es necesario, empleando un sistema similar con otras aclaraciones que hayamos obtenido. En general, cuando hay que ajustar problemas de personalidad o de la existencia, es mejor que los cambios se den durante un periodo largo, ya que las actitudes y creencias necesitan mucho tiempo para consolidarse.

Tipos de sueños

Normalmente, se reconoce que los sueños tienden a ser de dos tipos: los que Jung denominó sueños «grandes» y «pequeños». A menudo, es más fácil registrarlos por separado; por ejemplo, si el soñador decide escribir los sueños, empleando dos libretas diferentes. Los sueños importantes suelen recordarse con facilidad y, además, el soñador reconoce rápidamente su relevancia, mientras que el significado de los sueños menores quizá no se revele hasta que se hayan examinado todos los temas y dimensiones asociados. Con frecuencia, se puede comparar y contrastar los sueños de mayor y menor importancia. Los temas que se presentan por primera vez en sueños «grandes» se enriquecen y se comprenden mejor mediante subsiguientes sueños «pequeños». Cuanto más hábil se vuelva una persona para registrar sus sueños, más fácilmente se recuerdan.

Otra manera de categorizar los sueños es dividirlos en sueños «buenos» y «malos». Con un grado mayor de conocimiento, el soñador puede cambiar a menudo el desenlace de un mal sueño en un buen sueño. Esta técnica, llamada RISC, se desarrolló en América como instrumento terapéutico. Los cuatro pasos son: 1) reconocer un mal sueño mientras tiene lugar; 2) identificar la mala sensación; 3) parar el sueño; 4) transformar lo negativo en positivo. Al principio, quizá sea necesario despertarse para seguir cualquiera de estos pasos. Gradualmente, con mayor habilidad, la persona puede llevarlos a cabo mientras permanece dormida.

Puesto que un cambio a nivel psicológico requiere aproximadamente seis semanas, el soñador debe ser paciente mientras aprende estas nuevas técnicas. Los cambios de actitud se perciben a menudo con bastante rapidez, pero no se vuelven habituales hasta que hayan pasado de seis a ocho semanas. En ciertas ocasiones, el soñador es quien más se sorprende por los cambios ocurridos. Quizá desarrolle mayor capacidad para tratar asuntos que eran difíciles anteriormente o encuentre que puede manejar los conflictos interiores con mayor facilidad y eficacia. Si empieza a trabajar con los contrarios, sin que importe cómo se presenten, dichos contrarios se pueden apreciar y manejar mejor en la vigilia.

A veces, existe una intensidad emocional en los sueños que puede ser verdaderamente aterradora. Quizá seamos incapaces de sentir tales emociones en la vida cotidiana, pero por alguna razón nos dejamos asustar durante las pesadillas. Es como si supiéramos que bastaría con despertar para escapar de la situación. Por ejemplo, una pesadilla habitual es sentirse atrapado en situaciones apuradas o intentar escapar de ellas. Normalmente, esto no parece tener explicación, hasta que empezamos a examinar experiencias y angustias del pasado. La capacidad de desentrañar imágenes tan perturbadoras y tratarlas aisladamente conduce a una mejor comprensión de nuestros miedos y dudas.

Uno de los temas más frecuentes en los sueños es alguna forma de ansiedad. Este tipo de sueños, menos intensos que las pesadillas, nos permite a menudo revivir, y capturar así, los aspectos de la vida que nos causan dificultades. Muchos sueños parecen tratar sobre las cosas que nos dan miedo, pero sólo porque tienen más impacto que otros. Los elementos perturbadores de nuestros sueños surgen de la memoria, las impresiones o los pensamientos dispersos y las emociones que suprimimos deliberadamente durante la vigilia. En los sueños de ansiedad, se permite a las preocupaciones y los problemas subliminales aparecer con seguridad. Si bien las imágenes tal vez parezcan la parte importante del sueño, en realidad es necesario reconocer y afrontar la emoción experimentada, lo que nos permitirá manejar las ansiedades cotidianas y corrientes.

Cuando somos capaces de reconocer el poder que la imaginación ejerce sobre las emociones y el cuerpo, podemos comenzar a dominar la ansiedad. Si no podemos enfrentarnos a nuestras sensaciones de temor, o dolor, permitimos que ellas nos controlen. El soñar nos facilita el acceso y el examen deliberado de nuestras ansiedades. Habitualmente, al enfrentarnos a propósito con nuestros temores ocultos, los sueños nos proporcionan información sobre qué actitud tomar, para no cometer errores. De este modo, a través de las ansiedades ocultas, quizá se revele el conocimiento del futuro.

Los sueños precognitivos son un fenómeno interesante, aunque las opiniones sobre su existencia difieran. Baste con decir que, cuando se tratan las ansiedades y se obtiene mayores conocimientos, los sueños señalarán el mejor camino disponible que podemos seguir y nos informarán mediante imágenes. Normalmente, el soñador escogerá dicho camino, aunque la mente consciente no acepte la solución con facilidad.

Los sueños mágicos también forman parte del marco del conocimiento, aunque haya personas que nieguen su existencia. Se ha probado a menudo que los sueños proporcionan información de modos más esotéricos. Números, colores y todo el simbolismo que contienen son parte válida de la interpretación de los sueños y, con algo de preparación, pueden crear una estructura que permita el acceso a lo que, de no ser así, sería información oculta. Así se llega a la tradición basada en la sabiduría y a rituales y ceremonias elaborados alrededor de un conocimiento del simbolismo. Se hace posible dirigir personalmente el lado creativo de uno mismo, tanto a través de los sueños, como del uso controlado de poder en el estado de vigilia; además, los sueños pueden actuar como referencia para una conducta correcta.

El uso moderno de los sueños

Conforme la vida cotidiana se vuelve más tensa y traumática, el ser humano necesita utilizar los sueños como una válvula de seguridad o un instrumento terapéutico. Tenemos que ser capaces de pacificar un yo interior que batalla constantemente con la realidad externa y viceversa, y un modo de hacerlo es soñar. Tratar los sueños en talleres o grupos puede ser un auxilio valioso para controlar el estrés. Con frecuencia, se pueden solucionar dificultades y problemas en los negocios utilizando imágenes de los sueños, sin necesidad de definir el problema mismo.

Al tiempo que la meditación se convierte en una herramienta más eficaz en el control de uno mismo, muchas imágenes soñadas se vuelven reconocibles dentro del marco de la meditación. Existe a menudo un intercambio entre las dos técnicas y puede haber un mayor entendimiento entre ambas disciplinas. En el futuro, se podrán emplear técnicas que nos permitan alterar la consciencia y mantener más contacto con nuestro yo creativo, durante el sueño o la vigilia. Una técnica orientada a este propósito es tratar con las imágenes de los sueños.

Ya se ha mencionado el sueño lúcido como uno de los métodos para transformar detalles de la vida cotidiana. Durante un sueño lúcido, sabemos que estamos soñando y que podemos cambiar el desenlace del sueño, de modo que no hay razón por la que no podamos cambiar el desenlace de nuestra vida. Al aprender a dirigir nuestros sueños, podemos mejorar nuestro estilo de vida. Es posible desarrollar la relación entre la parte lógica y racional y la parte instintiva e intuitiva (los lados izquierdo y derecho del cerebro). Así podemos llegar a la realización personal. La visualización creativa, unida a los sueños lúcidos, se convertiría entonces en un instrumento muy potente para el avance de la especie humana.

Cuando nos damos cuenta de nuestra capacidad para ser creativos en el mundo exterior, comienza un intercambio de doble sentido. Es como si se diera un diálogo continuo entre el yo interior y el exterior. Nuestras dos partes, en lugar de encontrarse en conflicto, comienzan a cooperar entre sí. Cuando esta colaboración se consolide, debería ser posible que las cosas ocurran de modo casi mágico.

El yo interior que sabe lo que se necesita para mejorar nuestra vida nos dará instrucciones, pero también responderá más positivamente según el estímulo que reciba. El yo exterior sentirá mayor confianza en sí mismo y en su capacidad para crear el entorno y los escenarios adecuados. Entonces, los sueños, además de equilibrar lo que es correcto para el individuo, podrán concebir qué acción es la adecuada a un nivel más global.

Ya hay bastantes pruebas que demuestran que se puede intercambiar información entre dos personas mediante sueños telepáticos. Si esta facultad telepática se desarrollara en los sueños para incluir a mayor número de personas, podría aparecer una fuerza tremenda para producir cambios en el mundo. Se está progresando mucho mediante la meditación en grupo; además, al emplear los sueños en grupo, se podría avanzar a ambos niveles, interior y exterior. Ya hay grupos pequeños de personas que practican estas técnicas, que, si se desarrollaran, podrían crear mucha energía.

Así pues, tanto si desea utilizar este libro para descubrir lo que significa un símbolo en particular, como para mejorar su vida cotidiana o, como yo, desea vivir en un mundo mejor, disfrútelo y compártalo con sus amigos.

El sueño y la espiritualidad

La actividad al dormir y al soñar

En relación con el mundo corriente y cotidiano, el dormir en sí (el reposo) es pasivo, aunque exista actividad durante todo el tiempo. Si definimos la actividad como movimiento, en realidad se dan varios tipos en cualquier momento dado. El movimiento físico del cuerpo tiene lugar muchas veces, durante la noche (aproximadamente, una vez cada quince minutos), y parece ser aleatorio. No consiste dar vueltas sin descanso, sino de un giro reconocible, casi deliberado, con desplazamiento de los miembros. Al principio, una vez que el durmiente ha encontrado una posición cómoda, el cuerpo comienza a relajarse. En un estado en que los músculos se relajan con mayor profundidad, existe un fenómeno llamado *mioclonía*: es una reacción física muscular, por la que los músculos se aflojan involuntariamente. Durante el sueño, a veces se acompaña de la sensación de caída, y puede provocar intenso temor. También puede despertar al durmiente, con lo que el proceso entero de relajación tiene que comenzar de nuevo. Por tanto, es buena idea aprender a relajarse físicamente antes de dormir, ya que entonces este proceso se acorta considerablemente.

Muchos han sugerido que los sueños tienen su causa en ciertos estímulos físicos del entorno, como la clásica situación de soñar que a uno le han cortado una mano y despertarse comprobando que en realidad se tiene el peso del cuerpo sobre ella. Si bien es cierto que tal incomodidad afecta al reposo, no parece que influya en nuestro nivel de sueño. También hay quien opina que comer ciertos alimentos y otros estímulos fisiológicos afectan al sueño. Si el lector está interesado, es él quien debe experimentar y averiguar si, en su caso particular, parece existir algún efecto así; por ejemplo, una mujer aseguraba que, si quería soñar en color, sólo tenía que comer cierta chocolatina para conseguirlo. La digestión parece cumplir algún papel, pero más desde el punto de vista de la relajación física y el efecto que tiene sobre el plexo solar. Si recordamos que el feto recibe el alimento a través del cordón umbilical, no es de extrañar que haya algún efecto en el centro nervioso más cercano al área: el *plexo solar*, un centro de energía física. Sí es cierto que, si el reposo se ve perturbado por razones físicas y por esta razón se altera el esquema de los sueños, se ejerce un efecto profundo sobre la salud y el estado de ánimo. Conforme crecen los niveles de ruido en la vida urbana, existe menor tolerancia a ciertas actividades ruidosas. Sólo tenemos que pensar en las consecuencias sobre la eficiencia de nuestras actividades, si unos vecinos alborotadores perturban nuestro reposo con regularidad, durante varias noches seguidas. Quizá no suframos directamente las consecuencias nosotros, sino la persona que atropellamos con el coche porque no prestamos atención a los detalles. La relajación física nos permite aprovechar al máximo las horas que dormimos y, por tanto, utilizar los sueños como un instrumento para alcanzar una salud óptima.

El trabajo realizado en los laboratorios de sueño ha servido para obtener mayor comprensión de las relaciones entre dormir y soñar. En 1937, se descubrió mediante la invención del electroencefalograma que los leves impulsos electromagnéticos del cerebro eran cuantificables. A continuación, se descubrió que la forma de la onda cerebral variaba al dormir. En 1953, Aserinsky y Kleitman identificaron fases del proceso donde tenía lugar el movimiento rápido de los ojos (las siglas en inglés son REM), que se asoció con los sueños en 1957. Al parecer, dicho movimiento era una especie de actividad registradora.

Se han identificado algunos modelos comunes de actividad cerebral mientras se duerme; los modelos de los electroencefalogramas identifican una cierta progresión. En el estado de vigilia, la actividad de las ondas es baja, pero la frecuencia es alta. Conforme nos relajamos, el cerebro produce ondas alfa, que en la primera fase del sueño se ven sustituidas por ondas theta. Durante esta fase, estamos acercándonos al verdadero reposo y experimentamos imágenes y pensamientos aleatorios. Es en este momento cuando se produce la clasificación de las actividades del día. Dura unos diez minutos, al cabo de los cuales se pasa a otra fase, durante la que las ondas cerebrales vuelven a variar. Más o menos, la mitad del tiempo que dormimos nos encontramos en este estado. El reposo profundo tiene lugar cuando las ondas cambian de nuevo, esta vez a delta. Después de un tiempo que varía entre una hora y una hora y media, vuelve a producirse otro cambio.

Dicho cambio consiste en volver a lo que hemos llamado la segunda fase. En este momento, es muy difícil despertar al durmiente, aunque el cerebro está alerta y activo; es como si las dos partes que nos forman se hubiesen disociado. A veces, este estado se llama *sueño paradójico*. El cuerpo está prácticamente paralizado, ya que ha cesado toda actividad muscular voluntaria. El cerebro sigue transmitiendo los mensajes, pero existe un inhibidor en acción que los suprime. Durante este periodo, tienen lugar breves impulsos de actividad en diversas partes del cuerpo, donde existen numerosas terminaciones nerviosas (como orejas, globos oculares, pene y otros). Se parece a una revisión mecánica del coche: comprobamos el motor de arranque, los frenos y otros componentes, pero por separado. Mientras dormimos, también se producen cambios en el sistema nervioso autónomo, esa parte de nosotros mismos que funciona automáticamente y controla la respiración, la presión sanguínea y el pulso. Todos los sueños tienen lugar en este periodo del segundo nivel. Comenzamos con breves fases de sueño, pero durante el periodo más largo, unas cuatro horas después de habernos dormido, los sueños se vuelven más largos. Según se ha investigado, los sueños tienen lugar cuando se estimulan aleatoriamente las áreas corticales del cerebro, lo que causa que la corteza cerebral intente dotar de sentido a la información recibida.

De entre los diversos niveles de conciencia que existen, se advierten tres en particular durante el estado de reposo. El primero es el reposo con sueños, cuando somos conscientes del simbolismo y la amplia variedad de imágenes y podemos aceptarlos como reales. Después se encuentra el estado lúcido, cuando somos conscientes de que estamos soñando y de que los símbolos son creación nuestra, no tienen una realidad externa propia. En tercer lugar, tenemos un reposo sin sueños, que va más allá de los conceptos de pensamiento y emociones. Cada uno de estos estados tiene validez propia; cualquier perturbación, a cualquier nivel, puede ejercer un profundo efecto sobre la salud del individuo.

Existen notables trastornos del reposo que pueden afectar a la calidad y cantidad de sueños. El primero es el insomnio, probablemente el más conocido y el que sufre mayor número de personas. Las causas varían desde depresión a estrés o problemas físicos. Para entender nuestro propio insomnio, sería necesario reconocer las causas subyacentes y decidir cómo podemos influir en ellas. En el caso de los problemas físicos, hay muchos preparativos útiles antes de dormir. Desarrollar hábitos rutinarios, como acostarse a horas regulares, resulta muy eficaz, además de los métodos conocidos para tratar el problema, como baños calientes o masajes.

Según la medicina china, existen ciertas líneas de energía que recorren el cuerpo y se calman o estimulan a determinadas horas del día; hay, además, enfer- medades cuya identificación y tratamiento colaboran en la mejoría del insomnio. Cada órgano del cuerpo regula ciertos procesos psicológicos y fisiológicos. Por ejemplo, supongamos que a las tres de la mañana estamos despiertos y preocupados porque no podemos dormir. Quizá valga la pena dar la vuelta a las cosas y examinar lo que nos frustra en la vida cotidiana, además de qué podemos hacer para evitarlo. Cuando somos capaces de esto, podemos contemplar las preocupaciones desde un punto de vista muy diferente y ejercer control sobre nuestra vida. Es muy difícil convivir con el insomnio, y un problema nada despreciable que plantea es que no sólo afecta a la vida del individuo, sino a la de otros que le rodean. La falta de sueño provoca toda clase de dificultades, de modo que puede ser fundamental aprender a tratarla. Un método consiste en utilizar la visualización creativa o la meditación. Se ha dicho que diez minutos de meditación valen por cuatro horas de reposo nocturno, por lo que puede ser muy útil introducir cambios en la manera de vivir.

Otro trastorno del sueño es la apnea, que tiene lugar cuando el durmiente cesa de respirar durante un tiempo de hasta un minuto. Así se interrumpe el reposo y el individuo se encuentra continuamente en un estado de casi vigilia. La apnea requiere tratamiento médico.

El estudio de la narcolepsia, un trastorno que hace que la persona se duerma en medio de actividades conscientes, ha proporcionado información sobre el movimiento muscular durante el sueño. En circunstancias normales, existe un área en el cerebro que suprime la actividad muscular, llamada *puente*. Si esta parte está dañada o ausente, se producen movimientos completos de los músculos, relacionados con el sueño. Dichos movimientos no parecen tener una motivación social ni deberse a técnicas de supervivencia; más bien son una forma de mecanismo liberador, que permite al soñador tratar con emociones y traumas. Pueden darse gestos espontáneos y habla, como parte de este proceso, paralelo al automatismo que a veces ocurre durante los cambios de consciencia relacionados con muchas prácticas religiosas.

Las pesadillas y los sueños de ansiedad llevan consigo una intensidad emocional que raras veces sentimos en otras ocasiones. La característica más común es la necesidad de huir de la situación planteada. La reacción fisiológica al miedo de la secuencia: temor, enfrentamiento, huida (después, en el estado de vigilia, sumisión) parece estar implicada, excepto que el soñador suele despertarse antes de llegar a la sumisión. Parece como si fuese demasiado doloroso llegar a este último estado, y casi siempre se da un inmenso alivio, gracias al escape que uno ha encontrado al despertar. Las pesadillas parecen surgir de seis causas principales:

a) Recuerdos infantiles de emociones intensas que, a menudo, se centran alrededor de una pérdida. Se ha sugerido que tales sueños están relacionados con el nacimiento y el consiguiente trauma.

b) Temores infantiles, quizá también centrados alrededor de la misma situación, aunque en esta fase también incluyen miedo a ser atacados y ansiedad sobre los impulsos internos. Quizá estén relacionados con la supervivencia del niño y la satisfacción de las necesidades básicas de comida, calor y abrigo. (Se ha demostrado que, si tales necesidades no se satisfacen, el niño se retrae a un mundo propio. Por tanto, si la ira que experimenta se suprime, podría aflorar más tarde en las pesadillas).

c) Síndrome de estrés postraumático, donde, de nuevo, la necesidad básica de supervivencia se ve amenazada. Se ha encontrado que la ansiedad experimentada puede aparecer incluso mucho tiempo más tarde. Algunas personas siguen repitiendo las pesadillas muchos años después del acontecimiento. Parece que el cerebro no ha podido desprenderse del trauma lo suficiente para que la víctima halle tranquilidad.

d) El impulso cotidiano y corriente de supervivencia puede aflorar en adultos como miedo del futuro, y parece surgir como resultado de temores relacionados con agresividad, sexualidad y miedo a los cambios y al crecimiento. Es temor a lo desconocido.

e) Algunas pesadillas se centran alrededor de una aparente sensación de premonición. No está claro que se puedan clasificar como predicciones. Lo que sí parece ser cierto es que el ser humano es capaz de absorber información a nivel subliminal, sin ser capaz de entenderla.

f) Por supuesto, una enfermedad grave, con todo el temor que rodea a la muerte, puede causar pesadillas.

Los sueños recurrentes pueden estar acompañados de un elemento de ansiedad. Incluso es posible que la misma ansiedad actúe como desencadenante. El elemento recurrente puede ser de diversos tipos: quizá el sueño se sitúe en el mismo lugar, los personajes no cambien o el tema se repita. A menudo, las ansiedades y actitudes no cambian hasta que el soñador comienza a examinar sus sueños, con lo que desaparece la respuesta habitual.

Parece que el sonambulismo ocurre como respuesta a un estímulo. Existe cierta racionalidad en las acciones del sonámbulo: tienen lógica en su momento, dentro del contexto que representa la vida del soñador. Hablar en sueños parece desempeñar un papel para liberar la mente de preocupaciones. Se han dado casos en que se sostienen conversaciones inteligentes con el soñador, aunque éste no es consciente de ello más tarde. Caminar en sueños también parece tener un propósito, ya que, si se deja solo al sonámbulo, intentará completar la acción que hubiese comenzado.

Espiritualidad

Podríamos definir la espiritualidad como el conocimiento de que hay más en la vida que solamente la existencia habitual, cotidiana, que experimenta la mayoría de nosotros. Los sueños nos ayudan a acostumbrarnos a tal dimensión de manera fácil y segura, lo que nos da idea de su relevancia como proceso de aprendizaje. Así como un niño crece físicamente, debemos crecer espiritualmente, siguiendo un modelo no muy diferente del desarrollo físico del niño.

En primer lugar, debemos ser conscientes de nosotros mismos en nuestro entorno. Nos formamos una imagen de cómo nos gustaría ser. Entonces, aprendemos a relacionarnos con otros que nos rodean y comenzamos a entendernos a nosotros y a los demás de manera sensitiva y cercana. Aprendemos a manejar, sobre todo a comprender, nuestras propias emociones y a percibir que, si queremos calidad en nuestra existencia, debemos ser capaces de apreciar que pertenecemos a un mundo más amplio y podemos aceptar responsabilidad por nosotros mismos, pero no culpa cuando las cosas no van bien. Aprendemos a aceptar lo que ocurre con ecuanimidad.

Cuando somos capaces de hacer esto, nos encontramos en la posición adecuada para ser conscientes de cuál es, exactamente, nuestro potencial. El mundo se convierte en un lugar emocionante; podemos comenzar a ajustar el concepto original de cómo nos veíamos a nosotros mismos, hacia una versión mejor. Nuestra manera de expresarnos empieza a mejorar y podemos ser más sinceros y abiertos. Al darnos cuenta de que, en gran medida, somos parte de un todo superior, podemos comenzar a aceptar la responsabilidad de la creación de una existencia mejor y más plena y, finalmente, que a partir de tal creación podemos construir un futuro prometedor y más estable.

Demos una explicación. Si imaginamos que la vida física corriente y cotidiana está a un lado de un puente y la vida espiritual, consciente, extraordinaria está en el otro lado, ya tenemos una imagen para reflexionar. El puente es la mente; en medio del puente hay un guardia fronterizo, con un fichero repleto de información, sobre nosotros y para nuestro uso. Ese guardia es el yo soñador.

El tipo de acción y diálogo imaginario quizá ocurra así: en primer lugar, el guardia examina el fichero para descubrir si es necesario dejar algo en el punto de inspección. ¿Una mala experiencia que es necesario comprender? He aquí la información necesaria para clasificarla. ¿Desea investigar esta parte de su vida? Ésta es la información que necesita. Se incluye un mapa, pero alguna de sus partes está codificada, para su protección; pronto será comprensible. Así son las dificultades con las que probablemente se encontrará. Tendrá la información necesaria en su momento.

Para empezar, que su estancia sea breve, porque tiene usted obligaciones en casa, pero será bienvenido en cualquier momento. Quizá desee permanecer algo más de tiempo cuando se dé cuenta de que se divierte más y tiene más energía aquí, pero es usted libre de venir y marcharse cuando quiera. Si ya no le aterroriza, puede comenzar a integrar los dos lados de su persona, porque, después de todo, son uno solo, y necesitamos compartir la información. Lléveseá la información consigo y haga que otros se enteren. Tener esa información ayuda, hace la vida más fácil. Pronto habrá ocasiones para introducir cambios en su modo de vida y tendrá disponible la información necesaria. Ahora que ya puede ver de dónde viene, se le mostrará el potencial que existe y podrá seguir adelante. Disfrute del futuro; se lo merece. Por cierto, aquí está su manual de instrucciones; ya puede usted ser responsable de su propio fichero a partir de ahora.

Este libro es su mapa codificado, para que, a lo largo de sus páginas, usted pueda leer y comprender su propio «fichero de la vida».

A desde *abandono* hasta *azucena*

Abandono
1. Soñar con abandono produce una sensación parecida a la del rechazo y representa la experiencia infantil o juvenil de sentir que no nos querían. Quizá no fuera así, pero percibíamos esa impresión. Por ejemplo, alguien que de niño haya tenido que ir al hospital quizá tenga sueños recurrentes de sentirse abandonado cuando sea adulto, y tal vez tenga dificultades para hacer planes sobre logros futuros.
2. Abandonarse, es decir, no tener restricciones, durante un sueño puede significar que estamos buscando libertad. Podría tratarse de libertad emocional o libertad para ser nosotros mismos.
3. El abandono se relaciona con el concepto dionisíaco de abandonar la seriedad por la diversión.

Abanico
1. Un abanico que aparece en sueños se relaciona con el lado femenino de nuestra naturaleza y las fuerzas de la intuición. Especialmente, si quien sueña es una mujer, el abanico puede representar sensualidad y sexualidad.
2. Se puede emplear el abanico como símbolo de disposición abierta a nuevas experiencias y creatividad. Se cree que agitar un abanico limpia la atmósfera de fuerzas malignas.
3. Cambios lunares.

Abeja
Véase también *colmena* e *insecto*
1. En sueños, el significado de las abejas puede ser ambivalente, ya que simbolizan algo temible, pero que a la vez se puede domesticar y emplear. Si una abeja nos pica, se trata de una advertencia: existe la posibilidad de que suframos daño. Si es un enjambre que nos ataca, indica que estamos creando una situación que quizá se vuelva incontrolable.

2. Soñar con la abeja reina implica un reconocimiento de que necesitamos sentirnos o ser superiores en algún sentido. Posiblemente deseemos que los demás colaboren para llevar a cabo nuestros propósitos. También somos conscientes de la necesidad del trabajo duro y diligente.
3. La abeja simboliza inmortalidad, renacimiento y orden.

Abismo
Véase también *acantilado* y *sima*
1. Soñar con un abismo indica que reconocemos dentro de nosotros mismos el vacío insondable. Es un aspecto de lo desconocido que todos debemos afrontar en algún momento de la vida. Se trata de una acción arriesgada, que debe adoptarse sin conocimiento del resultado.
2. Existe miedo a perder el control o la identidad, o miedo a algún tipo de fracaso. Más positivamente, es posible ir más allá de nuestra frontera o experiencia actual. Asimismo, el abismo indica que conciliamos opuestos como correcto e incorrecto, bueno y malo.
3. El inframundo y los asuntos inferiores aparecen en sueños como el abismo.

Aborigen
1. En sueños, lo aborigen representa lo que resulta básicamente distinto a nosotros; quizá se trate de rasgos de naturalidad. Al estar más en contacto con la naturaleza, podemos hacer uso de distintas clases de energía. Dentro de todos nosotros existe un sentido básico de lo elemental y claro, que se ha recubierto de experiencia; a menudo necesitamos recurrir a esta sencillez para manejar las dificultades.
2. Psicológicamente, significa que necesitamos emplear conocimientos de fuerzas vitales básicas a las que, quizá, no tengamos acceso conscientemente. Si nos permitimos estar en contacto con las fuerzas naturales, podremos hacer uso de ellas, en lugar de rechazarlas.
3. La atención se dirige al ritmo de los procesos vitales interiores.

Aborto espontáneo
Véase también *aborto provocado*
1. Soñar con un aborto espontáneo, ya sea nuestro o de otra persona, sugiere que somos conscientes de que algo falla. Si quien sueña es mujer, dependerá de si ha sufrido un aborto; en este caso, hoy día quizá aún no se haya concedido a sí misma tiempo para sentir el dolor.
2. Soñar con un aborto también puede indicar la pérdida de trabajo, de un proyecto o incluso de una parte de nosotros mismos, y necesitamos tiempo para aclimatarnos.
3. Un aborto puede representar aspectos de muerte temprana.

Aborto provocado
Véase también *aborto espontáneo*
1. Quizá exista la necesidad de rechazar una sensación, emoción, creencia o idea que pueda ser problemática. Se ha afrontado un riesgo que no ha salido bien, de modo que necesitamos volver al estado en que nos encontrábamos antes. Hemos interiorizado una manera nueva de pensar o de ser que, una vez examinada, es preciso rechazar.
2. Deberíamos emplear la capacidad de examinar con franqueza lo que hemos decidido hacer o ser en la vida. Tal vez tengamos que tomar decisiones que supondrán deshacerse de lo que ya no es necesario.
3. Una derrota espiritual significa que debemos hacer abortar una idea que previamente sosteníamos.

Absorción

1. En sueños, si lo que hacemos nos absorbe, esto indica capacidad de centrarnos por completo en nuestras acciones. Somos capaces de asimilar ideas, conceptos o creencias, que se convierten en parte de nosotros mismos y nuestra manera de actuar. Absorber algo dentro de nosotros es consumirlo, en el sentido de hacerlo nuestro. Buena parte del proceso de comprensión tiene lugar mediante la absorción de información.
2. Conforme maduramos y crecemos, nos damos cuenta de que es preciso integrarse en grupos sociales. Estar absortos en algo representa la necesidad de pertenecer a un todo superior o de esforzarse para integrar distintas partes de la vida.
3. Tenemos la capacidad de integrar las distintas partes de nuestra vida. Espiritualmente, ansiamos volver al origen.

Abuelos
Véase *familia*

Acantilado
Véase también *abismo*

1. Estar al borde de un acantilado refleja que el soñador se enfrenta a un peligro. El sueño muestra la necesidad de tomar una decisión sobre cómo abordar una situación y, probablemente, cómo estar dispuesto a correr un riesgo. A menudo, nos enfrentamos con lo desconocido.
2. Quizá tengamos que dar un paso que, psicológicamente, nos situará al límite de tal modo, que tendremos que superar nuestros miedos para poder avanzar dejando atrás nuestras limitaciones.
3. El borde del acantilado indica que estamos a un paso de lo desconocido.

Accidente
Véase también *naufragio*

1. Los sueños en los que nos vemos heridos, asesinados o muertos suceden con relativa frecuencia. Es necesario prestar atención a las circunstancias específicas del sueño. Normalmente, estamos recibiendo un aviso para ser cuidadosos o conscientes de una agresión oculta, o bien nuestra o bien de otros.
2. Tales sueños quizá sirvan para destacar ansiedades relacionadas con seguridad, descuido o miedo de aceptar responsabilidades.
3. Puesto que, en términos espirituales, no existen los accidentes, significan intervención divina o interferencia de una fuente con autoridad.

Acción

1. A menudo, la acción dentro de un sueño informa al soñador de planes y motivos ocultos, ya que cada uno de nosotros es el productor de su propia vida. Normalmente, lo que hacemos (u otros hacen) en el sueño debe interpretarse tanto como las circunstancias u objetos que aparecen.
2. El soñador debería ser consciente de que es preciso traducir la acción de los sueños a la vigilia, para que éstos puedan seguir adelante.
3. Una acción en sueños puede proporcionar una indicación de la capacidad espiritual del soñador.

Aceite

1. El significado dependerá de qué tipo de aceite se utilice en el sueño. Normalmente, el de cocina significa o bien que desaparece la fricción, o bien un modo de combinar sustancias diferentes. El aceite para masajes sugiere cuidados y placer, mientras que el aceite de motor destacará nuestra capacidad para que las cosas se muevan.
2. Psicológicamente, quizá reconozcamos que sólo se puede tratar determina-

da situación si se elimina la tensión y se echa aceite sobre las aguas turbulentas.
3. Consagración y dedicación.

Ácido
1. Existe una influencia corrosiva en la vida del soñador, que es normalmente mala, pero puede ser purificadora. Quizá exista la sensación de que alguna acción o idea consume al soñador. Es necesario darse cuenta de algo que debe emplearse con precaución, según cómo y sobre quién se utilice.
2. Psicológicamente, existe el conocimiento de que la confianza en sí mismo y la sensación habitual de bienestar del soñador se ven erosionadas por influencias del exterior.
3. Una acción corrupta y malvada ataca la integridad.

Actor
Véase también *personas famosas*
1. Soñar con un actor o actriz, especialmente con uno famoso, es prestar atención al ego propio. Con mucha frecuencia, nos volvemos conscientes de los papeles que desempeñamos en la vida y reconocemos que quizá nuestra parte no es la que deseamos.
2. Cada uno de nosotros es un actor en su propia obra; por tanto, vernos como actores sugiere que quizá estemos empleando una personalidad artificial o no nos hagamos cargo de nuestro propio destino. Se nos da la oportunidad de crear una personalidad nueva.
3. Todos necesitamos hacernos responsables de nuestras acciones y del acto de vivir.

Adicción
1. Soñar que padecemos una adicción indica que debemos reconocer la necesidad y el deseo de admitir un comportamiento obsesivo, en nosotros u otras personas. Existe el temor de que algo nos domine. Ser adictos a alguien supone haber renunciado a la responsabilidad de nosotros mismos. Ser adictos a una sustancia, como tabaco o alcohol, en un sueño, sugiere incapacidad de relacionarse correctamente con el mundo en que vivimos.
2. El miedo a la adicción es un síntoma del poder que nuestras pasiones tal vez ejerzan sobre nosotros. Sentimos miedo a perder el control sobre nosotros mismos, pero también sobre otras personas. Encontrarse con un grupo de adictos sugiere que no comprendemos nuestra propia conducta en situaciones sociales. Quizá seamos conscientes de que, en la vida cotidiana, tendemos a convertirnos en víctimas.
3. Se relaciona con nuestro aspecto hedonista, que busca placer.

Adolescente
Véase *personas*

Adoración
Véase también *imágenes religiosas*
1. Si soñamos que nos hallamos en una situación en la que adoramos algo, como una idea, persona, concepto u objeto, nos estamos abriendo para recibir su influencia. Si no somos especialmente religiosos, pero nos encontramos en medio de un ritual de adoración, tal vez sea necesario comprobar nuestra relación con un sistema común de creencias o un conjunto de principios.
2. A veces, mientras nos movemos hacia un sentido más amplio de nuestro yo, se materializan imágenes en el sueño que indican cómo nos encontramos en situación de ser adorados. Esto puede significar que debemos examinar cuidadosamente si tenemos una idea exagerada de nuestra propia importancia o si, en reali-

dad, estamos aprendiendo a aceptar esa parte de nosotros mismos que otras personas valoran. Adorar un objeto que no es una imagen religiosa quizá sugiera que prestamos demasiada atención a lo que representa ese objeto. Por ejemplo, tal vez seamos demasiado materialistas, dediquemos mucha atención al sexo, etcétera.

3. Un acto de adoración supone reconocer el poder de la creencia implicada.

Adorno
Véase también *collar* y *joyas*

1. La interpretación del sueño dependerá de si el adorno que se ha visto es personal o no. Soñar con adornos personales sugiere un intento de mejorar algo que ya poseemos y valoramos, pero que deseamos hacer más valioso. En términos del sueño, esto puede representar sensaciones, emociones o ideas.

2. Advertir adornos en un sueño tiende a indicar que nuestro espacio personal se puede utilizar de manera más completa, con lo que nos traerá más éxito. No nos limitamos a empezar de cero, sino que mejoramos nuestra situación activamente.

3. Espiritualidad tangible y reconocible.

Advertencia
Véase también *consejo*

1. En sueños, recibir una advertencia sugiere que somos conscientes de que algo necesita atención, ya se trate de algo externo o interno. Es posible que estemos poniéndonos en peligro.

2. Advertir a alguien de algo destaca nuestra capacidad para ser conscientes de las dificultades y peligros, para otros o para partes ocultas de nuestra personalidad. Esto quedará aclarado por las circunstancias del sueño. Recibir una advertencia por escrito indica que tal vez estemos actuando mal.

3. En este caso, una advertencia puede indicarnos el camino para convertirnos en personas más intuitivas. Podemos confiar en nuestra intuición y deberíamos emplearla de acuerdo con esta confianza.

Aeropuerto
Véase también *viaje*

1. Al soñar con un aeropuerto, entramos en un estado de transición y tomamos la decisión de movernos a áreas nuevas de la vida. También puede indicar que evaluamos o deberíamos evaluar nuevamente nuestra propia identidad.

2. Nos sentimos colocados en una posición donde quizá sea necesario reconsiderar nuestros valores, según criterios de autoridad propia o ajena.

3. Un aeropuerto, debido a su naturaleza de lugar de tránsito, es un lugar para nuevas experiencias.

Afeitado
Véase también *barba*, *barbero* y *maquinilla de afeitar*

1. El significado del afeitado en un sueño será lógicamente distinto, según el soñador sea hombre o mujer. Si es un hombre, probablemente se afeitará el rostro, lo que sugiere que intenta cambiar de imagen. Si es una mujer, seguramente estará afeitando otras partes del cuerpo, para obtener un aspecto más hermoso. Ambas acciones implican la eliminación de una capa no deseada, es decir, una fachada que se ha creado.

2. Soñar que nos hemos librado de algo *por los pelos* supone que hemos corrido un riesgo excesivo. Deberíamos prestar más atención a las dificultades que podemos encontrar, así como al peligro en que ponemos a otras personas.

3. En términos espirituales, un afeitado muy apurado sugiere honradez y franqueza en el trato que tenemos con otras

personas. Si alguien se ha dejado crecer la barba cuando no lo esperábamos, esto indica que intentan ocultarnos algo.

Agenda
Véase *calendario*

Agitar
Véase *revolver*

Agua
Véase también *catarata, piscina* y *lago*

1. El agua suele aparecer en los sueños para simbolizar todo lo emocional y femenino. Es una sustancia misteriosa, ya que tiene la capacidad de fluir sobre, alrededor y a través de objetos. Tiene la cualidad de desgastar cualquier cosa que se encuentre en su camino. Asimismo, el agua puede representar el potencial del soñador y su capacidad para crear nueva vida, en respuesta a sus impulsos interiores.
2. El agua también representa la purificación, puesto que es capaz de limpiar la contaminación que experimentamos en la vida cotidiana. En el bautismo, el agua lava los *pecados* anteriores; a menudo, también los hereditarios. Entrar en el agua sugiere comenzar algo nuevo. Las aguas profundas significan o bien no tocar fondo o entrar en nuestro propio subconsciente.
3. Renacimiento espiritual: la fuerza de la vida.

El agua aparece con tanta frecuencia en los sueños como metáfora, con tantos sentidos diferentes, que sólo es posible sugerir algunos significados probables. Así, estar sumergido en agua puede indicar embarazo y nacimiento. Una corriente de agua representa paz y comodidad, mientras que un torrente de agua quizá se refiera a una pasión. El agua profunda apunta al inconsciente, pero el agua poco profunda representa la falta de energía básica. Sumergirse en el agua indica la necesidad de renovar fuerzas, de volver al principio, mientras que emerger del agua sugiere un nuevo comienzo. Estar sobre el agua (en un barco, por ejemplo) tal vez represente indecisión o falta de compromiso emocional, mientras que estar dentro del agua sin moverse quizá suponga inercia.

Otras imágenes asociadas con el agua son:

Bañarse indica una purificación.

Bucear representa descender al inconsciente o, quizá, intentar localizar las partes de nosotros mismos que hayamos suprimido.

Unos **canales** simbolizan el proceso del nacimiento.

Las **fuentes** sugieren la feminidad, especialmente la gran madre (véase la introducción de este libro).

Las **inundaciones** se asocian con nuestro lado caótico, habitualmente incontrolable. Este lado requiere atención cuando emerge y amenaza con superarnos.

Un **lago**, como un **estanque**, puede representar un estado de transición entre el yo consciente y el yo espiritual. Cuando se encuentra por sorpresa, quizá nos dé la oportunidad de estimarnos y comprendernos. Reflejarse en un estanque indica que el soñador necesita alcanzar un equilibrio con la sombra (véase la introducción de este libro). Debemos aprender a aceptar que hay una parte de nosotros que no nos gustará mucho, pero cuando se dirige, puede proporcionar mucha energía para el cambio.

El **mar** o el **océano** representan con mucha frecuencia una consciencia cósmica, es decir, el estado caótico original del que surge toda forma de vida. El conocimiento es inherente a dicho estado, aunque quizá esté oscurecido por nuestro miedo a las profundidades. Lo que comprendemos no nos inspira miedo. Un mar poco profundo sugiere una emoción superficial. Las olas del mar representan emoción y deseo. El mar en calma indica una existencia pacífica, mientras que una tormenta significa pasión, positiva o negativa. Percibir el ascenso y descenso de las mareas supone ser consciente del paso del tiempo y el ascenso y descenso de nuestras propias emociones.

Las **presas, islas y otros obstáculos** son intentos conscientes de controlar la fuerza del agua y, por tanto, nuestras emociones.

Los **ríos o arroyos** siempre representan la vida del soñador y su modo de vivirla. Que el soñador vea su vida como un gran río o un arroyuelo dependerá de la actitud del soñador. Si el río es turbulento, quizá nos parezca que la vida se mueve demasiado rápido para nosotros. Si podemos ver el mar al mismo tiempo que el río, tal vez seamos conscientes de que debe producirse un gran cambio o bien de que es necesario prestar más atención al inconsciente. Si el río es muy profundo, quizá deberíamos dedicar atención al resto del mundo y a nuestra relación con él. Cruzar un río indica grandes cambios. Si el río nos causa miedo, es posible que estemos creándonos dificultades innecesarias. Si el agua del río parece estar contaminada, no estamos haciendo lo más conveniente para nosotros.

Sumergir algo destaca nuestra capacidad de empujar las cosas hacia el inconsciente, sólo para que éstas emerjan más tarde como una fuerza que puede llegar a superarnos.

Águila
Véase también *pájaros*

1. Un águila que aparece en sueños denota inspiración y fuerza. Quizá también indique que necesitamos ascender para desprendernos de ideas o actitudes viejas. Como ave de presa, el águila es capaz de emplear todas las oportunidades que se le presentan, de modo que soñar con una ilustra que podemos hacer lo mismo.
2. Desde un punto de vista psicológico, somos capaces de emplear nuestro intelecto para alcanzar el éxito. Podemos dirigir nuestra propia vida. Tal vez necesitemos volvernos más objetivos y adoptar una perspectiva más amplia de la que hemos tenido hasta ahora.
3. El águila también representa una forma de victoria espiritual.

Aguja
1. En sueños, las agujas sugieren irritaciones, pero también pueden representar el poder de curar mediante penetración. Es necesario introducir desde el exterior algún concepto o conocimiento, que tal vez duela, pero que acabará por mejorarnos desde el interior.
2. La capacidad de hacer observaciones penetrantes y agudas sobre nuestro propio estado puede ayudarnos en la vida cotidiana. Dependerá de si nosotros manejamos las agujas sobre alguien o las emplean sobre nosotros.
3. La aguja puede recordar la sexualidad masculina, pero asimismo el tipo de observación penetrante que cambia nuestra visión de la vida.

Agujero
Véase también *hoyo*

1. Un agujero suele representar una situación difícil o espinosa. También puede ser un lugar donde nos escondamos o nos sintamos protegidos. Soñar que nos caemos por uno indica que tal vez estemos entrando en contacto con nuestros

sentimientos, impulsos y temores inconscientes. Caminar alrededor de un agujero sugiere que quizá sea preciso sortear una situación complicada. Tal vez también necesitemos darnos cuenta de otras partes de nosotros mismos que están enterradas bajo nuestra consciencia superficial.

2. Con mucha frecuencia, un agujero puede representar lo femenino y el vacío que sentimos cuando nos movemos hacia una comprensión del yo. Un agujero en el tejado de cualquier edificio sagrado, o cualquier hueco que deje salir humo o vapor, es la abertura al mundo celestial y la puerta hacia otras dimensiones. Resulta interesante que cuanto más se generalizan la calefacción central y los pisos como viviendas, tanto más encerrados nos sentimos, sin acceso a un estado de conciencia espiritual.

3. Un agujero redondo representa los Cielos; uno cuadrado, la Tierra.

Ahogarse
Véase también *asfixia* y *nadar*

1. Cuando nos ahogamos durante un sueño, normalmente esto indica que corremos peligro de que ciertas emociones, que no sabemos manejar, nos superen. Tenemos miedo de dejar que nuestras emociones se expresen libremente. Ahogarse también puede significar que percibimos nuestra incapacidad para afrontar una situación tensa que nos rodea en la época del sueño.

2. Nos hemos dejado colocar en una situación sobre la que no tenemos control. Quizá estemos *flotando a la deriva*, sin modo de escapar de la dificultad en que nos encontramos.

3. Ahogarse simboliza una inmersión en el mar de la vida y, por tanto, una pérdida de ego.

Ahorros
Véase también *caja registradora* y *dinero*

1. En los sueños solemos desarrollar imágenes con doble significado. Nuestros ahorros quizá representen recursos, materiales o emocionales, que hemos escondido hasta que llegue el momento de necesidad. También pueden indicar nuestra sensación de seguridad e independencia. Soñar con ahorros que no sabíamos que teníamos sugeriría que somos capaces de reunir energías o tiempo extra, tal vez utilizando materiales o información del pasado. Soñar con ahorrar en el presente sugiere que tal vez necesitemos considerar los medios de que disponemos aquí y ahora, para sacarles partido en el futuro. Si somos conscientes de nuestro propósito al ahorrar, quizá deberíamos hacer planes a largo plazo.

2. Cuando soñamos con ahorros, somos conscientes de la necesidad de conservar. Esto puede suceder en un ámbito personal o en un sentido más global. Si existe la sensación de renuncia cuando ahorramos, tal vez no hayamos gestionado nuestros recursos adecuadamente en el pasado y suframos ahora por eso. Si alguien nos entrega sus ahorros, podemos emplear su conocimiento y experiencia. Al revés, si entregamos nuestros ahorros, ya no necesitamos lo que éstos significan para nosotros.

3. En el sentido espiritual, los ahorros simbolizan los talentos y capacidades que tenemos o hemos desarrollado, pero aún no hemos empleado, sobre todo aquéllos dedicados al bien común.

Ajedrez
Véase también *juegos*

1. El juego del ajedrez simbolizaba en sus comienzos la *guerra* entre el bien y el mal. En los sueños, es posible que toda-

vía exprese un conflicto interior. También puede indicar la necesidad de estrategia en nuestra vida.
2. Jugar al ajedrez y perder sugiere que hemos emprendido una actividad en nuestra vida de vigilia que no puede salir bien. No tenemos los medios, o quizá el conocimiento, para enfrentarnos a fuerzas superiores.
3. Se destaca el conflicto entre los poderes espirituales de la luz y la oscuridad.

Ajo
1. Antiguamente, el ajo estaba repleto de significados. Debido a su forma y sus muchas partes, solía verse como un símbolo de fertilidad; a causa del olor, se le consideraba protector. Por tanto, soñar con ajo puede estar relacionado con cualquiera de estos dos significados.
2. El ajo, como amuleto protector, es importante contra el mal. Físicamente, protege el área del corazón y, por tanto, nos defiende del miedo.
3. Magia.

Alas
Véase también *pájaros y volar*
1. Puesto que las alas nos hacen pensar en volar, soñar con alas de pájaro, por ejemplo, supondría que nuestra necesidad de libertad requiere atención. Un ala rota indica que un trauma anterior nos impide *despegar.*
2. Las alas también pueden ser protectoras, simbolismo que aparece a menudo en sueños. Las alas de un ángel, o de un ave de presa, representarían el poder de trascender nuestras dificultades.
3. El poder protector de Dios, que todo lo impregna.

Alcanzar
1. Estirarse para alcanzar algo en sueños significa nuestro deseo de algo que no tenemos. Puede tratarse de algo emocional o material. Tal vez estemos tratando de manipular las circunstancias, de modo que otros sean conscientes de nuestras necesidades.
2. Intentamos agarrar un concepto, idea u oportunidad que parece encontrarse más allá de nuestro alcance o entendimiento. Quizá también intentemos controlar a otras personas mediante nuestra propia necesidad emocional, lo que es especialmente relevante cuando somos conscientes del rechazo o desagrado de otros.
3. Existe una etapa del desarrollo en la que aparece el anhelo de espíritu o espiritualidad. Nos permite seleccionar lo que de verdad necesitamos.

Alcohol
Véase también *borrachera, embriaguez* y *vino*
1. Cuando el alcohol aparece en un sueño, es posible que necesitemos una experiencia o influencia sobre todo placentera. Disponemos de métodos para alterar la percepción. Podemos relajarnos, dejarnos llevar por la corriente de lo que nos ocurre.
2. Reconocemos el potencial de confusión emocional a partir de la que puede surgir la claridad. Cuando se eliminan las restricciones normales de que nos rodeamos en la vigilia, a menudo podemos alcanzar nuestra propia verdad. El símbolo del alcohol puede darnos permiso para hacer esto.
3. El alcohol, como bebida *espirituosa,* es la conjunción de los opuestos, además de un método para alterar la consciencia.

Alfiler
1. El significado del sueño depende de si el alfiler une dos piezas o está usándose para atravesarnos, a nosotros o a algún objeto. Si une dos piezas, indica las rela-

ciones o conexiones emocionales que utilizamos. Si atraviesa un objeto, indica un trauma, aunque quizá sea leve.
2. A veces, en sueños recordamos una sensación que tenemos en la vida cotidiana. Si experimentamos alfilerazos, tal vez no consigamos que la energía fluya adecuadamente en cierta situación que vivimos.
3. Quizá no seamos capaces de resolver una dificultad espiritual inmediatamente. Es posible que se necesite una solución temporal, que puede simbolizarse mediante el uso de un alfiler.

Alfombra
Véase *muebles*

Alguacil
Véase también *justicia* y *personas con autoridad* en *justicia*
1. Cuando un alguacil u oficial de juzgado aparece en sueños, dudamos de nuestra propia capacidad para administrar nuestros recursos. Nos damos cuenta de que hemos traspasado el límite de algún modo y debemos responder ante algún tipo de autoridad.
2. Nos hemos colocado en una situación arriesgada y no hemos cumplido nuestras obligaciones. A menos que nos responsabilicemos de lo que hemos hecho, podríamos recibir un *castigo*, como pérdidas materiales o descenso de posición.
3. En sueños, el alguacil significa castigo o karma de alguna clase.

Aliento
Véase *respiración*

Alimentos
Véase también *comer* y *nutrición*
1. La comida, en sueños, significa una satisfacción de nuestras necesidades, ya sean físicas, mentales o espirituales. Se trata de algo que podríamos absorber o absorbemos. Soñar frecuentemente con alimentos sugiere gran hambre de algo.
2. La necesidad o el disfrute de los alimentos completan ciertas necesidades psicológicas. Los significados son los siguientes: **Carne**: la satisfacción o las necesidades físicas o mundanas suelen aparecer en sueños como carne. **Carne cruda**: podría significar un desastre cercano. **Cebolla**: las diferentes capas de uno mismo se muestran con frecuencia como una cebolla (véase también *cebolla*). **Dulces**: suelen representar placer sensual. **Fruta** (véase también la entrada correspondiente): en el sueño, representamos simbólicamente los frutos de la experiencia o del esfuerzo, así como el potencial de prosperidad. El color podría también ser relevante (véase *colores*). **Jamón o carne curada**: las carnes curadas representan nuestra necesidad de conservación. **Leche**: como alimento básico, la leche significa casi siempre necesidades infantiles y el darse a sí mismo. **Pan** (véase también la entrada correspondiente): cuando soñamos con pan, examinamos nuestra experiencia y nuestras necesidades elementales. **Reunión para comer**: soñar que comemos en compañía puede indicar aceptación y sociabilidad. **Tarta**: una tarta significa disfrute sensual. **Verduras**: representan nuestras necesidades básicas y la satisfacción material. También sugieren los bienes que podemos obtener de la Tierra y las situaciones que nos rodean. Quizá el color también sea importante (véase *colores*).
3. Sostén espiritual.

Almacén
Véase *edificios*

Almenara
Véase también *faro*

1. Una almenara que aparece en sueños puede ilustrar una advertencia, la necesidad de comunicación o un principio firme que seguimos en nuestra vida.
2. Quizá nuestras emociones se *enciendan* y necesiten comunicación directa.
3. Las almenaras pueden alumbrar el camino hacia la iluminación espiritual y un santuario espiritual.

Almohada

1. En la vida cotidiana, una almohada o cojín puede ofrecer apoyo o comodidad. Por tanto, si en sueños advertimos una almohada, quizá sintamos necesidad de aquéllos. A veces, el material es importante y puede tener relevancia en la interpretación del sueño. Por ejemplo, una almohada de plumas podría sugerir un apoyo blando, mientras que una almohada de piedra representaría cierta rigidez.
2. A veces, cuando el soñador atraviesa un periodo de renuncia, se privará de cualquier símbolo de comodidad, de modo que quizá la almohada desaparezca. Soñar con una batalla de almohadas indica un conflicto falso.
3. La almohada representa comodidad y descanso espirituales.

Alondra
Véase *pájaros*

Alquitrán

1. Soñar con alquitrán en la carretera podría representar el peligro de verse atrapado mientras uno avanza. En cambio, soñar con alquitrán en una playa sugeriría que hemos dejado contaminar de algún modo nuestras emociones.
2. Que la imagen del alquitrán sea apropiada o no depende del contexto del sueño. Por ejemplo, reparar una carretera tal vez signifique que estamos reparando el desgaste de nuestra vida cotidiana. Embrear una valla quizá indique que debemos protegernos. La interpretación dependerá de lo que estemos haciendo.
3. Al ser negro y viscoso, el alquitrán puede simbolizar algún tipo de mal o cualidad negativa en sentido espiritual.

Altar
Véase también *imágenes religiosas* **y** *mesa*

1. En sueños, un altar representa los medios o la necesidad de entregarse a algo más importante que la situación inmediata. Normalmente, un altar representa creencias religiosas de algún tipo. Es la mesa de comunión (comunidad), pero también suele apuntar a la división entre lo físico y lo espiritual.
2. Psicológicamente, describe el sacrificio de uno mismo, voluntario o involuntario. El acto de sacrificar, o de hacer sagrado, debe hacerse en público, para que pueda reconocerse debidamente (véase *sacrificio*).
3. En presencia de la divinidad, podemos dar gracias y unirnos a ella.

Alto
Véase *posición*

Alubia

1. Almacenar alubias durante un sueño quizá indique miedo al fracaso o falta de confianza en nuestra capacidad para alcanzar un objetivo. Plantar alubias podría sugerir fe en el futuro y deseo de crear algo útil. Tradicionalmente, las alubias alimentaban y eran objeto de trueque.
2. Psicológicamente, la alubia tal vez represente el potencial almacenado. Tenemos la capacidad de emplear ese poder para conseguir lo que queramos.
3. La alubia puede significar inmortalidad y poderes mágicos.

Alucinaciones

1. Todo lo que vemos al soñar tiene cualidad de alucinación. Normalmente, aceptamos como real lo que nos ocurre y no dudamos de ello en el estado mismo de sueño. Las escenas pueden cambiar como el relámpago, las caras se transforman, podemos ver algo para, unos segundos más tarde, darnos cuenta de que vemos algo completamente distinto. Dentro de la realidad de los sueños, todo es aceptable; sólo cuando examinamos después el sueño, nos damos cuenta de lo extraño que puede ser. Durante los sueños, las cosas pueden adoptar cualidades de otros objetos y otras sensaciones. Los sueños crean una realidad propia y en ellos ocurre lo inesperado, que durante la vigilia normal sería completamente ilógico y surrealista; ahora bien, dentro de este mundo, necesitamos registrar lo que está sucediendo. No miramos entretenidos los acontecimientos; parece que sólo observamos lo que pasa. Hasta nuestras propias acciones pueden resultar extrañas; podemos hacer cosas en un sueño que en la vigilia jamás se nos ocurrirían. Liberados de la cualidad lógica que dirige la vida cotidiana, nos sentimos libres para crear una percepción completamente distinta de nuestras capacidades, esquemas de pensamiento e, incluso, nuestro pasado. A menudo, podemos soñar que hemos hecho algo en el pasado que nunca hicimos o podemos prepararnos para hacer algo en el futuro que, de nuevo, nunca haríamos en la realidad.
2. Psicológicamente, liberar la mente para que pueda *explorar* a su ritmo permite que los recuerdos, imágenes y pensamientos ocultos salgan a la superficie, de modo que podamos afrontar su contenido, cuando quizá en la vida real no hayamos sido capaces de hacerlo. Creamos una realidad que se ajusta a una acción, más que una acción que se ajuste a la realidad. Por ejemplo, un niño maltratado puede desplazar la actividad a algún tipo de respuesta que sea aceptable, sin permitir que la realidad del abuso aparezca hasta el momento en que sea capaz de enfrentarse a ella. Las alucinaciones que experimentamos en los sueños también pueden ser mensajes directos del inconsciente.

Amanecer

1. Soñar con el amanecer o un nuevo día representa un comienzo o una nueva consciencia sobre las circunstancias que nos rodean. Buscamos maneras distintas de abordar situaciones antiguas.
2. Psicológicamente, somos conscientes del paso del tiempo y, quizá, de la necesidad de señalarlo o celebrarlo de algún modo.
3. Un nuevo amanecer puede brindar una gran sensación de esperanza. Conforme se desvanece el amanecer, la sensación de esperanza se vuelve más fuerte. En este tipo de sueño, se advierte a menudo una forma de iluminación espiritual.

Amapola
Véase también *flores*

1. La amapola puede aparecer en los sueños o bien como símbolo de sacrificio (la amapola del recuerdo) o como uno de inactividad y olvido (la amapola del opio).
2. Desde un punto de vista psicológico, se pueden unir ambos significados. Necesitamos *recordar para olvidar*. Si aprendemos a olvidar las dificultades del pasado, nos damos la oportunidad de seguir adelante por un camino despejado.
3. La amapola simboliza el olvido. En términos espirituales, el alma debe olvidar todo lo que sabe, para reencarnarse y redescubrir su propia consciencia. La

gran madre como diosa era, y es, responsable de tal olvido; por tanto, la amapola significa la gran madre.

Amigo

1. Los amigos que se muestran en los sueños pueden significar una de estas dos cosas. Primero, necesitamos examinar nuestra relación con esa misma persona; segundo, tenemos que decidir lo que ese amigo representa para nosotros (por ejemplo: seguridad, apoyo y amor).
2. A menudo, los amigos destacan una parte determinada de nuestra personalidad que debemos examinar, quizá comprender y aceptar, de distinto modo.
3. Podemos continuar con nuestra búsqueda espiritual, sabiendo que nos vemos apoyados.

Amnesia

1. Sufrir amnesia en un sueño indica que intentamos borrar lo que nos desagrada. También sugiere miedo al cambio. Perder la memoria en la vida real puede ser traumático, pero en sueños puede volverse aún más difícil, ya que no sabemos cuánto deberíamos recordar. Desconocemos qué grado de amnesia es viable o se presenta sólo para los propósitos de ese sueño aislado.
2. Psicológicamente, tenemos miedo de perder acceso al conocimiento, de no saber cómo comportarnos. A menudo, despertamos con la sensación de que hemos soñado, pero no somos capaces de recordar el sueño. Esto puede deberse a que es demasiado doloroso abordar el trauma que subyace tras las imágenes creadas. Somos capaces de olvidar conscientemente, hasta que llega el momento en que sentimos bastante valor para enfrentarnos a las imágenes.
3. En sueños, la amnesia puede sugerir la muerte, pasada o presente. Quizá no sea una muerte física, sino un periodo de cambios drásticos en la vida del soñador.

Amputación

1. Cuando soñamos con la amputación de uno de nuestros miembros, corremos el riesgo o tenemos miedo de perder o eliminar una parte de nosotros mismos reprimiéndola. Existe pérdida de una facultad o de algo que valoramos. Soñar con la amputación de algún miembro de otra persona indica nuestra capacidad de negar a otros el derecho de expresarse.
2. De algún modo, hemos terminado bruscamente con una experiencia. Sufrimos una disminución de potencia o capacidad.
3. Espiritualmente, quizá estemos desfigurando la perfección.

Análisis
Véase *prueba*

Analista

1. No importa con qué tipo de analista o psicólogo soñemos; tenemos dentro de nosotros un monitor que nos advierte sobre la necesidad de analizar nuestras acciones y reacciones. Deberíamos ejercitar la conciencia de nosotros mismos y analizar la vida que llevamos, dividiéndola en partes que se puedan manipular.
2. La presencia de un analista puede representar la noción de que no estamos actuando apropiadamente en cierta situación de nuestra vida de vigilia.
3. Estamos en contacto con el poder transformador interior.

Ancla

1. Cuando un ancla aparece en sueños, suele significar la necesidad de permanecer estable en situaciones emocionales. Necesitamos agarrarnos a un concepto o idea que nos proporcionará un punto de referencia en situaciones difíciles.

2. Psicológicamente, necesitamos ánimo para desarrollar la capacidad de agarrarnos fuertemente a algo, durante un periodo de inestabilidad. Si podemos capear el temporal, sobreviviremos. Cuando se arrastra un ancla durante un sueño, las fuerzas externas son demasiado poderosas para nosotros.
3. Estamos alcanzando la esperanza de tranquilidad futura.

Andamio
1. Un sueño en el que aparecen andamios sugiere que existe algún tipo de estructura temporal en nuestra vida. Tendríamos que decidir si pretende ayudarnos a construir algo nuevo o si debemos reparar lo antiguo. Si construimos algo nuevo, los andamios nos sostendrán mientras edificamos; si reparamos lo antiguo, sujetarán la estructura anterior mientras hacemos los cambios necesarios. En cualquier caso, necesitamos una estructura temporal para que nos permita alcanzar la altura deseada.
2. Los andamios indican apoyo espiritual.

Andrógino
1. Si soñamos con alguien, pero no podemos decidir si se trata de varón o mujer, intentamos conciliar nuestros lados opuestos. Perseguimos integridad y totalidad.
2. Necesitamos entender cómo los aspectos emocionales pueden equilibrar nuestra personalidad. A menudo, tenemos que conciliar sensaciones y pensamientos opuestos para alcanzar una progresión equilibrada.
3. El andrógino puede indicar un equilibrio espiritual perfecto, un estado de autonomía y perfección primigenia.

Anestesia
1. Si en un sueño nos anestesian, intentamos evitar sensaciones dolorosas y sentimos que las circunstancias externas nos agobian. El sueño también indica que intentamos evitar algo o nos vemos forzados a ello.
2. Insensibilizamos o esquivamos algo que no deseamos afrontar. Tal vez estemos creando una situación que requiera control externo. Es posible que necesitemos estar inactivos y dejar que los acontecimientos se desarrollen a nuestro alrededor.
3. Como ocurre con la amnesia, la anestesia puede ser una indicación de muerte, pero normalmente sólo de una parte de nosotros.

Ángel
Véase también *imágenes religiosas*
1. Soñar con ángeles indica que buscamos una figura paterna que nos brinde cariño y apoyo incondicional, o bien que nosotros mismos necesitamos desarrollar estas cualidades. Quizá estemos intentando introducir ideas religiosas en nuestra vida.
2. Es necesario examinar la relación con la madre, o figura materna, como una entidad separada tanto de ella misma como del soñador. El ángel personifica tal relación.
3. Hoy día, cuando se acepta mejor la aparición de figuras angélicas, se les considera de nuevo mensajeros de los dioses: transmiten poderes celestiales e iluminación.

Anillo
Véase también *anillo de boda*
1. Un anillo que asoma en sueños suele indicar alguna clase de relación. Por ejemplo, un anillo de boda sugiere unión y una promesa. Uno que pertenezca a la familia representaría viejos valores y tradiciones. Un anillo de compromiso sugiere una promesa menos firme de devoción.

Un anillo de eternidad indicaría una promesa a largo plazo. Un sello haría hincapié en cómo sellamos algo.
2. Todos necesitamos algún tipo de continuidad en nuestra vida, algo que nos proporcione una sensación de comodidad a largo plazo. Un anillo encierra este simbolismo, porque no tiene fin y se perpetúa a sí mismo.
3. Como el círculo, el anillo significa eternidad y divinidad. El todo.

Anillo de boda
Véase también *anillo*
1. Tradicionalmente, el anillo de boda era símbolo de amor total y envolvente. Como tiene forma circular, es completo, sin principio ni final. Así pues, soñar con este símbolo es enlazar con ese concepto básico de eternidad. Soñar que se pierde el anillo de boda simboliza muy a menudo un problema en el matrimonio. Soñar que se encuentra un anillo de boda podría indicar que se está formando una relación que quizá termine en matrimonio.
2. El ser humano lleva consigo el impulso de hacer votos, comprometerse y, sobre todo, simbolizar el pronunciamiento de sus promesas. El anillo de boda, que se lleva en el dedo que representa el corazón (es decir, el dedo anular de la mano izquierda), sugiere, por tanto, que hemos establecido ese tipo de promesa. Soñar que el anillo de boda está en otro dedo distinto de aquél tal vez indique que la promesa no es válida, o que percibimos que el aro es, de algún modo, una restricción o una atadura.
3. Un anillo de boda simboliza la consagración al sacrificio que es el amor eterno.

Anima, animus
Véase también la introducción

1. Cuando soñamos con una figura del sexo opuesto, estamos intentando dotar de significado y validez a los atributos y cualidades de dicho sexo. De este modo, un hombre tal vez intente acceder a su lado más sensible, mientras que una mujer quizá quiera emplear mayor lógica.
2. Procuramos equilibrar nuestro ser psicológico mediante la aptitud para examinarnos con objetividad. Sólo si comprendemos que dentro de nosotros reunimos elementos del sexo opuesto, podremos integrar nuestra personalidad correcta y totalmente.
3. La polaridad del modo con que expresamos nuestro propio género es una parte igualmente válida de nuestra personalidad.

Animal de compañía
Véase también *animales*
1. Si bien en el estado de vigilia tal vez no seamos conscientes de nuestras necesidades de amor y afecto, cuando aparece un animal de compañía en el sueño, reaccionamos según un impulso natural de dar o recibir amor.
2. A nivel subliminal, quizá sepamos que otra persona ejerce control sobre nuestra vida. Sólo podemos hacer lo que se espera de nosotros. En cambio, si poseemos un animal en sueños, tal vez tengamos que cuestionar nuestra capacidad para cuidar algo o alguien más vulnerable que nosotros.
3. Los animales de compañía nos profesan a menudo un amor incondicional, sin dependencia. Con frecuencia, son sensibles a nuestro desasosiego o dolor emocional inmediato.

Animales
Véase también *animal de compañía* **y** *animales fantásticos*

1. Cuando en un sueño aparecen animales, suelen representar un aspecto de la personalidad que no puede entenderse correctamente, excepto a nivel instintivo.
Animal con cachorro: representa cualidades maternales; la madre, por tanto.
Animales divinos, parlantes, imponentes, sabios o con características humanas: los animales aún no son conscientes del poder del que proceden, ni se han enfrentado aún a él, de modo que la sabiduría que exhiben es inocente y sencilla. Siempre es importante prestar atención a este aspecto de la vida animal en los cuentos de hadas y los sueños, ya que necesitamos estar en contacto con la parte equivalente de nosotros mismos.
Animales serviciales: el subconsciente aporta imágenes auxiliares desde sus profundidades. Las figuras de animales son un modo fácil para el soñador de aceptar tal auxilio.
Comer al animal: el sueño podría relacionarse con los *demonios* que creamos, que sólo pueden superarse asimilándolos con una actitud constructiva. Algunas creencias paganas mantenían que uno absorbía ciertos aspectos del animal, en algún sentido superiores a las actitudes humanas corrientes.
Crías: el soñador se ocupa del aspecto infantil de su personalidad o bien de niños que conoce. Cuando se trata de una cría herida, el soñador quizá perciba dificultades para volverse maduro o afrontar la vida.
Huir de los animales: cuando en sueños buscamos un refugio para protegernos de los animales, ya sea construyendo un parapeto o huyendo, esto indica la lucha que sostiene el soñador con sus instintos animales y si la actitud que ha tomado es la correcta. Quizá dichos instintos estén amenazando o dañando aspectos de la vida del soñador.
Matar al animal: así, quizá se destruya la energía que se origina en los instintos. Domar o poner los arreos al animal muestra los esfuerzos que se hacen para controlar los instintos del soñador y, si es posible, volverlos productivos o útiles.
2. Cuando necesitamos comprender algún aspecto de nuestros propios impulsos psicológicos, soñamos con animales que simbolizan esas cualidades. Son:
Animales compuestos: soñar con animales compuestos por partes de otros podría indicar confusión al tratar de seleccionar las cualidades que se necesitan. Es necesario asimilar e integrar las distintas características de los animales que componen al animal soñado. Existen dos potenciales de desarrollo en una figura. Cuando en sueños aparece una figura medio animal, medio humana, los instintos animales del soñador comienzan a reconocerse y humanizarse.
Animales de sangre fría o reptiles: el aspecto insensible o inhumano de los instintos se ve representado a menudo por reptiles y otros animales de sangre fría. Normalmente, se perciben como destructivos y extraños.
Animales deformes: el soñador se da cuenta de que algunos de sus impulsos son desagradables o repulsivos.
Animales domesticados: cuando soñamos con animales domesticados, somos conscientes de las partes de nuestra persona que hemos aceptado. Estamos ejercitando ciertas pasiones de modo controlado, aunque existe la sugerencia de que nunca fueron muy formidables.
Animales heridos: quizá el soñador sufra heridas emocionales o espirituales.
Animales prehistóricos: tal vez un trauma del pasado o de la infancia esté creando dificultades.
Animales salvajes: los animales salvajes suelen representar el peligro que supo-

nen las pasiones o personas peligrosas. Existe una fuerza destructiva que se origina en el subconsciente y amenaza la seguridad del individuo. Un sueño así puede servir de ayuda para comprender la ansiedad. Cuando el soñador domestica animales salvajes, es posible que haya llegado a un entendimiento con su lado más salvaje.

Animales siniestros: cualquier amenaza por parte de animales indica los miedos y dudas del soñador con respecto a su capacidad de afrontar lo que emerge desde el inconsciente.

Ardilla: la ardilla representa el lado de la personalidad que acumula y almacena.

Ballena: como la ballena es un mamífero que vive dentro del agua, indica el poder de la resurrección y la reencarnación, la capacidad del hombre de regresar de la muerte.

Bichos: en sueños, los bichos dañinos pueden representar la contemplación obligada de algo innecesario o que ha invadido el espacio propio.

Buey: el buey ejemplifica la paciencia y los sacrificios que se hacen por los demás.

Caballo: en un sueño, el caballo representa la energía de que dispone el soñador. Un caballo blanco ilustra el conocimiento espiritual del soñador; uno castaño, el lado más pragmático y realista, mientras que un caballo negro es el aspecto apasionado de su naturaleza. Un caballo bayo indica la muerte; un caballo alado representa la capacidad del alma de trascender el plano terrenal. Si el caballo sufre o está muriéndose, la potencia dinámica que empuja al soñador hacia delante está muy debilitada. Quizá estemos experimentando demasiada presión en nuestra vida. Si el caballo está enganchado a un carro, tal vez el soñador se concentre demasiado en objetivos puramente utilitarios. En el sueño de un hombre, una yegua representará el *anima*, una mujer, o el dominio de lo femenino (véase *arquetipos*). Si quien sueña es mujer, recibir la coz de un caballo quizá indique el *animus* o su relación con un hombre. Un caballo que puede atravesar cualquier barrera y destrozar los obstáculos es la sombra colectiva (véase la introducción), los aspectos de la personalidad que la mayoría de la gente intenta suprimir. El caballo como animal de carga suele ser la madre o el arquetipo de la madre (véase *arquetipos*). Actualmente, el coche ha sustituido al caballo en muchos aspectos, como símbolo con las mismas asociaciones (véase *coche* y *viaje*).

Cabra: soñar con una cabra implica reconocer energía creativa y vitalidad masculina. Quizá también represente el lado oscuro de la naturaleza humana, promiscuidad y sexualidad. Al cabalgar sobre una cabra, el soñador desea aceptar la relación con el lado oscuro de su naturaleza. Este animal puede asimismo representar al diablo. Además, es el símbolo de Capricornio.

Camaleón: el soñador reconoce, en sí mismo o en otros, la capacidad de adaptarse y cambiar según las circunstancias del entorno.

Canguro: aunque este animal resulte un tanto exótico, representa la maternidad y también la fuerza.

Carnero: el carnero es un símbolo de virilidad y potencia masculina y, por asociación, de las cualidades que conlleva el signo de Aries en el Zodiaco.

Cebra: este animal tiene el mismo significado que el caballo, pero con el sentido adicional de equilibrar lo negativo y lo positivo de manera dinámica.

Cerdo o jabalí: en la mentalidad occidental, el cerdo indica ignorancia, estupidez, egoísmo y glotonería. El lado mejor del soñador empieza, tal vez, a reconocer estas desagradables cualidades en sí mismo. Sin tal reconocimiento, es imposible transformarlas o dominarlas. Cuando se sueña con cerdos y margaritas, existe un conflicto entre bajas pasiones y valores espirituales. Quizá no se consiga apreciar estos últimos. Las camadas numerosas de cerdos pueden representar una condición fructífera, aunque a veces sin resultado, ya que la cerda puede representar la madre destructiva (véase *arquetipos*). Por su parte, el jabalí representa el principio masculino arquetípico y, por tanto, el *animus* negativo en el sueño de una mujer (véase la introducción de este libro). Es posible que el soñador esté evadiendo un asunto que sería necesario afrontar y manejar con mayor atrevimiento.

Chacal: el chacal se asocia con el cementerio y, por tanto, con la muerte. Como animal carroñero, también se relaciona con la limpieza. Esotéricamente, es el criado del transformador que guía las almas desde el plano terrenal a la luz.

Ciervo o reno: la manada de ciervos o renos tiene una rígida estructura jerárquica. Por tanto, el soñador reconoce su lugar en el mundo. El ciervo también representa orgullo y nobleza.

Comadreja: según la tradición, la comadreja simboliza nuestras tendencias más engañosas y delictivas.

Conejo: existen dos significados posibles para un conejo que aparece en sueños. La obvia asociación con fertilidad podría ser importante o, por otro lado, el aspecto embaucador de la personalidad podría pasar a primer plano (véase *liebre*). Un conejo blanco quizá muestre al soñador el camino al mundo espiritual interior y actúe, por tanto, como guía.

Cordero: el cordero es el lado inocente de la naturaleza humana. Se dice que el mal no puede resistir tanta inocencia.

Elefante: ver un elefante en sueños implica reconocer las cualidades de paciencia, memoria, fuerza y fidelidad. En el sentido más esotérico, simboliza sabiduría radiante y entusiasta.

Erizo: el erizo puede representar hábitos malignos o, mediante un juego de palabras, nuestra incapacidad de manejar una situación espinosa.

Foca: soñar con una foca sugiere unión con el elemento en que vivimos.

Gato: soñar con gatos supone relacionarse con el lado felino y sensual de los seres humanos, especialmente en el caso de las mujeres. La naturaleza de diosas como Bast, la gata egipcia, se representa habitualmente como si tuviera dos lados, uno taimado y el otro amable. Así pues, el gato suele representar el lado caprichoso de la feminidad. El aspecto elegante, así como el poderoso, aunque demasiado autosuficiente, de la mujer quizá se perciba también como un gato.

Hiena: generalmente, en sueños la hiena significa impureza, desequilibrio y condición taimada.

Hombre lobo: véase *animales siniestros*.

Jaguar: las principales características del jaguar son velocidad y equilibrio. Simboliza el equilibrio de poder entre las fuerzas de la oscuridad y de la luz.

Lagarto (véase también *reptiles*): el lagarto que aparece en sueños representa acción instintiva o pensamiento canalizado en una sola dirección.

León (véase también la entrada correspondiente): el león representa majestad, fuerza y valor. También puede simbolizar el ego y las pasiones asociadas con él. Si el soñador está luchando con el león, debería producirse con éxito cierto desarrollo, a menos que el soñador se vea superado o mate al león. Un león devorador de hombres muestra que se ha desequilibrado un aspecto de la perso-

nalidad, con lo que el soñador y su entorno corren riesgo. Un león que yace junto a un cordero simboliza que existe unión o compatibilidad de opuestos; el instinto y el espíritu van de la mano.
Leopardo: el leopardo sugiere crueldad, agresión y, tradicionalmente, lo engañoso del poder mal empleado.
Liebre: la liebre refleja intuición, agudeza espiritual y saltos instintivos. A causa del miedo o la ignorancia, la intuición puede degenerar en locura. Debido a su asociación con la luna, en su aspecto negativo la liebre puede significar el aspecto de sacerdotisa / bruja de la feminidad o sacerdote / brujo de la masculinidad (véase *arquetipos*). Sin embargo, conforme a una imagen más positiva, se trata de la liebre radiante que a menudo agarra a su cría en una cueva) y, por tanto, la Madre de Dios.
Lince: la característica principal que se asocia con el lince es buena vista; en un sueño, por tanto, suele indicar objetividad.
Lobo: soñar con lobos puede indicar que otros nos amenazan, ya sea aisladamente o en manada. Es posible que el soñador tenga fantasías crueles y sádicas, sin responsabilizarse de ellas. En el caso de la loba, por una parte, se trata de la mujer desvergonzada; por otra, quien cuida de los huérfanos y niños rechazados.
Mono: el mono muestra el lado infantil, que no ha crecido, del carácter del soñador. Con el mono asociamos travesuras, descaro y curiosidad atrevida, que suelen verse como tendencias regresivas; en cambio, la curiosidad despierta conserva una ligereza de espíritu necesaria.
Monstruo, dragón, etcétera (véase también *dragón y monstruo*): un miedo más allá de nuestra comprensión, que normalmente surge de dentro, antes que del mundo exterior, suele representarse en sueños mediante monstruos y dragones.

El sueño en que aparece un monstruo devorador quizá reconozca que, al final, todos nosotros nos vemos absorbidos por un todo superior. Si el soñador vence al monstruo, logrará dominar su propio miedo a la muerte y quizá pueda redirigir esta fuerza para su propio uso. Arrancar el corazón u otro órgano vital al monstruo o encender un fuego dentro de él representa la lucha contra las fuerzas oscuras del inframundo.
Nutria: la nutria está especialmente preparada para vivir en su elemento, el agua, y ser capaz de conseguir la subsistencia en el entorno, características que quizá necesite desarrollar el soñador.
Oso (véase también la entrada correspondiente y *familia*): la madre aparece con muchas formas en los sueños; el oso es una de ellas. La imagen puede representar a la madre posesiva y devoradora o a la madre amorosa. Si en el sueño se reconoce que el oso es macho, quizá la imagen corresponda a una persona dominante o al padre.
Oveja: asociamos a la oveja con su instinto de seguir al rebaño, interpretación que es la aceptada con más frecuencia en los sueños. La indefensión de la oveja es otro aspecto reconocible, así como su aparente falta de inteligencia. El lado temeroso de la divinidad, de buenas ovejas, y el lado pasivo quizá tengan relevancia en el contexto del sueño. Soñar con ovejas y lobos u ovejas y cabras supone registrar el conflicto entre el bien y el mal.
Partes de animales (miembros, ojos, morro, etcétera): tienen el mismo significado que las partes del cuerpo humano (véase *cuerpo*). Si se insiste especialmente en las cuatro patas (probablemente en contraste con un animal de tres), se hace hincapié en la personalidad completa, con las cuatro funciones de la mente completamente desarrolladas.

Perro (véase también la entrada correspondiente): tal vez se reconozca a un compañero fiel y constante, un protector o, con significado más negativo, alguien a quien el soñador no puede quitarse de encima y que podría crear problemas. Un perro que ha pertenecido al soñador, o que éste ha conocido en algún periodo de su vida, indica que quizá haya recuerdos asociados a tal periodo de la vida que contengan la clave de la conducta actual. Cuando aparece una mujer cazadora con perros, el soñador establece una relación con uno de los arquetipos femeninos, la amazona (véase *arquetipos*). Un perro guardián, cerca de un cementerio, simboliza al guardián del umbral y a los animales que es preciso adormecer o domesticar antes de que pueda darse una iniciación al inframundo.

Rana: (véase también la entrada correspondiente y *renacuajo*): representa un periodo o acto de transformación, ya que una rana se desarrolla a partir de un renacuajo y se traslada a tierra firme. Algo repugnante está convirtiéndose en valioso, como una rana en príncipe.

Rata (véase también *bichos*): la rata representa la parte enfermiza y taimada del soñador o su situación. También simboliza algo repulsivo en algún aspecto. Tal vez el soñador experimente deslealtad por parte de algún amigo o colega.

Ratón (véase también *bichos*): a menudo se puede tratar, en el soñador, la timidez asociada con el ratón, si se percibe que tal cualidad puede surgir de la confusión y la falta de comprensión.

Reptiles: (véase también la entrada correspondiente): soñar con reptiles indica que estamos examinando los aspectos más bajos y aterradores de la personalidad. Quizá no tengamos control sobre ellos y nos puedan devorar. Tenemos miedo a la muerte o al proceso de la muerte, pero debemos sufrir un proceso de cambio para poder renacer.

Sapo: soñar con sapos supone conectar con aquello que el soñador considere feo en la vida o su comportamiento. Sin embargo, en tal fealdad está implícita la potencia de crecimiento y transformación en algo hermoso. Si aparecen un águila y un sapo, el soñador advierte la diferencia entre valores espirituales y terrenales.

Serpiente: (véase también la entrada correspondiente): la serpiente es un símbolo universal, que puede ser masculino, femenino o crearse a sí mismo. Puede significar muerte y destrucción o, por el contrario, vida y rejuvenecimiento. Es naturaleza instintiva y energía potencial. Los sueños con serpientes tienen lugar cuando el soñador intenta entenderse con su lado más instintivo. Así se ve obligado necesariamente a reconocer y reconducir la energía que ha suprimido o frustrado. Cuando se comprende y domestica el poder de la naturaleza instintiva, el soñador alcanza el equilibrio con su propia sexualidad y sensualidad, por lo que puede destinar a otros usos la energía, más elevada y espiritual, de que dispone a partir de entonces. Como el impulso más primigenio es la sexualidad, la imagen de la serpiente es la más primitiva a nuestro alcance. Si el soñador es varón, la serpiente puede aparecer cuando no ha comprendido la parte femenina o intuitiva de sí mismo o cuando duda de su propia masculinidad. En el sueño de una mujer, la serpiente podría manifestarse si tiene miedo al sexo o, a veces, a su propia capacidad de seducción. Puesto que la relacionamos con el Jardín del Edén, la serpiente es símbolo de duplicidad, engaño y tentación. Una serpiente enroscada alrededor del cuerpo o un miembro indica alguna forma de esclavitud, como estar sujeto a las pasiones. Una serpiente que sale por la boca de un cadáver puede representar a veces el acto sexual (muerte pequeña), pero también puede significar el control que el soñador tiene sobre su propia libido. Una serpiente entre la hierba denota deslealtad, trampa y malignidad. La imagen de una serpiente que se muerde la cola, una de las más antiguas de la humanidad, significa integridad, totalidad; asimismo, unión entre cualidades espirituales y físicas (véase *ouroboros* y *círculo* en *formas*). Una serpiente que devora al soñador muestra la necesidad y la capacidad de regresar a lo primordial y perder la sensación de espacio y tiempo (véase *comer*). Como las serpientes son una forma tan primitiva de vida y, en muchos casos, son venenosas, se han asociado con la muerte y todos los temores del hombre. Ahora bien, las fuerzas inconscientes que se liberan cuando el soñador logra reconciliar sus lados opuestos procuran curación, renacimiento y renovación, lo que se representa universalmente con dos serpientes enroscadas en una vara o algo similar (véase *caduceo*). Es una representación simbólica de la forma básica de ADN, los ladrillos de la vida. Por otra parte, los colores de la serpiente quizá proporcionen más aclaraciones del significado del sueño (véase *colores*).

Tigre: el tigre significa realeza, dignidad y poder. Es tanto creador como destructor.

Topo: normalmente, se percibe al topo como representante de los poderes de la oscuridad, pero a menudo puede significar la persistencia y determinación ciegas que llevan al soñador al éxito.

Toro (véase también la entrada correspondiente): normalmente, el toro representa lados negativos de la conducta, como capacidad de destrucción, miedo o ira. Sin embargo, en una visión más positiva, el toro se reconoce como pasión sexual o poder creativo. Matar un toro en sueños indica la iniciación al mundo del adulto maduro que consigue dominar sus instintos. El toro también puede representar el signo de Tauro en el Zodiaco.

Transformación de animales: en sueños, la metamorfosis del soñador u otras personas en animales, y viceversa, muestra el potencial de cambio en cualquier situación.

Unicornio (véase también la entrada correspondiente): tradicionalmente, sólo las vírgenes podían percibir y poseer un unicornio, símbolo de pureza. Es una nueva aparición de la inocencia a la que es necesario regresar para alcanzar el conocimiento de uno mismo. A menudo sugiere que es preciso controlar el ego y el egoísmo.

Vaca: el eterno femenino, especialmente la madre (véase *familia*) o figura materna (véase *arquetipos*) se simboliza frecuentemente con una vaca. En parte, esto se debe a que proporciona leche y alimento.

Vertebrados: los animales que tienen columna vertebral suelen proporcionar una comprensión de las cualidades que se asocian con ellos. Los órdenes más pequeños y primitivos de animales representan el inconsciente; los órdenes superiores, las emociones.

Yegua: véase *caballo*.

Zorro: soñar con un zorro advierte sobre hipocresía, astucia y malicia.

3. Al comprender a los animales y su simbolismo, nos acercamos a la vida de manera más simple y natural.

Animales fantásticos
(como grifos, unicornios o minotauros)

1. Las imágenes de los sueños, con objeto de atraer la atención del soñador a ciertas cualidades, pueden mostrar animales con características pertenecientes a otros seres vivos. Como arquetipos, existen

muchas combinaciones posibles que proporcionarán potencial ilimitado a las capacidades creativas del soñador (véase *arquetipos*). El soñador percibe que existe libertad con respecto a los principios convencionales.
2. Dada la libertad creativa, la mente puede producir tanto lo fantástico como lo grotesco. Los animales fantásticos son resultado de intentar conciliar estos extremos.
3. Los poderes tremendos y aterradores de la naturaleza se representan en esta interpretación. El soñador debería ser consciente de su propio poder *animal* y de si puede controlarlo.

Anormal

1. En un sueño, la anormalidad suele representar algo que percibimos instintivamente como erróneo o sin el adecuado equilibrio. Si es anormal en el sentido de extraordinario, como un sonido o sensación anormal, hay que examinar su rareza. Por ejemplo, quizá soñemos con alguien que se ríe en un funeral, lo que indicaría que necesitamos prestar especial atención a nuestros sentimientos hacia esa persona.
2. Darnos cuenta de la anormalidad nos advierte de que deberíamos prestar especial atención a las áreas de la vida que no resultan como sentimos que deberían ser. Soñar con un enano o un gigante puede indicar que dirigimos la atención a ciertos asuntos relacionados con tamaño o deformidad. Quizá haya algo en nuestra vida que sea demasiado grande para controlarlo.
3. Lo anormal o extraño suele poseer posibilidades, oportunidades o poderes mágicos.

Ansia
Véase también *deseo*

1. Durante los sueños, aumenta con frecuencia la intensidad de las sensaciones. Una necesidad que se puede controlar perfectamente durante la vida cotidiana se convierte en ansia y anhelo mientras se sueña. Así se destacaría una emoción que tal vez debamos examinar con objeto de comprenderla.
2. Si, por hábito o renuncia, hemos suprimido nuestras necesidades, tal vez surja el anhelo durante el sueño de obtener lo mismo que nos hemos negado conscientemente.
3. Tal vez el soñador se haya vuelto impaciente durante la búsqueda, al parecer interminable, de su yo espiritual. A menudo, esto se simboliza mediante la sensación de ansia durante un sueño.

Anticonceptivo
Véase *sexo*

Antiguo
Véase *viejo*

Anuncio

1. Según el contenido del sueño, un anuncio indica las áreas de nuestra vida que es preciso reconocer. Por ejemplo, un anuncio de una valla quizá signifique un modo de actuar en público, mientras que un anuncio televisivo representaría una manera de pensar.
2. Es necesario que nos mostremos tal como somos y se nos reconozca por nosotros mismos. Si nosotros somos el tema del anuncio, deberíamos ser más francos y abiertos sobre nuestras actividades. Si alguien que conocemos se anuncia a sí mismo en el sueño, quizá nos demos cuenta de que tiene capacidad de ayudarnos en nuestras actividades. Al revés, el subconsciente tal vez nos esté advirtiendo de su necesidad de ayuda.

3. La información recibida físicamente precisa reconocimiento.

Anzuelo
1. Cuando soñamos con un anzuelo, generalmente comprendemos que somos capaces de atraer algo, bueno o malo, hacia nosotros. Asimismo, puede indicar que alguien nos ha *enganchado* y no disponemos de la libertad a la que creemos que tenemos derecho.
2. En los sueños de la infancia, el anzuelo puede representar el dominio que un padre o una figura autoritaria tiene sobre nosotros. Este simbolismo puede continuar hasta la edad adulta, ilustrando el modo en que dejamos que otras personas ejerzan control sobre nuestra vida.
3. Necesitamos camino libre, no *morder el anzuelo* con prácticas o creencias religiosas sin motivo.

Año
Véase *tiempo*

Año nuevo
1. Soñar con el año nuevo supone reconocer la necesidad de un comienzo nuevo. Quizá signifique también la medición del tiempo de modo aceptable, o bien una época en la que algo puede ocurrir.
2. Psicológicamente, cuando es necesaria una renovación o un nuevo aumento de la comprensión, debemos reconocer el esfuerzo que es preciso hacer. Con frecuencia, esto se simboliza como el año nuevo, un comienzo distinto.
3. Desde un punto de vista espiritual, en cualquier cultura, el año nuevo y las celebraciones que lleva consigo pueden significar que dispondremos de otros conocimientos y mayor entendimiento. Ya no estamos en las profundidades de la oscuridad.

Apetito
Véase también *deseo*
1. Cuando un apetito se destaca especialmente en un sueño, suele representar un deseo insatisfecho. No tiene por qué ser siempre un deseo físico; podría ser emocional o espiritual.
2. Tener hambre o sed en sueños quizá indique deseo sexual.
3. El apetito significa ganas de vivir y anhelo espiritual.

Apuesta
Véase *juegos*

Apuñalar
Véase también *armas*, *cuchillo* y *puñal*
1. Que nos apuñalen en sueños indica nuestra capacidad para que nos hieran. Apuñalar a alguien, en cambio, es estar preparado para hacer daño. Puesto que un arma blanca penetra, tiene connotaciones obvias de agresividad sexual masculina, aunque también con la facultad de ir directos al grano.
2. Cuando nos volvemos vulnerables, estamos abiertos a que nos hieran. Por otra parte, una puñalada es a menudo un modo rápido de conseguir un resultado. Por ejemplo, apuñalar algo en lugar de a alguien sugeriría la necesidad de romper algún tipo de concha o barrera.
3. Cuando nos damos cuenta de que podemos poner en práctica ciertas capacidades, éstas pueden proporcionar una sensación casi de ritual. Pelear y apuñalar pueden apreciarse entonces como métodos de disciplina espiritual (como en las artes marciales). Necesitamos comprender el comportamiento adecuado.

Araña
1. La imagen de la araña comporta mucha ambivalencia. Desde un punto de vista mundano, es desagradable, quizá

debido a cómo se mueve cuando huye, pero también a causa de su asociación con la suciedad. En sueños, también puede sugerir astucia.

2. En términos psicológicos, la araña se relaciona con el mandala (véase *mandala*). Es la capacidad de crear un esquema perfecto, que nos nutre y protege al mismo tiempo.

3. Espiritualmente, la araña representa a la gran madre en su papel de tejedora. Teje el destino desde su propio cuerpo, por lo que es la creadora. Si aceptamos este aspecto, nos volvemos tejedores de nuestro propio destino.

Arar

1. Conforme la gente deja de trabajar en el campo, este símbolo se vuelve menos relevante en los sueños. Sin embargo, significa trabajar para despejar el camino y procurar nuevo crecimiento, así como estar preparados para el cambio.

2. Tal vez vivamos en la actualidad una situación que necesite *darle la vuelta*. Si la examinamos desde una perspectiva diferente, podemos convertirla en más productiva.

3. Vivimos un proceso de creación de nuevas oportunidades para desarrollar la espiritualidad.

Árbol

Véase también *árbol de Navidad* y *árboles de hoja perenne*

1. En sueños, el árbol simboliza la estructura básica de nuestra vida interior. Cuando aparece uno en un sueño, es mejor trabajar extensamente con la imagen. Un árbol con ramas amplias haría pensar en una personalidad cálida y afectuosa, mientras que un árbol pequeño, de hojas apretadas, sugeriría una personalidad tensa. Un árbol bien podado se relacionaría con una personalidad bien organizada; en cambio, un árbol grande y de follaje desordenado apuntaría a una personalidad caótica. Existe un juego que se puede practicar durante la vigilia, si uno se atreve. Pregunte a un amigo qué clase de árbol cree que es usted y qué clase de árbol cree que es él mismo. Los resultados son interesantes. Por ejemplo, un roble representaría fuerza.

2. Se dice que las raíces de un árbol muestran nuestra conexión con nosotros mismos y con la tierra. Sería más exacto sugerir que representan nuestra capacidad de pertenecer al lado práctico de la vida, al disfrute de encontrarnos en ella. Unas raíces extendidas indicarían capacidad de relacionarse bien con el lado físico, mientras que, por el contrario, unas raíces profundas sugerirían una actitud más reservada. El tronco del árbol proporciona una indicación de cómo empleamos la energía de que disponemos, así como del exterior que presentamos ante el mundo. Una corteza rugosa sugiere una personalidad directa e improvisadora; en cambio, una corteza suave indicaría mayor complejidad. Las ramas representan las etapas de crecimiento que recorremos y las hojas, la manera de comunicarnos con el resto del mundo. Trepar al árbol expresa que examinamos nuestras esperanzas y capacidades para tener éxito.

3. Espiritualmente, el árbol simboliza el árbol de la vida y representa la unión de cielo, tierra y agua. Cuando aprendemos y entendemos nuestro propio árbol, somos capaces de vivir la vida provechosamente en todos los aspectos.

Árbol de Navidad
Véase también *árbol*

1. Como la mayoría de la gente asocia el árbol de Navidad con una época de celebración, si uno aparece en sueños signi-

fica destacar un periodo determinado de tiempo, quizá un comienzo nuevo. También puede apuntar a una época para dar y, por asociación, la capacidad de disfrutar el presente.
2. Mediante un árbol de Navidad, tal vez reconozcamos cómo se ilumina una situación que ha sido opresiva o deprimente.
3. El árbol del renacimiento y la inmortalidad, debido a sus cualidades perennes.

Árboles de hoja perenne
Véase también *árbol*
1. Soñar con árboles de hoja perenne puede representar la necesidad de vitalidad y frescura, juventud y vigor y, a veces, purificación.
2. Caminar a través de bosques de árboles de hoja perenne indica deseo de paz y tranquilidad.
3. Los árboles de hoja perenne, debido a su capacidad de sobrevivir en condiciones extremas, significan la vida eterna.

Arca, arcón
1. Una arca o arcón que aparece en un sueño dibuja el modo en que escondemos o almacenamos nuestras emociones. Quizá sea preciso mantener en secreto nuestros ideales y esperanzas más importantes. También es posible que muestre lo mejor de nosotros, las mejores intuiciones.
2. Desde un punto de vista emocional, tenemos que limitar algo nuestros sentimientos y deseos secretos. En sueños, una caja, lisa o no, mostrará cómo afrontamos la vida.
3. La caja de Pandora y la historia de cómo se liberaron los males en el mundo es el mejor ejemplo de imagen de caja a nivel espiritual. Debemos ser conscientes de que es preciso tener cuidado cuando se explora lo espiritual por primera vez.

Archivo
1. En la época actual, soñar con archivos o clasificar, es decir, poner orden en nuestra vida, supone entender lo que estamos haciendo y cómo lo hacemos. Archivar algo tal vez indique que ya no necesitamos estar alerta con respecto a cierta situación, pero sí tenemos que conservar el conocimiento que nos ha proporcionado una experiencia.
3. Una situación caótica puede tratarse ahora de manera ordenada.

Arco (de circunferencia)
1. Necesitamos concentrarnos en una parte determinada de nuestra vida.
2. Desde un punto de vista psicológico, sólo estamos prestando atención a un segmento o porción de lo que intentamos afrontar en el presente.
3. El soñador tiene a su disposición un dinamismo que mejorará su crecimiento.

Arco (entrada)
Véase también *entrada*
1. Cuando soñamos con arcos o entradas, a menudo nos estamos dirigiendo a un entorno o modo de vida diferente. Tenemos que atravesar algún tipo de iniciación, de ritual de aceptación, para lograr nuestro objetivo.
2. Estamos pasando una prueba. Tal vez una autoridad nos proteja.
3. Experimentamos algún tipo de iniciación espiritual. Estamos renaciendo, comenzamos de nuevo.

Arco iris
1. Un arco iris que surge en un sueño es la promesa de que se avecina algo mejor. El antiguo cuento de una olla de oro al pie del arco iris está tan asentado en la sabiduría popular, que este significado aparece a menudo en los sueños.
2. La aparición de la consciencia, la apre-

ciación de algo tan etéreo como un arco iris sugiere la necesidad de una sensación de alerta intensificada. En términos más esotéricos, se dice que un arco iris representa los siete escalones de la consciencia, necesarios para la verdadera espiritualidad.

3. Un arco iris simboliza la gloria espiritual que se encuentra al alcance del soñador, a través del entendimiento y el aprendizaje.

Ardilla
Véase *animales*

Arena
Véase también *arenas movedizas*

1. En un sueño, la arena sugiere inestabilidad y falta de seguridad. Si vemos a la vez mar y arena, se demuestra poca seguridad emocional. Cuando la arena se mueve, probablemente somos incapaces de decidir lo que necesitamos en la vida. Si soñamos con un reloj de arena, somos conscientes de que el tiempo se acaba.

2. La arena tal vez represente lo efímero. Construir castillos de arena es una ocupación fantasiosa, ya que las olas los desharán; soñar con ello indicaría que la estructura que procuramos dar a nuestra vida no tiene estabilidad y quizá sea una ilusión.

3. Espiritualmente, la arena representa la transitoriedad de la vida física y puede sugerir que es preciso acercarse de algún modo a la muerte.

Arenas movedizas
Véase también *arena*

1. Las arenas movedizas significan falta de seguridad. En las primitivas interpretaciones de los sueños, representaban dificultades en los negocios.

2. Encontrarnos atrapados en arenas movedizas sugiere que nos vemos colocados en una situación difícil, que no necesariamente hemos provocado nosotros mismos.

3. Las arenas movedizas espirituales sugieren una situación donde quizá estemos en terreno inseguro en lo que se refiere a nuestras creencias.

Armadura
Véase también *escudo*

1. Es preciso advertir que existe cierta rigidez emocional e intelectual, bien en nosotros mismos, o bien en otros que nos rodean. Si llevamos puesta una armadura, quizá estemos protegiéndonos excesivamente; si otros llevan armadura, tal vez seamos demasiado conscientes de sus mecanismos de defensa.

2. Tal vez estemos protegiéndonos de algo que nos parece amenazador. Sin embargo, nuestro método de protección quizá esté anticuado y sea inadecuado en las circunstancias actuales.

3. La armadura significa caballerosidad, protección y la necesidad de proteger o sentirse protegido.

Armario ropero
Véase también *muebles*

1. Con frecuencia, debido a su gran tamaño, un armario ropero puede tener el mismo significado que un pasillo y, por tanto, sugiere un periodo de transición. Puesto que alberga nuestra ropa, también evoca cómo abordamos nuestra propia imagen.

Armas
Véase también *apuñalar* **y las entradas correspondientes a cada arma**

1. Soñar con armas suele sugerir nuestro deseo de dañar algo o a alguien. Hemos internalizado nuestra agresividad, de modo que es más aceptable soñar con armas y emplearlas contra otras perso-

nas en sueños, que verse obligado a afrontar las circunstancias reales en la vida cotidiana. Según el arma que utilicemos, podemos tener una idea bastante acertada de cuál es el verdadero problema en la vida de la vigilia. Un **cuchillo** representa la capacidad de atravesar los restos, de desgarrar lo que nos esté molestando y de cortar con la hipocresía que tal vez prevalezca en una situación. La **espada** tiene más de un significado. Debido a la empuñadura, que le da forma de cruz, a menudo representa un sistema de creencias que se utiliza poderosamente. Asimismo, se puede utilizar para sugerir fuerza espiritual, creando la capacidad de cortar lo innecesario con más poder que el cuchillo. Cuando la espada está envainada, representa el alma o el propio yo dentro del cuerpo. Una **flecha** indica que alguna emoción poderosa nos atraviesa, que alguien nos hiere mediante palabras o actos. Necesitamos dirigir la atención hacia nuestro interior para sentirnos mejor. La **pistola** simboliza, tradicionalmente, la sexualidad masculina. Si una mujer sueña que le disparan, a menudo se indica así su deseo o temor de agresividad sexual. Si disparamos nosotros la pistola, tal vez empleemos nuestras capacidades masculinas de manera bastante agresiva, con objeto de defendernos.
2. Si alguien nos amenaza con un arma, debemos examinar hasta qué punto fomentamos la agresividad de otros hacia nosotros. Quizá hayamos hecho algo a disgusto de otra persona, que recurre a la agresión, o quizá nos hayamos puesto en la situación de ser víctimas de las circunstancias.
3. Diversas armas pueden sugerir distintos grados de poder espiritual. El soñador debería emplear tal poder con la adecuada precaución.

Arnés
Véase también *ronzal*
1. Como el ronzal, el arnés indica alguna forma de control o contención. Quizá nuestras propias limitaciones nos estén refrenando o las circunstancias externas nos controlen. Llevar puesto un arnés suele devolvernos a periodos de la infancia en los que no teníamos la libertad que hubiésemos querido.
2. En sueños, advertir el control que supone un arnés ilustra la contención necesaria para que ocurra lo correcto.
3. Espiritualmente, necesitamos dirigir la energía. Esto significa utilizar la que tenemos a nuestra disposición del modo más eficaz posible. Cuando así lo hacemos, somos capaces de controlar el lado más indómito de nuestra personalidad.

Arpa
Véase también *instrumentos musicales*
1. Como instrumento musical, el arpa indica la vibración correcta que necesitamos, con objeto de crear armonía en nuestras vidas. Nosotros mismos ejercemos gran control sobre este aspecto y, puesto que el arpa es símbolo de música, ritmo y armonía, a menudo nos relaciona con los fundamentos de nuestro yo.
3. La escalera que conduce al otro mundo, representada por el arpa, es una imagen que se puede emplear tanto en sueños como en meditación.

Arquetipos
1. Los arquetipos son imágenes básicas que todos nosotros conservamos en lo profundo del subconsciente. En cierto sentido, son esquemas *psíquicos*. Estos esquemas, si bien son potencialmente perfectos, pueden verse distorsionados por experiencias de la infancia, la socialización e incluso la experiencia paterna. C. J. Jung comenzó a estudiar los arque-

Masculino	Femenino	Positivo / negativo	Función
Padre cariñoso	Madre cariñosa	+	Sensación
Ogro	Madre destructiva	-	
Joven	Princesa	+	Sentimiento
Vagabundo	Sirena	-	
Héroe	Amazona	+	Pensamiento
Villano	Competidora	-	
Sacerdote	Sacerdotisa	+	Intuición
Brujo	Bruja	-	

tipos y a dividir sus funciones en pensamiento, sentimiento, sensación e intuición. A partir de varios trabajos de sus discípulos, se hizo posible elaborar un tipo de *mapa* para describir la interacción entre estas funciones, así como para descubrir dónde ocurren las distorsiones propias. Cada función tiene una cualidad «positiva» y «negativa» que quizá se describa mejor como «mayor» y «menor». Cada uno de los lados masculino y femenino de la personalidad tiene estas cuatro funciones, de modo que hay 64 (8 x 8) interacciones posibles. Donde haya ocurrido una distorsión, tendemos a proyectar a los que nos rodean el arquetipo con el que tenemos mayor dificultad (a menudo, la sombra). Por consiguiente, existirá una tendencia a repetir situaciones una y otra vez (por ejemplo, la mujer que se encuentra continuamente en relación íntima con una figura paterna o el hombre que siempre se enfrenta a las mujeres ejecutivas), hasta que aprendemos a afrontar y comprender nuestra distorsión. El reverso de esta situación es que, con conciencia de esta situación, somos capaces de aceptar las proyecciones de otros sobre nosotros, sin que nos afecten.

El equilibrio perfecto se alcanzaría utilizando todos los aspectos de la personalidad, como se muestra a continuación.

Los padres cariñosos tienen significado claro. El ogro representa la ira masculina usada en sentido negativo; la madre destructiva puede serlo con intención o, simplemente, ser el tipo que oprime, es decir, la madre que limita el crecimiento adecuado de sus hijos. El joven y la princesa son los aspectos más amables y divertidos de la personalidad, el vagabundo es el eterno errante y la sirena es la seductora, o la parte sexualmente activa de la feminidad. El héroe es la parte autosuficiente y mesiánica de la personalidad, mientras que la amazona es la mujer autosuficiente: la mujer de negocios eficaz. El villano es la parte masculina que utiliza el poder para sus propios fines. La competidora es la típica *feminista* que cree que no necesita a los hombres. El sacerdote y la sacerdotisa son los poderes de la intuición, empleados para un *bien superior;* en cambio, el brujo utiliza el poder interior con total falta de pasión, mientras que la bruja usa el mismo poder, de modo más emocional y, quizá, negativamente.

2. Más específicamente, los arquetipos femeninos son:

Madre cariñosa: es la imagen convencional de la figura de la madre amante, que perdona las transgresiones y es siempre comprensiva. Como se ha dado mucha importancia a este lado de la femi-

nidad, hasta hace poco era muy fácil desarrollar en exceso este aspecto, a expensas de otros lados de la personalidad.
Madre destructiva: esta madre quizá sea el tipo de madre *opresiva* o la madre abiertamente destructiva y represora. A menudo, es este aspecto el que evita activamente otras relaciones o causa problemas en ellas, debido a sus efectos en el soñador.
Princesa: el aspecto infantil, divertido e inocente de la feminidad. Es totalmente espontánea, pero al mismo tiempo se acerca a los otros subjetivamente.
Sirena: este aspecto es la seductora, la mujer despierta sexual y sensualmente, que aún conserva el sentido de su propia importancia. En sueños, aparece a menudo con ropajes amplios, históricos, como para realzar la imagen erótica.
Amazona: la mujer autosuficiente que cree que no necesita a los hombres; con frecuencia, se convierte en la mujer de carrera. Disfruta con el toma y daca de la lucha intelectual.
Competidora: es la mujer que compite con todo el mundo, tanto hombres como mujeres, esforzándose en demostrar que puede controlar su propia vida.
Sacerdotisa: ésta es la mujer muy intuitiva, que ha aprendido a manejar la corriente de información y emplearla para el bien común. Se encuentra muy a gusto en el mundo interior.
Bruja: la mujer intuitiva que utiliza su energía para alcanzar sus propios fines. Es subjetiva en sus juicios y, por tanto, pierde discernimiento.
Los arquetipos masculinos son:
Padre cariñoso: este lado masculino es la figura convencional del padre cariñoso, que es capaz de cuidar del niño que llevamos dentro, pero también puede ser firme y justo.
Ogro: representa la figura masculina airada, dominante, agresiva y aterradora. A menudo, esta imagen ha surgido debido a la relación original que el soñador tenía con su padre o la figura paterna.
Joven: el aspecto masculino divertido y curioso es tanto sensible como creativo. Ésta es la figura de Peter Pan, que nunca ha crecido.
Vagabundo (véase también la entrada correspondiente): éste es el amante de la libertad, el errante, el gitano. No está sujeto a nadie y sólo se interesa por lo que se encuentra tras la siguiente esquina.
Héroe (véase también *personas*): el héroe es el hombre que ha elegido emprender su propio viaje de exploración. Es capaz de examinar alternativas y decidir el siguiente movimiento. Con frecuencia, aparece como figura mesiánica en los sueños. Rescatará a la damisela en apuros, aunque sólo como parte de su propio proceso de crecimiento.
Villano: el villano es completamente egoísta y no le preocupa a quién aplaste en su propia búsqueda. A menudo es el aspecto de la masculinidad que una mujer encuentra primero en las relaciones cotidianas, de modo que puede permanecer en las imágenes del sueño como figura amenazadora si la mujer no se ha reconciliado con el egoísmo del villano.
Sacerdote: el hombre intuitivo es el que reconoce y comprende el poder de la intuición, pero suele ponerla al servicio de su dios o sus dioses. Puede aparecer en sueños como el chamán o sacerdote pagano.
Brujo: éste es el hombre que emplea el discernimiento sin ninguna pasión, ni para el bien ni para el mal, sino sólo porque disfruta con el uso del poder. En su aspecto más negativo, es el tramposo o el amo de los cambios inesperados.
3. Espiritualmente, cuando tenemos acceso a todos los arquetipos, estamos dispuestos a integrarnos y formar un todo.

Arresto
Véase también *figuras con autoridad* **en** *personas*
1. Soñar que nos arrestan sugiere la restricción de nuestra propia expresión natural, debido a juicios morales o consideraciones sobre lo que es correcto o incorrecto por parte de otras personas. Soñar que arrestamos a otra persona indicaría nuestra desaprobación instintiva de la parte de nosotros mismos que esa persona representa en el sueño.
2. Psicológicamente, estamos inseguros de nuestros motivos en una acción que estamos considerando. Necesitamos detenernos y pensar antes de actuar.
3. Existe la necesidad de autoridad.

Arriba
Véase *posición*

Arroz
Véase también *cereal*
1. Como imagen de un sueño, el arroz sugiere alimento, tanto para la mente como para el cuerpo. También se asocia con la abundancia.
2. Se supone que el arroz es mágico y simboliza la nutrición espiritual.
3. Como la mayoría de los cereales, desde un punto de vista espiritual, el arroz representa inmortalidad y fecundidad.

Artista
1. El artista en sueños nos hace reconocer al artista que llevamos dentro. Advertimos un aspecto de nosotros mismos que se encuentra en contacto con el lado irracional y creativo del inconsciente.
2. Necesitamos emplear el deseo o la capacidad de ser creativos. Quizá también exista una relación con la parte de nosotros que registra los acontecimientos para la posteridad.
3. El creador, el principio rector se manifiesta con frecuencia en los sueños como el artista.

Asamblea
1. Soñar con una asamblea suele llamarnos la atención hacia la parte de nosotros que está implicada en la toma de decisiones. Los aspectos más elevados del yo tienen cierta autoridad sobre nosotros; son, por así decirlo, el lado de nosotros que aborda el bien común. Una asamblea representa a este lado que nos relaciona con el resto del mundo.
2. Cualquier reunión de personas en un sueño es importante, ya que nos muestra cómo nos relacionamos con ese grupo. Soñar que estamos en el Congreso indica que nos hallamos en un lugar donde se decide; quizá no seamos capaces de adoptar determinaciones que afecten a otras personas, pero tenemos acceso a ese espacio.
3. La asamblea debería representar la claridad espiritual.

Ascender
Véase también *ascensión*
1. Somos conscientes de que podemos ejercer control sobre la pasión o el placer sexual.
2. La transición desde expresar la energía mediante el sexo a expresarla por nuestra conciencia de nosotros mismos suele mostrarse como un ascenso. Si subimos por escaleras o en un ascensor, avanzamos hacia el despertar o una mayor conciencia; estamos escapando de la ansiedad o de tener los pies en el suelo; nos estamos liberando de las restricciones físicas.
3. Buscamos la conciencia de la espiritualidad.

Ascensión
Véase también *ascender*

1. El acto de la ascensión es un avance hacia un nuevo plano espiritual, que trasciende el estado de ser humano. Supone advertir los distintos grados de concentración, que proporcionan una perspectiva distinta al hecho de ser hombre.
2. La ascensión es un estado de consciencia alterado que puede ocurrir como consecuencia de la meditación y otras prácticas espirituales. En sueños, se percibe como aceptable y real; suele aparecer acompañada de símbolos del paraíso.
3. Con frecuencia, la ascensión sigue a la experiencia de un descenso al inframundo.

Asceta
1. Existe algún conflicto con los impulsos naturales. Quizá se esté evitando el sexo u otros contactos, a causa del miedo o la necesidad de contenerse. En sueños, encontrarse con un asceta o un santo supone encontrar nuestro yo superior, así como reconocer la parte de nosotros mismos que busca sin cesar la unión con la divinidad. Tal vez estemos buscando la sencillez.
2. Psicológicamente, buscamos la pureza en nosotros mismos o en otros. Asimismo, es posible que tengamos miedo de esa pureza dentro de nosotros y necesitemos aceptarla.
3. Se da un intento de encontrar lo espiritual en nuestra vida y un desarrollo de la voluntad.

Asesinato
Véase también *matar*
1. Quizá neguemos o intentemos controlar una parte de nuestra naturaleza en la que no confiamos. Además, tal vez tengamos sentimientos hacia otras personas que sólo puedan expresarse con seguridad en los sueños. Si alguien nos asesina, una parte de nuestra vida está completamente desequilibrada y las circunstancias externas nos están destruyendo.
2. Estar suficientemente airado para asesinar sugiere que aún conservamos algún tipo de ira infantil, ya que es bastante natural que un niño sienta deseos de que alguien se muera. Si queremos asesinar a alguien en sueños, primero necesitamos comprender lo que esa persona representa para nosotros, antes de reconocer la violencia de nuestros sentimientos.
3. La destrucción voluntaria es aquí el símbolo adecuado. Espiritualmente, necesitamos examinar lo que se encuentra en nuestro camino.

Asfixia
Véase también *ahogarse, atragantarse y estrangular*
1. Cuando en sueños sentimos que nos asfixiamos, quizá se deba a que nuestros propios miedos amenacen con desbordarnos. También puede indicar que no controlamos nuestro entorno. Ahogar a alguien quizá signifique que en la vida real lo dominemos.
2. Si no deseamos mantener ningún tipo de relación con alguien, a veces aparecen sueños de asfixia. Los miedos sobre la sexualidad también afloran de este modo.
3. La asfixia puede aparecer en sueños cuando la energía negativa es demasiado intensa para que la manejemos.

Astas
Véase también *cuernos*
1. El ciervo es un animal noble, de modo que la interpretación es diferente si las astas están montadas en un trofeo o se ven en el animal. En este último caso, la interpretación se dirige a algo sobrenatural, que tal vez represente poderes intelectuales. En el primer caso, las astas pue-

den interpretarse como un intento de alcanzar una posición elevada.
2. Psicológicamente, las astas representan la conciencia del potencial de conflicto que existe entre nuestro yo más noble y los bajos instintos.
3. Las astas simbolizan los poderes naturales, la fertilidad y la nobleza de espíritu.

Astilla
1. En sueños, una astilla puede representar una leve irritación. Se trata de algo que ha atravesado nuestras defensas y nos incomoda. Las astillas quizá sugieran palabras o ideas dolorosas. Tal vez nos estemos aferrando a ideas que producen sentimientos negativos.
2. Golpear algo que se astilla supone reconocer que todos estamos formados por partes que componen un todo.
3. La sensación de pertenecer a un grupo de personas con mentalidad similar sólo puede aparecer después de reconocer nuestro aislamiento o, en algunos casos, fragmentación.

Atacar
1. Si durante el sueño nos atacan, esto indica miedo de vernos amenazados por acontecimientos externos o emociones internas. Unos impulsos o ideas desconocidos obligan al soñador a adoptar una actitud defensiva. Si nos atacan animales, estamos dirigiendo nuestra propia agresividad o sexualidad hacia el interior; tenemos miedo de nuestros propios impulsos naturales.
2. Si el soñador es el atacante, necesita defenderse mediante una expresión propia positiva; está intentando destruir algún impulso o sentimiento en sí mismo o en otros.
3. Existe una amenaza espiritual o psíquica.

Atardecer
1. Cuando en un sueño somos conscientes de que atardece, es preciso reconocer el hecho de que necesitamos tiempo para nosotros mismos, quizá relajación y paz.
2. El atardecer, además de sinónimo del crepúsculo, puede simbolizar los límites de nuestra mente consciente. Quizá existan apariciones de las que no sabemos nada hasta que no empezamos a trabajar con el inconsciente.
3. El atardecer representa edad avanzada y muchos años de experiencia espiritual.

Ataúd
1. Si soñamos con un ataúd, estamos recordando nuestra propia mortalidad. También es posible que estemos asimilando la muerte de una relación y sentimientos de pérdida.
2. Tal vez estemos encerrando nuestros propios sentimientos y, por tanto, causemos la muerte de una parte de nosotros mismos.
3. El ataúd simboliza redención, resurrección y salvación.

Atizador
1. Un atizador se relaciona claramente con la masculinidad, aunque también con la rigidez. Por tanto, en sueños puede sugerir una acción agresiva, así como actitudes y comportamientos rígidos.
3. El atizador apunta a disciplina rígida e inflexible, que puede ser necesaria en algún momento del desarrollo espiritual.

Atragantarse
Véase también *asfixia*
1. Cuando, durante un sueño, sentimos que nos atragantamos, nos enfrentamos a la incapacidad de expresarnos adecuadamente. Existe algún conflicto entre nuestro yo interior y el exterior, quizá

indecisión sobre si deberíamos hablar o quedarnos callados.
2. La gente o las circunstancias nos ahogan y no las controlamos.
3. Atragantarse puede indicar conflicto y limitación espiritual. Por tanto, atragantarse en un sueño acaba por enseñarnos cuándo hablar y cuándo permanecer callados.

Atrás
1. En un sueño, estar detrás de alguien indica que, a nivel subconsciente, tal vez nos consideremos inferiores en algún aspecto.
2. Quizá veamos que tenemos miedo de que nos dejen atrás.
3. Deberíamos examinar nuestra situación espiritual, ya que quizá nos estemos quedando atrás en nuestra búsqueda de totalidad.

Atravesar
Véase *cruzar*

Aura
Véase también *nimbo*
1. Percibir un aura en un sueño indica lo poderosos que nos creemos o consideramos a otros.
2. El aura es la representación del poder interior de que disponemos, el campo de fuerza con el que repelemos y atraemos a los demás.
3. El aura es un campo de energía que rodea al cuerpo físico. Es una expresión del yo.

Ausencia
1. Un sueño sobre alguien ausente o sobre la ausencia de algo que esperaríamos encontrar indica que puede ocurrir lo inesperado. Tal vez estemos buscando algo que hayamos perdido ya. Nuestros sentimientos sobre la ausencia (por ejemplo, miedo o ira) también pueden ser importantes. Un niño experimenta una fuerte sensación de pérdida cuando, por primera vez, del entorno que percibe falta la madre, lo que puede producir inquietud extrema.
2. Nos encontramos en una situación en la que podemos sufrir una pérdida o rechazar algo que necesitamos. El tipo de sueño en que estamos en un entorno familiar, pero falta un objeto o persona muy querida, indica que tal vez tengamos sensación de inestabilidad.
3. Experimentar ausencia o sentido de la nada sugiere el vacío.

Autobús
Véase también *viaje*
1. Si soñamos que nos hallamos en un autobús, estamos asimilando nuestro modo de manejar las relaciones con grupos de personas y las instrucciones nuevas que necesitamos adoptar cuando estamos en compañía de otros.
2. Quizá experimentemos la necesidad de ser un individuo, al mismo tiempo que pertenecemos a un grupo con algún tipo de propósito en común.

Autorización
1. Una autorización representa un permiso de una autoridad superior, ya sea espiritual o física.
2. Cuando somos incapaces de tomar decisiones, con frecuencia las imágenes del sueño pueden ayudarnos. La autorización abre la puerta a posibilidades de las que quizá no hayamos sido conscientes.
3. Tal vez el soñador busque permiso espiritual por alguna razón, lo que puede simbolizarse mediante una autorización.

Avalancha
1. Si vemos una avalancha en sueños, estamos experimentando una fuerza des-

tructora. Si estamos en medio de una avalancha, las circunstancias nos superan.
2. Psicológicamente, necesitamos recuperar el control de fuerzas exteriores a nosotros. Nos encontramos en una posición que nos hace peligrar.
3. El poder de las emociones congeladas podría desbordarnos.

Avena
Véase también *cereal*
1. En forma de gachas, la avena significa un alimento casi *mágico*. Puesto que desde tiempo inmemorial se han utilizado como alimento básico, representan calidez y comodidad.
2. Soñar con sembrar grano sugiere que esperamos obtener beneficios de una situación en fechas posteriores.
3. Ya que la avena es un alimento muy *humilde,* aunque también muy nutritivo, soñar con ella indica la necesidad de sustento espiritual, así como tal vez el deseo de regresar a una perspectiva más simple de la vida.

Aventura amorosa
Véase también *fuga con un amante*
1. Necesitamos estar en armonía con nuestras necesidades sexuales y deseos de excitación y estímulo. Soñar con una aventura amorosa nos permite liberar tales sentimientos. Tal vez sintamos la necesidad de hacer algo atrevido o que signifique riesgos emocionales.
2. Podríamos estar buscando activamente satisfacción emocional de un modo que resulta inaceptable en la vida de vigilia.
3. Buscamos la integración de polaridades opuestas: masculino y femenino, impulso y receptividad, bueno y malo.

Avestruz
Véase *pájaros*

Avión
Véase también v*iaje*
1. Soñar con aviones puede representar cambios de vida bruscos o drásticos. Un avión que despega representa un salto hacia lo desconocido, la adopción de riesgos. Un avión que aterriza indica el éxito de una nueva actividad o el resultado de un riesgo calculado.
2. Un avión indica la búsqueda de libertad psicológica: un movimiento hacia la independencia.
3. Por asociación con el carro alado, el avión representa un viaje espiritual.

Avispa
Véase *insectos*

Ayuno
1. En un sueño, ayunar quizá sea un intento de asimilar algún trauma emocional o de dirigir la atención a la necesidad de limpieza en algún sentido (véase *comer*).
2. Si tenemos un motivo de resentimiento, el ayuno tal vez sea un modo de hacerlo público.
3. Ayunar es un método para alterar la consciencia, así como un movimiento hacia la realización, mediante la resistencia a la tentación.

Azotar
1. Cualquier acto violento contra la persona indica normalmente alguna forma de castigo. Soñar que nos azotan indicaría que somos conscientes de que alguien nos está presionando más allá de nuestros límites, a menudo de manera inadecuada. Flagelarnos arrojaría luz sobre algún tipo de masoquismo en nuestra personalidad.
2. Azotar a alguien significa que debemos ser cuidadosos, ya que quizá intentemos imponer nuestra voluntad a esa persona. Si bien es dolorosa, en la acción

también está presente cierto ánimo y estímulo.
3. Expiación de los pecados.

Azucena

1. Debido a su relación con los funerales, para algunas personas las azucenas pueden simbolizar la muerte. Sin embargo, también pueden representar nobleza y gracia, y es preciso reflexionar sobre la interpretación. Si plantamos azucenas, esperamos una transición pacífica en alguna área de nuestras vidas. Si recogemos azucenas, especialmente si sueña una mujer, estamos desarrollando una existencia pacífica.
2. Un símbolo de las azucenas es la pureza; en los sueños de adolescencia sobre todo, estas flores pueden sugerir virginidad. Los sueños en que aparecen azucenas quizá indiquen diversos aspectos de la feminidad.
3. Espiritualmente, las azucenas son símbolo de resurrección y vida eterna. Con este significado, se utilizan a menudo en las ceremonias religiosas.

B

desde *báculo* hasta *búsqueda*

Báculo
Véase *bastón*

Bailar
1. El baile siempre ha representado la libertad y simbolizado acciones necesarias para la supervivencia. Bailar en sueños retrata la creación de la felicidad, la sensación de unidad con el entorno y, quizá, el acercamiento o la intimidad con un compañero.
2. Psicológicamente, bailar puede reforzar la libertad de movimientos, fuerza y emoción.
3. Espiritualmente, siempre se ha interpretado que el baile representa el ritmo de la vida. Se supone que las estructuras creadas en el baile reflejan las estructuras de la creatividad. El baile también significa la transformación del espacio en tiempo.

Bailarina (de ballet)
Véase también *bailar*

1. En un sueño, la apariencia de hada de la bailarina muestra que establecemos una relación con ese lado de nuestro yo. Asimismo, buscamos equilibrio y elegancia.
2. Somos conscientes de nuestro lado creativo, así como de la necesidad de movimiento controlado. Estamos en contacto con la expresividad de nuestro yo interior.
3. La bailarina simboliza la música y el aspecto interior del sentimiento.

Bajo
Véase *posición*

Bala
1. Soñar con balas supone percatarse de agresividad y deseo de herir. Si alguien dispara contra el soñador, puede considerarse como una advertencia de peligro. En cambio, si el soñador dispara la bala, es consciente de su vulnerabilidad.

2. Es necesario comprender con qué munición cuenta el soñador, como metáfora de los recursos que tiene a su disposición.
3. Una bala puede representar la necesidad de embarazo o el control de éste.

Balancear
1. En sueños, balancearse puede ser una actividad reconfortante, algo así como lo que siente un niño que se mece hasta dormirse. Balancearse también puede sugerir un comportamiento infantil, si pensamos que nos sitúa en contacto con los ritmos naturales de la vida.
2. Sobre todo, nos gusta balancearnos cuando buscamos consuelo. El movimiento suave nos permite estar en contacto con nuestro propio centro. Por tanto, balancear a alguien es consolarlo y, al contrario, si alguien nos mece es que nos está consolando.
3. El balanceo es un símbolo de transición. Moverse de un lado a otro sugiere tanto duda como deseo. También representa la fertilidad.

Balanza
Véase también *pesar*

1. Una balanza que aparece en sueños sugiere la necesidad de equilibrio y dominio de uno mismo. Sin tal equilibrio, no podemos tomar una decisión sensata en cuanto a las posibles acciones que emprendamos. Debemos *sopesar* todas las posibilidades. La balanza también indica normas (por ejemplo, normas de conducta), a las que se espera que nos atengamos. Quizá alguien nos examine y pese y nos encuentre deficientes. Si en un sueño la balanza está desequilibrada, es necesario que examinemos nuestra conciencia y descubramos dónde no actuamos adecuadamente.
2. El tipo de utensilio que veamos en el sueño nos proporcionará una interpretación más explícita. Una báscula de baño sugeriría una evaluación más personal que una máquina pública, mientras que una báscula para coches o vagones quizá indique que necesitamos considerar nuestra vida al completo. Si se trata de una balanza de médico, tal vez estemos advirtiendo un problema potencial de salud.
3. La balanza de la justicia representa equilibrio y armonía, pero también buen juicio. Por asociación, también representa el signo astrológico de Libra.

Balcón
Véase también *edificios*

1. Soñar que nos encontramos en un balcón indica que buscamos una situación, social o laboral, más elevada que la de ahora. Soñar que nos encontramos bajo un balcón sugiere que somos conscientes de la necesidad que, a su vez, otros sienten de tal situación.
2. Psicológicamente, buscamos poder en circunstancias que nos hacen sentirnos impotentes.
3. Cuando soñamos que nos elevamos, de cualquier forma, reconocemos nuestra capacidad o progresión espiritual.

Ballena
Véase *animales*

Balsa
1. Una balsa es un lugar seguro, a menudo rodeada por la agitación. Si bien quizá no sea excesivamente segura, basta para sostenernos. Este tipo de sueños ocurre cuando se abordan dificultades emocionales.
2. A veces puede ser significativo averiguar el material de que está hecha la balsa. Con frecuencia, este objeto aparece en los sueños como símbolo de transición, así que el material puede dar alguna idea al soñador de cómo actuar.

3. La balsa es una imagen relacionada con las transiciones espirituales que se deben realizar en la vida. Aunque sea menos segura que la idea de un barco, ofrece más sostén que si fuéramos solos. Si nos sentimos *perdidos* y no vemos cerca el alivio, quizá soñemos con una balsa.

Bambú
1. La flexibilidad del bambú hace pensar que cede, pero también indica fuerza resistente. Como es una de las plantas más gráciles y, a la vez, más resistentes, también representa estas cualidades en el soñador.
2. Intelectualmente, el bambú sugiere buena educación, larga vida y ancianidad satisfactoria. También representa la capacidad de ceder bajo presión.
3. Perfecto, pero flexible, el bambú simboliza al hombre. Si el soñador reconoce estos dos aspectos en sí mismo, puede, en caso necesario, comenzar a abordar los defectos de su carácter.

Banco
1. Los recursos financieros, mentales o espirituales del soñador quizá necesiten una administración cuidadosa. Es preciso gestionar y controlar correctamente la sensación de seguridad, sin la cual no podemos aventurarnos en el mundo.
2. Nuestros recursos emocionales, como la confianza en nosotros mismos, sociabilidad y sabiduría, están de reserva. Quizá exista miedo sobre la verdadera administración de nuestros recursos.
3. Un banco indica un espacio espiritual seguro.

Banda
1. Si la imagen de la banda es de una raya, existe alguna limitación en las circunstancias del soñador que es preciso reconocer. En cambio, si la imagen es de un grupo de músicos, se indicaría así la necesidad de trabajo en común.
2. Desde un punto de vista psicológico, existe una percepción de la armonía que es preciso emplear.
3. Una banda sugiere armonía dentro del yo.

Bandada
Véase *rebaño*

Bandera
Véase también *estandarte*
1. Una bandera que aparece en un sueño tendrá el mismo simbolismo que un estandarte, es decir, indicará un lugar donde se reúnen personas con propósitos y creencias comunes. Tal vez represente principios y creencias anticuados.
2. La bandera nacional implica un grado de patriotismo que quizá sea preciso o, posiblemente, la necesidad de mayor militancia.
3. Las cruzadas espirituales suelen exigir normas de conducta.

Bandolero
1. Un significado inherente a la figura del bandolero es la situación contra las leyes de la sociedad. Por tanto, en sueños, la parte de nosotros que siente que está fuera de los límites de la ley aparecerá como un bandolero. Disparar al bandolero supone un intento de controlar nuestros impulsos menos domesticados.
2. Psicológicamente, todos sentimos en nosotros un lado anárquico o que desea rebelarse. A veces, puede aparecer como una persona del sexo opuesto; en tal caso, nos encontramos ante el *anima* o el *animus* (véase la introducción de este libro). Sin embargo, si el bandolero es del mismo sexo que el soñador, estamos frente a la sombra (véase la introducción).

3. Situarnos fuera del alcance de la ley espiritual, aunque abra un amplio panorama, supone participar en un juego peligroso, por el que quizá haya que pagar de varias formas en el futuro.

Banquero
Véase también *dinero*
1. El dinero y los recursos personales suelen ser los asuntos con que más dificultades tiene la mayoría de las personas. El banquero o asesor bancario suele simbolizar la necesidad de una figura autoritaria, para que nos ayude a abordar los problemas que surjan.
2. Es preciso tener disponibles nuestros recursos interiores, de modo que contemos con energías de reserva. El banquero representa la parte de nosotros que los controla.
3. En un sueño, un banquero puede sugerir nuestro derecho a administrar nuestros bienes espirituales.

Banquete
1. Soñar con un banquete podría tener dos significados. Si servimos uno, deberíamos tener cuidado para no negarnos los bienes de la vida, por dar demasiado. Si asistimos a un banquete, deberíamos reconocer nuestra necesidad de nutrirnos.
2. No estamos empleando nuestras facultades mentales todo lo que podríamos. Intelectualmente, somos capaces de entrar en contacto con cualidades de alimento mental superiores a las que tenemos ahora.
3. El banquete es un símbolo de la necesidad de alimento espiritual y de festejar la espiritualidad.

Baño
1. Soñar que nos encontramos en la bañera podría indicar la necesidad de limpiar algunos sentimientos antiguos, de relajarse o de descansar. Tenemos una oportunidad de examinar lo que ha ocurrido en el pasado y adoptar nuevas actitudes.
2. Bañar a alguien en sueños muestra la necesidad de cuidarlo o de tener una relación íntima con esa persona.
3. Un baño comunal ilustra inocencia y sexualidad combinadas.

Bar
Véase también *restaurante*
1. En un sueño, encontrarnos en un bar y ser conscientes de nuestro comportamiento indica cómo nos relacionamos en grupo, así como cuáles son nuestros sentimientos hacia la sociedad. Tal vez sintamos que es adecuado emplear un espacio público para crear nuevas relaciones o aceptar nuestra sensación de soledad. Un espacio público donde podemos dejar a un lado las inhibiciones se relaciona con la necesidad pagana de festividad y celebración.
2. Todos tenemos necesidades sociales, que se pueden cubrir en compañía amistosa, como en un bar. Los orígenes de los bares se relacionan con las posadas, como lugares donde paraban los viajeros, y donde cualquier compañía sólo era transitoria. Este simbolismo sigue presente hoy en los sueños. Estamos en un lugar donde podemos relajarnos y descansar, ya que no se espera otra cosa de nosotros.
3. Como lugar público donde los valores compartidos son importantes, el bar puede ser un espacio creativo. Como lugar de encuentro donde se juzga poco, se convierte en un sitio donde la gente puede convivir.

Barba
Véase también *barbero*
1. Soñar con un hombre con barba significa que debemos protegernos del disimulo y engaño.

2. Tal vez necesitemos considerar más atributos masculinos, en nosotros o en otras personas.
3. Espiritualmente, existe ambivalencia en el símbolo de la barba; el significado dependerá de la cultura. Puede significar sabiduría y dignidad o bien engaño y condición taimada.

Barbero
Véase también *afeitado, barba* y *peluquero*
1. Cuando soñamos que entramos en una barbería, consideramos un cambio de actitud, pensamiento u opinión sobre nosotros mismos.
2. Una influencia que indica la necesidad de cambio está apareciendo en nuestra vida. Dicho cambio debe regirse por cómo percibimos que somos.
3. La vieja idea de que el poder espiritual se contenía en la cabeza da origen a la noción de que un barbero significa control o fuerza espiritual.

Barco
Véase también *navegar, vela de barco* y *viaje*
1. Soñar muy a menudo con un barco indica cómo abordamos nuestras emociones y las de otros. Podría representar cómo navegamos a través de la vida, además de si estamos en control de la nuestra.
2. Si soñamos que estamos solos en un barquito, necesitamos reflexionar sobre cómo soportamos el aislamiento y la capacidad de estar solos. Si soñamos que estamos en un gran barco, esto nos alerta sobre cómo nos desenvolvemos en las relaciones de grupo. Soñar que perdemos un barco es a menudo el sueño de un perfeccionista, que teme perder ocasiones u oportunidades.
3. Nuestra actitud hacia la muerte. El viaje final. Fertilidad y aventura.

Barniz
1. El barniz es una capa protectora exterior, elaborada para mejorar la apariencia de un objeto. Soñar con barniz, por tanto, puede referirse a cualquiera de estos dos significados. Tal vez estemos cubriendo algo con el propósito de ocultar imperfecciones. Asimismo, quizá nos protejamos e intentemos presentar una imagen mejor de nosotros.
2. Barnizar un objeto sugiere que no estamos satisfechos con nuestra creación original. Podría hacer falta un trabajo posterior para conservar lo que ya hemos hecho, o bien necesitamos mejorarlo, para que otros lo comprendan.
3. Una vez que hemos alcanzado algún objetivo espiritual, es posible que queramos guardar el secreto y convertirlo en sagrado. Soñar con barniz sería una confirmación de esta actitud.

Barra
Véase también *bar*
1. Cuando soñamos con una barra, como una barra de hierro, deberíamos examinar si nuestra conducta es rígida o agresiva. Tenemos que conducirnos con firmeza en nuestros propósitos.
2. Estar de pie en una barra puede representar una barrera que nos separe del deleite sexual, especialmente en los varones.
3. La barra es símbolo de nuestro poder espiritual y poder en la vida cotidiana.

Barrer
1. Cuando la acción de barrer aparece en sueños, sugiere que somos capaces de deshacernos de actitudes y emociones anticuadas. Barrer indica que ordenamos las cosas.
2. Barrer es una vieja imagen que evoca una buena organización del entorno. Desde un punto de vista psicológico, indica atención a los detalles y correcciones,

tanto como a la limpieza. Según el simbolismo técnico actual, podría representar la búsqueda de virus.

3. Quizá el soñador haya alcanzado mucho conocimiento espiritual y reflexione actualmente sobre él. Es posible que existan ciertos elementos de confusión y se necesite tiempo para eliminarlos.

Barrera
Véase también *obstáculo*

1. En sueños, una barrera puede presentarse de muchas formas. Podemos experimentarla como una barrera física, es decir, un obstáculo que es preciso sortear o superar; una barrera mental, por ejemplo, no ser capaces de hablar u oír; o una barrera espiritual, como la figura de un ángel o un demonio que aparece en nuestro sueño.

2. Las barreras aparecen en los sueños cuando necesitamos hacer un esfuerzo especial para superar un impedimento en nuestro avance.

3. Una medida preventiva. Una advertencia.

Barriga
Véase también *estómago* en *cuerpo*

1. Si en un sueño somos conscientes de la barriga de alguien, nos llaman la atención sus emociones.

2. Si tenemos la barriga hinchada, psicológicamente tal vez nos encontremos en un momento en que necesitamos liberarnos, por medio de la ira o hablando con franqueza.

3. Puesto que es el asiento del plexo solar, la barriga es un centro espiritual que concentra vitalidad. Por tanto, también puede ser centro de apetitos.

Barril

1. Como la mayoría de recipientes, un barril representa el principio femenino. Ya que un barril suele hacerse a mano, soñar con él indica el cuidado con que tratamos nuestra propia formación emocional.

2. Desde un punto de vista psicológico, probablemente será el contenido del barril lo que tenga significado e indique nuestra capacidad de ser creativos a partir de materias primas.

3. Un barril sin fondo representa esfuerzo inútil.

Barro

1. En sueños, el barro sugiere que nos sentimos empantanados, quizá porque no hemos separado los aspectos prácticos de los emocionales (tierra y agua). El barro también puede representar experiencias anteriores o nuestra percepción de ellas, que pueden atraparnos o retenernos.

2. El barro representa la sustancia fundamental de la vida, que, si se trata adecuadamente, posee un potencial enorme de crecimiento, pero puede ser peligrosa si se maneja mal. Otras circunstancias del sueño indicarán lo que deberíamos hacer.

3. Espiritualmente, el barro simboliza el material más básico de que todos estamos formados y, por tanto, la necesidad de volver a los orígenes.

Báscula
Véase *balanza*

Base

1. Si la base de un objeto nos llama la atención, quizá tengamos que volver al comienzo de un proyecto en el que estamos implicados durante la vida de vigilia. Deberíamos considerar nuestra estabilidad en cualquier situación.

3. Material tosco y sin formar. Quizá se pongan sobre el tapete nuestros *instintos básicos*.

Bastón
Véase también *cetro, garrote* y *vara*
1. Soñar con un bastón, que es un instrumento para sostenerse, debería aclarar nuestra actitud frente al apoyo que necesitamos en la vida. Un sueño en el que aparece una porra de policía significa autoridad o sexualidad masculina.
2. En sueños, un bastón simboliza el viaje y la peregrinación que debemos emprender. En forma de varita, también representa poderes mágicos. Si se trata de una baqueta de tambor, quizá el sueño represente la necesidad de expresarse con mayor firmeza de lo habitual.
3. El bastón representa el apoyo con que contamos o que necesitaremos en nuestro viaje espiritual. Conforme avanzamos, vamos cambiando su uso: al principio lo utilizamos como apoyo, después como instrumento y, finalmente, como símbolo de autoridad espiritual.

Basura
1. En la escena creada por la basura en sueños, podemos tratar con las partes de nuestros sentimientos o experiencias parecidas a ella, que es preciso clasificar para decidir qué mantenemos y qué rechazamos. Recoger basura puede indicar que nuestras suposiciones son equivocadas.
2. Muy a menudo, la basura procede de preparar la comida. Con frecuencia, se nos alerta de lo que debemos hacer para estar sanos, cómo tenemos que tratar el cuerpo y crear espacio para actuar correctamente.
3. Quizá nos haga falta deshacernos de desperdicios espirituales; un sueño sobre basura puede alertarnos de que ahora es el momento adecuado para ello.

Bata
1. Soñar con una bata, como un albornoz de baño, puede tener dos significados. Uno es cubrir la desnudez; el otro, encontrarse relajado y cómodo. El sueño indicará el significado correcto. Vestir a otro con una bata supone protegerlo.
2. La prenda puede sugerir nuestra actitud hacia el sexo y las relaciones. Si está limpia, tenemos una buena imagen de nosotros mismos; si está sucia, ocurre al contrario. Una bata sucia también podría apuntar a una depresión.
3. En términos espirituales, la bata blanca es la inocencia y la bata sin costuras representa santidad.

Batir
Véase *revolver*

Baúl
1. Antiguamente, se suponía que soñar con un baúl anticipaba un viaje, seguramente largo. Hoy en día, cuando la gente tiende a viajar con menos equipaje, es mucho más probable que represente un depósito de objetos antiguos y, por tanto, ideas viejas y pasadas.
2. Somos capaces de almacenar toda clase de basura, tanto física como mental. Cuando un baúl aparece en sueños, ya es hora de *abrir la caja* y atrevernos a clasificar lo que en ella se encuentra. A menudo, cuando estamos dispuestos a ello, pero no lo hacemos, la imagen del baúl aparecerá una y otra vez. Encontrar una joya en un baúl indica el bien que se puede obtener al llevar a cabo una limpieza personal a fondo.
3. Espiritualmente, soñar con un baúl muestra que necesitamos explorar nuestras profundidades ocultas, para obtener lo mejor de nosotros mismos.

Bautismo
1. Soñar que nos bautizan indica que una nueva influencia entra en nuestra vida, limpiando viejas actitudes y abriendo

paso a nuestras posibilidades interiores. Soñar que bautizamos a alguien significa que el soñador está dispuesto a transmitir conocimientos a otros.
2. Existe la posibilidad de que el soñador se vea forzado de algún modo a adoptar creencias religiosas, a menudo para el bien común.
3. La simbología del bautismo es amplia: iniciación, muerte y renacimiento, regeneración, renovación. Lo que todos tienen en común es la sensación de optimismo que llevan consigo.

Beber
1. Beber en sueños significa que absorbemos o asimilamos algo. La bebida también es importante; por ejemplo, un zumo de frutas indicaría que somos conscientes de la necesidad de higiene y pureza. Asimismo, el color de la bebida es significativo (véase *alcohol* y *colores*).
2. Si bebemos en un sueño, quizá sintamos necesidad de comodidad y sustento. Como requisito básico para la vida, beber simboliza la relación entre la necesidad interior de mantener la vida y la disponibilidad exterior de alimento.
3. Espiritualmente, existe la creencia de que beber vino es, o simboliza, la absorción de poder y vida divinos.

Bellota
1. Soñar con bellotas indica que existe un enorme proceso de crecimiento, que aparece a partir de principios pequeños. Disponemos de un potencial nuevo de fuerza. Puesto que las bellotas aparecen en otoño, quizá se dé la necesidad de cosechar o reunir las ideas, antes de almacenarlas, para darles tiempo a desarrollarse.
2. El germen de una idea está presente. También existe la necesidad de paciencia, al tratar con nosotros mismos o con otros.
3. La bellota simboliza vida, fertilidad e inmortalidad, además de androginia.

Beso
Véase también *sexo*
1. Besar a alguien en sueños puede sugerir que aceptamos a esa persona como una relación potencial nueva. Tal acción quizá indique también que, a nivel subconsciente, buscamos desarrollar en nosotros mismos una cualidad que pertenece a esa persona.
2. Estamos sellando un pacto, tal vez llegando a alguna clase de trato. El acuerdo podría ser sexual o amistoso. Además, quizá nos dirijamos hacia la unidad. Si nos besan, esto indicaría que nos aprecian y quieren por nosotros mismos.
3. Un beso único (sobre todo, en la frente) ha tenido a menudo connotaciones espirituales y religiosas; aquí, la imagen simboliza una bendición espiritual.

Biberón
Véase *botella*

Biblia
Véase también *imágenes religiosas*
1. Si soñamos con una Biblia u otro libro religioso, esto suele implicar que somos conscientes de las normas morales tradicionales. Necesitamos un código de conducta que nos ayude a sobrevivir.
2. Es preciso examinar muy cuidadosamente nuestras creencias, mitos y leyendas religiosas.
3. En sueños, la Biblia suele indicar algún tipo de realización espiritual.

Biblioteca
Véase también *casa* y *libro*
1. Una biblioteca que aparece en sueños representa a menudo el almacén de nuestra experiencia vital. También puede sugerir nuestro intelecto y cómo trata-

mos el conocimiento. Una biblioteca bien organizada apuntaría a la capacidad de crear un orden adecuado. Una biblioteca caótica y desorganizada sugeriría que tenemos dificultades para manejar la información.
2. En cierta etapa del desarrollo psíquico y espiritual, la biblioteca es un símbolo importante. Sugiere la sabiduría y las capacidades que hemos acumulado, pero también el conocimiento recopilado disponible para toda la humanidad. Según examinamos nuestras vidas con mayor objetividad, tenemos más acceso a la sabiduría universal.
3. Una biblioteca representa el inconsciente colectivo: todo lo que era, es y será. Suele interpretarse como los registros akáshicos, es decir, los archivos espirituales de la existencia.

Bichos
Véase *animales*

Bicicleta
Véase también *viaje*
1. Soñar que vamos en bicicleta muestra la necesidad de prestar atención al esfuerzo o motivación personal.
2. Psicológicamente, quizá busquemos libertad sin responsabilidades.
3. En términos espirituales, la bicicleta significa dualidad.

Bienvenida
1. En sueños, recibir la bienvenida sugiere que nos aceptamos a nosotros mismos. Comienza a gustarnos nuestra propia persona. Si nos da la bienvenida un miembro de nuestra familia, aceptamos (y ellos aceptan) una mejor relación con la familia.
2. Dar la bienvenida a alguien a nuestra casa supone que estamos aprendiendo a confiar en nosotros mismos. Encontrarse en una fiesta de bienvenida sugiere nuestra capacidad de pertenecer a un grupo social con creencias comunes.
3. Se nos acepta o, incluso, se nos da la bienvenida durante nuestros primeros pasos hacia la plenitud espiritual.

Bigamia
1. Soñar que somos bígamos indica que no podemos decidirnos entre dos amores o dos acciones. Se nos presentan dos alternativas, que tienen la misma validez.
2. Si soñamos que estamos casados con alguien bígamo, debemos ser conscientes de que una persona muy cercana nos engaña o es infiel.
3. Espiritualmente, la bigamia puede representar las veces en que es preciso escoger, posiblemente entre una opción buena y una mala. Por asociación, podría simbolizar el signo astrológico de Géminis.

Billete (entrada)
Véase también *precio de un viaje*
1. Si soñamos con billetes, la interpretación dependerá del tipo de que se trate. En general, un billete sugiere que es preciso pagar un precio por algo. Un billete de autobús, así como uno de tren, indicarían que existe un precio por avanzar. Una entrada de teatro o cine podría suponer que necesitamos una localidad del fondo, para ser objetivos sobre una parte de nuestra vida. Unas entradas para un partido de fútbol tal vez signifiquen que tendremos que pagar por alguna área conflictiva en nuestra vida.
2. Una interpretación del billete, como certificado, es que deseamos que se reconozca el esfuerzo que hemos puesto en algo. Recibirlo así indica que se nos recompensa.
3. Espiritualmente, soñar con un billete simboliza el reconocimiento de que es

preciso pagar de algún modo cualquier conocimiento que obtengamos.

Blanco
Véase *colores*

Blanco (objetivo)
Véase también *meta*

1. En sueños, apuntar a un blanco sugeriría que tenemos un objetivo en la mente, que dependería del tipo de blanco. Disparar al blanco de una diana podría interpretarse como búsqueda de la perfección. Apuntar a alguien podría sugerir odio o deseo sexual.
2. La mayoría de nosotros necesita algún estímulo en la vida. Un blanco, como símbolo de nuestra aspiración intelectual, quizá no tenga mucho sentido, hasta que estudiemos el contexto del sueño. En un ambiente laboral, un objetivo de ventas podría sugerir que otros nos imponen las metas. Desde un punto de vista más personal, si señaláramos un blanco a alguien, tendríamos que comprender que la otra persona del sueño es un reflejo de una parte de nosotros mismos.
3. Espiritualmente, un blanco puede tener el mismo significado que el mandala (véase *mandala*) y representar el *sí mismo*.

Boca
Véase *cuerpo*

Boda

1. En un sueño, una boda indica a menudo la unión de dos partes del soñador que deben unirse, para crear un conjunto mejor. Por ejemplo, quizá necesiten aunarse el intelecto y los sentimientos, o bien el lado práctico y el intuitivo. Con frecuencia, soñar con una boda puede ser premonitorio, ya que quizá sepamos subconscientemente de la relación entre dos personas, pero no la hayamos registrado a nivel consciente. Por tanto, asistir a una boda tal vez indique que sabemos que existe esa relación. Soñar con llevar un vestido de boda supone intentar poner en claro los sentimientos y esperanzas propios sobre relaciones y bodas. Vestir a alguien para una boda puede indicar sentimientos de inferioridad, como si uno siempre fuera invitado, nunca novio.
2. Puesto que el ser humano siempre busca a alguien para complementarse, soñar con una boda puede proporcionar alguna indicación del tipo de persona que deseamos como compañero. Por ejemplo, tal vez soñemos que nos casamos con un amigo de la infancia; en ese caso, buscamos a alguien que tenga las mismas cualidades que esa persona. O podríamos soñar que nos casamos con una persona famosa, y las cualidades de esa persona volverían a ser importantes.
3. Espiritualmente, existe un proceso de integración que debe aparecer. Al principio, tienen que unirse los lados masculino y femenino de nuestra personalidad; después, es preciso armonizar los lados físico y espiritual. Esto se conoce normalmente como unión mística.

Bolígrafo
Véase *lápiz*

Bolsa
Véase también *saco*

1. El soñador quizá tenga problemas con los elementos femeninos de su identidad. Existe la capacidad de emplear las habilidades sociales para alcanzar objetivos y de soportar todo lo que ocurra.
2. Según la misma bolsa (por ejemplo, un bolso, una bolsa de la compra), tal vez estemos ocultando aspectos nuestros del examen público.

3. Una bolsa significa, en términos espirituales, lo secreto, lo escondido y oculto. El soñador decidirá si quiere *abrir la bolsa* y utilizar los contenidos.

Bolsillo
1. Soñar con un bolsillo supone tratar con los secretos personales o pensamientos de uno mismo; lo que hemos elegido deliberadamente para ocultar, no apartado según un impulso. Quizá se trate de pensamientos secretos que no queremos compartir con nadie más. Tal vez también consista en ideas sobre nuestras propias capacidades y el valor que tenemos dentro de nuestra propia comunidad.
2. En un sueño, un bolsillo también puede indicar un sentido de posesión. Tener algo en el bolsillo significa que nos hemos apropiado de ello y nos hemos convertido en sus dueños. Esto podría simbolizar una situación de la vida cotidiana o bien representar emociones que hemos ocultado previamente, pero que ahora necesitamos admitir, para poder hacer uso de ellas.
3. Un bolsillo sugiere lo oculto o lo escondido.

Bomba
Véase también *bomba atómica*
1. Las bombas que aparecen en sueños suelen indicar alguna forma de situación explosiva que es preciso afrontar. Hacer explotar una bomba indica la necesidad de acción positiva, mientras que desactivar una bomba sugiere el cuidado de no empeorar una situación.
2. Psicológicamente, necesitamos ser conscientes de que nuestras propias emociones nos ganarán probablemente la batalla.
3. Una bomba que explota suele ser un acontecimiento inesperado. Soñar con una sugeriría temor a la muerte repentina.

Bomba atómica
Véase también *explosión nuclear*
1. Cuando se experimenta angustia con respecto al mundo exterior, quizá el soñador necesite darse cuenta de que se acerca el fin de cierto modo de vida, de forma especialmente dramática. A menudo, existe la sensación de una explosión de energía destructiva, antes de que pueda reconstruirse todo.
2. Existe miedo de la irracionalidad y del poder que tal vez se emplee mal. Una bomba atómica implica una explosión deliberadamente provocada, pensada para destruir. El soñador quizá sienta que alguien puede destrozar y anular su vida, cuidadosamente elaborada.
3. Somos conscientes de las fuerzas incontrolables de la vida y del inconsciente.

Bordar
Véase *tejer*

Borde
1. Estar al borde de algo en sueños sugiere estar al límite de algo, que tendrá profundo efecto sobre nuestras vidas o las de quienes nos rodean.
2. Quizá tengamos dificultades para clasificar la conducta en racional o irracional.
3. Existe un impulso hacia la oscuridad; después, se encuentra el abismo. El soñador debería tener cuidado y estar alerta frente a una espiral espiritual que apunte hacia abajo.

Borrachera
Véase también *alcohol* y *embriaguez*
1. Estar borracho durante un sueño significa que nos abandonamos a fuerzas irracionales. Queremos librarnos de responsabilidades e inhibiciones. Emborrachar a alguien es traspasar a alguien nuestra irresponsabilidad.
2. La borrachera muestra la necesidad de

volver a conectarse con una parte de nosotros mismos que puede tolerar la conducta impropia. En sociedades anteriores, se aceptaba como parte de la vida que, en ciertas ocasiones, se permitiese la borrachera como modo de celebración o liberación de tensiones.
3. Se dice que se alcanza el éxtasis después de eliminar las inhibiciones mediante la borrachera.

Bosque
Véase también *árbol, madera* y *selva*
1. Soñar con bosques o un grupo de árboles suele significar que se entra en el reino de lo femenino. Con frecuencia, un bosque es un lugar de prueba e iniciación. Siempre está relacionado con la aceptación de nuestro yo emocional o la comprensión de los secretos de nuestra naturaleza o nuestro mundo espiritual.
2. El bosque oscuro o encantado que aparece a menudo en los cuentos de hadas es símbolo de un umbral. Representa al alma, que entra en áreas que nunca ha explorado antes, y también sugiere que es necesario examinar cómo funciona nuestra intuición y la capacidad de sentir y percibir lo que nos rodea. Tal vez veamos que está estrechamente relacionado con la sensación de pérdida (véase *perder*) y de no poder encontrar el camino.
3. La psique. Lo femenino.

Bostezo
1. Si somos conscientes de que en un sueño bostezamos, esto puede indicar que sentimos cierto aburrimiento y cansancio. Tal vez también intentemos decir algo, pero aún no hayamos elaborado lo que deseamos decir.
2. En el reino animal, un bostezo a menudo es una advertencia contra la agresión, de modo que bostezar en sueños quizá sea un modo de controlar nuestro comportamiento abusivo o quizá también el de otros.
3. En el mundo físico, un bostezo es un modo de absorber más oxígeno. En un sentido espiritual, nuestro yo interior intenta asimilar mayor conocimiento.

Botella
1. Hasta cierto punto, la interpretación del sueño depende de qué clase de botella se perciba. Ver un biberón indicaría la necesidad de que nos alimenten adecuadamente y nos ayuden a crecer. Una botella de alcohol mostraría la necesidad de celebrar algo o de corregir un exceso, mientras que una de jarabe podría simbolizar la necesidad de examinar nuestro estado de salud. Una botella rota quizá indique agresión o fracaso.
2. Abrir una botella podría significar la disposición de recursos de que disponemos, pero hemos suprimido.
3. Símbolo del útero; el principio del recipiente y lo cerrado.

Brida
Véase también *arnés, riendas* y *ronzal*
1. Si en un sueño llevamos bridas, esto indica la necesidad de contención y control. Si las bridas son de flores, indican un modo más femenino de imponer el control. Si la brida es más basta, como de metal o cuero, quizá tengamos que ser más duros con nosotros mismos o con alguien a quien queremos.
2. Las bridas pueden indicar la necesidad de enfocar la atención en algún aspecto de nuestra vida.
3. Tal vez haga falta cierta contención o moderación espiritual.

Brillantez
1. Experimentar brillantez en sueños significa que alguna parte de nuestra vida

necesita iluminación, a menudo de una fuente externa.
2. Somos capaces de emplear el lado más brillante de nuestra personalidad.
3. La brillantez simboliza el avance del soñador hacia la iluminación espiritual.

Brisa
Véase también *viento*
1. Si una brisa es significativa en sueños, expresa un estado de ánimo satisfecho. Normalmente, se considera que el viento pertenece al intelecto, de modo que, por asociación, una brisa suave indica amor, mientras que una brisa fuerte puede suponer cierto grado de acidez.
2. Psicológicamente, para la mayoría de nosotros una brisa indica momentos felices.

Broma
1. Cuando, en sueños, alguien bromea o hace un chiste, nos advierte de que podemos permitir que el sentido del humor de otros nos influya.
2. Si somos nosotros quienes nos comunicamos mediante ingenio o sarcasmo, a menudo quizá nuestra propia capacidad nos sorprenda.
3. Con frecuencia, si es necesario recordar algo espiritual, esto puede presentarse en sueños como un chiste o una frase con segundas intenciones.

Bruja
Véase también *arquetipos*

Brújula
1. Soñar con una brújula se relaciona a menudo con un intento de encontrar una dirección o actividad. Tenemos que ser capaces de comprender las distintas instrucciones que se nos ofrecen y seguir la dirección correcta para nosotros.
2. La brújula, que tiene a menudo el mismo significado que el círculo, puede representar el origen de la vida o, a veces, la justicia.
3. Espiritualmente, cuando intentamos encontrar un camino y, a veces, explorar nuestras propias fronteras y limitaciones, necesitamos una brújula.

Brutalidad
1. Experimentar alguna forma de brutalidad en sueños puede ser aterrador, hasta que nos demos cuenta de que entramos en contacto con el lado más oscuro y animal de nosotros mismos. Quizá necesitemos enfrentarnos a temores asociados con ese lado, si queremos avanzar.
2. La pasión incontrolada, sexual o no, puede aparecer como brutalidad y crueldad en sueños.
3. La brutalidad puede manifestarse en actos demoníacos y malignos. Aunque sea grave, el soñador debería fijarse en esta interpretación.

Bucear
1. Soñar que buceamos puede representar la necesidad de libertad en nuestra vida, aunque quizá asociemos la libertad con los riesgos. Quizá nos haga falta ahondar en el inconsciente y encontrar la capacidad para afrontar la angustia.
2. Tenemos que sentirnos muy centrados y atentos para bucear con eficacia, así que debemos hacer que estas cualidades intervengan en una situación actual.
3. Bucear sugiere correr riesgos espirituales.

Buda, budismo
1. Cierto dicho reza: «Si encuentras a Buda en el camino, mátalo». En sueños, Buda representa la negación o la pérdida de ego. Se necesita una liberación de pensamientos y deseos.

2. Si soñamos con convertirnos en budistas, tenemos que examinar las diferencias entre las religiones occidentales y orientales.
3. Claridad espiritual.

Buey
Véase *animales*

Búho
Véase *pájaros*

Buitre
Véase *pájaros*

Burbuja
1. Quizá soñemos con burbujas como parte del deseo de disfrutar como niños. A menudo, somos conscientes de la naturaleza temporal de la felicidad y nuestra necesidad de ilusión.
2. Las burbujas, como objetos hermosos pero frágiles, nos recuerdan la naturaleza transitoria de la existencia humana y que nada es permanente.
3. Una burbuja representa los elementos ilusorios de la vida cotidiana y, más específicamente, la ensoñación diurna.

Burdel
1. Si una mujer sueña que se encuentra en un burdel, aún no ha asimilado su lado sexualmente activo. Si un hombre sueña que se encuentra en un burdel, quizá muestre temor de lo femenino.
2. Soñar con un burdel indica la necesidad de liberación y desenvoltura sexual.
3. El lado más oscuro de la feminidad. También puede representar la consciencia de la deuda espiritual del hombre hacia la mujer.

Burla
1. Si en un sueño se burlan de nosotros, nos damos cuenta de que nuestra conducta quizá no sea adecuada. Si nos burlamos de alguien y señalamos sus particularidades, es posible que en realidad estemos destacando nuestras propias discrepancias.
2. La burla puede ser una forma de abuso, de convertirse en víctima. Debemos comprender nuestra exigencia de ejercer poder sobre alguien en lugar de ayudarlo. La burla surge a menudo de la inseguridad y la consciencia de nuestros propios temores y dudas. En términos arquetípicos, es una manera fácil de proyectar nuestras propias dificultades sobre otras personas.
3. Dentro del desarrollo espiritual, nos volvemos conscientes de los defectos en el carácter de los demás. Burlarse o ser burlado en sueños nos alerta sobre un estado del ego que no es el apropiado para un desarrollo posterior.

Búsqueda
1. Buscar, en un sueño, representa un intento de encontrar la solución a un problema. Si buscamos a alguien, quizá seamos conscientes de nuestra soledad. Si buscamos algo, tal vez seamos conscientes de una necesidad insatisfecha. Por otra parte, la búsqueda del héroe es una imagen arquetípica (véase *arquetipos*), que puede aparecer de muchas formas en los sueños. Buscar algo suele indicar que somos conscientes de que debemos emprender una tarea aterradora, si queremos progresar. Muchos cuentos de hadas y relatos mitológicos tienen como tema principal la búsqueda de algo extraño o mágico (por ejemplo, *Jasón y los argonautas*). Estos temas pueden trasladarse a los sueños, de modo que sean aplicables al soñador.
2. En sueños, buscar algo que hemos perdido puede sugerir que necesitamos información del pasado, o bien que nues-

tra sensación es de haber perdido la identidad. Buscar también sugiere un compromiso mayor hacia lo que se encuentra que si se está solamente mirando. A menudo, los trabajos y tribulaciones que debemos sufrir si queremos conseguir algo se traducen en una búsqueda en los sueños. En este sentido, la manera de afrontar estos acontecimientos es tan importante como el logro en sí mismo.

3. El movimiento hacia la espiritualidad comienza a menudo a partir de la sensación de búsqueda de algo. Perseguir lo espiritual y emprender su búsqueda es un modo de desarrollarse.

C
desde *caballero* hasta *cuña*

Caballero
1. Un caballero que aparece en sueños, especialmente en los de una mujer, puede tener connotaciones obvias de aventura romántica, sobre todo si lleva armadura. En realidad, se trata de una manifestación de su propio *animus* (véase *animus* en la introducción), su propia masculinidad interna, y tiene que ver con su búsqueda de perfección. En el sueño de un hombre, indica que tal vez esté buscando al héroe en sí mismo (véase *arquetipos*).
2. Desde un punto de vista psicológico, el caballero que aparece en sueños simboliza el principio rector. Es la parte de nosotros mismos que a veces se define como el yo superior, el espíritu que guía al físico. El caballero negro es la encarnación del mal. Curiosamente, el caballero blanco aparece a menudo con la visera alzada, mientras que el negro la lleva bajada.
3. Iniciación, con el propósito de desarrollar nuestras mejores cualidades.

Caballo
Véase *animales*

Cabeza
Véase *cuerpo*

Cabra
Véase *animales*

Cachorro
Véase *animales*

Cadena
1. Soñar con cadenas, de cualquier clase, indica un tipo de restricción o dependencia. Así como se necesita fuerza para romper las cadenas, también hace falta para sostenerlas. Al darnos cuenta de lo que nos retiene, también observamos cómo forzarlo para ser libres.

2. En sueños, podemos ser conscientes de creencias o actitudes mentales, tanto en nosotros mismos como en los demás, que tal vez causen problemas. Los eslabones de una cadena simbolizan muy a menudo la comunicación que necesitamos para liberarnos.
3. La servidumbre y esclavitud, dignidad y unidad se simbolizan mediante cadenas, que destacan la ambigüedad de todas ellas.

Caduceo
1. El caduceo es el símbolo que emplean las personas e instituciones relacionadas con la medicina. Si aparece en un sueño, normalmente se destaca así la salud, ya se trate de la nuestra o de la de otros.
2. El cuerpo reconoce y comunica mediante imágenes oníricas sus necesidades y expectativas de buena salud. Desde un punto de vista psicológico, soñar con el caduceo puede significar que necesitamos crear mejores condiciones para que el cuerpo obtenga lo que pide.
3. Poder en la unión de los opuestos.

Caer
Véase también *caída*
1. Soñar que caemos muestra falta de confianza en nuestras capacidades. Quizá nos sintamos amenazados por falta de seguridad, ya sea real o imaginaria. Tenemos miedo de que los amigos y colegas nos abandonen.
2. Caerse se ha interpretado como rendición (especialmente, sexual) y fracaso moral, es decir, no ser como deberíamos.
3. Tal vez tengamos la sensación de que una situación es resbaladiza; básicamente, perdemos nuestro lugar. Esto puede deberse a la influencia negativa de otros.

Café
Véase *té*

Caída
Véase también *caer*
1. En sueños, una caída subraya la necesidad de estabilidad y contacto con la tierra, de hacerse cargo en una situación conocida. Quizá nos haga daño ser demasiado pedestres o prosaicos.
2. Si olvidamos quiénes somos o de dónde venimos, caeremos sin duda.
3. Aquí se simboliza el miedo espiritual, especialmente la caída de la gracia y sus consecuencias.

Caja
Véase también *paquete*
1. Si en un sueño nos sentimos encajonados, se nos impide expandirnos de modo adecuado. Soñar con empaquetar algo en una caja indica que intentamos librarnos de sentimientos o pensamientos que no podemos afrontar.
2. Cuando en un sueño aparecen diversos tipos de cajas, representan aspectos distintos de la personalidad femenina.
3. El principio femenino del receptáculo.

Caja registradora
Véase también *dinero*
1. Una caja registradora es un depósito seguro para el dinero; además, simboliza una transacción comercial.
2. Cuando metemos dinero en una caja, nuestro objetivo es guardarlo en un lugar seguro. Sin embargo, también se introduce en ella para que se acumule, ya que las ganancias aumentarán y se reproducirán. Aquí es donde coinciden los significados más prácticos y psicológicos. Necesitamos ahorrar o preservar lo que tenemos, para obtener los mejores beneficios.
3. Una caja registradora es símbolo de que almacenamos lo que hemos acumulado espiritualmente, hasta el momento en que necesitemos examinarlo con mayor cuidado.

Calabaza
Véase también *jarrón*
1. Como recipiente para agua o para sustento, la calabaza que aparece en sueños quizá esté muy relacionada con la visión que uno mismo tiene de la feminidad y la capacidad de nutrir. También se asocia con la capacidad de recurrir a información y conocimientos sin explotar.
2. La calabaza representa a menudo el misterio. Es algo poco habitual que puede implicar información secreta, sostén o nutrición. Puesto que la calabaza se usa como recipiente después de maduro el fruto, con frecuencia representa el cuerpo.
3. Una calabaza puede simbolizar el misterio que rodea a la progresión espiritual. En este momento, quizá tengamos la sensación de que no tenemos mucho a lo que agarrarnos.

Calavera
1. Si vemos una calavera en sueños, quizá sea preciso examinar el resto del sueño para averiguar el simbolismo. La calavera y las tibias podrían representar una visión romántica de un pirata o un símbolo de peligro. Puesto que el cráneo es una representación de la cabeza, también puede simbolizar capacidad intelectual o, más bien, falta de ésta.
2. Ser conscientes del propio cráneo en sueños supone apreciar la estructura que hemos dado a nuestra vida. Percibir una calavera donde debería estar una cabeza sugiere que parte de la persona ha *muerto*. Hablar a una calavera significa reconocer la necesidad de comunicarnos con los que hemos perdido. Cuando una calavera nos habla, una parte de nosotros que hemos rechazado o negado comienza a volver a la vida. Si creemos en la vida después de la muerte, quizá sintamos que el espíritu habla a través del cráneo.

3. Espiritualmente, la calavera representa la muerte y todas sus implicaciones. Cuando aparece en sueños, es el momento de entendernos con la muerte física.

Caldero
1. De manera casi universal, el caldero representa abundancia, sostén y alimento. Por asociación, el caldero mágico sugiere fertilidad y el poder femenino de transformación. Así, soñar con un caldero nos vuelve a unir con nuestros principios básicos.
2. Psicológicamente, cuando un caldero aparece en sueños, quizá necesitemos fijarnos en nuestra capacidad intuitiva, o en nuestro potencial para crear algo nuevo a partir de ingredientes simples.
3. Desde un punto de vista espiritual, el caldero simboliza renovación y renacimiento.

Calendario
1. Si un calendario aparece en sueños, puede tener más de un significado. Tal vez nuestra atención esté centrada en el pasado, presente o futuro de algo significativo de nuestra vida; o bien se nos advierta del paso del tiempo en un proyecto importante.
2. Puesto que el tiempo es una limitación que nos imponemos a nosotros mismos, cuando en sueños aparece algo que delimita el tiempo, se trata de una advertencia sobre el potencial de restricción.
3. Un calendario de festividades y celebraciones.

Caléndula
Véase *flores*

Calidez
Véase también *calor*
1. Durante un sueño, la calidez impulsa el factor que nos hace sentirnos a gusto

e intensifica nuestra sensación de placer y bienestar.
2. Psicológicamente, los sentimientos de alegría y esperanza pueden volvernos conscientes de la calidez y ser intercambiables con ella.
3. Una sensación de calidez, en sueños, quizá simbolice el premio más deseado: amor incondicional. El soñador puede permitirse una acción positiva en busca de él.

Calidoscopio
1. Un calidoscopio nos relaciona con nuestro yo más infantil. Además, las imágenes que crea el juguete nos recuerdan al mandala (véase *mandala*). En sueños, podemos apreciar la belleza de las figuras básicas. Así como un niño queda fascinado por las combinaciones creadas en un calidoscopio, la imagen del sueño puede introducirnos a la creatividad que se ve a menudo atascada.
2. La multiplicación de las estructuras creadas por objetos pequeños evoca la sensación de asombro y maravilla que sentimos como seres humanos. Nos volvemos conscientes de nuestra propia pequeñez dentro del orden superior del universo.
3. Un calidoscopio puede simbolizar las estructuras que creamos para nosotros mismos en épocas de incertidumbre espiritual.

Cáliz
Véase también *copa*
1. En sueños, el cáliz representa lo femenino. Debido a su significado religioso, el cáliz suele simbolizar algo que tal vez parezca inalcanzable, excepto mediante un gran esfuerzo. Asimismo, quizá sugiera un acontecimiento o ceremonia importante (véase *taza*).
2. El cáliz se asocia con el simbolismo del corazón, ya que contiene el principio vital, representado en su interior por vino, del mismo significado que la sangre.
3. Fuente de sustento inagotable; abundancia; el Santo Grial.

Callejón sin salida
1. Cuando el soñador se encuentra atrapado en un callejón sin salida, la situación simboliza una acción inútil, pero quizá también un estado de inercia. Es posible que las circunstancias impidan avanzar, de modo que tal vez sea necesario volver hacia atrás para poder seguir adelante con éxito.
2. Estamos atascados en antiguos esquemas de conducta. Tal vez estemos amenazados por errores del pasado.
3. Un callejón sin salida representa la inutilidad.

Calor
Véase también *calidez*
1. En un sueño, las sensaciones placenteras pueden traducirse en una sensación física. Soñar que tenemos calor indica sentimientos vivos, quizá apasionados. Sentir que hace calor en nuestro entorno significa que nos quieren y atienden.
2. A veces, una emoción intensa puede interpretarse como una sensación física; por tanto, la ira, los celos u otros sentimientos parecidos quizá se experimenten como calor. Si percibimos que algo que debería ser frío está caliente, como hielo, por ejemplo, esto indica que tal vez suframos dificultades y confusión para aclarar nuestros sentimientos.
3. La pasión espiritual es un sentimiento muy profundo. En un sueño, puede interpretarse como calor.

Calvicie
1. Soñar con alguien calvo indica que reconocemos cierto grado de insulsez en nuestra vida.

2. Un sueño en el que somos calvos resulta ambiguo. Normalmente, sugiere pérdida de brillantez intelectual, pero también podría indicar inteligencia.
3. En un sueño, la calvicie significa el reconocimiento de haber alcanzado espiritualidad, con la humildad que lleva consigo. Los sacerdotes solían afeitarse la cabeza para mostrar que no tenían nada que ocultar.

Cama
Véase también *muebles*
1. En un sueño, irse solo a la cama puede reflejar el deseo de volver a la seguridad del útero. Soñar con una cama con sábanas limpias sugiere la necesidad de acercarse de nuevo a los pensamientos e ideas que de verdad nos importan.
2. Irse a la cama con alguien puede representar o bien atracción sexual hacia esa persona, o bien que no le tenemos miedo, según las demás circunstancias del sueño.
3. Una cama puede representar una forma de santuario espiritual y una sensación de pureza.

Cámara
1. Una cámara cinematográfica o fotográfica es un instrumento de grabación. Si en un sueño utilizamos una cámara, estamos grabando acontecimientos u ocasiones que tal vez necesitemos recordar o registrar con mayor exactitud. Si nos filman, se indica que debemos examinar más cuidadosamente nuestras acciones y reacciones ante ciertos sucesos.
2. Existe la necesidad de retener una imagen mental de lo que es importante para nosotros.
3. Necesidad de estar vigilantes.

Camarero
1. La interpretación de este sueño depende de si somos nosotros quienes servimos la mesa o, por el contrario, nos sirven. Si nosotros servimos la mesa, somos conscientes de nuestra capacidad para cuidar a los demás. Si nos sirven a nosotros, tal vez necesitemos que nos atiendan y nos hagan sentir especiales.
3. Espiritualmente, debemos aprender dos lecciones: servicio y paciencia, que deben asimilarse antes de poder progresar de verdad.

Camello
1. Según las circunstancias del sueño, el camello puede representar lo extraño o singular. También simboliza los recursos disponibles y la obediencia a un principio básico.
2. Psicológicamente, el camello puede sugerir resistencia y autosuficiencia.
3. Dignidad, el portador de la realeza.

Caminar
Véase también *caminar alrededor*
1. En un sueño, la acción de caminar apunta a cómo deberíamos avanzar. Caminar con un propósito sugiere que sabemos hacia dónde vamos. Caminar sin rumbo fijo indica que necesitamos crearnos metas. Disfrutar mientras caminamos supone volver a la inocencia infantil. Utilizar un bastón indica que reconocemos la necesidad de sostén y asistencia.
2. Una caminata puede servir para relajarnos, y este significado suele aparecer en los sueños. Si estamos solos, puede caminarse en silencio y con actitud contemplativa. Si vamos acompañados, podemos comunicarnos y conversar sin miedo a interrupciones.
3. Caminar espiritualmente supone un viaje de exploración hacia territorios desconocidos.

Caminar alrededor

1. En sueños, caminar alrededor de un edificio o un punto determinado supone crear un *universo* en el que la acción pueda darse. Se designa a ese sitio como de especial significado.
2. Psicológicamente, todos necesitamos disponer de un lugar sólo para nosotros. Soñar que caminamos alrededor de algún sitio significa que nos hacemos responsables de nosotros mismos y de nuestras acciones.
3. Mediante este gesto, simbolizamos la creación del centro del universo.

Camino

1. Un camino que aparece en sueños indica la dirección que uno ha decidido tomar en la vida. El tipo de sendero, es decir, si es llano o pedregoso, curvado o recto, quizá sea tan importante como el mismo camino.
2. A menudo, un camino puede simbolizar cómo sentimos que se desarrolla una relación o una situación. Quizá también ilustre un modo de seguir un concepto o una línea de investigación. En la vida de vigilia, suele ser el camino que sigue el adivino para *ver* cómo cambia la vida de quien le consulta.
3. En sueños, un camino puede indicar una dirección espiritual.

Camión
Véase *viaje*

Camisa
Véase *ropa*

Campana

1. Tradicionalmente, oír en sueños cómo doblaba una campana suponía recibir una advertencia de desastre o muerte. Si bien ese significado es menos frecuente hoy, ya que hay medios de comunicación más eficaces, una campana que aparece en un sueño nos avisa de que estemos alerta. Quizá también indique que deseamos comunicarnos con alguien que está distanciado o apartado de nosotros.
2. Las campanas pueden indicar la conciencia y nuestra necesidad de buscar la aprobación de otros.
3. Puesto que puede resultar un amuleto contra poderes destructivos, tal vez la campana nos dé suerte, ya que puede advertirnos de un peligro inminente.

Campanario
Véase también *iglesia* **y** *torre*

1. En sueños, ver un campanario supone reconocer un punto de referencia. Antiguamente, la gente se orientaba gracias a las iglesias. Hoy en día, recurrimos más a los bares para orientarnos, pero en los sueños persisten los campanarios.
2. El campanario en los sueños puede interpretarse como símbolo fálico, especialmente (lo que es obvio) como símbolo de erección. También representa ambición y esfuerzo. Un campanario caído sugeriría esperanzas derrumbadas. Construir una torre o un campanario evoca la Torre de Babel y muestra la necesidad de mayor o mejor comunicación.
3. Como representación de nuestro progreso espiritual, el campanario sugiere el movimiento de lo secular a lo sagrado.

Campo
Véase también *lugares* **y** *naturaleza*

1. Cuando soñamos que estamos en un campo, en realidad estamos examinando nuestro campo de actividad, lo que hacemos en la vida cotidiana. Además de este juego de palabras, el sueño se relaciona con la liberación de la presión social.
2. Necesitamos darnos cuenta de los espacios amplios en que podemos desarrollar nuestra vida, ser conscientes de

lo que es más natural para nosotros y, quizá, empezar de cero.
3. La madre Tierra, la gran proveedora y, posiblemente, un *campo de sueños*. El soñador debería aprovechar los recursos de que dispone desde un punto de vista práctico, para progresar en la espiritualidad.

Canal
1. Puesto que un canal es una estructura artificial, soñar con uno suele indicar que tendemos a ser rígidos, por lo que se refiere al control de las emociones. Quizá estemos introduciendo demasiadas estructuras en nuestra vida, a costa de la creatividad.
2. Necesitamos estructurar el conocimiento de nosotros mismos, para crear un sistema viable.
3. Estructura, definición, creencias rígidas.

Cáncer
1. El cáncer es uno de los miedos básicos que debe afrontar el ser humano, por lo que soñar con un cáncer indica que no estamos en armonía con nuestro cuerpo. El sueño indica temor a la enfermedad; además, puede representar que algo *nos devora*, normalmente un pensamiento o concepto negativo.
2. Intelectualmente, quizá hayamos analizado nuestros miedos, pero aún nos queden actitudes y creencias que no pueden eliminarse. Muy a menudo, éstas aparecen como un cáncer en los sueños.
3. El signo astrológico de Cáncer. La madre. La Luna.

Candado
Véase también *cerradura*
1. Soñar que cerramos un candado sugiere que intentamos encerrar algo, quizá una sensación o emoción. Esto puede ocurrir debido al miedo o al ansia de posesión. Por el contrario, si abrimos un candado, tal vez estemos intentando abrirnos a nuevas experiencias.
2. A menudo, cuando nuestra seguridad se ve amenazada, aparece un símbolo que refuerza nuestra necesidad de un mecanismo de defensa. El candado entra en esta categoría.
3. Conservamos nuestra integridad espiritual.

Cangrejo
1. Un cangrejo que aparece en sueños puede indicar maternidad, especialmente del tipo posesivo, pero también puede representar características como informalidad y egoísmo. Debido al movimiento del cangrejo, quizá denote asimismo engaño.
3. El cangrejo representa el signo astrológico de Cáncer y la gran madre.

Canguro
Véase *animales*

Canibalismo
1. Soñar con canibalismo representa habitualmente una conducta tosca o inapropiada. Advertir que estamos comiendo carne humana quizá indique que nos desagradan acciones o alimentos inadecuados. Con frecuencia, existe una parte de nosotros mismos que no hemos internalizado y debemos absorber.
2. Comer carne humana en un sueño quizá signifique que estamos asimilando información errónea.
3. Absorción de poderes o cualidades que pertenecen a otra persona.

Canoa
1. Una canoa que aparece en sueños indicaría que tratamos nuestras emociones en soledad. Posiblemente estemos esforzándonos por controlar la corriente de nuestra emoción. Somos conscientes de

que podemos cambiar, pero sólo mediante nuestro propio esfuerzo.
2. Tal vez estemos protegidos de nuestras emociones, pero corramos también un riesgo. Hace falta cierto grado de habilidad para que podamos seguir adelante.
3. Una barca lunar, la Luna creciente.

Cansancio
1. Advertir cansancio en sueños quizá sugiera que deberíamos atender nuestra salud o que no estamos empleando la energía de modo adecuado.
2. Si otros aparecen cansados en un sueño, quizá tengamos que reconocer nuestra capacidad para presionar en exceso a los demás.
3. Inercia espiritual.

Cantar
1. Oír que alguien canta en un sueño supone relacionarnos con la expresión de nosotros mismos que todos poseemos. Estamos en contacto con el lado de la personalidad que fluye y siente, en nosotros y en los demás. Si nosotros cantamos, expresamos alegría y amor a la vida. Si cantamos solos, hemos aprendido a estar capacitados por nosotros mismos. Participar en un coro sugiere nuestra capacidad de rezar o expresarnos en un grupo de nuestros iguales. Por supuesto, si el soñador es cantante en la vida de vigilia, la interpretación cambiará.
2. Como oración, el canto es parte vital de muchos sistemas de creencias. Por ejemplo, un himno de fútbol creará una sensación de comunidad, ya se trate de un estribillo contra el árbitro o una alabanza del equipo. El canto tiene su hueco en la liturgia, como ocurre con el canto gregoriano, cuando ciertos tonos producen un cambio en la conciencia. Oír esto en sueños significa estar en contacto con una vibración elevada. Entonar algo repetitivo, como un mantra (véase *mantra*), también consigue el mismo objetivo.
3. Espiritualmente, al cantar somos capaces de elevar la vibración, ya sea para nosotros o para los demás. Estamos en contacto con el yo superior.

Cantera
Véase también *cavar*
1. Soñar con una cantera significa excavar las profundidades de la propia personalidad, *extrayendo* el conocimiento y las percepciones positivas que quizá tengamos. A menudo, en los sueños se crean símbolos relacionados con experiencias de la infancia o del pasado que quizá hayamos enterrado, y que ahora es preciso examinar mediante el raciocinio consciente.
2. Buscar una cantera, es decir, perseguir algo o a alguien en un sueños, puede indicar que sabemos lo que buscamos hasta cierto punto, pero lo importante es la *acción* de buscar.
3. Una búsqueda espiritual que tal vez requiera extraer información.

Capa
Véase *ropa*

Capital
Véase también *lugares* y *dinero*
1. Soñar con el capital financiero propio implicaría la necesidad de conservar los recursos. Soñar con la ciudad capital de un país indica que deberíamos examinar nuestra actitud hacia los asuntos más destacados de ese país, o nuestra asociación con esa ciudad. Quizá también sea preciso considerar cómo nos relacionamos con grupos grandes de personas, especialmente aquéllas cuyas costumbres y comportamiento son desconocidos.
3. Espiritualmente, el capital es el resultado de las acciones pasadas.

Capucha

1. En sueños, una figura que lleve una capucha siempre parecerá levemente amenazadora. Si bien quizá no sea perversa por fuerza, es posible que una parte de nosotros se haya visto amenazada. La capucha también puede representar una parte de nosotros mismos; en este caso, si nos hemos ocultado, estamos creando un problema. Quizá un aspecto de nuestra personalidad sea invisible y necesitemos descubrirlo, para actuar de manera aceptable.
2. Tradicionalmente, una mujer que lleve una capucha sugiere engaño. Si un hombre lleva una capucha, ésta indica que se retira de cierta situación. Igualmente, en su sentido más avanzado, la figura encapuchada de un monje puede representar nuestro lado más reflexivo, cuando empieza a hacerse más aparente en la vida cotidiana.
3. La capucha solía representar muerte e invisibilidad. Actualmente, indicaría que ciertos aspectos del conocimiento se mantienen escondidos, hasta que llega el momento adecuado.

Capullo

1. Soñar con un capullo supone reconocer el desarrollo de un nuevo modo de vida, de experiencias o emociones nuevas. Soñar con un capullo que se muere o marchita indica el fracaso de un proyecto.
2. Una idea nueva o un modo nuevo de pensar contiene un enorme potencial, que aún no se ha descubierto.
3. El capullo simboliza cómo el mundo se despliega ante nosotros y cómo podemos influir en él.

Capullo de insecto
Véase *crisálida*

Cara

1. Durante un sueño, concentrarse en la cara de otra persona supone un intento de comprender la personalidad exterior. Mirar a nuestra propia cara significa que tal vez estemos intentando aceptar cómo nos expresamos en el mundo corriente y cotidiano. Cuando la cara está oculta, escondemos nuestro poder o nos negamos a aceptar nuestras capacidades.
2. La mayoría de lo que aprendemos sobre los demás procede de su cara, de modo que quizá estemos buscando conocimientos o información que no podemos obtener por otros medios.
3. Poderes elementales.

Caracol

1. Para algunas personas, un caracol que aparece en sueños tal vez genere una sensación de repulsión. Sin embargo, el caracol también representa vulnerabilidad y lentitud.
2. Desde un punto de vista psicológico, el caracol sugiere constancia y contención en los propios límites. Moverse a la velocidad del caracol apunta a un movimiento directo, planeado y cuidadoso.
3. Espiritualmente, debido a la forma en espiral de la concha, el caracol es un símbolo natural del laberinto (véase *laberinto*).

Caracola
Véase también *concha*

1. La intrincada espiral de una caracola se ha asociado a menudo con la perfección y, por tanto, con la abundancia. Soñar con un objeto así se relaciona con una comprensión básica de las cosas que podemos permitirnos poseer.
2. La caracola se emplea como trompeta en ciertas sociedades, de modo que quizá se contemple como una advertencia.

3. La caracola se asocia con la espiral (véase *formas*).

Carámbanos
Véase también *hielo*
1. En sueños, los carámbanos aparecen a menudo colocados de cierto modo; la disposición es tan importante como el mismo carámbano. Quizá seamos conscientes de que tenemos problemas con nuestro entorno, de que éste no nos apoya como esperaríamos y, por tanto, nos crea dificultades.
2. Ver cómo los carámbanos se derriten indica que los problemas que nos han rodeado desaparecerán en un breve periodo de tiempo. No importa que seamos nosotros responsables de los problemas o que lo sean otras personas; al parecer, las circunstancias exteriores proporcionan la posibilidad de superar lo que nos haya creado dificultades.
3. Los carámbanos pueden simbolizar aislamiento espiritual, es decir, una existencia aislada debido a cómo se ha desarrollado nuestra vida.

Cárcel
Véase también *carcelero, cerradura, encierro* y *llave*
1. Una prisión que aparece en un sueño representa las trampas que nos creamos a nosotros mismos. Tal vez sintamos que las circunstancias exteriores convierten la vida en difícil, pero en realidad somos nosotros quienes creamos dichas circunstancias. Esto puede ocurrir desde una perspectiva emocional, material o espiritual.
2. Con frecuencia, nos creamos una cárcel por causa de una sensación de deber o culpa, lo que se muestra a menudo en los sueños. Los tipos de candados y cerrojos que percibimos en la cárcel quizá nos muestren cómo nos aprisionamos a nosotros mismos. Por ejemplo, un candado con llave sugeriría que sabemos cómo escapar, mientras que un cerrojo indica que debemos hacer un esfuerzo superior. Una ventana enrejada podría suponer que nos impiden utilizar algo exterior a nosotros.
3. Desde un punto de vista espiritual, el deber y la culpa son caras opuestas de la misma moneda. El deber puede ser una obligación desventajosa y, por tanto, una trampa; por otra parte, la culpa quizá nos impida ver el camino para seguir adelante. A menudo, cuando nos vemos atrapados por deber o culpa, soñamos con una prisión.

Carcelero
Véase también *cárcel*
1. Soñar con un carcelero apuntará a la impresión de que alguien nos restringe de cierta forma, quizá nuestras propias emociones o la personalidad o acciones de otro. Existe la sensación de autocrítica y alienación, que nos hace difícil proseguir con las tareas cotidianas.
2. Cuando nos encontramos en una situación de la que no podemos escapar, la personalidad que aparece en sueños suele darnos una pista de cómo hemos llegado a ese conflicto. Por ejemplo, si nos encontramos en la cárcel y el carcelero nos trata injustamente, esto indica que no sólo hemos colaborado en el apresamiento, sino que nos hemos vuelto víctimas de nuestras propias circunstancias.
3. El soñador quizá perciba cierto grado de dificultad espiritual.

Cardo
1. Ser conscientes de cardos en un sueño significa que nos damos cuenta de alguna incomodidad en la vida de vigilia. Un campo de cardos sugiere que nos espera un camino difícil. Un cardo solo indica pequeñas dificultades.

2. El cardo simboliza desafío e inclinación a la venganza. Cuando soñamos con un cardo, se nos hace ver esas cualidades, o bien en la gente que nos rodea o bien en nosotros mismos. El color de los cardos quizá sea relevante (véase *colores*).
3. El cardo puede representar nuestro desafío espiritual frente a las adversidades físicas. Refleja el simbolismo de la pasión de Cristo.

Caridad
1. Soñar que somos caritativos o recibimos caridad de otros suele relacionarse con nuestra capacidad para dar o recibir amor. En un sueño, el cepillo para los pobres indica a menudo que somos conscientes de nuestras necesidades.
2. La caridad se relaciona con nuestra capacidad para ocuparnos de los demás. Soñar con una acción caritativa nos advierte con frecuencia de los asuntos universales que son importantes en la vida.
3. Caridad viene de la palabra *caritas*, que significa «amor».

Carnero
Véase *animales*

Carnicero
1. Nos imaginamos al carnicero como alguien que mutila, pero al mismo tiempo nos proporciona alimento. Esto se refleja en los sueños, cuando aparece como alguien que separa lo bueno de lo malo. Quizá también sea un destructor.
2. Tal vez necesitemos darnos cuenta de una tendencia destructiva dentro de nosotros.
3. El carnicero tiene connotaciones espirituales de Parca, de muerte. El cuchillo de carnicero podría interpretarse como la guadaña.

Carretera
Véase *viaje*

Carro
Véase también *viaje*
1. En los tiempos actuales, la mayor parte de la gente sueña con el coche u otras formas de transporte. Soñar con un carro probablemente implicaría la necesidad de métodos de control anticuados, dentro de las circunstancias que rodean al soñador.
2. Desde un punto de vista psicológico, tal vez tengamos que explorar imágenes arquetípicas (véase *arquetipos*) para comprender nuestras motivaciones. El carro podría representar los instintos más básicos, antes de que el condicionamiento los haya alterado.
3. En sueños, el carro representa el Sol y la divinidad.

Carruaje
Véase también *viaje*
1. Soñar con un carruaje tirado por caballos podría sugerir actitudes chapadas a la antigua, según nuestro actual modo de pensar.
2. Cualquier símbolo que signifique que nos desplazamos suele dirigir la atención hacia nuestra capacidad para introducir cambios progresivos en la vida.
3. El carruaje es un símbolo de majestad y poder.

Carta
Véase también *dirección*
1. Si en sueños recibimos una carta, quizá seamos conscientes de algún problema con la persona remitente. Es posible que sepamos que está muerta; en este caso, existen asuntos sin resolver con ella o con una situación relacionada. Si enviamos una carta, creemos que tenemos información relevante para el destinatario.

2. Con frecuencia, podemos soñar con una carta sin saber el contenido. Esto sugiere cierta información que actualmente se nos esconde.
3. La información oculta puede resultar aceptable a menudo, si hemos hecho un esfuerzo para comprender.

Cartas (naipes)

1. Jugar a las cartas en sueños destaca nuestra capacidad para abrirnos a las oportunidades o correr riesgos. Las cartas que uno reparte o recibe en un sueño quizá sean significativas en cuanto a su número o palo (véase *números*). Los corazones indican emoción y relaciones. Los diamantes representan riqueza material. Las picas sugieren conflictos, dificultades y obstáculos. Los tréboles indican acción, trabajo e inteligencia. El rey representa dominio y éxito. La reina apunta a profundidad emocional, sensibilidad y comprensión. La jota refleja ímpetu, creatividad o energía adolescente.
2. Desde un punto de vista psicológico, jugar a las cartas en sueños puede interpretarse como correr riesgos calculados. Nos alerta de un peligro potencial.
3. El tarot, nuestra verdad interior, puede emplearse como imágenes en la elaboración de los sueños.

Cartera

1. En sueños, la cartera es una representación de dónde guardamos nuestros recursos. No tienen por qué ser recursos económicos; pueden ser de cualquier clase. Muchos sueños pueden describir nuestra actitud hacia el dinero, y soñar con una cartera es uno de ellos.
2. Puesto que la cartera también puede sugerir los aspectos femeninos de cuidado y contención, tal vez ponga de relieve nuestra actitud hacia la intuición y el estado de alerta.

3. La vieja idea de llevar la vida en la cartera no sólo simboliza la vida, sino también la muerte.

Casa
Véase también *chimenea, cocina* **y** *edificios*

1. Una casa se refiere casi siempre al alma y al modo como construimos nuestra vida. En sueños, las distintas habitaciones y partes de las casas indican los diversos aspectos de la personalidad y experiencia propias. Por ejemplo: **ático**: soñar que nos encontramos en un ático está relacionado con experiencias pasadas y recuerdos antiguos. Asimismo, lo que resulta interesante, puede destacar normas de comportamiento y actitudes familiares que se hayan transmitido. **Biblioteca**: la mente y el almacenamiento de la información que recibimos pueden representarse mediante una biblioteca. **Chimenea**: al ser un pasaje de un estado a otro y conductor de calor, en sueños la chimenea puede indicar cómo nos desenvolvemos con nuestras emociones y calidez interior. **Cuarto de baño**: en sueños, el cuarto de baño indica nuestra actitud hacia la higiene personal y nuestros pensamientos y acciones más íntimos. *Dormitorio:* el dormitorio representa un lugar seguro, donde podemos relajarnos y comportarnos con la sensualidad que nos apetezca. *Sótano:* sobre todo, el sótano representa el inconsciente y todo lo que hayamos suprimido debido a la incapacidad de manejarlo. *Vestíbulo:* durante un sueño, el vestíbulo ilustra cómo tratamos y nos relacionamos con otras personas.
2. Una casa representa seguridad y, por tanto, protección y la gran madre.
3. La casa se conoce popularmente como el asiento del alma. En términos espirituales, nos relaciona con nuestro modo de ser en el mundo.

Casa de empeños

1. Soñar con una casa de empeños quizá indique que no somos suficientemente cuidadosos con los recursos que poseemos, ya sean materiales o emocionales. Tal vez estemos corriendo riesgos que debamos considerar con mayor atención.
2. Somos conscientes de que otras personas están apropiándose de ciertos atributos y características que poseemos, dejándonos sin nada de valor.
3. Espiritualmente, una casa de empeños tal vez represente un empleo inadecuado de los recursos que tenemos a nuestra disposición. Quizá no estemos creando un intercambio acertado de energía.

Casco

1. En sueños, la interpretación de un casco depende de si lo lleva otra persona o el soñador. En el primer caso, quizá tenga el mismo simbolismo que una máscara (véase *máscara*), ya que evita que veamos al portador. En el segundo caso, se trata de un símbolo de protección y conservación.
2. En tiempos antiguos, el casco era el atributo del guerrero o del héroe. Incluso hoy, como ocurre con el casco de la motocicleta, sigue siendo una representación de lo masculino.
3. Protección del yo espiritual.

Castigo

1. Cuando un niño reconoce que no se adapta a lo que esperan de él, la amenaza del castigo está presente con frecuencia. En la vida adulta, si existe temor a represalias de un agente externo, soñamos a menudo con el castigo. Nos imponemos una penitencia cuando no hemos alcanzado los niveles que esperamos de nosotros mismos.
2. Cuando existe un conflicto en nuestras vidas, si no podemos resolverlo soñamos a menudo que nos castigan. Quizá se trate de la única salida del dilema. Preferiríamos sufrir dolor que resolver la dificultad.
3. El concepto del castigo divino, es decir, de una fuerza superior a nosotros que nos castiga, sugiere un Dios juez. Sin embargo, el castigo espiritual es, en mayor grado, la idea de flagelarnos nosotros mismos, porque no hemos alcanzado lo que se espera de nosotros.

Castillo
Véase también *edificios*

1. Soñar con un castillo nos conecta directamente con el principio femenino de espacio privado, resguardado y defendido. Puede representar lo fantástico o, tal vez, la dificultad en alcanzar nuestros objetivos.
2. Antes de que podamos abrirnos por completo a los demás, normalmente tenemos que bajar las defensas. Encontrarnos atrapados en un castillo quizá represente la dificultad para liberarnos de viejas actitudes. Intentar penetrar en un castillo significa que reconocemos obstáculos que es preciso superar.
3. Prueba espiritual: superar obstáculos para alcanzar mayor entendimiento.

Castrado
Véase también *sexo*

1. En cualquier sueño que contenga un trauma sexual, se nos alerta habitualmente hacia nuestros miedos interiores. Soñar con el violento acto de castración indica el daño que nos estamos haciendo al negar tales miedos.
2. Convencionalmente, quizá existan dificultades para resolver el conflicto entre lo masculino y lo femenino de nuestro interior.
3. Estamos preparados para hacer un sacrificio de por vida, para renunciar o controlar el acto sexual a favor del celibato.

Catacumbas
Véase también *cripta* y *subterráneo*
1. Muchos sueños contienen imágenes relacionadas con espacios subterráneos. Soñar con catacumbas indica la necesidad de reconciliarse con la formación o bien, con las creencias religiosas subconscientes.
2. Nuestros miedos o sensaciones subconscientes relacionados con la muerte pueden aparecer como catacumbas en un sueño.
3. Como lugares de fuerzas y poderes ocultos, las catacumbas representan en sueños el inconsciente.

Catarata
Véase también *agua*
1. Según la interpretación más elemental, una catarata puede considerarse como un orgasmo. Asimismo, tal vez signifique cualquier demostración de emociones poderosas y, sin embargo, controladas de algún modo.
2. Cuando cualquier emoción alcanza la fase en que debe *derramarse* para volverse manejable, una catarata puede representarla en sueños.
3. Una catarata muestra que cierto grado de poder espiritual nos rodea, de modo que el soñador debería intentar aprovecharlo.

Cavar
Véase también *cantera, hoyo, mina* y *pala*
1. Con frecuencia, cuando comenzamos el proceso de aprendizaje sobre nosotros mismos, necesitamos descubrir las partes que hemos mantenido ocultas. Esto se muestra en los sueños como cavar la tierra o desenterrar un objeto.
2. En cuanto a la creatividad, quizá alcancemos conocimientos a los que es difícil acceder y que deben excavarse.

3. Espiritualmente, necesitamos tener acceso a las características del inconsciente.

Cazar
1. Soñar que nos cazan se interpreta, sobre todo, como relacionado con la propia sexualidad. Un significado aún más antiguo vincula este sueño con la muerte, sobre todo si contiene algún aspecto de matanza ritual o sacrificio. Por asociación, soñar con una cacería supone registrar la necesidad de un cambio de estado en la vida cotidiana.
2. En sueños, ser un cazador nos alerta sobre la parte de nosotros mismos que puede ser destructiva y violenta.
3. La muerte y destrucción en una situación ritual son parte del viaje espiritual. Debemos *matar* la parte de nosotros mismos que nos impide continuar adelante.

Cebo
1. En el sueño de una mujer, emplear un cebo puede ser una indicación de sus dudas sobre la capacidad de atraer a un compañero. Quizá tenga la impresión de que debe atraparlo o pescarlo.
2. Es necesario sacar a la luz cierto aspecto de nuestra vida. Tenemos que engañar a la parte de nosotros mismos que se niega a cooperar en nuestro progreso. En cierto modo, es preciso engatusarla.
3. Espiritualmente, debemos *tentar* al mal de cierta forma, para atraparlo y, finalmente, controlarlo.

Cebolla
Véase también *alimentos*
1. Curiosamente, la cebolla suele aparecer en sueños o durante la meditación como símbolo de integridad; ahora bien, se trata de una integridad con muchas capas. Pelar una cebolla puede sugerir que intentamos encontrar la mejor parte de nosotros mismos o de otras perso-

nas. Quizá también indique que intentamos comprender las distintas facetas de nuestra personalidad.
2. Picar cebolla puede significar el propósito de aumentar de algún modo la energía de que disponemos.
3. El cosmos. Revelación.

Cebra
Véase *animales*

Cedazo
Véase *colador*

Ceder
1. En sueños, ceder supone ser consciente de la inutilidad de la confrontación. Para comprender esto, quizá necesitemos examinar alguna situación de nuestra vida.
2. Ceder es uno de los atributos más femeninos, que implica nuestra necesidad de relajarnos e ir *a favor de la corriente*.
3. El soñador quizá haya considerado la idea de una existencia más espiritual durante cierto tiempo, y ahora ha cedido finalmente, o se ha sometido al concepto.

Ceguera
1. Si en un sueño sufrimos ceguera, hay algo que no estamos dispuestos a ver. Hemos perdido algo de vista o no vemos cualidades en nosotros mismos que no nos gustan.
2. Intelectualmente, quizá seamos conscientes de ciertos hechos, pero elegimos no emplear ese conocimiento del modo más adecuado.
3. Desde un punto de vista espiritual, la ceguera es una forma de ignorancia. Puede sugerir lo irracional. También es una forma de iniciación.

Celda
Véase *jaula*

Cementerio
1. El cementerio y su asociación con la muerte puede tener doble significado en los sueños. Por una parte, puede representar las partes de nosotros mismos que hemos eliminado o dejado de emplear. Asimismo, puede ilustrar nuestros pensamientos y sensaciones sobre la muerte, así como las actitudes y tradiciones que la rodean.
2. En sueños, con frecuencia podemos permitir que nuestros miedos salgan a la superficie de una manera aceptable. El cementerio puede simbolizar un modo adecuado de afrontar estos temores. Con otras palabras, nos permitimos sentirnos asustados.
3. Un cementerio es el lugar de los muertos, pero también de la regeneración espiritual.

Ceniza
1. En un sueño, las cenizas suelen indicar penitencia y dolor. Somos conscientes de que nos hemos sentido demasiado ansiosos y nos hemos comportado tontamente en una situación, de modo que no hay mucho que hacer. Esa situación ha sobrevivido a su utilidad. Después de que un acontecimiento o una persona se haya ido, quizá soñemos con un fuego apagado, que sólo ha dejado cenizas. Éstas son lo que permanece de la experiencia, que nos permitirá sacar el máximo partido de una situación.
2. Es necesario retener un recuerdo o un conocimiento aprendido, para que podamos emplear la información.
3. Las cenizas son purificación y muerte, el cuerpo humano perecedero y la mortalidad.

Centauro
1. El centauro, que tradicionalmente era medio hombre, medio animal, se asocia

con el signo del Zodiaco Sagitario. Un centauro que aparece en sueños demuestra la unión de la naturaleza animal del hombre con sus cualidades humanas de virtud y juicio.
2. El símbolo de un centauro en un sueño representa nuestra capacidad de combinar dos conceptos completamente opuestos de manera aceptable.
3. Se sugieren visión y sabiduría.

Centro
Véase también *posición*
1. Soñar que estamos en el centro de algo, como en medio de un grupo de personas, destaca nuestra capacidad de poder dentro de una situación, ya que todo gira alrededor de nosotros. Desplazarse del centro indica que tal vez parte de nuestra vida esté desequilibrada.
2. Psicológicamente, si estamos en medio de una situación, necesitamos ser conscientes tanto de nuestra capacidad para controlarla, como de nuestra aptitud para ser flexibles. Desplazarse hacia el centro muestra la necesidad de integridad en la vida cotidiana.
3. Totalidad, integridad. Se simbolizan el origen y el espacio sagrado.

Cera
1. Soñar con cera está muy relacionado con la flexibilidad que somos capaces de conseguir en la vida. Debemos alcanzar la capacidad de dejarnos moldear, quizá por los acontecimientos externos. Deberíamos estar preparados para ceder, pero también para ser firmes cuando sea necesario.
2. La cera también puede representar la falta de sinceridad. Se trata de algo que consumen las llamas, por ejemplo en una vela; por tanto, puede moverse y transformarse en algo distinto, con cualidades que no tenía al principio.
3. La cera simboliza la necesidad de ductilidad espiritual y el deseo de apartarse de la rigidez.

Cercado
Véase también *encierro*
1. En sueños, los mecanismos de defensa que elaboramos para no sentir profundamente el impacto de las relaciones, el amor, el dolor o la angustia pueden manifestarse a menudo como un espacio cercado o vallado. Las restricciones y limitaciones pueden aparecer como muros y barreras.
2. Los aspectos de nosotros mismos que son demasiado aterradores para permitirles libre expresión se perciben a menudo como espacios cercados.
3. Espiritualmente, cualquier cerco representa el aspecto protector de la gran madre.

Cercanía
Véase también *posición*
1. Cuando en sueños somos conscientes de que estamos cerca de alguien o de algo, estamos a punto de reconocerlos en la vida de vigilia. Quizá nos estemos acercando emocionalmente, o seamos más capaces de desenvolvernos con lo que ocurra.
2. Cuando un objeto o una imagen que vemos en un sueño está cerca de nosotros, es decir, cuando estamos pasivos en la situación del sueño, a menudo nos damos cuenta de que algo va a ocurrir rápidamente. La conciencia del espacio nos puede proporcionar un concepto de tiempo.
3. La alerta consciente sobre los aspectos espirituales de la vida se manifiesta frecuentemente como cercanía.

Cerdo
Véase *animales* y *jabalí*

Cereal

Véase también *avena, cosecha* y *trigo*

1. Soñar con cereales, como trigo, avena, cebada… puede indicar algún tipo de recolección. En el pasado, hemos creado oportunidades para nosotros que ahora quizá fructifiquen. Si cuidamos del resultado de estas oportunidades, podemos prolongar su éxito y crear aún más abundancia.
2. Si en sueños aparece cereal creciendo en un campo, tal vez estemos a punto de obtener éxito, ya que hemos atendido nuestra vida lo suficiente para poder conseguir crecimiento.
3. El cereal puede representar las semillas mismas de la vida y nuestra necesidad de descubrir la verdad oculta.

Cerebro

1. Cuando en sueños la atención se centra en el cerebro, se espera que consideremos nuestro intelecto o el de otros. Soñar que conservamos el cerebro indica la necesidad de tener cuidado con nuestra actividad intelectual. Quizá estemos forzándonos demasiado.
2. Desde un punto de vista psicológico, puesto que el cerebro es el asiento del aprendizaje, tal vez necesitemos considerar nuestros ideales y creencias a la luz de la experiencia.
3. El asiento del alma.

Ceremonia

Véase también *ritual* e *imágenes religiosas*

1. Si soñamos que tomamos parte en una ceremonia religiosa, somos conscientes de una actitud o habilidad nueva que se necesita, o de un cambio importante que ocurre en nuestra vida.
2. Cualquier cambio radical tiene un efecto profundo en el soñador. En los sueños, esto se muestra muy a menudo como una ceremonia.

3. Las ceremonias y rituales se emplean para iniciarse, adquirir mayor conciencia y establecer un orden nuevo.

Cero

Véase *números*

Cerradura, cerrojo

Véase también *candado, cárcel, llave* y *ojo de la cerradura*

1. Es muy fácil echar el cerrojo a nuestras emociones, supuestamente para mantenerlas seguras. Una cerradura que aparece en sueños quizá nos esté alertando de que necesitamos liberar lo que hayamos encerrado. Forzar una cerradura indicaría que debemos actuar contra nuestra inclinación a encerrar las cosas, para liberarnos de las inhibiciones. Reparar una cerradura sugiere que sentimos cómo se ha invadido nuestro espacio personal y necesitamos reparar el daño.
2. Darnos cuenta de que una puerta está cerrada sugiere que un sitio al que considerábamos un santuario ya no está disponible para nosotros. Asimismo, quizá cierta actividad no sea correcta.
3. Espiritualmente, una cerradura puede representar o bien que se nos ofrece una nueva libertad, o bien que el camino hacia delante está bloqueado. Nuestras acciones no son apropiadas.

Cesta

1. Soñar con una cesta, especialmente si está llena, es soñar que algo fructifica en abundancia. También puede representar el principio femenino de cierre.
2. Si intentamos llenar una cesta, esto quizá signifique que intentamos aumentar nuestros talentos y capacidades.
3. Si la cesta está llena de pan, puede representar el acto de compartir, como en una comida sacramental.

Cetro
Véase también *bastón* y *varita*
1. El cetro representa la soberanía y el poder reales. Cuando aparece en sueños, suele indicar que hemos otorgado autoridad a alguien sobre nosotros. Hemos abdicado de la responsabilidad hasta el punto de que el *sí mismo* interior debe hacerse cargo. El cetro también tiene el mismo simbolismo que la mayoría de los bastones que es, por supuesto, fálico.
2. Si sostenemos el cetro, tenemos la capacidad de transmitir fuerza vital. Si otra persona utiliza el cetro y nos confiere honor o poder, podemos aceptar que hemos tenido éxito en nuestro proyecto particular.
3. El cetro, que puede representar la varita mágica, tal vez indique en los sueños nuestro derecho a emplear la magia. Espiritualmente, también significa la transmisión de poder divino desde arriba, más que desde abajo. Por tanto, se trata de poder masculino.

Chacal
Véase *animales*

Chal
Véase *abrigo* en *ropa*

Champú
1. En sueños, el champú tiene una relación evidente con la limpieza y el lavado. Desde un punto de vista práctico, intentamos *aclararnos la cabeza* para poder ver con claridad. Quizá queramos *arrancarnos a alguien* de la cabeza.
2. Puesto que el champú se aplica a la cabeza, que por sí misma representa el intelecto, existe una relación psicológica con la necesidad de tener las ideas claras. Quizá tengamos la impresión de que nuestros pensamientos van más despacio, o se han ensuciado, debido a influencias exteriores.
3. Espiritualmente, el champú, como el jabón, sugeriría un intento de volver a las raíces y de aclarar nuestros deseos, necesidades y exigencias, así como de establecer una nueva relación con el yo espiritual.

Charco
Véase también *agua* y *piscina*
1. Un charco puede tener el mismo significado que un estanque o lago, a pesar de contener menos líquido. Cuando uno aparece en sueños, nos volvemos conscientes de nuestras emociones y de cómo las empleamos.
2. Tal vez sea importante lo que hagamos con el charco. Si lo limpiamos con una fregona, intentamos reabsorber una emoción que quizá nos parezca inadecuada. Si lo dejamos como está, es probable que necesitemos que otras personas reconozcan sus emociones o las nuestras.
3. Esotéricamente, un charco puede emplearse para examinar el futuro, como si fuera un espejo mágico. Mirar a un charco quizá suponga intentar decidir el camino que debemos tomar más adelante.

Chimenea (conducto)
1. Una chimenea que aparece en sueños se relaciona con un concepto muy antiguo, el de escapar de lo mundano y ordinario hacia la libertad. Cualquier abertura en el tejado de un templo, tipi, tienda, etcétera, representa la consciencia de un cambio de estado, que quizá sea parte importante del crecimiento.
2. Psicológicamente, una chimenea y el paso de humo retratan la canalización de energía de modo más productivo que como ocurre en este momento.
3. Soñar con una chimenea indica que, en términos espirituales, es posible escapar al cielo a través de la puerta solar.

Chimenea (hogar)

1. Soñar con una chimenea, o con un hogar, supone reconocer la necesidad de seguridad. Esto puede darse de dos maneras diferentes. Una es saber que la casa, nuestro lugar de existencia, es segura. Otra implica reconocer la seguridad del yo interior femenino que proporciona calidez y estabilidad.
2. Quizá tendamos un puente, o necesitemos tenderlo, hacia nuestra naturaleza apasionada e incontrolada, el asiento de las pasiones.
3. La chimenea puede simbolizar el *anima* y la parte de nosotros mismos que guarda el espíritu femenino.

Chispa

1. En sueños, una chispa representa un comienzo. Darnos cuenta de una chispa supone ser conscientes de lo que hará posibles las cosas. Desde un punto de vista físico, es algo pequeño que origina algo mucho mayor.
2. La chispa de una idea sugiere el germen de potencial creativo que, si tiene la oportunidad, crecerá mucho. Puesto que la chispa también representa la fuerza básica de la vida, necesitamos apreciar nuestras ganas de vivir.
3. La chispa sugiere fuego y, por tanto, amor. Es el principio vital sin el cual pereceríamos todos.

Chivo expiatorio

1. El término *chivo expiatorio* viene del sacrificio de una cabra para apaciguar a los dioses. En sueños, este símbolo puede ser muy relevante. Si soñamos que nosotros somos el chivo expiatorio de las acciones de otra persona, nos estamos convirtiendo en víctimas. Alguien más quizá desee hacernos pagar por sus faltas. Si convertimos a otro en chivo expiatorio, esto indica que nos desembarazamos de la culpa y que no nos hacemos responsables de nuestros actos.
2. A menudo, en los equipos o familias, un miembro carga con las proyecciones del resto del grupo. Los demás ridiculizan o se ríen continuamente de esta persona, además de acusarla de actos de los que no tiene culpa. Se convierte en un chivo expiatorio. Sin embargo, en sueños se reconoce que existe un aspecto de cooperación y colaboración en el soñador. Necesitamos hacer algo para devolver el equilibrio a la situación y, con frecuencia, la solución sólo puede venir de nosotros.
3. El chivo expiatorio representa a la víctima del sacrificio, que muere para que otros vivan.

Chupar

1. Darnos cuenta, en un sueño, del gesto de chupar sugiere un regreso al comportamiento infantil y la dependencia emocional. Chupar una piruleta nos alerta sobre la necesidad de satisfacción oral, en el sentido de reconfortarnos. Chuparse el dedo puede indicar una necesidad física.
2. Todos sentimos necesidades emocionales que permanecen desde la infancia. Quizá se trate de deseos insatisfechos, o de la necesidad de integridad, totalidad. Esto puede aparecer y representarse en los sueños mediante la acción de chupar.

Cicatriz

1. Una cicatriz que aparece en sueños sugiere que existen viejas heridas que aún no se han tratado por completo. Éstas, que pueden ser tanto mentales y emocionales como físicas, quizá pasen inadvertidas hasta que se nos recuerde su existencia. Así como cuando hay daño físico existen muchas clases de cicatrices, también pueden variar mucho en las áreas mentales. Por ejemplo, qui-

zá después del daño nos quedemos con un modo de comportarnos irritante para otras personas, pero sin la relación clara que establece la imagen del sueño, somos incapaces de entender ese comportamiento.

2. A menudo, resulta significativa el área del cuerpo que presenta cicatrices en el sueño. El sistema nervioso puede desarrollar maneras de proporcionar información, sin que nosotros seamos conscientes de ello. Esto puede darnos alguna indicación del área de la vida que está afectada por el trauma. Si vemos a otra persona con cicatrices, quizá sea necesario descubrir si somos nosotros quienes le hemos herido en el pasado. De ser así, existen varias técnicas que podemos emplear en la vida de vigilia para ayudarla a liberarse del daño que nosotros (o ella) le hemos causado. Tal vez entonces la curación se refleje en los sueños, mediante la pérdida de la cicatriz.

3. Espiritualmente, una cicatriz tal vez implique que algo negativo y dañino ha ocurrido, lo que es una fuerza exterior, más que interior. Quizá no hayamos tratado la herida todo lo bien que podríamos.

Cielo
Véase también *cielo*, en *imágenes religiosas*

1. En sueños, el cielo puede representar la mente. También puede indicar nuestro potencial. Flotar o volar en el aire tal vez sea ambivalente, ya que podría significar que intentamos evitar lo mundano o que exploramos un potencial diferente. Si el cielo está oscuro, quizá refleje un estado de ánimo sombrío; si está despejado, nuestra alegría.

2. El cielo significa lo inalcanzable. No importa el esfuerzo que hagamos, ya que nunca podremos hacer que el cielo sea tangible.

3. En términos espirituales, el cielo sugiere infinidad. También ilustra el orden, especialmente el que se aplica a las funciones intuitivas.

Ciénaga
Véase también *pantano*

1. Soñar con una ciénaga simboliza los sentimientos que pueden minar nuestra confianza y bienestar.

2. Cuando una ciénaga aparece en sueños, entramos en contacto con emociones y sentimientos muy básicos. Una ciénaga representa materia primordial, de la que todo surge; en este estado, desconocemos hasta dónde llega nuestro potencial.

3. Una ciénaga puede simbolizar el vasto conocimiento espiritual que se puede absorber. La misma inmensidad quizá haga perder la esperanza al soñador, pero con perseverancia, podrá salir adelante y disfrutar de una perspectiva más clara.

Cincel

1. El significado de un cincel que aparece en un sueño dependerá de si el soñador es o no un artesano en la vida real. Si posee esta condición, el cincel representará el orgullo por lo alcanzado y sus conocimientos especializados. En caso contrario, el sueño tendrá otro simbolismo, aunque probablemente indicará la necesidad de emplear la fuerza en una situación que el soñador conoce.

2. Los impulsos intelectuales quizá nos coloquen en la posición de vernos obligados a saltar alguna barrera, para completar un proyecto apetecido.

3. En la arquitectura sagrada, el cincel es el principio activo y masculino, por oposición a lo pasivo y femenino.

Cinta

1. Soñar con una cinta métrica indica la necesidad de *medir* nuestra vida de algún

modo. Quizá tengamos que considerar cómo nos sentimos con respecto a las expectativas de otras personas, si *damos la talla*. Del mismo modo, si nosotros medimos con la cinta, tal vez intentemos crear orden en nuestra vida. Soñar con una cinta magnetofónica sugeriría que somos conscientes de que vale la pena recordar nuestra manera de expresarnos.
2. Se podría considerar que la cinta adhesiva restringe o crea fronteras, dentro de las cuales el movimiento resulta difícil. En sueños, somos conscientes de la limitación que nos imponemos en la vida cotidiana.
3. Un modo de grabar los procesos vitales.

Cinturón
1. Un cinturón que captura nuestra atención en sueños indica que quizá nos sintamos atados por viejas actitudes, viejos deberes, etcétera. Un cinturón adornado puede representar un símbolo de poder o cargo (como las fajas militares).
3. Un cinturón tal vez sea una señal de poder, que podría ser el que ya tengamos o el que podemos obtener.

Círculo
Véase *formas*

Circuncisión
Véase *sexo*

Circunferencia
1. Encontrarse dentro de una circunferencia supone tomar conciencia, mediante las imágenes del sueño, de las limitaciones que tal vez nos hayamos impuesto. Encontrarse fuera de una circunferencia significa no ser digno o, quizá, ser desconocedor.
2. Estamos a punto de obtener información o conocimientos nuevos y podríamos movernos en cualquier dirección.
3. El dibujo de una circunferencia representa limitación espiritual y mundo cerrado.

Cisne
Véase *pájaros*

Cita
1. Soñar que acudimos a una cita indica que necesitamos tener un propósito u objetivo. El sueño atrae nuestra atención hacia algo que, en nuestro interior, creemos que es necesario afrontar. Saltarnos una cita sugiere que no prestamos suficiente atención a los detalles.
2. Tal vez podamos recompensarnos o hacernos un regalo por un buen trabajo. Existe algo que debe realizarse dentro de cierto límite de tiempo. Por otra parte, si soñamos que decimos o escuchamos una cita o mención (por ejemplo, en el sueño se cita a Shakespeare), deberíamos considerar el sentimiento que se expresa en ella.
3. Necesitamos mantener o emplear el tiempo del modo más eficaz espiritualmente. Una mención, en sentido espiritual, significa la verdad.

Ciudad
Véase también *pueblo*
1. Soñar con una ciudad, especialmente con una que conocemos, supone un intento de comprender nuestro sentido de la comunidad, de pertenencia a un grupo. Con frecuencia, mediante los sueños nos damos pistas sobre nuestras necesidades en el entorno mental y emocional que nos rodea; una ciudad animada quizá apunte a que necesitamos interacción social. Una ciudad desierta tal vez ilustre la sensación de que los demás nos han descuidado.
2. Normalmente, en una ciudad existe un núcleo común, de modo que a veces

representamos el lugar de trabajo u oportunidades de este modo.
3. La comunidad espiritual a la que pertenecemos puede simbolizarse mediante una ciudad, ya que antiguamente existían catedrales en muchas ciudades.

Clavos
1. Si soñamos con clavos, como por ejemplo en relación con la carpintería, esto sugiere nuestra capacidad para unir cosas. Quizá también sea significativo el poder de sustentación de los clavos.
2. La capacidad penetrante del clavo tal vez sea relevante, si el soñador (o soñadora) tiene dificultades con asuntos de masculinidad o sexualidad.
3. Espiritualmente, el clavo representa necesidad y destino. En el cristianismo, los clavos también simbolizan el sacrificio final y el dolor.

Club
1. Cuando soñamos que nos encontramos en un club, ya se trate de un local nocturno o de un club deportivo, destacamos el derecho que todo ser humano tiene de pertenecer a un grupo.
2. Psicológicamente, no somos capaces de formar parte de un grupo hasta que hayamos alcanzado cierto grado de madurez; por tanto, soñar que nos encontramos entre una multitud puede denotar la conciencia que tenemos de nosotros mismos.
3. El ritual organizado es parte importante de la conciencia espiritual.

Coche
Véase también *viaje*
1. El coche representa con mucha frecuencia nuestro espacio íntimo, una extensión de nuestro yo. Soñar que nos encontramos en un coche suele alertarnos sobre nuestra motivación: de este modo, conducir el coche puede indicar la necesidad que tenemos de alcanzar un objetivo, mientras que ser un pasajero podría indicar que hemos cedido la responsabilidad de nuestra vida a otra persona.
2. Las escenas de los sueños en que aparecen coches suelen relacionarse más con el trato que nos damos a nosotros mismos, desde un punto de vista psicológico o emocional. Estar solos en un vehículo indica independencia, mientras que soñar con los frenos de un coche revela la capacidad que tengamos de controlar una situación. El motor del coche apunta a los impulsos básicos que debemos afrontar. Un accidente de coche sugiere temor al fracaso en la vida, mientras que un coche incendiado denota tensión de alguna clase, física o emocional. Estar en un coche conducido descuidadamente, ya conduzca el soñador u otra persona, señala falta de responsabilidad, mientras que la sensación de quedarse atrás se descubre al soñar que nos adelantan. Soñar que vamos marcha atrás registra la sensación de que nos deslizamos hacia atrás, o de que tenemos que volvernos atrás en una decisión.
3. Un coche ilustra dirección espiritual y motivación.

Coche fúnebre
1. Soñar con un coche fúnebre indica probablemente que reconocemos la existencia de un límite de tiempo, bien sobre nosotros, o bien sobre un proyecto con el que estemos relacionados. A menudo, necesitamos aceptar nuestros sentimientos sobre la muerte, con objeto de comprendernos a nosotros mismos.
2. Quizá seamos conscientes de que parte de nosotros ya no está *viva*, de que es mejor dejarla irse, en lugar de resucitarla.
3. Un coche fúnebre siempre simbolizará la muerte, pero también puede significar un final de alguna clase.

Cocina
Véase también *cocinar*
1. Para la mayoría de las personas, la cocina encierra el *corazón* de la casa. Es el lugar desde el que salimos al mundo y al que volvemos. En sueños, la cocina puede representar a menudo a la madre o, más bien, la función de la maternidad. Es la zona de la casa donde hay más bullicio y, por tanto, donde se consolidan muchas relaciones y existe trato frecuente.
2. La cocina es un lugar de creación, así como de calidez y comodidad. Por tanto, ha llegado a representar el aspecto hogareño de la mujer.
3. En la mayoría de las culturas, existen cuentos populares relacionados con la cocina, que representa, en términos espirituales, transformación. Ésta suele ser deseada, más que impuesta. Los rituales asociados con el hogar y el fuego eran, y siguen siendo, una parte significativa del desarrollo espiritual. Incluso con la costumbre actual de comidas preparadas, existe la sensación de que el trabajo en la cocina es una ofrenda.

Cocinar
Véase también *cocina*
1. Cocinar en sueños supone estar preparando alimentos o saciando el hambre, ya sea la nuestra o la de otros. Esta hambre quizá no sea tan directa como la física, sino algo más sutil, como la necesidad de emplear las distintas oportunidades que se nos ofrecen.
2. Para poder avanzar en la vida, quizá tengamos que fundir distintas partes de nuestra existencia de maneras nuevas y originales, lo que se destaca si soñamos con cocinar. Tal vez necesitemos alimentar una nueva capacidad.
3. Cocinar puede simbolizar la creatividad. Existe un relato maravilloso que cuenta cómo Dios coció las distintas razas humanas.

Cocodrilo
Véase también *animales*
1. Soñar con cocodrilos o, en realidad, cualquier reptil, indica que estamos examinando los aspectos más aterradores de nuestra naturaleza. Quizá tengamos la impresión de que escapan a nuestro control, por lo que sería muy fácil que nos devoraran.
2. Nos consume el miedo a la muerte o al proceso de morirse. Sin embargo, debemos atravesar este proceso para superar la muerte, para resucitar.
3. El cocodrilo simboliza la liberación de las limitaciones mundanas.

Codorniz
Véase *pájaros*

Cohete
1. Básicamente, el cohete se relaciona con la sexualidad masculina. Lo que quizá sea más importante es la energía de que disponemos en sueños. Si nos dan un cohete, tal vez reconozcamos que no estamos actuando como deberíamos. Despegar como un cohete significa moverse muy rápido, con respecto a algún proyecto que tengamos.
2. Hoy día, cualquier símbolo de potencia se relaciona con nuestra capacidad de actuar mejor o ser mejores que antes. Según esto, el cohete encierra un simbolismo muy parecido al del avión (véase *avión*), sólo que el destino será aún más lejano. La potencia explosiva y la energía disponible deben examinarse muy cuidadosamente, ya que requerimos este tipo de cualidades para establecer cambios radicales en nuestra vida.
3. Debido al simbolismo espiritual de alcanzar alturas donde nadie haya llega-

do antes, el cohete representa búsqueda y aventura espiritual.

Cojera

1. Soñar con cojera sugiere falta de confianza y fuerza. Si en el sueño nosotros somos cojos, tal vez exista temor a avanzar o al futuro.
2. Advertir en el sueño que otra persona es coja tiene dos significados. Si la persona es conocida, debemos ser conscientes de su vulnerabilidad e incertidumbre. Si nos es desconocida, posiblemente se trate de un lado oculto de nosotros mismos, que es inseguro.
3. En un sentido espiritual, la cojera sugiere los defectos de la creación, cuando se forma un mundo imperfecto.

Colador

1. En sueños, el colador simboliza la capacidad de seleccionar, es decir, separar lo grande de lo pequeño, lo bueno de lo malo...
2. Desde un punto de vista psicológico, el colador representa la capacidad de conocerse a uno mismo. Podemos escoger conscientemente alternativas que nos permitirán obtener lo mejor de la vida.
3. Espiritualmente, se dice que el colador representa fertilidad y nubes de lluvia, ya que la lluvia pura, o el agua, permite un crecimiento adecuado.

Colcha

1. La colcha, o edredón, puede representar a menudo nuestros requerimientos de seguridad, calor y cariño. Así pues, ser consciente de una colcha en sueños supone identificar tal necesidad. Por otra parte, tal vez una determinada colcha tenga significado especial. Por ejemplo, una colcha de niño en un sueño de adulto sugeriría que éste necesita que le reconforten de algún modo.
2. Quizá el color o el dibujo de una colcha tenga más significado que la pieza en sí misma (véase *colores* y *formas*).
3. La colcha puede sugerir tranquilidad espiritual y cariño.

Colchón

Véase también *cama* en *muebles*

1. Soñar con un colchón, parecido a soñar con una cama, indica los sentimientos que tenemos con respecto a una situación que hemos creado en nuestra vida, ya sea cómoda o no. Somos conscientes de nuestras necesidades básicas y capaces de crear sensaciones relajadas, que nos permitan expresarnos por entero.
2. La comodidad sexual es importante para la mayoría de las personas. Un colchón que aparece en sueños indica con mucha frecuencia cómo afrontamos nuestra propia sexualidad, si estamos satisfechos con ella o si nos resulta un asunto incómodo.
3. Así como la comodidad sexual es importante, también lo es la espiritual, que el soñador no debería descuidar.

Colegio

Véase también *educación* y *maestro*

1. El colegio es parte importante de la vida de todos. Cuando la situación en que nos encontramos nos lleva a aprender capacidades y conocimientos nuevos, la imagen de una escuela aparecerá con frecuencia en sueños. Como también es el lugar donde entablamos relaciones con personas que no pertenecen a la familia, puede sugerir modos nuevos de aprendizaje sobre el trato con los demás. Asimismo, el colegio quizá sea el lugar donde primero sentimos la competitividad y aprendemos a formar parte de grupos.
2. Cuando aprendemos de nuevo a entendernos con nuestra propia personalidad, el colegio o la clase se presen-

tan a menudo en sueños. Esto ocurre al intentar deshacernos de ideas y conceptos viejos y pasados. Asimismo, cuando aprendemos diferentes maneras de tratar con la autoridad y los sentimientos de inadaptación, saldrán a la superficie nuestros sentimientos sobre el colegio.
3. Desde un punto de vista espiritual, suele considerarse que la vida misma es una escuela. La vida es un terreno para aprender y experimentar, de modo que podamos sacar el máximo provecho de nuestro potencial. Se cree que la vida es un espacio de prueba para la realidad que viene después.

Colgante
Véase *collar*

Colgar
Véase también *lazo* y *soga*
1. Colgar a alguien es un acto violento contra una persona; por tanto, si soñamos que estamos presentes en un ahorcamiento, colaboramos en la violencia y quizá necesitemos volver a considerar nuestros actos. Si nos ahorcan a nosotros, se nos advierte de algún desastre.
2. Si en nuestro sueño algo cuelga sobre nosotros, ciertas circunstancias que nos rodean suponen una amenaza.
3. Quizá aquí exista algún tipo de supresión espiritual; si ése es el caso, el soñador necesita averiguar dónde se originó la supresión y tratar la situación desde ese punto.

Colina
Véase también *montículo*
1. Estar en la cima de una colina, elevados, por tanto, indica que somos conscientes de nuestra propia visión expandida. Nos hemos esforzado por alcanzar algo y somos capaces de contemplar los resultados de lo que hemos llevado a cabo, de evaluar el efecto sobre nuestro entorno. Hemos conseguido algo que antes considerábamos imposible y podemos seguir trabajando a la luz de los conocimientos que hemos obtenido.
2. Subir una colina en compañía de otros refleja, con frecuencia, que tenemos un objetivo común. Un viaje que considerábamos sólo nuestro se relaciona, en realidad, con otras personas. Podemos emplear los conocimientos de los demás y la camaradería para llegar a las alturas de nuestro ser. Soñar que bajamos la colina indicaría que nos sentimos como si las circunstancias nos empujaran en cierta dirección. Quizá nos desplacemos desde cierto nivel de logros y sintamos ahora que, al aflojar el esfuerzo, ya no controlamos tanto nuestras capacidades.
3. Se requiere un esfuerzo espiritual, con objeto de alcanzar la claridad necesaria para seguir progresando espiritualmente.

Collar
Véase también *joyas*
1. Un collar sugiere un objeto especial y, por tanto, se traduce en cualidades o atributos especiales. Es preciso reconocer cierta riqueza, que puede ser de sentimientos o emociones. Según una interpretación antigua, un hombre que regalaba un collar a una mujer no tardaba en pedir su mano.
2. Los collares surgieron de la costumbre de llevar cadenas según el cargo. Por tanto, en sueños sugieren que al portador se le ha concedido alguna dignidad u honor.
3. El collar es un reconocimiento de honor y poder. El rosario es un tipo especial de collar, que ayuda a rezar.

Colmena
1. La colmena suele representar un área de trabajo donde existen una actividad y diligencia considerables y, además,

todos los recursos se aprovechan al máximo. Soñar que nos encontramos cerca de una colmena puede representar el esfuerzo necesario para crear fertilidad para nosotros mismos. La colmena también puede simbolizar maternidad protectora.
2. La antigua creencia de que uno contaba sus sufrimientos a las abejas (véase *abeja*) todavía se manifiesta en los sueños. La colmena quizá represente la actividad que se necesita para salir de una situación.
3. La colmena ilustra el poder femenino de la naturaleza. El símbolo de un recipiente hueco que contiene alimento se relaciona con la madre Tierra.

Colores

1. El color es una parte fundamental del simbolismo. Esto se relaciona, en parte, con la frecuencia vibratoria que tiene cada color y, en parte, con la tradición. Se han llevado a cabo experimentos científicos para determinar los efectos del color, que han demostrado lo que siempre han sabido ocultistas y sanadores. Al trabajar con los colores del arco iris, descubrimos que los colores vivos y cálidos, que reflejan la luz, son amarillo, naranja y rojo. Los colores fríos y pasivos son azul, añil y violeta. El verde es una síntesis de calor y frío. La luz blanca recoge todos los colores.
2. Al trabajar con la gama de colores propios, es posible mantener la salud. Algunos significados que se atribuyen a los colores son:
Amarillo: este color es el más cercano a la luz del día. Relacionado con el yo emocional, sus atributos son pensamiento, objetividad y juicio.
Azul: es el color del cielo sin nubes y el principal color curativo. Sugiere relajación, sueño y tranquilidad.
Blanco: el color que contiene a todos los demás. Transmite inocencia, pureza espiritual y sabiduría.
Gris: probablemente, no existe el verdadero gris. Significa devoción y cuidados.
Marrón: el color de la tierra, la muerte y el compromiso.
Morado: en cierto modo, es un color que aúna lo físico y lo espiritual. Apunta a renuncia, desprendimiento, perfección y práctica meditativa.
Naranja: sobre todo, es un color que alegra y levanta el ánimo. Las cualidades asociadas con él son contento e independencia.
Negro: este color contiene en sí a todos los colores en potencia. Sugiere manifestación, negatividad y juicio.
Rojo: el vigor, la fuerza, la energía, la vida, la sexualidad y el poder se relacionan con este color. Un hermoso tono rojo claro es el correcto para estas cualidades, de modo que si aparece otro tono en sueños, quizá los atributos no sean totalmente puros.
Turquesa: el color es azul verdoso claro. En algunas religiones, se supone que es el color del alma liberada. Indica calma y pureza.
Verde: es el color del equilibrio y la armonía, de la naturaleza y la vida vegetal.
Violeta: este color, aunque algunos lo encuentran demasiado fuerte, significa nobleza, respeto y esperanza. Su propósito es levantar el ánimo.
3. El color afirma la existencia de la luz. En términos espirituales, el rojo es el color de la imagen propia y la sexualidad; el naranja es la relación, con uno mismo y con los otros; el amarillo es el yo emocional; el verde es la conciencia de uno mismo; el azul es expresión de uno mismo y sabiduría; el añil es el color de la creatividad; y el violeta ilustra la responsabilidad cósmica.

Columna
1. Un simbolismo de una columna es fálico, aunque quizá exista otro más adecuado en el sueño. Somos capaces de crear estabilidad y de mantenernos firmes en presencia de dificultades. En sueños, si somos un pilar de la comunidad, se sugiere que deberíamos asumir más responsabilidad de nuestros actos.
2. Las columnas indican, sobre todo, un tipo de soporte. Por tanto, advertir que las sostenemos muestra que quizá sea preciso prestar atención a la estructura que hemos dado a nuestra vida. Esotéricamente, si existen dos columnas en un sueño, se destaca la diferencia entre lo masculino y lo femenino. La columna izquierda representa lo femenino y suele aparecer de color negro. La derecha es masculina y se presenta de color blanco.
3. El contraste entre el poder material y espiritual se ve en los sueños como dos columnas.

Columna vertebral
Véase también *cuerpo*
1. Si en el sueño se destaca la columna vertebral, debemos considerar nuestra estructura principal de sostén.
2. Intelectualmente, es preciso examinar nuestra firmeza de carácter.
3. En algunos sueños, la columna vertebral, al ser la parte más estable de nuestra estructura, significa el yo.

Columpio
Véase *balancear*

Comadreja
Véase *animales*

Comer
Véase también *alimentos, devorar* y *nutrición*

1. Comer en un sueño revela que intentamos satisfacer nuestras necesidades o el hambre. Debemos darnos cuenta de que sólo cuando saciamos el hambre, un impulso básico, podemos avanzar para satisfacer otras necesidades más estéticas.
2. Soñar que comemos quizá muestre que nos falta algún alimento o estímulo básico en nuestra vida. No comer, o rechazar la comida, indica que evitamos el crecimiento y los cambios. Quizá intentemos aislarnos de los demás o estemos en conflicto con nosotros mismos, con respecto a nuestra imagen corporal. Si en un sueño nos comen, somos conscientes de que nos atacan las emociones y temores o los impulsos internos (nuestros o, tal vez, de otros). Si un animal salvaje nos come, se muestran las posibilidades de que nuestra naturaleza animal y más primitiva nos consuma.
3. Se supone que nos convertimos en lo que comemos; por tanto, espiritualmente deberíamos comer el mejor alimento posible.

Cometa (astro)
1. Soñar que vemos un cometa supone reconocer la posibilidad de que surjan bruscamente circunstancias sobre las que no tengamos ningún control. El resultado quizá sea inevitable.
2. La respuesta a un problema quizá nos llegue a la velocidad de la luz.
3. La proximidad de catástrofes, guerra, fuego o peligro puede verse en sueños como un cometa.

Cometa (juguete)
1. Según la sabiduría china, la cometa simbolizaba el viento, y aún hoy representa la libertad. Por tanto, soñar que hacemos volar una cometa puede recordarnos los días despreocupados de la infancia, cuando aún no teníamos res-

ponsabilidades. A menudo, el color es importante (véase *colores*), así como el material de que esté hecha.
2. Mientras hacemos volar una cometa, estamos a merced del viento, a no ser que tengamos cierto grado de experiencia. En sueños, se reconoce que tenemos cierta habilidad en nuestra vida cotidiana.
3. Una cometa representa el reconocimiento o la necesidad del soñador de la libertad espiritual que se aproxima. Algo así como ser libre de constricciones y *tirar de nuestros propios hilos*.

Comportamiento
1. Nuestro comportamiento o el de otros en un sueño puede ser muy diferente del normal, ya que el sueño nos permite la libertad de destacar aspectos de nosotros mismos de los que habitualmente no seríamos conscientes.
2. Un comportamiento extraño por nuestra parte o por parte de los demás puede proporcionarnos pistas sobre nuestro estado psicológico.
3. El soñador debería ser consciente de lo que es adecuado con respecto a su propio comportamiento.

Computadora
Véase *ordenador*

Comunión
Véase *imágenes religiosas*

Concha
1. En sueños, una concha representa las defensas que empleamos con el propósito de evitar que nos dañen. Podemos crear una concha dura como respuesta a golpes anteriores o una concha blanda, que indicaría que aún somos susceptibles a heridas. Por otra parte, las conchas fueron antiguamente moneda de cambio y, en los sueños, aún se mantiene este significado.
2. Una concha lleva consigo mucho simbolismo. Puede interpretarse como un atributo mágico que contiene en sí poder de transformación. La espiral de la concha sugiere involución y evolución, dirección hacia dentro y hacia fuera. La capacidad de proteger también resulta simbólica y, en su condición de recipiente, se relaciona con el lado femenino y emocional de la naturaleza.
3. Espiritualmente, una concha es una representación en miniatura del proceso de la vida y la muerte.

Concierto
1. En esta época, el concierto o el *rave* han ocupado el lugar del baile o la merienda. Por tanto, en sueños pueden representar un acto social o una reunión de gente con mentalidad similar.
2. Un concierto nos ofrece la oportunidad de libertad y movimiento, de modo que soñar que nos encontramos en uno representa la necesidad de *soltarnos*.
3. En términos espirituales, un concierto puede simbolizar nuestra necesidad de abandono en forma de liberación extática de la norma, aunque sólo sea por un breve espacio de tiempo.

Conejo
Véase *animales*

Consejo
Véase también *advertencia*
1. Recibir consejos en un sueño significa que deberíamos considerar una guía interior, probablemente una parte de nosotros mismos que no reconocemos.
2. En sueños, aceptar un consejo supone reconocer que es preciso hacer algo que tal vez no deseemos. Aconsejar a alguien implica reconocer que somos conscientes de cierta información que puede ser de ayuda para otros.

3. Tenemos un conocimiento interior. El yo superior se manifiesta a menudo como una figura que aconseja.

Copa
Véase también *cáliz*
1. En sueños, la copa tiene un significado similar al cáliz. Representa el principio femenino receptivo y nuestra capacidad de gozar de modos diferentes. Quizá podamos convertir algo bastante corriente en motivo de celebración. Beber de una copa indica que nos permitimos la libertad de disfrutar la vida al máximo.
2. Soñar con una cristalería, como un juego de copas de vino, indica modos diferentes en que podemos encontrar placer y diversión en la vida.
3. El principio femenino.

Corazón
Véase *cuerpo*

Cordero
Véase *animales*

Cordón
Véase también *cordón umbilical* y *lazo*
1. En cualquier relación, siempre existen ciertas restricciones o dependencias, que salen a la luz y pueden ilustrarse en los sueños en forma de cordones o ligaduras. Estas ataduras emocionales pueden tanto limitar como dar libertad.
2. Existe la necesidad de apreciar las ataduras del deber y el afecto.
3. El cordón de plata, esa energía sutil que mantiene la fuerza de la vida dentro del cuerpo.

Cordón umbilical
Véase también *cordón*
1. En la vida podemos desarrollar frecuentemente una dependencia emocional de otras personas, que se refleja en los sueños como un cordón umbilical. Quizá no hayamos aprendido a cuidar nuestras propias necesidades de modo maduro.
2. El cordón umbilical representa especialmente la fuerza de la vida y la conexión entre madre e hijo. Cortar el cordón umbilical aparece con frecuencia en los sueños de la adolescencia, cuando el niño se convierte en adulto.
3. El cordón de plata, como enlace espiritual, es una imagen que se contempla psíquicamente como la conexión entre cuerpo y alma.

Cornucopia
1. Como en el caso de la caracola, soñar con una cornucopia puede denotar abundancia, prodigalidad sin fin, fertilidad y productividad. Tal vez no estemos acostumbrados a todo ello o sea más de lo que podemos manejar.
2. Dentro de nosotros, existe un potencial ilimitado para crear un presente aceptable, además de un futuro sostenible.
3. El cuerno de la abundancia es una imagen corriente, de una forma u otra, en todo trabajo espiritual. La abundancia quizá sea para nosotros o para el resto del mundo.

Corona
Véase también *corona de hojas*
1. Soñar con una corona supone admitir el éxito propio, además de reconocer que tenemos oportunidades que expandirán nuestros conocimientos y conciencia. Tal vez estemos a punto de recibir un honor o una recompensa de alguna clase.
2. La corona puede representar victoria y dedicación, especialmente al deber. Quizá hayamos luchado por algo y nuestro mayor triunfo haya sido sobre nuestra propia inercia.
3. Una corona significa victoria sobre la muerte y sugiere logros.

Corona de hojas
Véase también *corona* y *guirnalda*
1. En sueños, una corona de hojas puede reflejar honor. La forma será importante; si, como suele ocurrir, es circular, significa continuidad y totalidad, así como vida eterna. Soñar que nos dan una corona de hojas indica que se nos destaca, quizá para recibir alguna honra. Anteriormente, advertía sobre nuestro potencial para la muerte. Soñar que la damos a otro confiere valor a nuestra relación con esa persona.
2. Soñar con una corona de hojas puede tener el mismo significado que cualquiera de los símbolos de unión, como arneses y bridas. La corona forma un lazo que no se puede romper o un sacrificio que debe aceptarse.
3. Una corona de hojas tiene triple significado espiritual: dedicación, sacrificio o muerte (cambio). El soñador tendrá que decidir cuál es el sentido apropiado.

Correr
1. Correr durante un sueño sugiere velocidad y fluidez. Correr hacia delante supone confianza y habilidad. Escapar corriendo indica miedo e incapacidad para hacer algo.
2. Por supuesto, en los sueños en que corremos, el lugar y el tiempo son significativos. El sitio adonde vamos tal vez indique por qué es necesaria la velocidad, aunque si nos persiguen, ya existirá una razón.
3. En sueños, correr sugiere la posibilidad de angustia o desazón. Espiritualmente, quizá intentemos hacer algo demasiado deprisa.

Corriente de agua
Véase también *agua*
1. Soñar con una corriente de agua apunta a la conciencia de cómo fluyen nuestras emociones. Encontrarse en una corriente de agua sugiere que estamos en contacto con nuestra sensualidad. Seguir la corriente supone comunicación con los demás.
2. Emocionalmente, si queremos actuar bien, debemos sentirnos queridos y apreciados. Estar al corriente de las cosas significa ser parte de un grupo social, que nos permitirá relacionarnos con los demás.
3. La imagen de una corriente se cita a menudo como bendecida por el poder divino. La energía espiritual se experimenta a menudo como un torrente de luz.

Corriente de aire
Véase también *viento*
1. Advertir una corriente de aire en un sueño significa ser conscientes de una fuerza exterior que podría afectarnos o de una situación en la que nos encontramos. Producir una corriente de aire implica un intento de aclarar la atmósfera.
2. Tradicionalmente, cuando estamos trabajando psíquicamente, una corriente fría indica la visita del espíritu. En sueños, sugiere una comunicación con una parte oculta de nosotros mismos.
3. El Espíritu Santo se manifestó como viento, para permitir a los discípulos que extendieran el Evangelio.

Cosecha
Véase también *cereal, recolección* y *sembrar*
1. Soñar con una cosecha indica que vamos a recolectar los frutos de algún cuidado previo que hayamos tenido. Podemos crear un almacén para nosotros mismos, por ejemplo, haciendo el bien y obteniendo algún tipo de recompensa posterior. Somos capaces de trabajar duro y, al hacerlo así, nos ocupamos del futuro. Por tanto, soñar con una cosecha puede tener dos significados. Bien supone

volver la vista al pasado y cosechar los frutos, o bien implica dirigir la vista al futuro para emplear lo que ha ocurrido anteriormente. Las demás circunstancias del sueño aclararán qué interpretación debemos escoger.
2. Participar en una cosecha o, quizá, en una fiesta de recolección indica que celebramos nuestra energía vital, la energía de que disponemos, para emplearla en conseguir los dividendos a los que creemos tener derecho.
3. Cualquier tipo de cosecha representa condición fructífera y fertilidad, especialmente espiritual.

Cosméticos
Véase también *maquillaje*
1. Utilizar productos de belleza en un sueño puede tener dos significados. En primer lugar, existe la necesidad de registrar el hecho de que estamos disimulando nuestros rasgos. Por el contrario, podríamos estar intensificando nuestra belleza natural. Si aplicamos cosméticos a otra persona, tal vez necesitemos mejorar la relación.
2. Psicológicamente, quizá tengamos la impresión de que nuestra imagen pública es problemática, y necesitemos ponernos algún tipo de fachada antes de que otros nos vean.
3. La personalidad puede mostrarse de muchas formas.

Cosquillas
1. Algo muy difícil, tanto en la vida de vigilia como en los sueños, es derribar las barreras que todos tenemos. Con frecuencia, se trata de reservas. Por tanto, en sueños necesitamos a veces percibir imágenes extrañas, con objeto de que el mensaje cale. En cuanto a la interpretación de este sueño, depende de si el soñador es una persona muy susceptible al tacto durante la vigilia. Si tiene un sentido desarrollado del tacto, el sueño indicaría que quizá exista la necesidad de buen humor. Si no es así, cualquier intento de intimar debería hacerse con buen humor.
2. Desde un punto de vista psicológico, hacer cosquillas significa tratar un asunto o a una persona con ligereza. En algún caso, el gesto sirve para atraer a un animal hacia nosotros, interpretación que también debería considerarse.
3. Sentir cosquillas en un sueño significa, en términos espirituales, que debemos acercarnos a la espiritualidad con sentido del humor para que nos permita aprovecharla al máximo.

Cotilleo
1. Cotillear en un sueño puede significar que estamos difundiendo información, pero de manera no necesariamente adecuada. Estar en un grupo de gente y escuchar chismes suele indicar que buscamos alguna clase de información, pero quizá no podemos averiguarla por nosotros mismos. Debemos servirnos de otras personas, que nos ayuden a alcanzar el grado adecuado de información.
2. Dentro del marco del desarrollo personal, a menudo existe, en un segundo plano, lo que podría llamarse *cotilleo,* parte de nuestra personalidad, pero que nos impide alejarnos de ideas y comportamientos previos. Por tanto, cotillear en sueños quizá signifique que tenemos que completar ciertas acciones, antes de seguir adelante.
3. *Estática espiritual.*

Coyote
Véase *animales*

Creciente
Véase *formas*

Crecimiento

1. Los cambios que experimentamos, que producen nuevos modos de relacionarnos con los demás, con nosotros mismos o con situaciones que nos rodean, son etapas del crecimiento y pueden aparecer en sueños como una planta que se desarrolla o algo similar.
2. A menudo, cuando soñamos con la infancia, podemos entrar en contacto con el proceso del crecimiento.
3. En un sueño, el proceso de crecimiento puede suponer que reconocemos una nueva madurez espiritual, que debería animar al soñador.

Cremallera

1. Una cremallera que aparece en sueños podría indicar nuestra capacidad, o nuestras dificultades, para mantener relaciones con otras personas. Una cremallera atascada sugiere complicaciones para conservar la dignidad en una situación incómoda.
2. Psicológicamente, somos capaces de abrirnos o cerrarnos hacia nuestros amigos y familia. Con frecuencia, una cremallera puede destacar esto en sueños.
3. Conexiones espirituales.

Cripta
Véase también *catacumbas* **y** *subterráneo*

1. En sueños, cualquier lugar oscuro y escondido sugiere potencia sexual o el inconsciente. También puede representar nuestro almacén de recursos personales, lo que aprendemos al crecer y madurar. Descender a una cripta representa la necesidad de explorar las áreas de nosotros mismos que se hayan ocultado. Quizá también sea preciso examinar nuestra actitud ante la muerte.
2. La sabiduría colectiva (o el inconsciente colectivo, información de la que todos nosotros disponemos) permanece oculta con frecuencia, hasta que nos esforzamos en descubrir el conocimiento disponible. Si bien una cripta puede representar una tumba, también simboliza los *archivos* o registros a los que todos tenemos acceso.
3. Una cripta ilustra el lugar de encuentro de lo espiritual y lo físico. Por tanto, también simboliza la muerte.

Crisálida

1. Existen dos maneras de interpretar una crisálida que aparece en sueños. En primer lugar, puede representar potencial para la acción que aún no se ha reconocido y, por otra parte, protección en cierta situación que debe permanecer estable hasta que llegue el momento adecuado.
2. Dentro de nosotros se producen transformaciones, aunque en grado muy sutil, que no se pueden identificar directamente.
3. La crisálida simboliza la metamorfosis y los poderes mágicos.

Crisol

1. En sueños, el crisol se relaciona con la receptividad, la intuición y el lado creativo del soñador. Como recipiente capaz de resistir mucho calor, representa el aspecto que puede contener en sí los cambios y hacer que se produzcan.
2. Psicológicamente, albergamos dentro de nosotros gran poder que, cuando se libera, nos permite hacernos responsables de otras personas, además de nosotros mismos.
3. Una manifestación de energía psíquica o espiritual puede percibirse como un crisol, un recipiente transformador.

Crucifixión
Véase *imágenes religiosas*

Cruz
Véase *formas e imágenes religiosas*

Cruz de asa o egipcia
1. El simbolismo es similar al de la cruz latina. Representa el concepto que tiene el soñador del universo o sus creencias religiosas.
2. La cruz egipcia representa un poder que lo abarca todo, además de protección durante los trabajos y tribulaciones de la vida cotidiana. Es el lazo entre lo humano y lo divino.
3. La cruz egipcia era clave para encontrar el camino hacia el conocimiento de la sabiduría oculta.

Cruz de tau
1. Aunque puede percibirse a veces como una imagen fálica, la cruz de tau se relaciona más bien con el poder supremo. Si se lleva como talismán, protege del mal, aspecto que se percibe a menudo en los sueños. Es la cruz en T, no la cruz del sacrificio.
2. En sentido psicológico, la cruz de tau significa el encuentro entre lo físico y lo espiritual.
3. Espiritualmente, esta cruz indica la clave del poder supremo y de una vida verdaderamente realizada.

Cruzar
1. Soñar que cruzamos una carretera supone reconocer la posibilidad de peligro, miedo o incertidumbre. Quizá estemos enfrentados a la mayoría de la gente o bien a algo más grande que nosotros.
2. Tal vez nos encontremos con algo que no podamos controlar y que nos domine. Si atravesamos un campo, podríamos tener una sensación falsa de seguridad, aunque también es posible que necesitemos exteriorizar nuestros sentimientos.
3. Cruzar un río o un abismo suele representar la muerte, no necesariamente física, sino el cambio espiritual.

Cuadrado
Véase *formas*

Cuadro
1. Un cuadro que aparece en sueños suele ilustrar algo que forma parte de nuestra vida. La interpretación variará si está pintado o es un grabado de otro cuadro. Por ejemplo, en sueños, un cuadro que hayamos pintado nosotros quizá nos cause mayor impresión emocional que uno pintado por un viejo maestro (que, por otra parte, podría sugerir nuestra actitud hacia el pasado).
2. El estado de la pintura quizá sea importante, así como los colores (véase *colores*). El tema quizá nos sugiera lo que deberíamos *contemplar* en nuestra vida.
3. Un icono o una representación de significado espiritual.

Cuarentena
1. Soñar que tenemos que dejar a un animal en cuarentena refleja incapacidad de cuidar de una parte vulnerable, nuestra o de otros. Quizá también indique que somos conscientes de que tenemos que apartar el lado animal y más bajo de nosotros mismos.
2. Cuando nos sentimos aislados en la vida de vigilia, esto puede aparecer en el lenguaje de los sueños como cuarentena. Tal vez parezca que cierta autoridad se ha hecho cargo de nuestra soledad.
3. La cuarentena, en sentido espiritual, significa aislamiento, como retiro temporal del mundo.

Cuarteto
Véase también *cuatro* en *números*

1. Un cuarteto de cualquier tipo significa una relación con los aspectos prácticos o materiales de otros objetos del sueño. Podría ser preciso concentrarse en soluciones pragmáticas para un problema.
2. Cualquier cosa que se repita más de una vez insiste en el significado que tiene para el soñador. El objeto del sueño se reproducirá cuatro veces al mismo tiempo, en lugar de aparecer consecutivamente, para que el énfasis quede claro.
3. Espiritualmente, el cuarteto se relaciona con la cuaternidad, que significa manifestación en el plano físico.

Cuarzo

1. El cuarzo que se ve en sueños suele representar la cristalización de ideas y sentimientos. Se asocia con nuestros procesos interiores profundos y a menudo nos permite expresar lo que antes era imposible.
2. Los antiguos consideraban que el proceso de cristalización apresaba la luz y, por tanto, la energía. De forma subliminal, todavía muchos soñadores reconocen este significado, por lo que soñar con cuarzo supone admitir el desarrollo de energía.
3. Se interpreta que el cuarzo recibe y transmite al mismo tiempo energía espiritual.

Cubo
Véase *cubo de agua* y *formas*

Cubo de agua

1. Si en el sueño aparece un cubo de agua para apagar un incendio, indica que tal vez estemos en una situación fuera de control. Sólo podremos avanzar *arrojando agua fría* sobre cierta emoción. Quizá alguien haya tenido una reacción desmesurada y necesite ayuda.
2. Como ocurre con cualquier recipiente, el cubo puede representar el principio femenino. Dentro del contexto del sueño, es importante saber si el cubo está lleno o vacío.
3. El cubo de agua que se emplea para apagar un fuego indica emoción apasionada.

Cuchillo
Véase también *apuñalar, armas* y *puñal*
1. En sueños, un instrumento cortante suele indicar algún tipo de división. Si utilizamos un cuchillo, quizá nos estemos liberando o intentemos acabar con una relación. Si nos atacan con un cuchillo, esto indica que quizá se puedan emplear palabras o acciones violentas contra nosotros; si quien sueña es mujer, tal vez el instrumento esté relacionado con sus miedos de penetración y violación, mientras que si quien sueña es varón, la imagen destaca su agresividad.
2. Cuando un cuchillo aparece en sueños, puede ser importante fijarse en su tipo; por ejemplo, un cuchillo de mesa se interpretaría de modo muy distinto a una navaja suiza. Ambos son funcionales, pero el primero sólo sería apropiado en ciertas circunstancias y, en cambio, el segundo quizá tenga aplicaciones universales.
3. Símbolo de división, posiblemente de alegría, en el sentido espiritual. Es decir, aunque estamos bien encaminados para obtener lo que queremos en este momento, no nos sentimos muy contentos, de modo que existe confusión sobre qué camino escoger.

Cuco
Véase *pájaros*

Cuenco

1. Un cuenco de comida que aparece en sueños representa nuestra capacidad para alimentar y nutrir a otras personas. Un cuenco con flores podría ilustrar un rega-

lo o cierto talento, mientras que un cuenco de agua indica nuestra capacidad emocional.
2. Soñar con un cuenco tiene el mismo significado que soñar con un jarrón (véase *jarrón*).
3. Un cuenco de agua representa el principio femenino de fertilidad y receptividad.

Cuerda
1. La cuerda que aparece en sueños significa algún tipo de ligadura, quizá para asegurar algo. También podría indicar que intentamos dejar una situación atada.
2. Desde un punto de vista psicológico, la cuerda, como la soga, puede verse como una asociación entre dos objetos (véase *soga*).
3. Espiritualmente, cualquier cosa que sirva para unir sugiere relación directa con el yo interior propio, como ocurre con el cordón de plata.

Cuerno de la abundancia
Véase *cornucopia*

Cuernos
Véase también *astas*
1. Los cuernos que se presentan en sueños evocan la idea de lo animal en el ser humano. El dios Pan, que representa sexualidad y fuerza vital, los poseía. Un cuerno también simboliza el pene y la masculinidad. Puesto que es penetrante, también podría significar deseo de herir. Otra característica de los cuernos es su capacidad para proteger, ya que el animal macho los emplea para defender su territorio. Un cuerno musical o de caza sugiere una llamada o una advertencia.
2. En un sueño, los cuernos sugieren superioridad ganada o conferida. Resulta interesante la suposición de que los cuernos otorgan los poderes del animal a su portador. En los tiempos paganos, así como en algunas tribus actuales, adornarse con cuernos indica una posición de respeto especial dentro del grupo. En la medicina china, el cuerno de rinoceronte tiene fama de afrodisiaco, posiblemente debido a su asociación con la potencia masculina.
3. Desde un punto de vista espiritual, puesto que los cuernos se asocian con la cabeza, representan poder intelectual, así como sobrenatural. Como se elevan sobre la cabeza, también simbolizan la divinidad y el poder del alma.

Cuero
1. Según las circunstancias de la vida del soñador, un significado elemental del cuero es la asociación con la propia imagen. A menudo, también se relaciona con protección y uniformes. Por ejemplo, el traje de cuero de un motociclista le identificará con facilidad, pero también le protegerá de fenómenos atmosféricos. En los sueños, con frecuencia emergen imágenes que es necesario considerar con cuidado.
2. El cuero también puede relacionarse con métodos sádicos de tormento, por lo que tal vez se asocie con el comportamiento sexual.
3. Flagelarse a sí mismo.

Cuero cabelludo
Véase *cabeza* en *cuerpo*

Cuerpo
1. El cuerpo representa al individuo y supone la manifestación física exterior de todo lo que éste es. En los sueños, el cuerpo suele simbolizar el ego (véase la introducción de este libro). Puesto que la primera experiencia que el recién nacido tiene de sí mismo es su físico, el cuerpo constituye la fuente primordial de información.

2. Psicológicamente, la mayor parte de las experiencias se puede traducir en sensaciones corporales y, por tanto, el cuerpo se convierte en una fuente rica de simbolismos en los sueños. Cuando no se pueden afrontar las emociones durante la vida cotidiana, a menudo se convierten en símbolos oníricos distorsionados.
3. Manifestación física de una espiritualidad interior.

Ciertos aspectos del cuerpo pueden tener diversos significados en los sueños. Por ejemplo, soñar con la parte superior del cuerpo supone relacionarse con la mente y los lados espirituales del carácter, mientras que la parte inferior del cuerpo representa los instintos y aspectos emocionales. La cabeza de un adulto sobre un cuerpo inmaduro, o una cabeza infantil sobre un cuerpo adulto, indica que el soñador necesita reconocer la diferencia entre pensamiento maduro y emoción. Si existe conflicto entre la parte superior y la parte inferior, se señala falta de armonía entre las facultades mentales y el comportamiento instintivo. Cuando se destaca especialmente la mano derecha o el lado derecho, deberíamos fijarnos en el lado lógico de nuestra personalidad, mientras que la mano izquierda o el lado izquierdo sugieren que deberíamos atender a nuestro lado intuitivo y creativo.

Las partes del cuerpo pueden ser relevantes. Así:
Abdomen, estómago, vientre: cuando el sueño parece referirse al abdomen, es preciso centrarse en emociones y sentimientos reprimidos.
Ano (véase también *excrementos*): la primera experiencia de dominio del niño se relaciona con el control de los esfínteres. En sueños, la mente vuelve a esa experiencia, como símbolo de realización y confianza en uno mismo, o bien, de modo más negativo, como supresión y defensa. Por tanto, el sueño indicaría algún aspecto de comportamiento o de egoísmo infantil.
Boca: la boca representa la parte devoradora y exigente de nosotros mismos, aunque también puede simbolizar el lado receptor. Las demás circunstancias del sueño quizá proporcionen una pista sobre la interpretación correcta. A veces, la boca puede sugerir el lado femenino de nuestro interior.
Brazos: empleamos los brazos de mil formas. En sueños, quizá nos defendamos o peleemos, nos mantengan sujetos o reconozcamos algo o a alguien. También es posible que mostremos un compromiso apasionado.
Cabeza: se considera a la cabeza la parte principal del cuerpo. Puesto que es el asiento de la fuerza vital, denota poder y sabiduría. Soñar con la cabeza sugiere que deberíamos examinar con sumo cuidado el modo con que tratamos la inteligencia y la tontería. La cabeza inclinada en un sueño sugiere súplica. Cuando la cabeza está cubierta, tal vez estemos cubriendo nuestra propia inteligencia o reconociendo la superioridad de otro. Un golpe en la cabeza en sueños ilustra que tal vez deberíamos reconsiderar nuestras acciones en cierta situación.
Columna vertebral: si la columna vertebral se destaca especialmente en un sueño, deberíamos reflexionar sobre la estructura de sostén principal en nuestra vida. Intelectualmente, es preciso examinar nuestra firmeza de carácter.
Corazón: el corazón, que es el centro del yo, representa sabiduría *sentimental*, más que sabiduría intelectual. También se relaciona con compasión y comprensión.

Dientes: popularmente, se supone que los dientes representan sexualidad agresiva, aunque, más bien, significan el proceso de crecimiento hacia la madurez sexual. Los dientes que caen o salen con facilidad indican que advertimos que atravesamos cierta transición, parecida a la que va de niñez a madurez o de madurez a vejez e incapacidad. Si los dientes que caen nos causan angustia, sugieren miedo de volverse viejo y no deseado o ansiedad ante la madurez. Si una mujer sueña que se los traga, quizá exista una alusión al embarazo.

Engordar: soñar que engordamos supone reconocer la necesidad de ampliar de algún modo el campo de nuestras actividades. Si el soñador está incómodo con su tamaño, esto indica miedo, posiblemente de asumir demasiada responsabilidad o de no ser adecuado para una tarea.

Espalda (véase también la entrada correspondiente): si en sueños vemos la espalda de otra persona, se sugiere que deberíamos identificar los elementos más íntimos de nuestro carácter. También deberíamos ser conscientes de que quizá, en este momento, otras personas no quieran compartir sus pensamientos con nosotros. Además, tal vez nos demos cuenta de que somos vulnerables a lo inesperado. Si soñamos que damos la espalda, rechazamos el mismo sentimiento que se experimenta en el sueño.

Estreñimiento: en la vida, como en los sueños, la retención indica incapacidad de desprenderse del pasado o de normas antiguas de comportamiento, además de tensión.

Excrementos (véase también la entrada correspondiente): en su subconsciente, quizá el soñador no haya superado la sensación de que cualquier cosa relacionada con las funciones corporales es sucia y egoísta. Tal vez exista un elemento de rebelión en la vida de vigilia del soñador. Jugar con excrementos puede representar dinero y valor, de modo que soñar con ello quizá destaque ansiedad en cuanto al dinero, además de temor a la responsabilidad. Si los excrementos se convierten en animales vivos, quizá ratas, el soñador comienza a aceptar que es responsable de dirigir sus propios impulsos. En su significado más espiritual, los excrementos pertenecen al dominio de los sentimientos; tal vez sólo intentemos librarnos de malos sentimientos, ya que éstos pueden convertirse en algo valioso. En sueños, defecar suele destacar la necesidad de sentirnos libres de preocupaciones y responsabilidades o, quizá, la necesidad de aprender a desinhibirnos. También puede apuntar al acto sexual.

Garganta: soñar con la garganta denota conciencia de nuestra vulnerabilidad, así como una advertencia de la necesidad de expresarnos.

Hígado: el hígado representa irritabilidad e ira reprimida.

Lengua: en sueños, la lengua suele significar nuestra capacidad para saber cuándo hablar y cuándo permanecer callados. Quizá también se relacione con nuestro entendimiento de los conocimientos que deseamos transmitir a otras personas. Tal vez tengamos creencias profundas que queremos comunicar. Otra explicación, mucho más elemental, es la del simbolismo de la serpiente y el falo y, por tanto, la sexualidad.

Mandíbula: la mandíbula representa a menudo la expresión de nuestra personalidad. Asimismo, desde un punto de vista más esotérico, sugiere la apertura al inframundo.

Mano (véase también *pulgar* en esta entrada): las manos, una de las partes más expresivas del cuerpo, simbolizan poder y creatividad. Si soñamos con ambas manos en contraste entre sí, un objeto distinto en cada mano, quizá exista algún conflicto en el soñador, entre sus creencias y sus sentimientos. Una mano en el pecho indica sumisión. Estrechar las manos sugiere relación o amistad, mientras que los puños cerrados ilustran una amenaza. Una mano sobre la otra sugiere descanso profundo o un estado de reposo. Las manos sobre los ojos suelen representar vergüenza u horror, mientras que, cruzadas a la altura de las muñecas, indican que nos sentimos atados. La mano abierta simboliza la justicia. La imposición de manos significa curación y bendición, especialmente si la mano está en el cuello. Las manos unidas sugieren indefensión; sobre alguien, indican una promesa de servicio. Cuando se alzan las manos, se puede sugerir adoración, rezo o rendición; si las palmas están hacia fuera, se bendice, pero si las manos están sobre la cabeza, el soñador debería examinar su situación con sumo cuidado. Lavarse las manos sugiere inocencia o rechazo de culpa, mientras que retorcerse las manos significa dolor. Una mano grande, especialmente desde el cielo, indica que se nos ha elegido especialmente. La mano derecha es poderosa y, en cambio, la izquierda es pasiva y receptiva. A veces, en sueños, la mano izquierda puede representar engaño.

Miembros: no está claro si se relaciona con algún tipo de memoria celular y el proceso de crecimiento, pero soñar con cualquier miembro puede interpretarse como referido a la sexualidad y a los miedos asociados con la diferencia entre sexos. Si soñamos que nos desgarran los miembros, podemos entenderlo en sentido literal: nos descuartizan (véase también *descuartizar*). A veces, este sueño puede sugerir la necesidad de reestructurar nuestra vida y comenzar otra vez. En otros momentos, quizá indique que estamos amenazados hasta lo más profundo de nuestra existencia.

Nariz: en sueños, la nariz representa curiosidad, así como intuición.

Ojo: cualquier sueño que se centre en los ojos se relaciona con observación y discriminación. Indica ilustración, sabiduría, protección y estabilidad. El ojo se asocia con el poder de la luz y, antiguamente, de los dioses del sol. Debido a su conexión con el simbolismo egipcio, es asimismo un talismán. La pérdida de visión significa la pérdida de claridad y, según el ojo de que se trate, puede suponer falta de lógica (ojo derecho) o falta de intuición (ojo izquierdo). Recuperar la vista tal vez indique un regreso a la inocencia y claridad de visión de la infancia.

Orina: la orina que aparece en sueños suele indicar nuestros sentimientos sobre el control de las emociones. Quizá cedamos a la emoción o la bloqueemos. Con frecuencia, la actitud con que miramos la orina también nos dice mucho sobre nuestra sexualidad.

Pechos (véase también la entrada correspondiente): normalmente, advertir los pechos en sueños indica nuestra conexión con la figura materna y la necesidad de alimento. El sueño también puede indicar el deseo de volver a ser un bebé sin responsabilidades.

Pelo: el pelo representa fuerza y virilidad. Soñar que nos peinamos significa el intento de desenredar cierta actitud que tengamos. Cortarnos el pelo supone intentar poner algo de orden en nuestra vida. Cortar el pelo a otra persona quizá sea abreviar una actividad, aunque es posible que existan miedos o dudas relacionados con la sexualidad. En un sueño, ser calvo (véase también *calvicie*) tal

vez indique que reconocemos nuestra propia inteligencia.
Pene: soñar con un pene, el propio o el de otra persona, suele indicar la actitud hacia el sexo con penetración.
Piel: en un sueño, la piel representa la máscara o fachada que creamos para que la vean los demás. Si soñamos con piel curtida o endurecida, hemos creado un exterior duro e intentamos protegernos.
Pulgar (véase también *mano* en esta entrada): soñar con el dedo pulgar sugiere conciencia de nuestro poder. El pulgar que señala hacia arriba representa energía beneficiosa y, si señala hacia abajo, energía negativa. Este último gesto significaba la sentencia de muerte para los gladiadores romanos.
Pulmones: en la medicina china, los pulmones representan tristeza. También se relacionan con la toma de decisiones. Espiritualmente, los pulmones son el asiento de la rectitud y la fuente de los pensamientos que conciernen al yo.
Riñones: los riñones son órganos de eliminación; por tanto, soñar con ellos supone ser consciente de la necesidad de limpieza.
Rodillas: las rodillas simbolizan oración, súplica y compromiso personal.
Sangre (véase también la entrada correspondiente y *menstruación*): soñar con sangre puede tener dos significados. Por un lado, puede indicar que el soñador percibe en algún grado que existe un sacrificio. Este significado se relaciona con la antigua creencia de que la sangre contenía, en cierto modo, la vida del espíritu, por lo que la sangre derramada era sagrada. Por otra parte, puede representar la renovación de la vida, mediante su afinidad con la menstruación. Muchas personas tienen miedo a la sangre, de modo que soñar con ella puede destacar la necesidad de aceptar este temor. Desde un punto de vista más espiritual, representa la sangre de Cristo.
Talón: el talón sugiere la parte de nosotros mismos que es fuerte y, al mismo tiempo, vulnerable.
Útero: el útero representa una vuelta a los comienzos. Todos sentimos la necesidad de seguridad y abrigo elementales y, quizá, de renunciar a la responsabilidad, lo que puede representarse en sueños mediante el útero. Desde una perspectiva algo más esotérica, el útero simboliza nuestra relación con la gran madre o madre Tierra (véase la introducción de este libro). Soñar con regresar al útero sugiere que necesitamos volver a conectar con el lado más pasivo y dócil de nuestra naturaleza. Tal vez nos haga falta un periodo de curación y recuperación.
Vagina: la mayoría de las veces, soñar con la vagina se relaciona con la propia imagen. Si quien sueña es mujer, destaca su receptividad. Si quien sueña es varón, sugiere su necesidad de penetrar, tanto mental como físicamente.

Cuervo
Véase *pájaros*

Cuestionario
1. Responder a un cuestionario en sueños sugiere que intentamos cambiar nuestras circunstancias, sin estar seguros de lo que deberíamos hacer en realidad para provocar los cambios.
2. Un cuestionario ilustra el empleo de nuestras facultades mentales con actitud centrada y capaz de tomar decisiones.
3. Cuestionar lo inevitable es un modo de avanzar espiritualmente.

Cueva
1. Como ocurre con las catacumbas, la cueva representa una entrada al inconsciente. Si bien al principio acaso la cue-

va sea aterradora, una exploración puede revelar un contacto intenso con nuestros seres interiores.
2. Atravesar la cueva significa un cambio de estado, así como una comprensión más profunda de nuestros impulsos negativos.
3. Abrigo espiritual, iniciación y renacimiento.

Cuna
1. Soñar con una cuna puede representar vida nueva o comienzos nuevos. Como sueño precognitivo, una cuna tal vez sugiera embarazo, mientras que si el soñador es varón, quizá indique la necesidad de regresar a un estado protegido, como el del feto.
2. Una cuna vacía puede ilustrar el miedo que una mujer tenga a la falta de hijos o a la maternidad, según las demás circunstancias del sueño.
3. El cuerpo físico, como opuesto al espiritual, se presenta a veces como una cuna.

Cuña
1. Una cuña que aparece en sueños suele indicar que es preciso abrir situaciones que nos rodean. Tenemos que colocar algo que significa que en todo momento podamos ser abiertos y sinceros. Puesto que la cuña también representa un apoyo, tal vez necesitemos advertir que en alguna situación en que nos hallamos nos haga falta más ayuda. También deberíamos evitar volvernos demasiado dependientes de este tipo de apoyo.
2. El triángulo simboliza la capacidad de que la materia se manifieste dentro de lo físico. Esotéricamente, la cuña indica el paso del tiempo, que permite que algo se haga real en nuestra vida, e incluso que un sueño se convierta en realidad.
3. Si nos sentimos algo aislados, una cuña simboliza el apoyo espiritual que estamos buscando.

D

desde dado hasta dulces

Dado

1. En sueños, jugar a los dados resalta el hecho de que jugamos con el destino o corremos riesgos en la vida que deberíamos considerar con mayor cuidado.
2. Si otra persona tira los dados, dejamos nuestro destino en manos de otros y, por tanto, debemos encaminar la vida según sus reglas.

Damas
Véase *juegos*

Dar

1. Dar se vincula con la relación interna que mantenemos con nosotros mismos, el entorno o los demás. Por tanto, soñar que damos algo a alguien indica nuestra necesidad de dar y tomar dentro de una relación: el impulso de dar parte de nosotros mismos, quizá de compartir con los demás lo que tenemos, así como de crear un entorno que permita el intercambio.
2. Una de las necesidades básicas del ser humano es compartir con otras personas. Psicológicamente, esto representa nuestra capacidad de pertenecer a otros, de dejar que otros formen parte de nuestra vida y de asumir la responsabilidad de los demás. Así pues, en relación con esto, soñar que damos indica nuestras capacidades innatas.
3. El soñador debería reconocer los dones que posee y emplearlos adecuadamente, no sea que se le arrebaten.

Dátil

1. Puesto que los dátiles son frutos exóticos, cuando soñamos con ellos somos conscientes del anhelo de rareza o exotismo en nuestra vida. Al mismo tiempo, quizá nos haga falta dulzura y alimento.
2. Necesitamos que nos cuiden y protejan de modo distinto al habitual.
3. Los frutos, especialmente el dátil, se asocian a menudo con la fertilidad y sus

rituales. En época romana, los dátiles, debido a su sabor delicioso y connotaciones espirituales, se empleaban a menudo como afrodisiaco durante el periodo prenupcial.

Debajo
Véase *posición*

Dédalo
Véase también *laberinto*
1. Un dédalo suele representar la confusión de ideas y sentimientos, la existencia de opiniones e impulsos contradictorios. A menudo descubrimos que, al intentar encontrar el camino a través del dédalo, aprendemos algo sobre nuestra valentía, nuestra capacidad para afrontar los problemas. Existen con frecuencia miedos y dudas, aparentemente irracionales, que surgen por no ser capaces de encontrar el camino para entrar y salir del dédalo. El sueño nos permite liberar sentimientos de duda y temor sobre nosotros mismos.
2. Psicológicamente, el dédalo tal vez represente la variedad de opiniones y creencias dignas de atención que nos encontramos en la vida corriente y cotidiana. Quizá intentemos abrirnos paso a nuestro modo entre la enorme cantidad de detalles, y lo representamos en un sueño como si intentáramos encontrar la salida de un dédalo.
3. El camino hacia la divinidad. Lo femenino. La ruta hacia la feminidad es extraña, y todos los trayectos que llevan a ella son tortuosos, pero el resultado final tiene consecuencias valiosas.

Dedo
Véase *mano* **en** *cuerpo*

Defecar
Véase *excrementos* **en** *cuerpo*

Delantal
1. Un delantal puede representar el distintivo de un cargo o lazos familiares. El que la imagen sea positiva o negativa depende del sexo del soñador y del contenido del sueño.
2. Si el soñador lo lleva puesto, un delantal puede indicar que se requiere destreza. Si lo lleva otra persona, quizá la parte del soñador representada por la otra persona necesite protección.
3. Como entre los masones, un delantal sugiere conocimiento del oficio y vestiduras de sacrificio.

Delfín
1. Los marineros consideran a los delfines salvadores y guías, ya que les atribuyen observación y conocimientos especiales. Ésta es la imagen que aparece en los sueños. Puesto que emerge de las profundidades, el delfín representa nuestro lado oculto, que procede del inconsciente y es preciso comprender.
2. Psicológicamente, quizá el delfín ilustre el lado más juguetón de nuestra personalidad, aunque al mismo tiempo puede alertarnos del engaño. Soñar que nadamos con delfines sugiere que entramos en contacto con nuestra naturaleza básica y la apreciamos.
3. Actualmente, el delfín representa sensibilidad y seguridad espirituales.

Demonio
Véase también *diablillo* **y** *diablo*
1. Soñar con un demonio suele significar que tenemos que asimilar una parte de nosotros mismos aterradora y desconocida. Es preciso enfrentarnos a esta parte y hacerla trabajar a nuestro favor, no en contra.
2. Tal vez tengamos miedo de nuestras pasiones, ira y temor.

Derecha
Véase *posición*

Derretirse
Véase también *deshielo*
1. Ver que algo se derrite en un sueño indica que quizá nuestras emociones se estén *ablandando*. Es posible que estemos perdiendo la rigidez que antes hemos necesitado para enfrentarnos al mundo. Quizá estamos experimentando un cambio y, en cierta manera, *suavizándonos*.
2. Cuando soñamos que nos derretimos, es posible que nos estemos volviendo más románticos y nuestra ambición de progresar se aminore. Tal vez necesitemos quedar pasivos y limitarnos a dejar que se desarrolle una situación alrededor de nosotros, hasta un punto en que sea seguro para nosotros renunciar a controlarla.
3. Desde un punto de vista espiritual, derretirse hasta desaparecer tiene a veces relación con el mal.

Derribar
1. Según las demás circunstancias del sueño, un derribo destacará cambios radicales en la vida del soñador o un trauma que éste se ha infligido a sí mismo. Si nosotros mismos derribamos algo, necesitamos ejercer control, pero si otra persona se encarga de la demolición, quizá nos sintamos impotentes frente al cambio.
2. Es posible que percibamos cierta acumulación de energía emocional, dentro de nosotros mismos, que sólo puede dirigirse mediante una ruptura con actitudes viejas.
3. El fanatismo y la anarquía (la necesidad de destruir un orden anterior) pueden aparecer en un sueño a través de un derribo.

Desaparecer
1. Una de las características más molestas de los sueños es la desaparición inesperada de las imágenes. También tenemos la tendencia de olvidar partes del sueño al despertarnos. La razón es que el asunto del sueño aún no se ha fijado por completo en la consciencia. Lo cierto es que trabajar con los sueños puede contribuir a fijar la información que nuestro subconsciente intenta transmitirnos.
2. Así como un niño cree en el mundo de la magia, los sueños son completamente verosímiles. Cuando las imágenes se desvanecen en el sueño, con frecuencia se vuelven más tangibles en el estado de vigilia.
3. La mente tiene gran capacidad para la magia, lo que se pone de relieve soñando con objetos que se desvanecen y, quizá, vuelven a aparecer.

Descalzo
1. Según las circunstancias del sueño, estar descalzo puede indicar pobreza y, también, el reconocimiento de la libertad sensual.
2. Estar descalzo y no poder encontrar los zapatos muestra falta de adaptabilidad, conciencia de comportamiento inadecuado.
3. Antiguamente, estar descalzo suponía gran humildad. Cuando Cristo quiso demostrar que no era distinto de los demás hombres, lavó los pies a sus discípulos.

Descender
1. Cuando soñamos con un descenso, por ejemplo, que bajamos una montaña o unos escalones, a menudo buscamos la respuesta a un problema determinado, y necesitamos ser conscientes de traumas pasados o de algo que hayamos dejado atrás.
2. Quizá tengamos miedo de una pérdida de posición y, sin embargo, seamos conscientes de los aspectos positivos de ésta.

3. En sueños, el descenso ilustra la bajada al inframundo, búsqueda de sabiduría mística, renacimiento e inmortalidad.

Desconocido
Véase también *personas*
1. En sueños, lo desconocido es aquello que se nos ha escondido o aquello que hemos mantenido en secreto deliberadamente. Quizá se trate de lo oculto, es decir, del conocimiento al que sólo acceden los iniciados. También podría ser información que no necesitamos normalmente, excepto en épocas de tensión.
2. Cuando en sueños somos conscientes de lo desconocido, deberíamos esforzarnos para decidir si es amenazador o si es algo que necesitamos saber y comprender. Más que la información misma, lo que importa es cómo la abordamos.
3. Lo oculto permanece desconocido e imposible de conocer, a menos que tengamos el valor de enfrentarnos a ello. Con frecuencia, podemos hacerlo en sueños.

Descuartizar
1. Descuartizar el cuerpo o, en realidad, cualquier sueño en que aparezca algún tipo de fragmentación, se relaciona en gran parte con impotencia. Quizá una situación nos desgarre y haga falta una acción violenta, para que podamos recobrar el equilibrio.
2. Psicológicamente, necesitamos separar nuestros viejos sentimientos e ideas, con objeto de entender lo que ocurre. Debe darse este proceso antes de que podamos reconstruir nuestra vida.
3. El simbolismo de la iniciación comprende muerte y renacimiento: muerte del yo, antes de reintegrarse y renacer.

Desenterrar
1. Cuando intentamos desenterrar un objeto desconocido durante un sueño, nos esforzamos por descubrir un lado de nosotros mismos que todavía no comprendemos. Si sabemos lo que estamos buscando, intentamos desvelar aspectos de la personalidad que hemos enterrado conscientemente.
2. A veces, quizá nos demos cuenta de que dentro de nosotros, o de otras personas, se encierra un potencial difícil de captar sin esfuerzo. Debe desenterrarse.
3. Espiritualmente, cuando estamos preparados para progresar, podemos afrontar el yo oculto.

Deseo
Véase también *ansia* y *apetito*
1. Ser conscientes de un deseo en sueños tal vez suponga conectar con nuestra naturaleza elemental. Quizá hayamos suprimido ciertos deseos en la vida de vigilia, con el resultado de que éstos afloran en los sueños.
2. Cuando durante un sueño deseamos hacer o ser algo diferente, advertimos nuestro potencial, bien para alcanzar algún logro, o bien para cambiar nuestra vida. Por ejemplo, soñar que queremos ser poetas, en lugar de actores, podría sugerir la exploración de la propia creatividad de forma diferente.
3. El deseo, en su sentido más pleno (aunque el soñador debería tener cuidado), se considera a veces una forma de pecado.

Deshielo
Véase también *derretirse*
1. Percibir un deshielo en sueños supone darse cuenta de un cambio en nuestras respuestas emocionales. Ya no es preciso, como antes, comportarnos de manera distante.
2. Psicológicamente, tenemos la capacidad de *caldear* una situación y de derretir el hielo. Si advertimos frialdad dentro

de nosotros, desde un punto de vista emocional, tenemos que descubrir cuál es o era el problema y el porqué de nuestra forma de reaccionar.
3. Un deshielo espiritual sugeriría la capacidad de entenderse con barreras viejas y volverse cálido y cordial.

Desierto
1. Soñar que estamos solos en el desierto indica falta de satisfacción emocional, soledad o, tal vez, aislamiento. Si estamos allí con otra persona, el sueño quizá muestre que nuestra relación con ella es estéril o no ofrece buenas perspectivas.
2. Tal vez necesitemos considerar con cuidado nuestras acciones, si queremos *sobrevivir* en las circunstancias actuales.
3. Un desierto puede simbolizar desolación y abandono, aunque también puede ser un lugar de contemplación, silencio y revelación divina.

Desnudarse
Véase también *desnudez* y *ropa*
1. Cuando en un sueño nos desnudamos, quizá entremos en contacto con nuestra sexualidad. También es posible que necesitemos revelar nuestros verdaderos sentimientos sobre una situación que nos rodea, así como ser libres para expresarnos abiertamente sobre aquéllos.
2. Observar a alguien que se desnuda indica a menudo que deberíamos advertir la sensibilidad de esa persona. Desnudar a otro sugiere que intentamos comprender a otros o a nosotros mismos, con mucha profundidad.
3. Desnudarse sugiere necesidad de apertura y franqueza espirituales.

Desnudez
Véase también *desnudarse*
1. Freud suponía que soñar con la desnudez se relacionaba con la sexualidad. Sin embargo, se asocia más con la imagen propia. Deseamos que nos vean tal como somos, revelar nuestra personalidad básica sin tener que crear una fachada. Si en sueños caminamos desnudos por una calle, la interpretación dependerá de si otras personas nos ven o no. Si otros nos ven, quizá queramos descubrir algo sobre nosotros. Si estamos solos, es posible que sólo deseemos libertad de expresión.
2. La desnudez significa inocencia. Tal vez exista una situación en nuestra vida que requiera franqueza y verdad. Si estamos lo bastante seguros sobre nuestra propia imagen, no tendremos miedo de que nos desnuden en público. Soñar que aparecemos desnudos, por ejemplo, en un espectáculo de *striptease,* podría sugerir que nos preocupa que nos interpreten mal. Nos damos cuenta de que estamos preparados para ser abiertos y sinceros, pero quizá otros no nos entiendan.
3. La desnudez puede sugerir un nuevo comienzo, un renacimiento. Representa el estado de inocencia natural y paradisíaca que todos vivimos en el pasado. También puede simbolizar la renuncia al mundo material.

Despacho
1. Con frecuencia, en los sueños nuestro trabajo nos proporciona un entorno en el que nos sentimos cómodos. Es ligeramente más formal que el hogar y, a menudo, trata sobre nuestras sensaciones y relaciones en el trabajo y con la autoridad.
2. Encontrarnos en un despacho, especialmente si no lo conocemos, sugeriría que en nuestra vida hace falta algún tipo de orden o burocracia.
3. En términos espirituales, un despacho indica que hemos asumido la responsabilidad por quienes somos.

Despensa
Véase también *frigorífico*
1. Como una despensa es un almacén de provisiones, cuando aparece en sueños suele indicar alimento o cuidados. La interpretación del sueño dependerá, hasta cierto punto, de lo que haya en la despensa; antiguamente, se habría relacionado con acumulación y cosecha (véase *cosecha*). Si el soñador percibe que falta cierto tipo de comestibles, la ausencia puede ser significativa.
2. Conforme la vida progresa, muchas personas ya no tienen despensas, cuya imagen se ve sustituida por frigoríficos o neveras. Todos ellos indican que es necesario conservar algo, quizá energía, recursos o poder.
3. En términos espirituales, una despensa sugiere dones o talentos.

Desperdicios
1. En sueños, los desperdicios representan asuntos o conocimientos que ya no necesitamos, de modo que pueden tirarse. Con frecuencia, el color tendrá significado (véase *colores*). Los desperdicios también pueden sugerir un empleo inadecuado de recursos; quizá al comienzo de un proyecto determinado le dediquemos demasiadas energías.
2. Si en sueños despilfarramos algo, tenemos que evaluar cómo estamos organizando nuestra vida. Quizá nos entreguemos demasiado en las relaciones o nos excedamos intentando que algo se produzca.
3. Quizá el soñador sienta una crisis de energía difícil de comprender. Así pues, debe examinar dónde se encuentra, con mayor probabilidad, una *fuga*.

Despertar
1. Durante los sueños, a veces nos damos cuenta de que estamos dormidos y podemos despertarnos. Esta sensación aparece, en parte, como un modo de obligarnos a advertir una acción o circunstancia particular y, en parte, para que podamos emplear el sistema terapéutico de permitirnos despertar y modificar un sueño, que podría tener un final más feliz.
2. Despertar durante un sueño puede indicar que hemos salido de un periodo de luto y retiro.
3. Espiritualmente, despertar significa advertir. El estado de sueño nos alerta sobre varios conceptos e ideas que deberíamos examinar, aunque tal vez nos lleve algo de tiempo *despertar* a ellos.

Desprovisto
1. Si el soñador se encuentra desprovisto, percibe su propia vulnerabilidad. Si el paisaje está pelado, falta felicidad o, quizá, fertilidad.
2. Psicológicamente, nos encontramos en una situación que no podrá fructificar.
3. Desde un punto de vista espiritual, somos vulnerables cuando se nos despoja de los objetos materiales y vivimos con sólo las necesidades básicas cubiertas.

Devorar
Véase también *comer*
1. Si soñamos que nos devoran, nos enfrentamos al miedo de perder nuestro sentido de la identidad; de que algo, como una obsesión, emoción o impulso irrefrenable nos consuma; o de tener que abordar algo que no podemos controlar.
2. Si nosotros devoramos algo, quizá necesitemos considerar la manera de la que nos alimentamos.
3. Simbolizamos que nos deshacemos del mal o absorbemos el bien devorándolos. Un ejemplo es Kali, guardiana del cementerio, así como los demás dioses que devoran. Es un modo de volver a los orígenes.

Día
Véase también *tiempo*
1. Cuando soñamos con un día que pasa o advertimos en el sueño que ha pasado tiempo, nos alertamos o bien de que necesitamos calcular tiempo para alguna actividad, o bien de que es preciso llevar a cabo una acción antes de poder pasar a la segunda.
2. En sueños, el tiempo no tiene un significado verdadero, de modo que darse cuenta de que es computable sugiere que examinamos en realidad la longitud de nuestra vida.
3. Un día puede representar un periodo mucho más largo de lo que se creía al principio.

Día y noche
Véase también *tiempo*
1. Soñar con día y noche indica el ciclo de tiempo o de cambios que sucederá inevitablemente. A veces, se indica la naturaleza de algún aspecto del cálculo.
2. Con frecuencia, diferenciamos dos estados en los sueños, lo que se destaca mediante el contraste entre día y noche.
3. El día y la noche pueden representar oposiciones como blanco y negro, niño y niña, etcétera. En realidad, cualquier par de ideas opuestas puede tener relevancia; corresponde al soñador decidir qué oposición existe en su vida.

Diablillo
Véase también *demonio* y *diablo*
1. Un diablillo que aparece en sueños suele predecir trastornos y dificultades. Con frecuencia, tiene el mismo significado que el diablo (véase *diablo*), en el aspecto de atormentar o crear problemas y daños en la vida.
2. El diablillo puede representar la parte negativa e incontrolada de nosotros mismos, la que instintivamente disfruta creando situaciones caóticas. Quizá sea un aspecto de la pérdida de control.
3. El diablo, como tentador, puede aparecer en sueños con forma de diablillo o espíritu maligno o como una manifestación especialmente irritante.

Diablo
Véase también *demonio* y *diablillo*
1. Antiguamente, la figura del diablo era temida y odiada. En representación de nuestro lado más pagano y salvaje, la imagen convencional con cuernos y rabo aparecerá con frecuencia en los sueños. Casi parece que el modo con que la gente se concentra en él le diera vida. Una vez que se entiende como algo que es necesario confrontar, algo que nos pertenece a todos, el diablo pierde su poder.
2. A menudo necesitamos un objeto que afrontar como personificación de nuestro lado maligno. En sueños, como en las fantasías, el diablo nos lo proporciona. Si tenemos miedo de nuestra propia maldad, ese temor puede manifestarse en forma de diablo.
3. El Diablo es la personificación de la maldad, Lucifer.

Diadema
1. Una diadema que vemos en sueños suele reconocer o bien el poder de la femineidad, o bien la capacidad de emplear la inteligencia para alcanzar preeminencia.
2. Siempre existe una sensación mágica o maravillosa asociada con la imagen de la diadema, que puede interpretarse como representación de lo prodigioso y de lo desconocido.
3. La diadema se percibe como emblema de la reina del cielo y el círculo de continuidad. Con frecuencia, tiene doce gemas, que se suponen representación de las doce tribus de Israel.

Dibujo
Véase *formas*

Dientes
Véase *cuerpo*

Dinero
Véase también *ahorros, caja registradora, monedero, renta, riqueza* y *sueldo*
1. En sueños, el dinero no representa necesariamente fondos, sino más bien cómo nos valoramos a nosotros mismos. Este símbolo sugeriría que necesitamos estimar nuestra valía más cuidadosamente, así como ser conscientes de lo que *pagamos* por nuestros deseos y acciones.
2. El dinero también puede representar nuestros recursos personales, ya sean materiales o espirituales, además de nuestro potencial de éxito. En algunas circunstancias, soñar con dinero puede relacionarse con la perspectiva de nuestro poder y sexualidad.
3. La moneda espiritual y el *cambio* espiritual, en calderilla o no.

Dinosaurio
Véase también *prehistoria*
1. Cuando soñamos con monstruos o animales prehistóricos, entramos en contacto con imágenes muy elementales que tienen poder para asustarnos y asombrarnos. Puesto que se consideran tan grandes, es preciso averiguar si es su tamaño o su poder lo que nos aterra. Ciertos impulsos, tan elementales como los dinosaurios, pueden amenazar nuestra existencia, también debido a su tamaño o poder.
2. Estamos en contacto con una parte arcaica o pasada de nosotros mismos. Teniendo en cuenta que los dinosaurios se han extinguido y que la mayoría de la gente piensa en ellos como fósiles, soñar con ellos quizá signifique reconocer el lado de nosotros que ha quedado incrustado en piedra.
3. Todos llevamos dentro un pasado caótico, que ha supuesto una parte enorme de nuestra vida. El progreso espiritual implica nuestra comprensión de que esta parte puede transformarse, y nuestro yo actual puede crecer desde la capacidad para cambiar. Deben derribarse los viejos esquemas.

Dios, dioses
Véase también *imágenes religiosas*
1. Cuando soñamos con Dios, reconocemos que existe un poder superior. Nos vinculamos a toda la humanidad, por lo que tenemos derecho a cierto conjunto de creencias morales. Todos necesitamos amor y aprobación, que sólo pueden encontrarse mediante el entendimiento de nuestra infancia. Un sueño de una mujer en el que aparezcan dioses míticos le ayudará a comprender diversos aspectos de su personalidad. En el sueño de un hombre, los dioses se asocian con su propia masculinidad y su sentimiento de pertenencia a sí mismo y, por tanto, al resto de la humanidad.
2. Las emociones poderosas que ocasionalmente experimentamos quizá se relacionen con la tremenda necesidad infantil de amor y aprobación paterna. A menudo, estas emociones pueden personificarse y reconocerse en las figuras de dioses míticos. **Adonis** significa salud, belleza y adoración de uno mismo. **Apolo**, que representa el sol, enseñó a **Quirón** el arte de sanar. Resulta interesante que, aunque Quirón transmitió estas enseñanzas a **Hércules**, cuando éste le disparó por accidente, Quirón no pudo aceptar la curación de Hércules. **Jehová**, en su aspecto de dios vengativo, nos alerta sobre el lado negativo del poder. **Marte**, dios de la guerra, simboliza el impul-

so que necesitamos para alcanzar el éxito. **Mercurio,** o **Hermes,** sugiere comunicación, a menudo sensible. Es el patrón de la magia. **Zeus,** el rey de los dioses, representa la paternidad en sus lados positivo y negativo.
3. Espiritualmente, somos conscientes de un poder superior. La fe cristiana se aferra a un solo Dios, aunque se manifieste en tres formas: Padre, Hijo y Espíritu Santo. Otras religiones atribuyen el poder a varios dioses. Conforme crecemos en entendimiento, podemos apreciar la relevancia de ambas creencias y empezar a comprender a Dios como una energía que impregna todo.

Diosa, diosas
Véase también *imágenes religiosas*
1. Soñar con diosas míticas nos pone en contacto con nuestras imágenes arquetípicas de la feminidad (véase *arquetipos*). Si quien sueña es mujer, una diosa aclarará la relación que existe, a través del inconsciente, entre todas las mujeres y las hembras de los seres vivos. La sensación de misterio, de secreto compartido, es la fuerza intangible dentro de la psique femenina. En el estado de vigilia, se trata de lo que permite a las mujeres crear una hermandad o red entre ellas, para alcanzar un objetivo común. Por tanto, soñar con diosas supone aceptar nuestro derecho a la iniciación en este grupo. Si quien sueña es varón, la imagen de la diosa representa todo lo que el hombre teme en cuanto al carácter femenino. Normalmente, también proporciona una indicación sobre su visión más temprana de la feminidad, a través de la experiencia con su madre.
2. Existen muchas figuras de diosas en todas las culturas. Algunas tienen apariencia destructora, como Kali, Bast y Lilith, y otras benefactora, como Atenea.

Las diosas benefactoras, con las que más se identifican las mujeres, se describen a continuación. **Afrodita,** diosa del amor y la belleza, incita a las mujeres a ser creativas y procreadoras. Gobierna el disfrute que una mujer siente del amor y la belleza. **Artemisa,** diosa de la luna, personifica el espíritu femenino independiente, cuyo propósito principal es alcanzar algún logro. A menudo, se la representa como cazadora. **Atenea** es la diosa de la visión y la estrategia. Es lógica, segura de sí misma y se deja influir por sus facultades mentales, más que por sus emociones. **Démeter,** arquetipo maternal y diosa de la fertilidad, subraya el impulso femenino de proporcionar sustento físico y espiritual a su descendencia. **Hera,** diosa del matrimonio, representa a la mujer cuyo objetivo fundamental es encontrar un marido y para la que otro papel diferente del de esposa es secundario. **Hestia,** diosa del hogar, simboliza a la mujer paciente que encuentra tranquilidad en la reclusión. De ella emana una sensación de integridad. **Perséfone,** que acaba por ser la reina del inframundo pero sólo cuando rechaza su condición de hija de Démeter; ella expresa la tendencia femenina a la necesidad de complacer y de que otros la necesiten. Su comportamiento sumiso y su pasividad deben sustituir a la capacidad de asumir la responsabilidad por ser quien es.
3. Espiritualmente, una mujer es capaz de enlazar intuitivamente con los aspectos básicos de su personalidad. A partir de ahí, alcanza mejor comprensión de su propio yo y puede emplear todas sus facetas en la vida cotidiana.

Dirección
Véase también *carta* y *paquete*
1. Una situación actual exige consideración: tal vez, nuestro estilo de vida pre-

sente. Escribir la dirección en una carta o paquete puede representar la necesidad de examinar posibles conductas. Dirigirse a un grupo de personas supone advertir la necesidad de compartir nuestros conocimientos.
2. Una dirección conocida puede representar un lugar seguro, mientras que una antigua indica que el soñador debe volver la vista atrás sobre actitudes o comportamientos antiguos. Soñar con una dirección nueva sugiere la necesidad de cambio y desafío.
3. El hogar espiritual de uno mismo ha recibido identidad.

Disco

1. En sueños, un disco de ordenador podría sugerir que disponemos de gran cantidad de información y conocimientos. Un disco compacto puede tener un significado parecido, aunque como su contenido suele ser musical, se orienta más bien hacia la diversión que hacia el trabajo. Por tanto, quizá señale que en la vida de vigilia debemos darnos cuenta de que nos hace falta descanso.
2. Un disco que aparece en sueños significa lo mismo que el sol y representa perfección y renovación de la vida.
3. Desde un punto de vista espiritual, el disco representa divinidad y poder.

Disparar

Véase también *pistola* y *armas*
1. Si nos disparan en sueños, han herido nuestros sentimientos. En el sueño de una mujer, un disparo puede simbolizar el acto sexual, tanto porque sus sentimientos están implicados, como por la imagen masculina que refleja. También podría indicar que nos sentimos víctimas u objetivos de la ira de otras personas.
2. Si el soñador dispara a algo, tal vez tenga que enfrentarse a sus miedos. Podría tratarse de un acto de defensa, puesto que quizá deba encontrarse con partes de su personalidad que no le gusten. Encontrarse en un campo de tiro sugiere que necesitamos ser exactos en la vida.
3. Ser conscientes de un disparo, en un sentido espiritual, supone advertir una explosión de energía necesaria y dirigida. Quizá sea la única forma de alcanzar un objetivo deseado.

Divorcio

1. Soñar con un divorcio quizá esté asociado con nuestros sentimientos hacia la persona que aparece en el sueño y, tal vez, con la necesidad de sentirnos libres de responsabilidades. También podría indicar que es preciso aclarar la relación que tenemos con las distintas facetas de nuestra personalidad.
2. Percibimos la necesidad de expresar emoción si queremos mantener nuestra integridad. Avanzamos hacia un nuevo modo de vida, quizá sin los viejos sistemas de apoyo que hemos empleado hasta ahora.
3. Soñar con un divorcio sugeriría dificultades potenciales para comprender una pérdida de integración en nuestra personalidad.

Domesticar

1. Soñar que domesticamos un animal indica nuestra capacidad de desarrollar una relación con nuestro aspecto animal o controlarlo. Soñar que nos domestican, como si nosotros mismos fuésemos el animal, significa la necesidad de contención en nuestra vida.
3. El control de uno mismo, que es preciso espiritualmente.

Dosel

1. Cuando soñamos con un dosel, buscamos que nos protejan, resguarden o

quieran. Antiguamente, se empleaba un dosel o palio para resguardar a aquéllos que tenían cargos o poderes especiales, como reyes, reinas o sacerdotes. En lo profundo de nuestro interior, aún reconocemos este privilegio. Si nos cubren con un dosel, reconocemos nuestras capacidades y potencial para la grandeza.
2. Un dosel protege la cabeza, el asiento del intelecto. Tenemos que dirigir la atención hacia aspiraciones o ideales elevados.
3. Los reyes o poderosos solían emplear un dosel con símbolo especial, o bien para obtener protección espiritual, o bien para destacar su rango.

Dragón
1. El dragón es un símbolo complejo y universal que se percibe como aterrador pero que, al mismo tiempo, se puede dominar. Por eso, en ciertas circunstancias, representa nuestra propia naturaleza sin domesticar. Tenemos que asimilar nuestras pasiones y creencias caóticas, lo que con frecuencia sólo se puede hacer mediante los sueños y en un entorno creado adecuadamente.
2. Existe un lado heroico en todos nosotros, que debe afrontar conflictos peligrosos para superar la parte inferior de nuestra naturaleza y alcanzar nuestros recursos interiores. Soñar con un dragón nos permite ese conflicto.
3. Según la tradición, el dragón es el guardián del poder. Al conquistarlo, nos volvemos espiritualmente custodios de nuestro futuro.

Drogas
Véase también *adicción*, *embriaguez* y *medicinas*
1. Cuando aparecen drogas en un sueño, sin que importe si nosotros mismos nos las administramos o lo hacen otros, se sugiere que quizá necesitemos ayuda exterior para poder alterar nuestras percepciones interiores. Consumir droga indica la sensación de que hemos abandonado el control sobre cierta situación de la vida de vigilia, por lo que tenemos que depender de estímulos externos. Sufrir una reacción adversa a una droga podría significar que tenemos miedo de la locura. Si nos drogan contra nuestra voluntad, esto indica que se nos fuerza a admitir una verdad desagradable.
2. Quizá intentemos escapar de la realidad, sirviéndonos de drogas. Estas también pueden ser medicamentos, es decir, agentes curativos que nos devuelven el equilibrio. Si una persona cualificada nos proporciona drogas, hemos aceptado los conocimientos superiores de otros. Si nos venden drogas ilegales, estamos preparados para correr riesgos innecesarios.
3. Ciertas drogas se consumen para provocar un estado de euforia o una transformación de la consciencia. Esto puede ser peligroso, ya que es como utilizar una palanca, en lugar de una llave, para abrir una puerta. Tales prácticas sólo son válidas si se abordan con conocimiento y comprensión.

Dulces
Véase *alimentos*

E
desde *eclipse* hasta *eyaculación*

Eclipse
Véase también *luna*
1. Soñar con un eclipse se relaciona con los miedos y dudas sobre nuestro éxito. Otras personas que nos rodean parecen más importantes o capacitadas que nosotros, lo que no nos permite brillar o destacar en lo que hacemos.
2. Estamos a punto de atravesar un periodo de dificultades, durante el que quizá seamos incapaces de mantener nuestra alegría habitual.
3. Desde un punto de vista espiritual, un eclipse puede representar una pérdida de fe. Ya que se cubre una fuente de iluminación y claridad, el sueño también puede representar un oscurecimiento de la luz a causa de circunstancias externas.

Edificios
En sueños, los edificios representan las construcciones que realizamos en nuestras vidas. Son actitudes y creencias que hemos erigido desde la experiencia, la percepción y, a menudo, desde nuestros hábitos y costumbres familiares. Así como en la vida real podemos aprender mucho sobre una persona a partir de su entorno, en los sueños un edificio también puede reflejar las esperanzas, preocupaciones y carácter del soñador. Las características del edificio reflejan las cualidades de la personalidad del soñador. Los edificios que aparecen en sueños pueden ser compuestos y, por tanto, desconcertantes. Para comprender el sueño, deberíamos interpretar primero la apariencia principal del edificio, como su función más importante y, después, la apariencia secundaria, como cualidades que se pueden reconocer. Ciertos edificios tienen diversos significados e interpretaciones:

Almacén: como la función principal del almacén es guardar objetos, simboliza un

depósito de energía espiritual o de desechos espirituales.
Casa: si somos conscientes de que la casa no está vacía, de que hay algo en ella (por ejemplo, muebles), se muestra algún aspecto del soñador. Otra persona en la casa sugiere que el soñador quizá se sienta amenazado por algún lado de su propia personalidad. Si se desarrollan distintas actividades, se indica que existe un conflicto entre dos partes de nuestra personalidad, probablemente la creativa y la intelectual. La fachada de la casa retrata la fachada que presentamos al mundo exterior. Cuando soñamos que entramos o salimos de la casa, quizá tengamos que decidir si debemos ser más introvertidos o más extrovertidos. Si aparece una casa impresionante que nos intimida, somos conscientes de nuestro yo o del alma. Mudarse a una casa mayor sugiere que necesitamos un cambio en nuestra vida, quizá hacia un modo de vida más abierto o, incluso, en busca de mayor espacio. Si nos encontramos fuera de la casa, el sueño ilustra nuestro lado más público. Cuando aparece una casa pequeña o aquélla donde nació el soñador, éste busca seguridad, quizá la protección de la infancia, la vida sin responsabilidades. Si la casa es pequeña y nos oprime, nuestras responsabilidades nos apuran y quizá necesitemos escapar. Un sueño en que trabajamos en la casa, construimos, reparamos algo... indica que quizá haya que trabajar o arreglar ciertas relaciones o necesitemos examinar asuntos relativos a la salud. Quizá nos haga falta advertir el daño o el deterioro que se produzca en nuestra vida.
Castillo, fortaleza, ciudadela (véase también *castillo*): el simbolismo del castillo o fortaleza es el del espacio protegido, por lo que puede interpretarse como lo femenino o la gran madre.

Iglesia, templo (véase también *iglesia* e *imágenes religiosas* y *templo*): como entorno adecuado para que reflexionemos sobre nuestro sistema de creencias, cualquier edificio religioso evocará un santuario o refugio. Aunque conscientemente quizá no nos unamos a ningún credo religioso determinado, la mayoría de nosotros vive según ciertos principios que aparecen en sueños como imágenes reconocibles.
Iglú (véase también la entrada correspondiente): debido a su forma, el iglú ilustra la integridad, además de simbolizar un santuario. Es cálido en el interior y frío en el exterior, de modo que apunta a la diferencia entre lo interno y lo externo.
Pensión u hotel (véase también *hotel*): soñar con una pensión u hotel indica que tal vez no nos sentimos muy seguros con nuestras condiciones de vida.
Pirámide (véase también la entrada correspondiente): la pirámide se considera un centro de energía, de modo que si una aparece en sueños, nos concentramos en la energía que contiene.
Torre, campanario, faro, etcétera (véanse también las entradas correspondientes): cualquier imagen de una torre representa la personalidad y el alma. Si bien existe una evidente relación con la masculinidad, en un contexto más amplio resulta más correcto identificar la torre con el yo. Cuando se considera así, se puede prestar atención a otros atributos de la torre, como el lugar que ocupan las ventanas, puertas y escaleras. Esto nos lleva a una comprensión mejor del yo espiritual.

En cuanto a las partes de edificios que aparecen en sueños, podemos destacar:
Ascensor: un ascensor suele indicar cómo tratamos los conocimientos. Por ejemplo, un ascensor que baja sugeriría un descenso al subconsciente, mientras

que un ascensor que sube se desplazaría hacia lo espiritual. Se cree que en el estado de sueño abandonamos nuestro cuerpo. Así, bajar en un ascensor y quedar atrapado en él representa cómo el cuerpo físico atrapa a lo espiritual.
Balcón (o alféizar, cornisa, etcétera): un balcón indica apoyo, del que todos tenemos necesidad en la vida, así como protección. También puede representar a la madre en su aspecto protector.
Construcción o demolición de un edificio: todos tenemos la capacidad de construir vidas logradas y, al mismo tiempo, la de destruirnos a nosotros mismos. Un sueño en el que se destaque la construcción o demolición nos permite el acceso a estas cualidades y capacidades dentro de nosotros.
Escalera (véase también *peldaños*): las escaleras suelen indicar los pasos que debemos dar para alcanzar algún objetivo. Subir escaleras indica el esfuerzo necesario para encontrar la entrada al lado espiritual más místico de nuestro yo. Más sencillamente, quizá represente el desgaste de energía que sufrimos en la vida cotidiana. Bajar escaleras, por el contrario, sugiere que necesitamos *descender* al subconsciente para penetrar en nuestro lado oculto e inconsciente. Una escalera dorada es una imagen tan básica, con tantas interpretaciones, que es necesario prestar especial atención a otros aspectos del sueño, así como al estado espiritual del soñador en ese momento. En gran parte, representa la muerte, aunque ésta no tiene por qué ser física. Más bien, refleja la comprensión de que ya no necesitamos sentirnos atrapados por lo físico, sino que podemos avanzar hacia una vida más plena. Es una forma de escapar de lo mundano.
Habitaciones: en un sueño, las habitaciones pueden describir diversos lados de nuestra personalidad o niveles de entendimiento, aunque con frecuencia representan el útero o la figura materna. Así, la cocina reflejaría nuestro lado hogareño, y una sala, el más relajado y cómodo. Si soñamos con una habitación pequeña con sólo una puerta o un sótano con agua, se trata de una representación muy directa del útero, que quizá indique un regreso al estado fetal. Una serie de habitaciones se refiere a los diversos aspectos de la feminidad y, a menudo, a toda el alma. Cuando en sueños aparece algo en una habitación superior, como ésta suele ilustrar atributos mentales o espirituales, cualquier objeto que se encuentre en ella representará una idea o concepto. El sótano puede tener un significado ambivalente. Quizá simbolice las partes de nosotros mismos que hemos decidido suprimir, pero también puede indicar creencias y costumbres familiares, especialmente si se encuentra en la casa paterna. Si soñamos con la acción deliberada de abandonar la habitación y dirigirnos a otra, la imagen representa un cambio de estado y el abandono de algo. Las habitaciones vacías sugieren que falta algo en nuestra vida, como consuelo o apoyo.
Paredes: una pared significa un obstáculo en el avance, una dificultad que sufrimos o que nos encontraremos. Con frecuencia, el tipo de pared nos dará alguna pista sobre cuál es el obstáculo. Por ejemplo, una pared con aspecto antiguo apuntará a un problema viejo, mientras que una de vidrio indicaría dificultades con la percepción. Un sueño en el que las paredes se cierran podría describir las sensaciones recordadas del nacimiento, aunque en general representa la impresión de que el tipo de vida que llevamos nos oprime. Las paredes de ladrillo, divisorias o murallas sugieren la diferencia

entre dos estados de la realidad, a menudo, el estado psicológico interior y el mundo cotidiano exterior.
Patio: en sueños, el patio es un lugar seguro. Con frecuencia, la forma será relevante (véase *formas*).
Puertas: (véase también la entrada correspondiente): las puertas se refieren a las aberturas del cuerpo y, por tanto, a la sexualidad. La puerta principal y la puerta trasera significan, respectivamente, la vagina y el ano. Derribar una puerta quizá indique inhibiciones sexuales y resistencia a afrontarlas. También puede representar violación o abuso sexual. Abrir y cerrar una puerta, que suele interpretarse como símbolo del acto sexual, puede mostrar la actitud del soñador hacia el sexo. El rechazo a abrir la puerta, aunque quizá el soñador no sea físicamente virgen, representa un enfoque inocente sobre su sexualidad. Una puerta entre las habitaciones exteriores e interiores ilustra un posible conflicto entre consciente e inconsciente. Atrancar una puerta destaca la necesidad de protegerse que tiene el soñador. Si un animal o persona fuerza la puerta y destruye la cerradura, nuestros mecanismos de protección nos han fallado. Escapar por otra puerta indica que el soñador necesita encontrar una solución distinta a la que había pensado para resolver un problema. Alguien que llama a la puerta significa que la atención del soñador se dirige a una situación externa.
Tejado: véase la entrada correspondiente.
Ventanas: las ventanas describen los métodos que empleamos para apreciar el mundo en que vivimos, cómo percibimos la realidad. Soñar que miramos hacia fuera por una ventana puede sugerir que tenemos una impresión más extrovertida de nosotros mismos y consideraremos las circunstancias exteriores. En cambio, mirar hacia dentro indica que examinamos nuestra personalidad y, quizá, nuestra motivación. Cuando en sueños abrimos una ventana, la interpretación depende de si estamos en el interior o en el exterior. O bien tratamos con nuestros sentimientos, de los que quizá necesitemos escapar, o bien con nuestras actitudes hacia la opinión de los demás. Si atravesamos una ventana o una puerta de vidrio, se sugiere la primera experiencia sexual. Las ventanas de vidrio coloreado, debido a su asociación con las iglesias, pueden aceptarse como creencias religiosas (véase también *colores*).
Vestíbulo, pasillos (véase también *pasillo*): cualquier lugar de paso puede representar los conductos del cuerpo, como la vagina o el ano, por ejemplo. Asimismo, desde un punto de vista psicológico, indica cómo dejamos que otros penetren en nuestro espacio personal. Los lugares de paso también representan las transiciones entre las diversas etapas de la vida.

Educación
Véase también *colegio* y *maestro*
1. Soñar con un establecimiento de enseñanza, como una escuela o universidad, indica que deberíamos considerar si necesitamos disciplina o actividad disciplinada. Quizá no estemos lo suficientemente preparados para una tarea que vamos a emprender y nos hagan falta más conocimientos.
2. Puesto que soñar con educación suele devolvernos a una etapa anterior, es preciso emplear los conocimientos de las experiencias vividas, para que nos ayuden a abordar una situación actual.
3. La educación puede interpretarse como símbolo de la conciencia espiritual.

Egipto
Véase también *lugares*

1. Los lugares lejanos que aparecen en sueños suelen ilustrar el exotismo, aunque quizá menos hoy día, cuando los viajes son más fáciles. En particular, Egipto siempre se considera mágico o relacionado con la sabiduría antigua, aunque esta interpretación dependerá de lo que el soñador conozca sobre el país.
2. Entramos en contacto con nuestro lado mágico y extraño.
3. Egipto es un reconocimiento del lado oculto del yo, lo misterioso.

Electricidad
1. La electricidad suele representar energía o poder; las demás circunstancias del sueño explicarán qué atributo se destaca. Soñar con cables eléctricos supone ser consciente de la capacidad del soñador, mientras que soñar con interruptores indica que nos damos cuenta de la posibilidad de controlar algo.
2. Si en un sueño recibimos una descarga eléctrica, no nos protegemos del peligro y debemos estar más alerta.
3. La electricidad representa el poder espiritual superior.

Elefante
Véase *animales*

Embarazo
1. Soñar con un embarazo suele indicar un periodo de espera bastante prolongado, necesario para algo, probablemente para completar un proyecto. Un área nueva de nuestro potencial o personalidad está desarrollándose. Curiosamente, soñar con un embarazo representa pocas veces el propio, aunque puede señalar el de otra persona cercana a nosotros.
2. Soñar con que otra persona está embarazada sugiere que nos encontramos en una posición desde la que podemos observar cómo un lado de nosotros desarrolla nuevas capacidades o características. Tal vez no seamos conscientes de cuál será el resultado de este proceso. Cuando aparece un hombre embarazado, especialmente si quien sueña es mujer, se trata probablemente de una proyección: la soñadora desea que el hombre se haga cargo de responsabilidades en su vida.
3. En el trabajo espiritual, siempre existe un periodo de gestación. Quizá tengamos que ser pacientes y esperar que se desarrolle un proceso natural, para que podamos cumplir una tarea.

Embarcadero
Véase también *puerto*
1. A la mayoría de la gente, soñar con un embarcadero le sugiere momentos y recuerdos felices. Tal vez establezcamos una asociación con un pueblo en particular o, sencillamente, un embarcadero signifique descanso y relajación.
2. Un embarcadero, como punto de llegada y partida, quizá nos evoque oportunidades nuevas o el fin de un viaje (véase *viaje*).
3. Un embarcadero significa principio y también final, así como el desplazamiento a un nivel nuevo de entendimiento espiritual.

Embriaguez
Véase también *alcohol, borrachera* y *drogas*
1. Cuando nos sentimos embriagados en sueños, puede ser importante averiguar cuál es la causa. Estar borracho tal vez indique falta de control, mientras que una transformación debida a las drogas podría representar un cambio de percepción.
2. Las alteraciones de la consciencia que se producen durante la embriaguez pueden reflejarse en un sueño. A veces, el

cambio puede ser deprimente, lo que sugeriría la necesidad de hacer explotar lo negativo de nuestra vida; otras veces, la transformación puede ser eufórica y mostrar nuestra capacidad de alcanzar un estado similar a la manía.
3. Existe una clase de euforia que se experimenta en ciertas etapas del desarrollo espiritual. Suele ocurrir cuando vamos de un grado de consciencia a otro y se relaciona con el súbito aporte de energía nueva.

Embrión
1. Soñar con un embrión o feto supone ser conscientes de una parte extremadamente vulnerable de nosotros mismos. Quizá también nos demos cuenta de que existe una situación nueva en nuestra vida, cuya idea aún no ha pasado del germen.
2. Nos retrotraemos a la concepción, al punto donde comienza todo. Tal vez sea preciso examinar el proceso por el que nos volvemos conscientes de todo lo que somos o podemos ser.
3. El embrión es el núcleo del ser y, por tanto, el centro de la creación.

Emociones
1. En el marco de un sueño, nuestras emociones pueden ser muy distintas a las que sentimos en la vida cotidiana. Por ejemplo, quizá sean más extremas, como si nos permitiéramos libertad de expresión; o tal vez nos demos cuenta de que sufrimos extraños cambios de humor.
2. A veces, con objeto de comprender un sueño, es más fácil pasar por alto los símbolos y trabajar tan sólo con los estados de ánimo y emociones que hayan aparecido. Esto nos dará a menudo una interpretación más clara de lo que ocurre dentro de nosotros, en vez de confundirnos al intentar desentrañar los símbolos.

3. Nuestras exigencias emocionales, especialmente la receptividad hacia la energía más sutil, nos permiten comenzar el proceso de desarrollo.

Empapelado
1. Arrancar el papel de las paredes en sueños sugiere que nos deshacemos de la fachada vieja, para crear una nueva. Empapelar una pared significa que cubrimos nuestro yo anterior, quizá sólo superficialmente, sobre todo si no se elimina el papel anterior.
2. El papel de las paredes puede tener el mismo significado en sueños que la ropa de un personaje. Es posible que queramos hacer cambios en nuestra vida, pero antes necesitamos experimentar y encontrar lo que se nos ajusta.
3. El soñador debería examinarse en sentido metafórico y asegurarse de que es fiel a sí mismo, ya que el empapelado simboliza con frecuencia una fachada exterior de algún tipo.

Empaquetar
Véase también *maleta*, *paquete* y *relleno*
1. Cuando soñamos que hacemos las maletas, como si nos fuéramos de viaje, destacamos que es preciso prepararnos cuidadosamente para la próxima etapa de nuestra vida. Existe la necesidad o el deseo de apartarnos de ideas y problemas viejos. Empaquetar un objeto precioso con mucho cuidado indica que somos conscientes del valor que para nosotros u otras personas tiene tal objeto.
2. Necesitamos establecer alguna clase de orden en nuestra vida. Soñar que empaquetamos sugiere que es preciso emprender un proceso de selección, para decidir lo que es importante para nosotros.
3. Tenemos que elegir entre diversos conocimientos espirituales relevantes y decidir qué debemos conservar.

Empleo
Véase también *trabajo*
1. Los sueños sobre empleos se relacionan, en general, con lo que consideramos nuestro trabajo adecuado. Es decir, si un ama de casa sueña que es una mujer de negocios, quizá se sugiera que necesita aplicar métodos empresariales en su trabajo, mientras que al revés, se podría indicar su anhelo secreto de ser un ama de casa. Puesto que un empleo también puede representar los pensamientos y sentimientos de otras personas hacia nosotros, un sueño así se relacionará con la evaluación de nuestro propio valor.
2. Cuando estamos en plena actividad, la atención se centra en lo que estamos haciendo. Soñar que tenemos un empleo puede sugerir que debemos dirigir la atención hacia trabajos que nos proporcionen satisfacciones, además de permitirnos el estilo de vida que queremos.
3. El empleo espiritual sugiere utilizar nuestros talentos y dones con eficacia, en busca del bien común.

Empujar
1. Cuando en un sueño nos empujan, nos rodea una energía que nos permite alcanzar lo que queremos. Si empujamos nosotros, normalmente estamos empleando la voluntad hacia algo positivo. Empujar cuesta arriba algo, como un coche o una bola de nieve, sugiere que intentamos resistirnos a las fuerzas de la naturaleza.
2. Si en la vida cotidiana percibimos presión, esto puede aparecer en sueños como que nos empujan y, a veces, tal vez indique miedo a la enfermedad. En algunas formas de enfermedad mental, el paciente experimenta la sensación de que le empujan y obligan a hacer algo que no desea. A veces, cuando esto ocurre en sueños, puede ser una forma de curación.

3. Cuando uno se desarrolla psíquicamente, es posible percibir la energía y las fuerzas sutiles que nos rodean, lo que puede traducirse o experimentarse en forma de empujones.

Enano
Véase también *personas*
1. Cualquier deformidad indica un lado de nuestra personalidad que no se ha integrado o ha quedado sin desarrollar. En un sueño, un enano representa una parte de nosotros que permanece dañada desde un trauma infantil o debido a carencias de estímulos emocionales.
2. Un enano puede significar que una pequeña parte de nosotros requiere consideración. Quizá se trate de un aspecto atrofiado de la personalidad, que no aparece hasta que no estemos preparados para hacernos responsables de él.
3. Un enano simboliza el inconsciente y las fuerzas indiferenciadas de la naturaleza.

Encierro
Véase también *cárcel* y *cercado*
1. Estar encerrados en sueños significa habitualmente que nos sentimos atrapados por las circunstancias, a menudo las que nosotros mismos hemos creado debido al miedo o a la ignorancia. Quizá sintamos que otras personas crean situaciones a nuestro alrededor que no nos permiten avanzar. Con frecuencia, tendremos que negociar nuestra libertad.
2. Cuando experimentamos un encierro en sueños, en general estamos advirtiendo actitudes y creencias antiguas que nos aprisionan.
3. Un encierro espiritual puede sugerir exceso de introversión o que estamos demasiado centrados en nosotros mismos. Necesitamos abrirnos a nuevas influencias, para lo que quizá nos haga

falta ayuda y tengamos que recurrir a una influencia exterior que nos libere.

Encoger

1. En sueños, encogerse significa un deseo de regresar a la niñez o a un espacio menor, para que nos cuiden. En la vida cotidiana, quizá percibamos nuestro desprestigio o nos sintamos disminuidos, lo que puede trasladarse a los sueños como encogimiento. Ver cómo alguien o algo se encoge podría indicar que está perdiendo su poder sobre nosotros.
2. Psicológicamente, podemos aprender a entendernos con nosotros mismos al reconocer lo necesarios y, al mismo tiempo, insignificantes que somos en el universo. En sueños, la última sensación puede acompañarse de encogimiento. De este modo, nos volvemos menos amenazadores hacia nosotros y los demás.
3. A partir de la admisión psicológica de nuestra pequeñez, también podemos percibir la impresión de pertenencia a un todo cósmico superior. Esto se representa en los sueños mediante la sensación de encogimiento.

Encontrar

1. Si soñamos que encontramos algo, como un objeto precioso, somos conscientes de una parte de nosotros mismos que es o nos será útil. Descubrimos o nos damos cuenta de algo que, según las demás escenas del sueño, se relaciona con nosotros o con los demás.
2. La mente puede dirigir nuestra atención con increíble habilidad hacia lo que es preciso hacer para permitirnos alcanzar nuestros objetivos. Utilizará metáforas relacionadas con esconder, buscar y encontrar, para representar el esfuerzo que debemos realizar en la vida de vigilia. Por tanto, si encontramos algo sin demasiado esfuerzo, tal vez se sugiera que ocurrirán ciertos acontecimientos que revelarán aquello que necesitamos saber.
3. Quizá estemos cerca de encontrar algo, dentro de nuestra búsqueda espiritual, que nos permitirá progresar.

Encrucijada
Véase también *intersección*
1. Soñar con encrucijadas indica que tendremos que escoger entre alternativas, que con frecuencia se relacionan con la profesión o cambios en la vida. Quizá necesitemos reflexionar de dónde venimos, para tomar decisiones inteligentes. A menudo, girar a la izquierda en una encrucijada puede indicar que escogemos el camino equivocado, aunque también podría ser el más intuitivo. Girar a la derecha quizá muestre que escogemos el camino correcto, aunque también puede suponer que tomamos una decisión lógica.
2. Nos encontramos en una situación en la que dos fuerzas opuestas se juntan, no en conflicto, sino en armonía.
3. Un espacio mágico, aunque peligroso, ya que podemos ir en cualquier dirección que parezca apropiada.

Enfermedad
Véase también *vomitar*
1. No importa lo que nos haya deparado la vida: es posible que nos hayamos quedado con recuerdos dolorosos, sentimientos de ira y problemas. En un sueño, estos recuerdos y sentimientos pueden aflorar en forma de enfermedad. A veces, un sueño así puede predecir una enfermedad real, pero con mayor frecuencia representa cómo abordamos ciertos asuntos. Significa que no estamos en contacto con una fuerza que nos ayude a superar los problemas.
2. A menudo, cuando en sueños estamos enfermos, nos enfrentamos a un

lado de nuestra personalidad. En lugar de que todo el conjunto esté indispuesto, una parte de nosotros está enferma y quizá necesite tratamiento. Con frecuencia, el sueño proporcionará el método para tratarla, quizá con medicamentos, cirugía o una combinación de éstos. La enfermedad también puede representar el miedo de que no nos cuiden adecuadamente.
3. La falta de claridad espiritual se experimenta a menudo en los sueños como enfermedad.

Enfermedad venérea
Véase *sexo*

Enfermero
Véase *cuidadores* en *personas*

Enredadera
Véase también *hiedra*
1. Cuando las circunstancias o quienes nos rodean amenazan con obstaculizarnos o ahogarnos, a menudo soñamos con algún tipo de ataduras. La enredadera es uno de estos símbolos.
2. Una enredadera puede representar incertidumbre y dificultades para tomar decisiones. Quizá disponemos de demasiadas alternativas.
3. Se dice que la enredadera representa humildad y devoción.

Enredo
1. A veces, cuando en la vida ordinaria nos sentimos confusos, quizá soñemos con un objeto que se enreda con otra cosa. Con frecuencia, el modo como desenredamos el objeto indica la acción que deberíamos realizar durante la vigilia.
2. Cuando algo como el pelo se enreda, debemos advertir que nuestra imagen o proyección llega distorsionada a otras personas.

3. Atravesar árboles o matorrales enmarañados en sueños forma parte del viaje del héroe (véase *héroe* en *arquetipos*).

Ensalada
1. En sueños, la mayoría de los alimentos se relacionan con nuestra necesidad y capacidad de nutrir, a los demás o a nosotros mismos. Si soñamos con una ensalada, el color será importante (véase *colores*), así como la textura. Quizá estemos faltos de algún alimento o estímulo y el sueño nos alerte de ello.
2. Los ingredientes de una ensalada pueden tener significado por sí solos. Asimismo, la sinergia, o energía creada entre ellos, es importante. Si advertimos que no nos gusta lo que nos ofrecen, vale la pena considerar si rechazamos todo el plato o sólo parte de él. Si en el sueño hemos preparado la ensalada para alguien más, es posible que una parte de nosotros necesite más atención que el resto.
3. La ensalada, alimento en el estado más simple, nos devuelve a la naturaleza y los valores sencillos.

Entierro
1. Un sueño en el que nos entierran indica miedo de vernos desbordados, quizá por la responsabilidad o por reprimir partes de nuestra personalidad de manera dañina.
2. Asistir a un entierro en sueños ilustra la necesidad de aceptar la pérdida.
3. En este caso, son significativos los evidentes símbolos de muerte, pérdida y dolor. No se trata necesariamente de nociones negativas; el soñador debería pensar en la resurrección y en los elementos positivos que ésta implica.

Entrada
Véase también *billete* y *puerta*
1. En sueños, una entrada tiene el mismo significado que una puerta, al repre-

sentar un área nueva de experiencias, o las mismas experiencias. Un sueño así suele sugerir la necesidad de producir cambios, de crear nuevas oportunidades, quizá de explorar lo desconocido.
2. Cuando necesitamos entrar en contacto con nuestro lado oculto, el lado más intuitivo o *sabio,* y tenemos los conocimientos y capacidad para experimentarnos de modos nuevos, soñaremos a menudo con una entrada secreta.
3. Debido al simbolismo de desplazarse desde el exterior a un espacio cerrado interior, una entrada representa el eterno femenino.

Equipaje
Véase también *maletas*
1. Llevar exceso de equipaje en un sueño significa que tal vez estemos arrastrando una carga extra, emocional o práctica. Quizá esperemos mucho de nosotros mismos o de otras personas. Cargamos con dolores o traumas del pasado.
2. El soñador sufre alguna tensión psicológica y tal vez tenga que decidir, en la vida de vigilia, si debe dejar atrás proyectos o sentimientos.
3. Una indicación de los sentimientos de dolor puede darse en los sueños por medio del equipaje. Sin embargo, el dolor, como el equipaje, puede perderse tan fácilmente como cargarse a bordo; al soñador le compensará recordarlo.

Equis
1. Cuando una equis aparece en sueño, normalmente estamos *marcando* el sitio. También puede representar un error o algo que necesitamos advertir especialmente.
2. Si una cruz aparece en forma de equis, suele representar la idea de sacrificio o, tal vez, tortura (véase *cruz* en *imágenes religiosas*).
3. El hombre dentro del cosmos.

Erizo
Véase *animales*

Ermitaño
1. Ciertas personas sufren una especie de soledad que les impide establecer relaciones entre iguales. Esto puede manifestarse en los sueños mediante la figura del ermitaño.
2. Existen dos tipos de ermitaño. Uno se aparta de los demás, para vivir una existencia totalmente espiritual, y sabe que otros se ocuparán de sus necesidades físicas. El otro viaja por el mundo, poniendo en práctica sus conocimientos y experiencia para ayudar a otras personas. Si en sueños encontramos al ermitaño, descubrimos la dimensión de nosotros mismos que posee conciencia espiritual.
3. Un hombre santo, o el anciano sabio (véase la introducción), aparece en sueños frecuentemente como el ermitaño.

Escalar
Véase *trepar*

Escalera
Véase *edificios* y *escalera de mano*

Escalera de mano
1. Una escalera de mano que aparece en sueños indica lo seguros que nos encontramos al movernos de una situación a otra. Quizá tengamos que hacer un esfuerzo considerable para alcanzar un objetivo o aprovechar una oportunidad. A menudo, este sueño se presenta durante los cambios de profesión, cuando tiene connotaciones obvias. Si los peldaños están rotos, podemos contar con dificultades. Si otra persona transporta la escalera, el sueño tal vez sugiera que otra persona, quizá un director o un colega, tiene un papel que desempeñar en nuestro avance.

2. La escalera muestra nuestra capacidad para atravesar obstáculos hasta llegar a un nuevo nivel de consciencia, desde lo físico a lo espiritual, pero también indica que somos capaces de descender otra vez. Además, sugiere la comunicación entre el área física y la espiritual, como estado de transición. Algunas veces, también puede representar la muerte, aunque se trataría del fin del yo anterior, más que de una muerte física.
3. En un sueño, los travesaños de la escalera suelen ser siete o doce y significan las etapas de crecimiento hacia la espiritualidad.

Escapar
Véase también *fuga con un amante*
1. Cuando soñamos con escapar, intentamos dejar atrás o evitar sentimientos difíciles. Tal vez intentemos huir de la responsabilidad o el deber.
2. Es posible que la angustia o los traumas pasados nos coloquen en una posición desde la que no podamos hacer otra cosa que escapar.
3. El escape también representa nuestra necesidad de libertad espiritual.

Escarabajo
Véase también *insectos*
1. Como muchas personas lo consideran sucio, en un sueño el escarabajo simboliza lo mismo que los demás insectos, es decir, algo desaseado o desatendido.
2. La diligencia del escarabajo suele interpretarse como trabajo duro que es preciso realizar.
3. El escarabajo representa la protección del mal. El soñador debería pensar de qué, o quién, cree que debe protegerse.

Escenario
Véase también *teatro*
1. En sueños, estar sobre un escenario supone hacerse visible. Un escenario al aire libre sugiere comunicación con las masas, más que con un público selecto. Un escenario que se mueve significa la necesidad de no parar, incluso cuando se representa un papel. Si somos parte del público, necesitamos ser conscientes del argumento de la obra.
3. Espiritualmente, un escenario es la representación de la obra de nuestra vida. Podemos observar y ser objetivos sobre lo que ocurre. Al exteriorizar la *obra* en un marco, es posible manipular nuestra vida.

Escoplo
Véase *cincel*

Escribir
1. Soñar que escribimos supone un intento de comunicar información que poseemos. A veces, es importante el instrumento que utilicemos para escribir. Por ejemplo, un lápiz indicaría que las ideas son menos permanentes que si escribiéramos con un bolígrafo, mientras que una máquina de escribir o un procesador de textos sugieren trato profesional, más que personal.
2. Escribir como creador es muy significativo. Como forma de expresarnos, quizá nos permita comunicarnos cuando el lenguaje hablado no sirva. En sueños, es posible aprender a comunicarse con uno mismo de maneras distintas.
3. Quizá el soñador no perciba conscientemente su progreso espiritual. Un sueño en el que escribe sugiere que lo anota en el subconsciente.

Escritorio
Véase también *mesa*
1. Si el escritorio con el que soñamos es antiguo, como el pupitre del colegio, qui-

zá deberíamos volver a valores, disciplina o hábitos antiguos. Si es un escritorio de despacho u oficina, tal vez tengamos que considerar cómo desarrollamos nuestra vida cotidiana.
2. Soñar que nos encontramos sentados al escritorio de otra persona podría indicar falta de confianza en nuestra capacidad.
3. La disciplina y las rutinas diarias pueden ser prácticas espirituales relevantes en nuestra vida cotidiana (véase *altar*).

Escudo
Véase también *armadura*
1. Un escudo es símbolo de conservación. Puede aparecer en sueños como el escudo de un guerrero o como una barrera entre el soñador y el resto del mundo. Si escudamos a otra persona, debemos estar seguros de que nuestros actos son adecuados y le servimos de verdadero apoyo. En cambio, si nos sentimos escudados, es preciso saber si nosotros mismos levantamos la defensa o si otros lo hacen por nosotros.
2. En mitos y leyendas, la amazona aparece con un escudo, simbolizando el aspecto acogedor y protector de la feminidad.
3. En el desarrollo espiritual, el escudo se presenta como símbolo de una etapa determinada del crecimiento. En ese momento, el individuo necesita advertir que posee control sobre su destino. Con frecuencia, este símbolo aparece en sueños por primera vez como ilustración de este periodo del desarrollo.

Esfera
Véase también *mundo*
1. Soñar que examinamos una esfera, especialmente si se trata de un globo terráqueo, indica que nos percatamos de que existe un punto de vista más amplio. Podemos desarrollar mayor conciencia del mundo, no sólo evitar la estrechez de miras. Si miramos una esfera transparente, como una pecera, tal vez estemos contemplando un estilo de vida completo, pero contenido en sí mismo. La esfera es una representación de la integridad y totalidad de la vida.
2. La esfera que aparece en sueños expresa el poder y la dignidad. Dentro de nosotros mismos, disponemos de cierto poder que nos permitirá crear un futuro digno, para lo cual hace falta poseer la capacidad de comprender y, además, adoptar una perspectiva global.
3. Una esfera simboliza la necesidad de integridad o, para alguien más avanzado en el viaje espiritual, el acercamiento a la integridad.

Esfinge
1. Para la mayoría de las personas, una esfinge representa a Egipto (véase *Egipto*) y todo el misterio que contiene.
2. Psicológicamente, puesto que aún hoy día se conoce tan poco sobre ella, la esfinge denota nuestro lado enigmático. Cuando aparece en sueños, destaca la fuerza misteriosa de que disponemos, especialmente en épocas difíciles.
3. Desde un punto de vista espiritual, la esfinge simboliza vigilancia, poder y sabiduría, así como dignidad.

Esmeralda
Véase *piedras preciosas*

Espacio
Véase también *lugares*
1. Cuando en sueños somos conscientes del espacio que ocupamos, estamos en contacto con nuestro potencial. Quizá percibamos que invaden o han invadido nuestro espacio personal.
2. En términos psicológicos, con frecuencia necesitamos espacio para aprovechar las oportunidades al máximo.

Deberíamos ser capaces de traspasar nuestro concepto tradicional de la limitación y el ego.
3. El espacio es una imagen de un centro cósmico, un lugar que *es, era y será*. Esta idea puede ampliar nuestra perspectiva actual del mundo.

Espada
Véase también *armas*
1. Una espada que aparece en sueños sugiere siempre un arma de poder. Quizá seamos capaces de crear poder y emplear adecuadamente la energía, según nuestras creencias.
2. La espada simboliza justicia y valor, además de fuerza. Cuando su imagen se muestra en un sueño, indica que en nosotros hay algo de guerreros y que, además, estamos dispuestos a luchar por nuestras convicciones.
3. Espiritualmente, la espada expresa el poder de la autoridad y la protección. Si durante un sueño nos dan una espada, tenemos la protección de lo sagrado. Podemos tomar nuestras propias decisiones.

Espalda
Véase también *cuerpo*
1. Soñar que vemos la espalda de alguien sugiere que deberíamos identificar las cualidades más íntimas de nuestro carácter. Quizá también nos demos cuenta de que somos vulnerables a lo inesperado. Si soñamos que damos la espalda, rechazamos el sentimiento preciso que se haya experimentado en el sueño.
2. Es posible que estemos reprimiendo nuestros impulsos o no queramos examinar nuestros sentimientos íntimos. Estamos en contacto con el pasado y los recuerdos.
3. Espiritualmente, tenemos que dar la espalda a lo que ya pasó y rechazar lo conocido. Queda a juicio del soñador decidir qué elementos del pasado debe apartar.

Espantamoscas
1. Un espantamoscas es un instrumento para apartar algo molesto, y puede interpretarse como nuestra necesidad de tratar eficazmente los aspectos de nuestra vida que ya no nos gustan.
2. En muchas culturas, el espantamoscas representa autoridad y poder y tiene el mismo simbolismo del abanico. Por tanto, interpretar el símbolo dependerá de la etnia o la cultura del soñador.

Espejo
Véase también *reflejo*
1. Un espejo que aparece en sueños ilustra preocupación por la imagen propia. Nos preocupa lo que otros piensen de nosotros y necesitamos examinarnos para actuar correctamente. Quizá sintamos angustia sobre la edad o salud.
2. Mirar a un espejo puede significar que intentamos mirar a nuestra espalda, sin que los demás se enteren. Tal vez nos preocupe algún comportamiento del pasado. También es posible que necesitemos reflexionar sobre algo que se haya dicho o hecho. Cuando la imagen del espejo está distorsionada, tenemos dificultades para entendernos a nosotros mismos. Cuando la imagen del espejo nos habla, deberíamos escuchar con más cuidado lo que nos diga nuestro interior.
3. El espejo sugiere el conocimiento de uno mismo que refleja sabiduría. Como medio para comprendernos a un nivel más profundo, en la vida real podemos establecer un diálogo entre nuestra imagen especular y nosotros mismos. Así es posible llegar a descubrimientos sorprendentes.

Esperar

1. Esperar a alguien o algo en un sueño implica la necesidad de reconocer la sensación de expectación. Quizá busquemos a otras personas, o circunstancias exteriores, para que nos ayuden a progresar o tomar decisiones. Si nos sentimos impacientes, tal vez esperemos demasiado. Si el soñador espera con paciencia, comprende que los acontecimientos ocurrirán en el momento adecuado.
2. Cuando advertimos que otras personas esperan una actuación adecuada por nuestra parte, quizá nos haga falta considerar nuestras cualidades de liderazgo.
3. En el desarrollo espiritual, a menudo tenemos que aprender a aguardar hasta el momento oportuno. Debemos esperar el paso del tiempo.

Espina
Véase también *púas*

1. Soñar que nos pinchamos con una espina o astilla significa que un problema leve ha atravesado nuestras defensas. Si la espina hace brotar la sangre, debemos examinar lo que ocurre en nuestra vida que nos podría hacer vulnerables. En el sueño de una mujer, la espina también puede representar el acto sexual o, más bien, miedo a él.
2. Una espina que aparece en sueños ilustra sufrimiento físico. En asuntos de salud, quizá indique vulnerabilidad a las infecciones.
3. La espina, que también se asocia con Cristo, tal vez sugiera que nos dedicamos a algún elemento de nuestra búsqueda espiritual. La corona de espinas simboliza el sufrimiento por nuestras creencias.

Espiral
Véase *formas*

Espíritus
Véase también *fantasma*

1. En lo más básico de nuestro interior, todos albergamos temores sobre la muerte. La apariencia del espíritu nos ayudará a aceptarlos, aunque esto depende de si el soñador cree que se trata de un espíritu real o no.
2. Cuando los espíritus aparecen en sueños, su función quizá sea la de ayudarnos a atravesar varios estados de transición. Si bien afrontamos los miedos cotidianos, existen muchos recuerdos y sensaciones que pueden aflorar inesperadamente. Cuando advertimos un espíritu benévolo o auxiliador, nos damos cuenta de que podemos seguir adelante. Cuando vemos los espíritus de los muertos, normalmente necesitamos que nos reconforten.
3. Durante el desarrollo espiritual, nuestras percepciones se amplían, desde lo cotidiano y ordinario, a otros aspectos y dimensiones del conocimiento que se sitúan a nuestra disposición. No importa que se trate de aspectos de nuestra personalidad o del mundo de los espíritus, ya que finalmente su función es la de contribuir al avance del soñador. El yo espiritual tiene acceso al inconsciente colectivo en su totalidad.

Esposa
Véase *familia*

Esposas

1. Soñar que estamos esposados denota que nos han contenido de algún modo, especialmente una figura con autoridad.
2. Si esposamos a alguien, quizá intentemos atar a esa persona a nosotros. Tal vez seamos demasiado posesivos.
3. Las esposas, que simbolizan ataduras, sugerirían espiritualmente que nos sentimos obstaculizados, acaso por nuestras dudas y temores.

Esqueleto

1. Un esqueleto que aparece en sueños sugiere lo esencial de algo, quizá de una idea o concepto. Un esqueleto que baila refleja la conciencia de la vida que hemos llevado o llevamos. Desenterrar un esqueleto supone resucitar algo que habíamos sepultado.
2. Psicológicamente, a veces necesitamos ser conscientes de nuestros sentimientos hacia la muerte. Una imagen tan clara en sueños nos obliga a pensar en ellos. Un esqueleto también puede representar los sentimientos y dotes que hayamos olvidado y, por tanto, hayan *muerto*.
3. Un esqueleto nos advierte sobre nuestros sentimientos hacia la muerte. Somos conscientes de que lo físico debe morir, aunque después permanezca una estructura.

Esquina

1. Doblar una esquina en sueños indica que hemos logrado avanzar hacia nuevas experiencias, a pesar de los aparentes obstáculos a que nos enfrentábamos. Girar en una esquina hacia la derecha indica una actividad lógica; girar hacia la izquierda ilustra un enfoque más intuitivo.
2. Sacamos a la luz un aspecto escondido o apenas admitido de nosotros mismos. Ya no necesitamos sentirnos atrapados o reprimidos. Podemos enfrentarnos a la experiencia nueva o a lo inesperado.
3. Doblar la esquina supone obtener un nuevo punto de vista sobre nuestra indecisión espiritual.

Estación
Véase *viaje*

Estaciones

Véanse también las entradas correspondientes.

1. Cuando en sueños advertimos las estaciones del año, esto guarda relación con los distintos periodos de nuestra vida (la primavera significa infancia, el verano, madurez joven, el otoño, edad mediana y el invierno, vejez).
2. El impulso que sentimos de dividir el tiempo en periodos o fases arranca, primordialmente, de la necesidad de seguir el curso de las estaciones como medio de supervivencia. Aun con plazos y limitaciones, el ser humano es capaz de sobrevivir mediante su esfuerzo.
3. La división del año en primavera, verano, otoño e invierno proporciona ocasiones para celebraciones y festivales.

Estandarte
Véase también *bandera*

1. Si el estandarte es antiguo, como los que se empleaban en las batallas medievales, indica la necesidad de consolidar pensamientos y acciones.
2. Psicológicamente, quizá nos unamos o necesitemos unirnos a algún tipo de cruzada. Nos hace falta saber que tenemos una causa común por la que luchar, específica y organizada.
3. A todos se nos exigen ciertas normas de comportamiento espiritual. Soñar con un estandarte nos lo recuerda.

Estanque
Véase *piscina*

Estatua

1. Soñar con una estatua supone entrar en contacto con el lado frío y poco receptivo de la naturaleza humana. Quizá adoremos o queramos a alguien y no encontremos respuesta.
2. Existe un lado básico de nuestra naturaleza que necesita admirar algo, lo que puede representarse en sueños mediante una estatua. A veces, la imagen ilustra

un concepto o idea, más que una persona. Se puede aprender mucho si averiguamos lo que representa la estatua.
3. Desde un punto de vista espiritual, conforme avanzamos, nos enfrentamos con la percepción de que hemos otorgado valor a algo (por ejemplo, una relación) que ya no tiene significado. Está *muerto,* por tanto, solidificado, pero puede rescatarse si la estatua recobra vida.

Este
Véase también *Oriente y posición*
1. Soñar con el este, específicamente, indica que estamos examinando nuestro lado misterioso y religioso. Nos dirigimos hacia las creencias instintivas, en oposición a los razonamientos lógicos.
2. Quizá contemplemos una nueva vida o un comienzo nuevo (véase *amanecer*).
3. En términos espirituales, el Oriente sugiere la primavera, una época de esperanza y juventud.

Esterilizar
1. Soñar que esterilizamos algo sugiere la necesidad de limpieza profunda. Deseamos librarnos de heridas o traumas y estamos preparados para hacer el esfuerzo necesario. *Esterilizar* una situación quizá signifique despojarla de emoción.
2. Si una mujer sueña que la esterilizan, mediante una operación o de otro modo, quizá el sueño se relacione con sus sentimientos de impotencia como mujer. En el sueño de un hombre, la esterilización podría sugerir insatisfacción sexual o dudas sobre su imagen de sí mismo.
3. Desde un punto de vista espiritual, la esterilización es ambivalente. Puede indicar limpieza de espíritu o un aspecto del yo que es incapaz de crecer.

Estiércol
1. Algunas de las experiencias por las que tenemos que pasar pueden ser dolorosas o verdaderamente desagradables. Si no logramos comprender lo que nos ha ocurrido, para usarlo como parte del proceso de crecimiento, a menudo comprobamos que esas experiencias permanecen en el subconsciente y causan dificultades más adelante. Estas experiencias molestas pueden aparecer en forma de estiércol durante un sueño, y nos advierten que deberíamos afrontar los problemas y emplearlos de forma positiva.
2. El estiércol tal vez represente algo que se disgrega en nuestra vida. Por ejemplo, si percibimos un montón de estiércol en situación inapropiada, esto significaría que hay algo en nuestra vida que debe desintegrarse y transformarse antes de que podamos utilizarlo correctamente.
3. También puede considerarse el estiércol como preludio a una crisis espiritual. Ésta no tiene por qué ser algo negativo, ya que a menudo hace falta un proceso de reconstrucción que nos permita encontrar soluciones a los problemas actuales.

Estrangular
Véase también *asfixia*
1. Soñar que estrangulamos a alguien supone un intento de ahogar las emociones. Soñar que nos estrangulan indica que advertimos nuestras dificultades para expresar las emociones.
2. Un estrangulamiento sugiere un violento acto de supresión. Desde un punto de vista emocional, nuestro lado más agresivo y violento quizá no nos permita actuar adecuadamente en ciertas ocasiones.
3. Espiritualmente, la sabiduría surge de aprender a contener las palabras inapropiadas, no de estrangularlas.

Estrecho
1. Cuando soñamos con algo estrecho, somos conscientes de ciertas restricciones y limitaciones. A veces, las hemos creado nosotros mismos; en otras ocasiones, nos las habrán impuesto los demás. Una carretera estrecha podría sugerir algún tipo de restricción, así como una advertencia para que no nos desviemos de nuestro camino.
2. Deberíamos procurar no ser estrechos de miras ni dogmáticos cuando tratamos con otras personas. Quizá nuestras opiniones sean intolerantes. Un puente estrecho podría sugerir dificultades de comunicación, quizá para transmitir nuestras ideas.
3. La estrechez de miras y los prejuicios no son cualidades especialmente espirituales, pero quizá la disciplina nos exija centrarnos un poco más en un camino recto y estrecho.

Estrella
Véase *formas* y *personas famosas*

Estremecerse
Véase también *temblar*
1. Percibir que nos estremecemos en sueños puede representar miedo a un conflicto o a la frialdad emocional. También existe un estremecimiento de excitación. Quizá en la vida de vigilia nos acerquemos a una conclusión o estemos a punto de alcanzar la culminación de una experiencia.
2. Cuando nos estremecemos durante un sueño, tal vez nos aproximemos a la liberación de conducta inconsciente.
3. La experiencia extática acaba en un estremecimiento, cuando la energía física se acumula hasta llegar a una experiencia casi orgiástica. A veces puede vivirse esto en sueños.

Esvástica
Véase *formas*

Etiqueta
1. Con frecuencia, soñar con etiquetas se relaciona con la necesidad humana de nombrar las cosas. Nuestro sentido de identidad procede del nombre que nos ponen y nuestra etiqueta depende mucho de cómo nos ven y comprenden los demás.
2. Soñar que tenemos una etiqueta equivocada sugiere que somos conscientes de que no percibimos algo adecuadamente. Etiquetar algo de nuevo indica que hemos rectificado una percepción falsa.
3. Desde un punto de vista espiritual, una etiqueta puede proporcionarnos un sentido de identidad (véase *nombre*).

Evaporación
1. Si en sueños aparece agua y nos damos cuenta de que se evapora, reconocemos la transformación que puede darse cuando se hayan tratado correctamente las emociones.
2. Cuando aumenta la conciencia que tenemos de algo, la energía de una situación puede mejorar. En nuestras manos está crear oportunidades para la transformación.
3. La combinación de agua y fuego es un símbolo alquímico para la energía transformadora del espíritu.

Examen
Véase también *prueba*
1. Soñar con exámenes, especialmente de estudios, suele relacionarse con la crítica de uno mismo y el impulso de alcanzar buenos resultados. Quizá dejemos que otros nos dicten normas de moral y éxito. Un ejercicio escrito supondría un examen de nuestros conocimientos, mientras que un examen de conducir

indicaría un examen de confianza o habilidad. Si un doctor nos examina, quizá estemos preocupados por nuestra salud.
2. Tal vez tengamos la costumbre de proponernos pruebas para evaluarnos o nos preocupen habitualmente nuestros conocimientos. Por otra parte, se han documentado muchos casos de personas raptadas, examinadas y después devueltas a la tierra por *alienígenas*. Existen diferencias de opinión sobre si estos casos son reales o soñados.
3. Existe un reconocimiento de la necesidad de examen espiritual.

Excavar
Véase *cavar*

Excrementos
Véase también *cuerpo*
1. Cuando soñamos con heces o excrementos, volvemos a un grado infantil de expresión y satisfacción. Las experiencias que hayamos tenido quizá fueran relevantes en su momento, pero ahora debemos dejar que se vayan.
2. Existen ciertos aspectos de nuestra vida que hemos agotado y necesitamos expulsar.
3. Se dice que el poder de la persona se contiene en sus excrementos.

Explosión
Véase también *explosión nuclear*
1. En sueños, una explosión suele indicar una liberación de energía de forma poderosa, que nos permitirá cambiar el modo de expresarnos. Normalmente, la emoción que subyace en la explosión se considera negativa y quizá la hayamos suprimido durante cierto tiempo.
2. Una limpieza puede acompañarse de un fuerte estallido de ira, miedo o alivio sexual. Un sueño quizá sea un espacio seguro para conseguirlo.

3. Desde un punto de vista espiritual, una explosión sugeriría algún tipo de revelación.

Explosión nuclear
Véase también *bomba atómica*
1. Una explosión nuclear puede ser accidental, como la de Chernóbil, por ejemplo. Un accidente involuntario así puede tener enormes repercusiones. Soñar con una explosión nuclear quizá ilustre la ansiedad sobre un cambio grande en nuestra vida, del que aún desconocemos los efectos. Sin embargo, sí sabemos que debemos afrontar una gran transformación, aunque preferiríamos que el proceso fuera más gradual.
2. Cuando hemos suprimido ciertas partes de nuestra personalidad, en vez de manejarlas, quizá exista alguna forma de sinergia (energía combinada) que podría volverse destructiva. Tal vez nos alertemos sobre esto si soñamos que provocamos una explosión nuclear.
3. Desde el punto de vista espiritual, una explosión nuclear sugiere una descarga de energía que, si no se manipula adecuadamente, podría ser aniquiladora.

Extranjero (lugar)
1. Soñar con estar en el extranjero o viajar allá nos permite comprender nuestros sentimientos hacia horizontes más amplios o nuevos cambios en la vida. Estos sueños quizá se relacionen asimismo con creencias sobre el país en que ocurren (véase *lugares*). Soñamos con libertad personal o la capacidad de movernos libremente por nuestro mundo.
2. Existe una necesidad psicológica de abandonar o huir de una situación. Quizá estemos viajando hacia algo nuevo. Nuestra mente, que es muy capaz de aceptar información y experiencias nuevas, lo hará con frecuencia a nivel subliminal.

Mediante los sueños, somos conscientes de lo que hemos aprendido o de lo que tenemos que hacer.
3. En un sentido espiritual, estar en el extranjero o viajar allá tiene que ver con nuevas experiencias espirituales.

Extraterrestre
1. Existe algo desconocido y aterrador que es necesario afrontar. Nunca hemos encontrado lo extraño del ser que aparece en el sueño y tenemos que manejar la situación que se dé.
2. Existe el potencial de experimentarse a sí mismo, o a una parte de sí mismo, como extraña. En sueños, supone darse cuenta de que somos distintos a los otros en nuestra forma de vivir.
3. Algo extraño sugiere el mal o, como algo diferente, lo oculto.

Extravagancia
1. Las imágenes de los sueños suelen ser extravagantes. Quizá alguien haga algo muy extraño o algún objeto tenga apariencia rara o grotesca. Normalmente, esto sucede porque es importante que recordemos la imagen, con objeto de comprenderla.
2. Dentro de los sueños, la mente es capaz de crear imágenes aparentemente absurdas. Sólo después de reflexionar sobre ellas reconoce el soñador su importancia en la vida cotidiana o profesional.
3. Desde un punto de vista espiritual, lo extravagante es probablemente resultado de conocimientos mal asimilados.

Eyaculación
Véase también *sexo*
1. La actitud del soñador hacia el sexo suele reflejarse en los sueños mediante el acto sexual. Eyacular en un sueño quizá suponga un esfuerzo por comprender sentimientos negativos, aunque también podría limitarse a indicar el deseo de liberar energías y satisfacer necesidades sexuales.
2. La eyaculación puede representar el abandono de viejos miedos y dudas sobre uno mismo y su destreza sexual.
3. La eyaculación, sencillamente, puede significar pérdida de poder o la *muerte pequeña*.

F desde *faisán* hasta *futuro*

Faisán
Véase *pájaros*

Faja
1. En el sueño de una mujer, la faja quizá ilustre la sensación de su propia feminidad; por ejemplo, cuando se sienta constreñida o atada por ella. En el sueño de un hombre, es más probable que muestre su comprensión del poder que posee sobre su propia vida.
2. La faja puede representar lo inevitable de la vida y la muerte.
3. Una faja también simboliza sabiduría, fuerza y poder. El soñador debería percatarse de esto, ya que espiritualmente progresa en la dirección correcta.

Fama
1. Soñar que somos famosos o ganamos fama dentro de un campo elegido significa que debemos reconocer y alabar nuestros propios méritos y capacidades. Durante la vigilia, quizá seamos algo tímidos, pero en sueños podemos lograr triunfos de los que no nos creeríamos capaces.
2. El ego (véase la introducción de este libro) es un instrumento muy poderoso, del que surge la necesidad humana de reconocimiento. Si intentamos tomar decisiones sobre cómo avanzar en la vida, tenemos que reconocer nuestro potencial para destacar entre la multitud (o no, según el caso). Soñar con la fama nos permite cristalizar nuestra actitud sobre esto.
3. Espiritualmente, la fama sugiere la necesidad de aceptar nuestra propia integridad.

Familia
1. La familia es la primera imagen de seguridad básica que tiene un niño. Con frecuencia, debido a circunstancias que escapan al control del niño, la imagen se distorsiona; los sueños intentarán corre-

gir esta imagen o confirmarán la distorsión. Así, podemos soñar con una riña con un miembro de la familia, pero la interpretación dependerá de las demás circunstancias del sueño y de nuestra relación cotidiana con esa persona. Las relaciones que establecemos dentro de la familia influyen en todas las posteriores.
2. Psicológicamente, la lucha por alcanzar la individualidad debería darse cuando estamos arropados por la seguridad de la familia, pero no siempre ocurre así. En sueños, podemos *manipular* las imágenes de los miembros de la familia, para permitirnos atravesar las dificultades sin hacer daño a nadie. Eso sí, resulta interesante destacar que alguien que estudia sus propios sueños puede ejercer un efecto llamativo y profundo sobre las interacciones y relaciones inconscientes entre otros miembros de la familia. Casi todos los problemas que encontramos en la vida se reflejan en la familia, de modo que en épocas de tensión, soñaremos con dificultades y conflictos anteriores que haya experimentado aquélla.
3. El triángulo espiritual. Un grupo en el que nos sentimos seguros espiritualmente.

Puesto que las relaciones familiares son tan importantes, los sueños en que aparecen miembros de la familia pueden tener significados añadidos. Algunos sueños típicos son:
Si un hombre sueña que su madre se transforma en otra mujer, hay que tener en cuenta que la primera relación íntima de un hombre con una mujer es con su madre. Según las circunstancias del sueño, una transformación así podría ser positiva o negativa. Quizá sea una señal de crecimiento, para que se dé cuenta mediante el sueño de que puede dejar a su madre. Esta transformación indica

algún cambio en cómo percibe el soñador a las mujeres (véase *anima*). Del mismo modo, cuando una mujer sueña que su padre, hermano o amante se convierte en otra persona, es preciso recordar que la primera relación de una mujer con un hombre es con su padre. Debe aprender a abandonar ese vínculo, para avanzar hacia relaciones más completas. Cuando puede manejar su *animus* (véase la introducción de este libro), está preparada para esa transformación. El hermano de un hombre o la hermana de una mujer representan a menudo la sombra (véase la introducción). Con frecuencia, es más fácil proyectar el lado negativo de nuestra personalidad sobre miembros de la familia. Si se permite que continúe esta proyección, quizá produzca dificultades en las relaciones familiares durante la vida adulta. El patrón de agresividad entre los miembros de la familia es bastante típico, pero, curiosamente, es más fácil solucionarlo en sueños que en la vida de vigilia.

Los sueños sobre la familia destacan tanto porque la mayoría de conflictos y problemas de la vida se experimentan primero en ese entorno. Es como si se fijaran unas pautas que siguen apareciendo hasta su ruptura voluntaria.
La confusión entre miembros de la familia, por ejemplo, cara de la madre sobre el cuerpo del padre, sugiere que quizá nos cueste decidir cuál de los padres es más importante para nosotros. Los miembros de la familia que padecen heridas o traumas, o que aparecen distorsionados de algún modo, podrían reflejar el miedo del soñador sobre (o de) esa persona. Cuando un miembro de la familia aparece continuamente en sueños o, por el contrario, no aparece cuando debería, es necesario comprender mejor la rela-

ción con ese miembro o el concepto que el soñador tiene de él. Soñar con una relación incestuosa tal vez indique que el soñador se ha obsesionado de alguna forma con la otra persona. El sueño tiene lugar para destacar o bien la importancia, o bien el peligro potencial de tal relación (véase *incesto*). Si los padres del soñador le avasallan y fuerzan así la rebelión, se sugiere que aquél necesita apartarse de la conducta aprendida en la infancia y desarrollarse como individuo. Soñar con la muerte de un padre también puede tener ese significado. Cuando un padre aparece en nuestro propio entorno, habremos aprendido a intercambiar los papeles en la relación entre padres e hijos y tal vez aceptemos a nuestros padres como amigos. Los padres que se comportan inadecuadamente pueden indicar que nos hace falta reconocer que son humanos, no perfectos como creíamos al principio. Si en sueños rivalizamos con el padre o la madre, conviene recordar que el recién nacido pasa de una concentración en sí mismo extremada a una relación exclusiva, normalmente con su madre. Hasta más tarde, el bebé no se da cuenta de la necesidad de una relación distinta con una tercera persona. Con frecuencia, esta relación hace que el niño se cuestione su propia validez como persona. Si este conflicto no se resuelve adecuadamente, quizá persista en las imágenes del sueño como rivalidad con uno de los padres. Cuando se sueña con un conflicto entre alguien querido y un miembro de la familia, el soñador no diferencia totalmente sus necesidades y deseos de cada una de esas personas. Aprender a amar fuera de la familia es un síntoma de madurez. Si la figura de un miembro de la familia se inmiscuye en el sueño, se sugiere que la lealtad a la familia puede interponerse en la vida cotidiana del soñador. La rivalidad entre hermanos suele evocar sensaciones de inseguridad y duda, seguramente sobre si recibíamos bastante cariño dentro del entorno familiar.

Por separado, los miembros de la familia y su posición dentro de ésta pueden simbolizar los distintos arquetipos. De este modo, el padre puede representar el principio masculino y el de autoridad, mientras que la madre sugeriría el principio nutricio y protector.

Abuelos: los abuelos que aparecen en sueños pueden subrayar nuestra actitud hacia ellos mismos, pero también hacia las tradiciones y creencias que hayan transmitido. Podría decirse que los abuelos no saben si han criado bien a sus hijos, hasta que éstos tienen hijos propios a su vez.

Esposa o compañera: la relación entre marido y mujer se basa en cómo el hombre se percibe a sí mismo. Si previamente ha formado una relación relativamente buena, no necesariamente lograda, con su madre, intentará demostrar que es un buen marido a través de sus sueños. Experimentará la pérdida y muerte potencial de su compañera del mismo modo como experimentó la *pérdida* de su madre.

Hermana: en sueños, la hermana suele representar nuestro lado sensible. Podemos enlazar con esa parte de nosotros mismos si logramos comprender la personalidad de nuestra hermana. En el sueño de un hombre, si la hermana es mayor, ésta puede simbolizar el potencial de persecución, aunque también de cuidados; si es más joven, puede ilustrar el lado más vulnerable del soñador. En el sueño de una mujer, si la hermana es menor, tal vez signifique rivalidad; si es mayor, representa aptitud.

Hermano: un hermano puede representar sentimientos de identificación y rivalidad. En el sueño de un hombre, un hermano mayor tal vez simbolice experiencia y autoridad, mientras que un hermano más joven sugiere vulnerabilidad y, seguramente, falta de madurez. En el sueño de una mujer, un hermano menor quizá represente una sensación de rivalidad, aunque también de vulnerabilidad, la suya o la de su hermano; un hermano mayor puede ilustrar su yo extrovertido.

Hija: cuando en sueños se destaca la relación con una hija, ésta suele representar el resultado de la relación entre marido y mujer. En el sueño de una mujer, normalmente la relación con la hija sugiere apoyo mutuo, aunque pueden surgir rivalidades y celos que sería preciso tratar, lo que a veces se puede hacer con seguridad en los sueños. En el sueño de un hombre, su hija tal vez represente sus miedos y dudas sobre su propia aptitud para manejar su vulnerabilidad.

Hijo: en sueños, el hijo puede significar la necesidad del soñador de expresarse y ser extrovertido. También puede representar la responsabilidad paterna o materna. En el sueño de una madre, quizá represente sus ambiciones, esperanzas y potencial. En el sueño de un padre, puede destacar esperanzas y sueños que no se hayan cumplido.

Madre: la relación de un hijo con su madre es crucial en su desarrollo. En gran parte, es la primera relación que sostiene el niño, que debería percibirla como sustentadora y cariñosa. Si no ocurre así, quizá aparezcan miedos y dudas. En la vida de un hombre, esto puede derivar en continuas relaciones de dependencia con mujeres mayores o en negarse todo derecho a una relación. En la vida de una mujer, la relación con su madre influirá en todas las demás. Quizá se vea impulsada a cuidar al hombre necesitado o a establecer relaciones con hombres y mujeres que no satisfagan sus necesidades básicas. Mediante los sueños, existen muchas maneras de reelaborar las relaciones con la madre y podemos obtener grandes beneficios si nos atrevemos a dar este paso. Cuando uno ha aceptado y asimilado esta relación, se puede alcanzar mucho éxito material y espiritual.

Marido o compañero: dentro de la relación entre marido y mujer, son cruciales los sentimientos de la esposa sobre su propia sexualidad y la intimidad de cuerpo, mente y alma. Su visión de sí misma se habrá formado a través del trato con su padre, que influirá en cualquier otra relación que tenga. Si la mujer no expresa debidamente las dudas y miedos sobre validez, aparecerán en los sueños como la pérdida o muerte de su marido. Quizá también se proyecten sobre los maridos de otras mujeres.

Padre: si la relación con el padre durante la vida de vigilia ha sido buena, la imagen paterna en los sueños será positiva. El padre representa autoridad y las formas convencionales de la ley y el orden. En la vida de un hombre, el padre se convierte en un modelo, ya sea adecuado o no. Con frecuencia, sólo cuando el individuo se da cuenta de que no es fiel a su propia naturaleza, pueden los sueños mostrar el camino hacia una vida mejor. En la vida de una mujer, el padre es el modelo sobre el que basa todas las relaciones posteriores. Cuando se da cuenta de que ya no necesita emplear este patrón, con frecuencia ya puede elaborar en los sueños un modo más apropiado de establecer relaciones maduras. Si la relación con el padre ha sido difícil o negativa, quizá existan resistencias para resolver los diver-

sos conflictos que hayan surgido. A menudo, esto puede lograrse en los sueños.
Parientes cercanos (primos, tíos): los parientes cercanos suelen representarse a sí mismos en el sueño o a varias partes de nosotros mismos, fáciles de reconocer.

Fantasma
Véase también *espíritus*
1. Soñar con un fantasma nos retrotrae a hábitos y normas viejos o a esperanzas y anhelos enterrados. Existe algo insustancial en ellos, quizá porque no les hemos dedicado la suficiente energía.
2. Tal vez desenterremos sensaciones o recuerdos antiguos, con el propósito de comprender nuestras propias acciones. Al entrar en contacto con lo que está muerto y enterrado, podemos escoger las acciones adecuadas aquí y ahora.
3. Si un fantasma aparece en sueños, quizá se nos alerte sobre nuestros estados pasados; en este caso, deberíamos intentar identificarlos y reconocer que hemos avanzado.

Faro
Véase también *almenara*
1. Un faro, que es un sistema de advertencia, suele avisarnos en sueños sobre dificultades emocionales. El significado dependerá de si en el sueño nos damos cuenta de que estamos en tierra o en el mar. Si estamos en tierra, se nos advierte de que vendrán dificultades, probablemente de nuestras emociones. Si estamos en el mar, tenemos que ser cuidadosos y no crear malos entendidos por no prestar atención a los problemas.
2. Un faro puede actuar como almenara y dirigirnos hacia aguas más tranquilas. En sueños suele tener este significado, ya sea emocional o espiritualmente. Asimismo, un faro puede adoptar el simbolismo de la torre (véase *torre*).
3. Un faro destaca el rumbo correcto de nuestras acciones, para ayudarnos a alcanzar nuestros objetivos espirituales.

Fax
1. Muy a menudo, los mensajes que proceden de una fuente o parte oculta de nosotros se presentan en sueños de modo totalmente lógico. De este modo, si bien el mensaje quizá sea ininteligible, no lo es cómo se recibe al principio.
2. Quizá nos demos cuenta de que alguien intenta comunicarse con nosotros, pero como estamos distanciados de esa persona, la transmisión tiene que ser mecánica.
3. En un sueño, un fax puede tener trasfondo espiritual, ya que puede ser un método para transmitir mensajes de *más allá*. Tenemos que estar abiertos a esta posibilidad.

Fecha
1. Cuando en sueños se destaca una fecha en particular, o bien se nos recuerda algo especialmente significativo o traumático de nuestra vida, o bien debemos considerar el simbolismo de los números de la fecha (véase *números*).
2. Con mucha frecuencia, la psique nos proporciona información precognitiva en sueños, y es posible que nos alerte así sobre acontecimientos especialmente importantes.
3. Un cierto día o fecha podría referirse a un festival espiritual próximo, o quizá pasado, que el soñador haya retenido en el subconsciente.

Fénix
Véase *pájaros*

Feria
1. Soñar que nos encontramos en una feria quizá represente un regreso a nues-

tro lado alegre e infantil. Podemos permitirnos un comportamiento más desinhibido en público. Si estamos en un carnaval o alguna otra fiesta, podemos abandonar las restricciones que nos imponemos a nosotros mismos y a otros.
2. La feria tiene características de ensueño, es una especie de mundo cerrado. Soñar con una indica que advertimos el lado más hedonista de nuestra naturaleza. Estamos más entregados a nuestro placer.
3. El tiovivo de la vida y sus subidas y bajadas espirituales.

Fermentación
1. Soñar con el proceso de fermentación indica que en segundo plano se desarrollan ciertos acontecimientos, de los que somos conscientes, pero que es preciso esperar.
2. Un proceso de fermentación nos permite transformar y metamorfosear aspectos ordinarios de nuestra personalidad en características nuevas y maravillosas.
3. Transformación espiritual. El soñador debería acoger con satisfacción la aparición de este símbolo en sueños y estar preparado para avanzar.

Feto
Véase *embrión*

Fiesta
1. Cuando en sueños asistimos a una fiesta, con frecuencia se nos alerta sobre nuestro trato social (o la falta de éste). Durante la vida de vigilia, quizá seamos tímidos y no nos gusten las reuniones, pero en los sueños, si nos enfrentamos a los grupos que aparecen, advertimos con mayor intensidad nuestra pertenencia.
2. El ser humano siente a menudo un impulso de celebración en su vida. Asistir a una fiesta en sueños puede indicar la necesidad de celebrar algo, de reunirse con otras personas para crear una atmósfera potencialmente feliz.
3. Cuando un grupo celebra una creencia, que puede ser espiritual, se trata de una ocasión para una fiesta.

Fila
Véase *línea*

Final
1. Soñar que algo llega a su final o que se termina significa que se ha alcanzado un objetivo o un punto en el que es inevitable que las cosas cambien. Tenemos que decidir qué podemos dejar atrás y qué debemos llevar con nosotros, decidir lo que más valoramos.
2. Una situación que podía habernos creado problemas está llegando a una conclusión feliz.
3. Estar al final puede significar el subconsciente y la muerte.

Firma
1. En sueños, nuestra firma sugiere que nos apreciamos. Estamos dispuestos a reconocer quiénes somos y a dejar huella en el mundo.
2. Durante las épocas en que arreglamos acuerdos o asuntos legales, pero no estamos seguros de verdad de si actuamos correctamente, nuestra firma puede aparecer en los sueños como borrada o ilegible.
3. Espiritualmente, la firma es un reflejo de nosotros mismos. Es una representación de quiénes creemos que somos.

Flauta
Véase también *instrumentos musicales*
1. Muchos instrumentos musicales, especialmente los de viento, representan señuelos, halagos y emociones extremadas. Debido a su forma, la flauta suele inter-

pretarse como símbolo de virilidad masculina, pero también podría representar angustia.
2. Como vehículo para expresar el sonido del espíritu y, por tanto, la armonía, la flauta puede emplearse como símbolo de felicidad y alegría.
3. Música celestial.

Flecha
Véase también *armas*
1. Si soñamos que disparamos flechas, somos conscientes de las consecuencias de los actos, ya sean nuestros o de otros, que no pueden rectificarse ni corregirse. Curiosamente, en sueños las flechas también pueden simbolizar las palabras.
2. Podríamos hacer daño a otras personas difundiendo información. La franqueza podría ser perjudicial para ellos o para nosotros.
3. Las flechas, como armas, sugieren poder, energía y destreza.

Flor de lis
1. Como símbolo, muchas personas relacionan la flor de lis con Francia, lo que puede reflejarse en los sueños. También representa el derecho al poder.
2. Como la flor de lis ilustra fuego y luz, quizá necesitemos buscar mayor claridad.
3. El derecho de regir, por asociación con el poder espiritual.

Flores
Véase también *ramo de flores* y *plantas*
1. En un sueño, las flores suelen darnos la oportunidad de conectar con diferentes sensaciones de placer y belleza. Advertimos que algo nuevo, quizá un sentimiento o cierta aptitud, comienza a nacer; lo que hacemos es fresco y lozano. Si nos dan un ramo de flores, se nos recompensa por alguna acción; tal vez los colores sean importantes (véase *colores*). Antiguamente, cada flor tenía un significado en sueños:
Amapola: un mensaje traerá un gran disgusto.
Anémona: su pareja actual no es digna de confianza.
Cala: matrimonio infeliz o la muerte de una relación.
Caléndula, maravilla o alegría: quizá haya problemas en los negocios.
Campanilla de invierno: confíe en alguien y no esconda sus problemas.
Clavel: una aventura amorosa apasionada.
Crocus: no debe confiar en un hombre moreno, cercano a usted.
Forsitia: está usted contento de estar vivo.
Geranio: una pelea reciente no es tan grave como pensaba.
Jacinto: su pareja provocará una discusión.
Lirio: se espera que reciba buenas noticias.
Madreselva: se disgustará a causa de peleas domésticas.
Mirto o arrayán: esta planta proporciona alegría, paz, tranquilidad, felicidad y constancia.
Muérdago: Sea constante con la persona amada.
Narciso: tenga cuidado de no confundir las apariencias con la realidad. O bien, ha sido usted injusto con un amigo: busque la reconciliación.
Nomeolvides: la pareja que ha elegido no puede darle lo que necesita.
Peonía: la contención excesiva podría causarle trastornos.
Primavera o prímula: una nueva relación amistosa le traerá felicidad.
Ranúnculo: sus negocios mejorarán.
Rosa (véase también la entrada correspondiente): la rosa indica amor y, quizá, una boda en un año.

Tilo: el tilo sugiere gracia femenina.
Trébol: recibirá una comunicación de alguien que necesita dinero.
Violeta: se casará con alguien más joven que usted.
2. En sueños, las flores suelen representar el principio femenino, así como la infancia. El capullo simboliza el potencial disponible y la flor que se abre indica desarrollo.
3. Espiritualmente, las flores significan amor y compasión, tanto los que podemos recibir como los que damos a los demás.

Flotar
1. Para Freud, un sueño en el que se flota está relacionado con la sexualidad. Sin embargo, parece mucho más probable que surja del impulso de libertad. En general, cuando nos dejamos llevar sin que, en apariencia, intervenga nuestra voluntad, nos abrimos a poderes más allá de nuestro ser consciente. Nos encontramos en un estado de extremada relajación y nos limitamos a dejar que los acontecimientos nos conduzcan.
2. Al no ser responsables de la dirección que tomamos, estamos comportándonos con indecisión; quizá necesitemos pensar con más cuidado sobre nuestras acciones y compromisos con otras personas.
3. Experiencias extracorpóreas.

Fontanería
1. Un sueño relacionado con la fontanería trata sobre cómo dirigimos nuestras emociones. Indica cómo las empleamos para sortear obstáculos, con objeto de crear seguridad para nosotros y controlar su flujo interior. En otra interpretación, soñar con fontanería nos advierte de que quizá algo no funcione dentro de nosotros, en nuestro cuerpo.
2. La seguridad emocional es importante para casi todo el mundo, aunque la mayoría de las veces no sale a la superficie. Cuando miramos cañerías, en realidad examinamos nuestro subconsciente, donde hemos almacenado información y emociones. Tenemos que ser capaces de acceder al subconsciente, si queremos conseguir claridad en nuestra vida.
3. Percibimos el flujo de energía espiritual en nuestra vida.

Formas
1. El número de lados que tenga la forma será significativo, así como los colores (véase *colores* y *números*). En cierta etapa del desarrollo, las formas geométricas que permitirán al soñador mayor comprensión del mundo abstracto comienzan a aparecer en sueños. Es como si la anterior percepción de la forma empezara a adoptar nuevos significados y distintas interpretaciones.
2. El soñador acepta la naturaleza de las cosas tal como es y puede examinar la estructura fundamental de su propia naturaleza. Puede apreciar la forma básica que adopta su vida, sin interponer inhibiciones emocionales en el camino.
3. Algunas formas que a continuación se exponen, pueden interpretarse de la siguiente manera:
Centro: el centro simboliza el punto donde comienza todo. En relación a la forma, a partir de él se desarrolla la figura.
Círculo: el círculo representa el ser interior o el *sí mismo* (véase la introducción de este libro). También significa unidad y perfección. Un objeto circular, como un anillo, quizá pueda interpretarse del mismo modo. Un círculo con un punto en el centro puede significar el alma completa. A veces, se interpreta como representación de la mujer.
Cruz (véase también *imágenes religiosas*, *cruz de asa* y *cruz de tau*): cualquier cruz ilustra la realización del espíritu en mate-

ria. Al avanzar desde el símbolo de la espada al de la cruz de brazos iguales, de ahí a la cruz de sufrimiento y crucifixión y, finalmente, hasta el tau de la perfección, el alma aprende mediante la experiencia a superar los obstáculos de la progresión espiritual. Los cuatro brazos apuntando a direcciones opuestas significan conflicto, angustia y aflicción, pero acabarán por atravesarse para alcanzar la perfección. Una cruz colgada con la figura de Cristo representa el sacrificio por los demás. La intersección indica reconciliación de los opuestos. Se dice que los tres brazos superiores representan a Dios Padre, Hijo y Espíritu Santo, pero, más exactamente, sugieren cualquier trinidad divina.

Cuadrado: un cuadrado o cubo representa la manifestación del espíritu en materia. Ilustra el reino terrenal, en oposición a los cielos. Un cuadrado dentro de un círculo sugiere el acto de hacerse, de adoptar una forma. Una figura dentro de un cuadrado es el *sí mismo* u hombre perfecto. Cualquier objeto cuadrado significa encerramiento y principio femenino.

Cuarto creciente, como la luna o una hoz: esta forma ilustra el poder femenino, misterioso e intuitivo, no racional.

Cubo: véase *cuadrado*.

Dibujos: los dibujos, por ejemplo en telas, mosaicos, etcétera, que forman parte del sueño pueden ilustrar cómo manejamos los patrones y, tal vez, las conductas repetidas de nuestra vida.

Esfera (véase también la entrada correspondiente): la esfera indica perfección y totalidad de posibilidades.

Espiral (véase también *laberinto*): la espiral es el camino perfecto hacia la evolución. El principio es que todo se encuentra en movimiento continuo, pero también aumenta sin cesar su vibración. Si la espiral se dirige hacia el centro, nos acercamos a nuestro propio centro por un camino indirecto. Una espiral en el sentido de las agujas del reloj, que se abre hacia la derecha, indica un movimiento hacia la consciencia y la iluminación. En sentido contrario, el movimiento se dirige hacia el inconsciente y quizá suponga un comportamiento regresivo. También existe una relación con el ombligo o plexo solar, como centro de poder.

Estrella: la estrella, sobre todo si es brillante, indica las esperanzas, aspiraciones e ideales de cada uno. Representa a lo que debemos aspirar. La estrella de cinco puntas, o pentagrama, evoca magia personal y la armonía de toda la materia. Para ser correcta, debería apuntar hacia arriba. En sueños, indica la posesión de cualidades y aspiraciones mágicas por parte del soñador. Si apunta hacia abajo, la estrella simboliza mal y brujería. La estrella de seis puntas, o estrella de David, se compone de un triángulo que apunta hacia arriba y otro hacia abajo; lo físico y lo espiritual se aúnan en armonía, para crear sabiduría. Doce estrellas representan las tribus de Israel y los apóstoles.

Esvástica: si los brazos de la esvástica se mueven en el sentido de las agujas del reloj, aquélla representa el hombre ideal y el poder que tiene para hacer el bien. En el simbolismo oriental, significa el movimiento del sol. Si los brazos van al revés, la esvástica significa todo lo siniestro y malo. Siempre se reconoció que Hitler tenía relaciones con la magia, aunque no se sabe si eligió deliberadamente la esvástica o no.

Hexagrama (véase también la entrada correspondiente): un hexagrama es una figura geométrica que simboliza el desarrollo armónico de los elementos físicos, sociales y espirituales de la vida humana y su integración en un todo perfecto.

Óvalo: el óvalo simboliza el útero y la vida femenina. Llamado *vesica piscis,* es el halo que rodea por completo una figura sagrada.
Pentagrama: véase *estrella.*
Rombo: en sueños, un rombo indica que disponemos de alternativas superiores e inferiores.
Triángulo: el triángulo representa al hombre erguido, con sus tres partes: cuerpo, mente y espíritu (o alma, o ser). La consciencia y el amor se manifiestan a través de su condición física. Aún no se ha reconocido todo su potencial. Si el triángulo apunta hacia arriba, la naturaleza humana se mueve hacia lo divino. Si apunta hacia abajo, se trata del espíritu, que busca expresión a través de lo físico. El triángulo también puede representar relaciones familiares, es decir, padre, madre e hijo.

Existe un juego basado en formas, en el que se dibuja un cuadrado, un círculo y un triángulo, y después se pide a otra persona que elabore algún dibujo sobre las formas básicas. Se supone que lo que surja del cuadrado se relaciona con su visión del mundo, en el caso del círculo, con su ser interior, y en el triángulo, con su vida sexual.

Fortaleza
Véase *castillo* y *edificios*

Fortificación
Véase *castillo* y *edificios*

Foso
1. Un foso representa nuestras defensas contra la intimidad. En sueños, podemos ver por nosotros mismos cómo construimos o cavamos tales barreras para espacios cerrados. También podemos decidir qué pasos debemos dar para eliminarlas.
2. Cuando necesitamos contener nuestras emociones, a menudo creamos un sistema de vigilancia, con el que necesitamos identificarnos. Un foso puede ser símbolo de esta capacidad.
3. Un foso puede ser una defensa o barrera emocional.

Fotografías
1. Cuando soñamos que miramos fotografías, con frecuencia observamos algún aspecto de nosotros mismos, quizá nuestro yo más joven o una parte de nosotros que ya no consideramos especialmente válida. Si nos dan una fotografía de nosotros, se indicaría que necesitamos adoptar un punto de vista objetivo, en ciertas situaciones que nos rodean o tal vez de nosotros mismos en ellas. Necesitamos tomar distancia y examinar con mucha claridad lo que ocurre.
2. Por supuesto, las fotografías representan recuerdos, ocasiones del pasado, quizá dificultades anteriores. Mirar fotos de alguien que pertenece al pasado supone contemplar las cualidades de esa persona, quizá traerlas a nuestra vida, y utilizar esos mismos rasgos interiores.
3. En sueños, las fotografías pueden emplearse para representar la necesidad espiritual de comprender el pasado.

Fracaso
1. En sueños, el fracaso no tiene por qué ser necesariamente personal. Por ejemplo, si las luces se apagan o no funcionan, quizá tengamos que advertir falta de energía o poder. El fracaso personal puede indicar cierto grado de competitividad o puede ofrecer alternativas para nuestro modo de actuar.
2. El miedo al fracaso es casi universal. Soñar con él quizá nos proporcione la oportunidad de enfrentarnos a tal temor de manera aceptable.

3. Depresión o frustración espiritual. El fracaso que quizá sintamos a manos de un poder superior.

Fragua
1. Cuando la fragua y el herrero eran parte de la vida cotidiana, este sueño indicaría algún aspecto del trabajo duro o el deseo de alcanzar algún objetivo. Actualmente, es más probable que signifique una acción ritual.
2. La fragua representa la fuerza masculina y activa. También ilustra el poder de convertir lo básico e informe en algo sagrado. Soñar con una fragua indica que cambiamos interiormente y permitimos que se muestren nuestras mejores capacidades.
3. Fuego sagrado.

Fraude
1. Cuando el fraude aparece en un sueño, especialmente si el soñador se siente estafado, existe la posibilidad de ser demasiado confiados con los demás. Si el soñador es quien engaña, corre el riesgo de perder un buen amigo.
2. Si aceptamos que las distintas figuras que aparecen en el sueño son partes de nuestra personalidad, tendríamos que evitar la falta de honradez con nosotros mismos.
3. Deberíamos examinar nuestros verdaderos objetivos espirituales y ser fieles a ellos, al mismo tiempo que tenemos cuidado de la complacencia con nosotros mismos y de los objetivos artificiosos.

Frente
Véase *posición*

Frigorífico
Véase también *despensa*
1. El frigorífico es un símbolo de conservación. En sueños, representa la conservación de uno mismo y sugiere que quizá nos estemos enfriando, emocional o sexualmente. Soñar con comida estropeada en un frigorífico indica que quizá sintamos falta de sustento.
2. Soñar que metemos en el frigorífico las sobras de la comida supone que estamos acumulando resentimiento. A su vez, éste *enfriará* nuestras respuestas hacia el amor y el afecto.
3. La austeridad religiosa puede ilustrarse como un frigorífico.

Frío
1. Percibir una sensación de frío en sueños supone ser conscientes de sentimientos descuidados o de que no participamos en algo.
2. Muy a menudo, podemos traducir nuestros sentimientos o emociones en una sensación física en sueños. Un ejemplo es la sensación de frío.
3. La pérdida espiritual puede sentirse en sueños como extremado frío.

Frontera
Véase también *borde* y *límite*
1. Soñar que cruzamos una frontera, de un lugar a otro, representa introducir grandes cambios en la vida, procurar activamente la transformación de un estado a otro, quizá trasladarnos del pasado al futuro, o provocar que cambien otras personas que nos rodean.
2. Psicológicamente, cuando cruzamos desde un estilo de vida a otro, por ejemplo, cambiamos de la pubertad a la madurez o de la edad mediana a la vejez, necesitamos ilustrarlo creando un signo real. En sueños, si aparece una frontera, estamos atravesando una barrera dentro de nosotros mismos.
3. Espiritualmente, tenemos por delante una nueva experiencia que podemos emplear en nuestro avance hacia el conocimiento.

Fruta
Véase también *alimentos*
1. Soñar con fruta, especialmente en un frutero, indica muy a menudo la culminación de acciones realizadas en el pasado. Hemos podido *cosechar* el pasado y procurarnos un comienzo nuevo.
2. Desde un punto de vista psicológico, cuando hemos trabajado con afán, deberíamos ser capaces de reconocer los frutos de nuestra tarea. En este contexto, soñar con fruta indica que hemos logrado lo que nos propusimos hacer.
3. Creatividad.

Fuego
Véase también *hoguera*
1. En un sueño, el fuego puede sugerir pasión y deseo en su sentido más positivo y frustración, ira, resentimiento y ansia destructora en el más negativo. La interpretación exacta dependerá de si el fuego está controlado o no. Si nos fijamos más en la llama del fuego, somos conscientes de la energía y la fuerza que se crean. Percibir el calor del fuego supone advertir los sentimientos intensos de otra persona.
2. Psicológicamente, el fuego suele aparecer en sueños como símbolo de limpieza y purificación. Podemos emplear el poder vivificador y generador para transformar nuestra vida. A veces, el fuego indica la necesidad de utilizar nuestro poder sexual con eficacia. Soñar que nos queman vivos tal vez exprese nuestro temor a una nueva relación o fase de la vida. Quizá también seamos conscientes de que podríamos sufrir por nuestras creencias.
3. El bautismo de fuego significa una nueva conciencia del poder y la transformación espirituales.

Fuegos artificiales
1. Generalmente, se acepta que los fuegos artificiales corresponden a fiestas o celebraciones, aunque también pueden atemorizar. Por tanto, cuando soñamos con ellos, esperamos poder celebrar nuestra fortuna o la de otros, aunque quizá haya una emoción secundaria asociada con tal festejo.
2. Los fuegos artificiales pueden tener el mismo significado que una explosión. Liberar la energía o la emoción puede tener un efecto espectacular sobre nosotros o los que nos rodean.
3. Existe un exceso de emoción espiritual que debe canalizarse adecuadamente, para que no despida chispas en todas direcciones.

Fuente
Véase también *agua* y *pozo*
1. Soñar con una fuente significa que somos conscientes del transcurso de la vida y del fluir de nuestra consciencia. Debido a su relación con el agua, también representa el surgimiento de nuestras emociones y, a menudo, nuestra capacidad de expresarlas. La fuente también puede simbolizar un elemento juguetón de nuestra vida, la necesidad de fluir libremente y sin problemas.
2. En sueños, la fuente representa a menudo la figura materna o, quizá, el origen de nuestras emociones.
3. La fuente de la inmortalidad. Vida eterna.

Fuga
Véase *gotera*

Fuga con un amante
Véase también *aventura amorosa* y *escapar*
1. Soñar que nos fugamos con alguien, especialmente si se trata de una persona conocida, significa que intentamos escapar de una situación que podría acabar por ser dolorosa. Debemos mantener un

equilibrio entre las necesidades de seguridad emocional y material.
2. Planear fugarse con alguien en sueños supone crear circunstancias en las que otras personas no comprenden los motivos de nuestros actos. Advertimos nuestra propia necesidad de algún tipo de integración entre nuestras diversas personalidades, pero no podemos hacerlo sin que la gente nos interprete mal.
3. Una fuga con un amante indica unión, espiritual o no, especialmente en la adversidad.

Fumar
Véase *humo* y *tabaco*

Funeral
Véase también *luto* y *velar*
1. Soñar que nos encontramos en un funeral indica que tenemos que aceptar nuestros sentimientos sobre la muerte, aunque quizá no se trate de la nuestra, sino de la de otras personas. El sueño también podría indicar una época de luto por algo que haya ocurrido en el pasado, pero puede tratarse también de un periodo que nos puede permitir avanzar hacia el futuro. Soñar con el funeral de uno mismo tal vez indique deseo de compasión. Quizá también muestre que una parte de nosotros está muerta y tenemos que abandonarla.
2. Soñar con el funeral de nuestros padres indica un movimiento hacia la independencia o un abandono del pasado, que tal vez sea doloroso. Es posible que también necesitemos desprendernos de nuestra infancia o de las experiencias de ésta y nos haga falta señalarlo mediante algún ritual o ceremonia.
3. Ritos de paso.

Futuro
1. Soñar con el futuro ofrece varios aspectos. Quizá seamos conscientes, dentro del mismo sueño, de que los acontecimientos tendrán lugar en el futuro de éste; en este caso, normalmente el sueño se relaciona con ciertas acciones que debemos emprender en la vida de vigilia. También es posible tener sueños precognitivos, es decir, soñar con ciertos sucesos antes de que ocurran, y reconocer entonces que ya tenemos la información, ya lo *sabíamos*. La teoría subyacente es que pasado, presente y futuro coexisten, se encuentran juntos, y es posible *leer* estos registros en el estado de sueño. Nuestra experiencia de ellos es subjetiva, aunque estamos en la posición de observadores.
2. Psicológicamente, si vamos a ejercer control sobre nuestra vida, a menudo hace falta sentir que debemos ser conscientes del futuro. Los sueños pueden arrojar luz sobre cómo actuaremos más adelante; nos permiten esbozar ciertas escenas y explorar posibilidades sin riesgo de daños.
3. Manifestación espiritual, ya que «todo debe pasar».

G desde *gacela* hasta *gusto*

Gacela
Véase *ciervo* en *animales*

Gafas
Véase también *gafas protectoras* y *lente*
1. Si en un sueño se destacan unas gafas, esto indica una asociación con nuestra capacidad de ver o comprender. Del mismo modo, si alguien lleva gafas inesperadamente, el sueño se relaciona con nuestra falta de comprensión o, quizá, la incapacidad de esa persona para ver de dónde venimos.
2. Desde un punto de vista psicológico, cuando podemos llevar gafas, nos es más fácil examinar lo exterior a nosotros, en lugar de dirigirnos hacia el interior y volvernos introspectivos. Por tanto, en sueños las gafas tal vez representen la necesidad de extroversión en ciertas situaciones.
3. Espiritualmente, un sueño en el que aparecen gafas quizá nos incite a adoptar un punto de vista diferente, tanto en lo físico como en lo espiritual.

Gafas protectoras
Véase también *gafas* y *máscara*
1. En un sueño, unas gafas protectoras, por ejemplo para nadar, esquiar o soldar, pueden tener el mismo significado que las gafas corrientes o la máscara. El significado tal vez sea ambivalente, ya que unas gafas así pueden emplearse para tapar los ojos, considerados a menudo el asiento del alma, o para permitirnos ver mejor. La mayoría de las veces, la interpretación es esta última pero, al mismo tiempo, tenemos que estar seguros de que no utilizamos la imagen del sueño para indicar la protección que quizá necesitemos en la vida real. Tal vez nos parezca que lo que vemos nos va a herir de algún modo.
2. Cuando una mujer sueña que se encuentra con un hombre que lleva unas gafas así, el sueño suele significar que no

puede confiar en la honradez de ese hombre hacia ella.
3. Tal vez estemos tapando o negando la existencia del mal. Este sentimiento sólo puede ser negativo, de modo que deberíamos abordarlo adecuadamente.

Galgo
Véase también *perro* en *animales*
Soñar con un galgo o cualquier otro perro entrenado destaca las cualidades que necesitamos para mantenernos centrados en un objetivo determinado.

Gallina
Véase *pájaros*

Gallo
Véase también *pájaros*
1. El gallo siempre ha sido símbolo de un nuevo día y de vigilancia, de modo que si uno aparece en sueños, anuncia un comienzo nuevo o supone una advertencia para estar alerta en el trabajo diario.
2. Quizá tengamos que ser más francos y valientes en lo que estemos haciendo.
3. Principio masculino; en el símbolo del gallo, se perciben el pájaro de fama y el amanecer.

Garaje
Véase también *taller*
1. Un garaje que aparece en sueños puede indicar cómo almacenamos nuestras aptitudes personales. Es el taller desde el que tenemos que salir al mundo, para mostrar lo que hemos hecho. Estamos examinando nuestras reservas de impulsos y motivación y, seguramente, nuestras capacidades.
2. Si recordamos que un coche representa cómo manejamos nuestra vida exterior, un garaje de reparación de coches ilustra la necesidad de atención personal y, tal vez, mantenimiento corporal.

3. Todos tenemos herramientas espirituales a las que recurrir en ciertas épocas. Un garaje nos recuerda simbólicamente que las tenemos almacenadas y podemos utilizarlas en cualquier momento.

Garganta
Véase *cuerpo*

Garrote
Véase también *bastón, porra* y *vara*
1. Soñar que utilizamos un garrote para apalear a alguien denota violencia interior que permanece sin expresarse. Quizá también ilustre la violencia que empleamos contra nosotros mismos.
2. Disponemos de mucha fuerza, para la que necesitamos encontrar una vía de escape.
3. El garrote significa masculinidad, aunque expresada de modo bastante tosco.

Gas
Véase también *respiración* y *viento*
1. El gas puede tener el mismo significado que el aire y el viento, pero normalmente se interpreta como algo ligeramente más peligroso. Por tanto, soñar con alguna forma de gas, por ejemplo, una fuga, indica que tal vez examinemos alguna dificultad para controlar nuestros pensamientos, sentimientos y aptitudes.
2. Como medio de ayuda o herramienta, el gas tiene el mismo significado que la respiración.
3. El espíritu, como entidad sin forma, puede simbolizarse mediante el gas. Deberíamos advertir su capacidad de entrar y salir flotando en nuestra vida.

Gasolina
1. La gasolina, una forma de energía, se reconoce en sueños como un requisito que tal vez debamos cumplir para poder

seguir adelante. Por ejemplo, soñar que echamos gasolina a un vehículo podría indicar que debemos cuidar más del cuerpo. Asimismo, se trata de un compuesto explosivo y peligroso, de modo que si lo usamos de manera arriesgada en el sueño, éste indicaría que nos creamos problemas dentro de una situación de la vida cotidiana.

2. La energía que empleamos para tomar decisiones y crear oportunidades puede dirigirse a menudo al movimiento. Cuando manejamos gasolina en un sueño, producimos motivación, para nosotros u otras personas. Si nos encontramos repostando en una gasolinera, absorbemos energía de algo exterior a nosotros.

3. La gasolina simboliza energía y poder espirituales.

Gato
Véase *animales*

Gaviota
Véase *pájaros*

Gemas
Véase *piedras preciosas*

Gemelos
Véase también *personas*

1. Si conocemos a los gemelos que aparecen en sueños, quizá se trate sin más de ellos mismos. Si son desconocidos, tal vez representen dos caras de una misma idea.

2. En la vida cotidiana, nos encontramos a menudo con conflictos entre dos opuestos. Los gemelos que aparecen en sueños pueden sugerir dos lados de nuestra personalidad que actúan en armonía.

3. La dualidad debe acabar por reunirse en la unidad. Los gemelos ilustran la idea de que, si bien existe separación en este momento, se puede alcanzar la unidad.

Gemir

1. Gemir es un modo largo y prolongado de liberar las emociones. Cuando oímos gemir a alguien en sueños, advertimos la tristeza de otra persona. Si nosotros nos quejamos, quizá nos estemos permitiendo un escape emocional que no parecería apropiado en la vida de vigilia.

2. Se dice que el gemido es un modo de convocar a los espíritus. Por tanto, en sueños puede sugerir que intentamos entrar en contacto con un poder superior a nosotros.

3. Lamentarse y emitir sonidos sirve para desterrar malos espíritus. El soñador debería examinar lo que es preciso desterrar en su vida.

Genitales
Véase también *cuerpo*

1. Soñar con nuestros propios genitales se relaciona directamente con nuestra sexualidad. Un sueño en el que nos castran podría referirse a abusos sexuales, pasados o actuales.

2. Soñar con los genitales de otra persona indica o bien nuestra implicación en su sexualidad o, si el otro es del sexo opuesto, que debemos comprender nuestro lado oculto.

3. Nuestra conciencia del yo físico dentro de un marco espiritual.

Gigante

1. Soñar con gigantes quizá signifique que estamos asimilando algunos de los sentimientos reprimidos que teníamos sobre los adultos, cuando éramos niños. Quizá parecieran mayores de lo que eran en realidad o nos atemorizaran de algún modo.

2. Los gigantes y ogros suelen representar la emoción de la ira, especialmente masculina. Ésta puede afrontarse en sue-

ños, aunque tal vez no podamos hacerlo durante la vigilia.
3. Poder primordial.

Globo
1. Con mucha frecuencia, es el color de los globos lo que tiene importancia en el sueño (véase *colores*). Sin embargo, también pueden indicar humor festivo o deseo sexual.
2. Antiguamente, los globos se fabricaban con vejigas de cerdos; el bufón de la corte los utilizaba para crear una atmósfera de diversión alrededor del rey y recordar a éste que también era un ser humano. En sueños, los globos pueden introducir una nota de alegría en medio de la seriedad.
3. Un globo es símbolo de alegría, con frecuencia regocijo ligero o, incluso, elevación del espíritu.

Golf
Véase también *juegos*
1. El juego del golf puede representar muchas cosas en la secuencia de un sueño. Como ocurre con muchos deportes, puede ilustrar la pertenencia a un equipo, pero también lo contrario: nuestro logro personal, individual. Un juego de este tipo indica que necesitamos libertad de movimientos y claridad de visión.
2. A menudo, jugar al golf en sueños sugiere que necesitamos demostrar nuestra destreza, ser capaces de golpear lo más lejos que podamos, y suele aparecer en relación con la perspicacia en los negocios.

Golondrina
Véase *pájaros*

Gong
1. Oír el sonido de un gong durante un sueño supone advertir que hemos encontrado alguna limitación o, por el contrario, que se nos ha concedido permiso para continuar cierta actuación. Golpear el gong quizá represente que necesitamos fuerza y que debemos ser capaces de alcanzar determinada cualidad de sonido o conocimientos en una situación de la vigilia.
2. En las religiones antiguas, el gong se utiliza a menudo para llamar la atención de la gente sobre algo que es preciso reconocer. Este simbolismo aparece a menudo en las circunstancias del sueño.
3. Nuestra conciencia de la espiritualidad se simboliza mediante un gong. Literalmente, nos despierta en un plano espiritual.

Gordura
1. Soñar que estamos gordos alerta al soñador sobre las defensas empleadas contra la falta de adaptación. Asimismo, quizá seamos conscientes de un lado sensual y divertido, que no hemos empleado hasta ahora.
2. Según cómo pensemos sobre nuestro cuerpo cuando estamos despiertos, a menudo podemos emplear la imagen de nosotros que aparece en sueños para modificar nuestros sentimientos hacia el físico.
3. Parte escogida de conocimiento espiritual.

Gorro
Véase también *sombrero* en *ropa*
1. En sueños, el gorro tiene el mismo significado que el sombrero: llama la atención sobre la condición social o los poderes espirituales. Si en un sueño llevamos un gorro, quizá estemos cubriendo nuestras aptitudes creativas.
2. El gorro muestra la necesidad de respeto por las creencias, sabiduría o conocimientos de una persona.
3. Un gorro significa nobleza y libertad.

Gotera
Véase también *agua*
1. Soñar con que hay una gotera o una fuga de agua sugiere que desperdiciamos o perdemos energía de algún modo. Si la gotera es pequeña, quizá no nos demos cuenta de la pérdida de energías. Si la fuga es grande, debemos pensar en *repararla*, quizá siendo más responsables en nuestras actividades.
2. Una gotera puede indicar descuido. Tal vez no prestemos atención a las reparaciones necesarias, ya se trate de arreglos físicos, emocionales o mentales.
3. Una fuga de cualquier tipo sugiere probablemente algún grado de desperdicio.

Grajilla
Véase *pájaros*

Gramática
1. Cuando somos conscientes de la gramática en sueños, advertimos nuestras dificultades, o las de otra persona, para la comunicación.
2. Quizá haga falta información exacta en alguna situación de nuestra vida.
3. La comunicación precisa es esencial en cualquier contexto, ya sea físico, mental o espiritual.

Grande
Véase *tamaño*

Granizo
Véase también *hielo* y *nieve*
1. Al ser agua congelada, el granizo que aparece en sueños representa el enfriamiento de nuestras emociones. Quizá el peligro y el daño creados por estas emociones heladas procedan de influencias exteriores, más que de sentimientos interiores.
2. El granizo tiene un papel particular en el ciclo de la naturaleza. Tenemos que darnos cuenta de que, en ciertas épocas, tal vez sea apropiado entumecer nuestras emociones. Sin embargo, esto no tiene por qué ser permanente.
3. A veces es necesario contener las emociones relacionadas con la espiritualidad, lo que puede simbolizarse en sueños mediante el granizo.

Granja
Véase también *animales*
1. Si no se trata de un recuerdo, encontrarse en una granja en sueños supone estar en contacto con nuestro lado más terrenal y práctico. Existen muchas facetas del comportamiento que pueden interpretarse en relación con los animales; con frecuencia, este tipo de sueño tiene más impacto que uno en el que aparecen personas.
2. Los impulsos naturales, como necesidad de comodidad física, comportamiento en rebaño y derechos territoriales, se expresan mejor en un entorno seguro y conservador.
3. Una granja es un terreno en el que podemos sentirnos seguros y, hasta cierto punto, cuidados. Soñar con ella muestra que nos encontramos dentro de fronteras espirituales seguras.

Grano
1. Para la mayoría de las personas, es importante cómo se ven a sí mismas. Ser muy consciente de algo como un grano o espinilla en sueños supone alguna preocupación sobre cómo nos ven los demás. Un grano también puede representar cierto defecto de nuestro carácter que, en algún momento, será preciso abordar.
2. Puesto que un grano suele sugerir la incapacidad del cuerpo para eliminar toxinas, un símbolo así en sueños indica que no podemos deshacernos de infección o negatividad. Ésta sólo ha aflorado

parcialmente a la superficie de nuestra consciencia.
3. Un grano puede ilustrar una imperfección espiritual, es decir, algo que provoca fealdad en nuestra vida.

Grasa
1. En un sueño, la grasa nos indica que quizá no hayamos tenido tanto cuidado en una situación como deberíamos. Hemos creado circunstancias que no nos dejan en situación ventajosa y podrían ser *resbaladizas* o incómodas.
2. Deberíamos pensarlo mejor antes de correr riesgos. Quizá la grasa también suponga facilitarnos las cosas.
3. La grasa tiene dos significados espirituales en los sueños. Podría representar sencillez o contaminación. Según las demás circunstancias, corresponde al soñador decidir qué sentido es adecuado.

Gravilla
1. Con frecuencia, en sueños nos llama la atención el tamaño de las cosas. Así, la gravilla podría ser, sin más, una indicación de partículas pequeñas. Un sueño como éste también podría traernos recuerdos de una época o lugar determinado, y retrotraernos a tiempos felices, como los de la infancia.
2. Resbalar o derrapar sobre gravilla significa que deberíamos evitar los riesgos durante la vigilia.
3. El microcosmos.

Grieta
1. Soñar con un objeto agrietado indica que reconocemos un defecto en alguna circunstancia de nuestra vida. Quizá existan dificultades o debilidad en las actitudes y defensas que empleamos para afrontar los problemas de la existencia.
2. Desde un punto de vista psicológico, una grieta podría representar lo irracional o lo inesperado. Tal vez indique nuestra incapacidad para mantener, mentalmente, las cosas en su totalidad.
3. Es posible que exista una imperfección espiritual en nuestro modo de ser. Debería bastar con reflexionar un poco para descubrirla.

Grifo
1. El grifo es la imagen de la posibilidad de distribuir recursos universales. Soñar que no somos capaces de abrir o cerrar un grifo destaca la capacidad, o incapacidad, de controlar las cosas que consideramos legítimamente nuestras.
2. Se considera al agua como símbolo de emoción, de manera que un grifo representa nuestra aptitud para emplear ésta bien o mal, de algún modo. Poder *abrir y cerrar* la emoción según nuestra voluntad indica que tenemos un gran control de nosotros mismos.
3. Corriente espiritual.

Grúa
1. Cuando soñamos con una grúa para la construcción, con frecuencia se nos advierte sobre la necesidad de elevar nuestro grado de atención en algún asunto. Debemos intentar comprender las implicaciones generales o universales de nuestras acciones.
2. Somos capaces de alcanzar control o importancia dentro de cierta situación, de modo que podamos construir para nuestro beneficio.

Guadaña
Véase también *hoz* y *recolección*
1. La guadaña es un instrumento para cortar, de modo que tiene el mismo significado que un cuchillo (véase *armas*). En sueños, suele sugerir que debemos eliminar acciones o creencias que no son esenciales. Tenemos que actuar con bas-

tante firmeza para alcanzar cierto objetivo deseado.
2. La guadaña es un símbolo muy antiguo del paso del tiempo. Su aparición en los sueños muestra que entramos en contacto con ideas y conceptos profundamente arraigados. Advertimos que quizá sea inminente un corte de vida o energía, aunque tal vez no se trate de nuestra propia muerte, sino de la parte de nosotros que ya no puede proporcionarnos lo que queremos.
3. La imagen de la muerte suele sostener, además de un reloj de arena, una guadaña, por lo que representa el final de la existencia física.

Guantes
Véase también *ropa*
1. Antiguamente, el guante tenía un significado mucho más amplio que hoy. Como formaba parte de la etiqueta social, indicaba honor, pureza y buena fe. Hoy día, fijarse en unos guantes durante un sueño suele representar que, en cierto modo, escondemos nuestras aptitudes a quienes nos rodean. Quitarse los guantes muestra respeto y un acto de sinceridad. Soñar con guantes de boxeo sugiere que buscamos el éxito con todas nuestras fuerzas en una situación donde existe agresividad.
2. Los guantes representan la capacidad de desafiar a la gente, así como la aptitud para esconder nuestra consciencia a los demás, de modo que podamos desafiar sus creencias.
3. Espiritualmente, ya que las manos pueden representar la creatividad, los guantes pueden simbolizar la necesidad de proteger ésta. Quizá también sean un impedimento para alcanzar plena expresión creativa.

Guardián
1. A veces, en sueños se manifiesta el guardián o vigilante. Quizá una parte de nuestra personalidad actúe como consejera o intente suprimir otros lados de la personalidad y, en estos casos, se presenta como el guardián.
2. Al trabajar con las imágenes del sueño, reconocemos a menudo aspectos del yo espiritual que nos protegen de las influencias exteriores y también pueden aparecer en forma de guardián.
3. El guardián del umbral entre lo físico y lo espiritual.

Guerra
1. En sueños, la guerra siempre representa conflicto. Tiene connotaciones más universales que un combate entre dos personas y sugeriría que debemos ser más conscientes del efecto que nuestros actos ejercen sobre los demás. También necesitamos advertir que tomamos parte en un conflicto deliberadamente organizado, en lugar de espontáneo.
2. En último término, la guerra es un modo de abordar la angustia y los trastornos. El resultado debería ser establecer el orden, aunque a veces esto sólo ocurre con el paso del tiempo. Por tanto, soñar con la guerra indica que este proceso natural tiene lugar en nuestro interior.
3. La guerra es símbolo de desintegración espiritual. Tenemos que ser conscientes de lo que se desmorona en nuestra vida.

Guiar
Véase también *ronzal*
1. Guiar a alguien en sueños supone que sabemos lo que hacemos y adónde vamos. Si nos guían a nosotros, el sueño sugiere que hemos permitido a otra persona controlar una situación que vivimos actualmente. Por otra parte, llevar a un perro atado con una correa simbolizaría la relación entre nosotros y nuestra natu-

raleza inferior. Perder la correa del perro podría indicar pérdida de control.
2. No todas las personas que poseen cualidades de liderazgo las emplean necesariamente. Con frecuencia, nos sorprendemos a nosotros mismos en sueños haciendo cosas que normalmente no haríamos; dirigir puede ser una de ellas.
3. Podemos ejercer autoridad gracias a nuestro conocimiento espiritual, y hacerlo con humildad y sin egocentrismo.

Guillotina
1. En sueños, una guillotina indica algo irracional en nuestra personalidad. Quizá sintamos miedo de perder el control de nosotros mismos o de que se nos ampute una parte. También podríamos advertir un daño a nuestra persona o dignidad.
2. Existe el riesgo de perder contacto con alguien a quien amamos o con nuestro lado capaz de amar.
3. Debido a su acción física, la guillotina representa un corte o separación de alguna clase. Quizá nos hayamos separado de nuestros anhelos espirituales.

Guiñol
1. Para muchas personas, el guiñol, recuerdo feliz de la infancia, aparece en sueños como evocación de épocas más alegres. También puede sugerir el lado más espontáneo y cómico de nuestra naturaleza.
2. Puesto que las imágenes del guiñol suelen ser exageradas y distorsionadas, en sueños puede emplearse éste como escenario para dirigir nuestra atención a algo que debemos advertir.
3. La mayoría de las imágenes relacionadas con el teatro sugieren la idea de que la vida es un escenario. En el caso del guiñol, la figura resulta ser bastante más surrealista.

Guirnalda
Véase también *corona de hojas*
1. Según el tipo de guirnalda que aparezca en el sueño, reconoceremos alguna clase de distinción u honor para nosotros. Si la llevamos al cuello, como una guirnalda de flores, pensamos en distintas formas de hacernos felices. Examinamos la dedicación y algún modo de distinguirnos de los demás.
2. Psicológicamente, una guirnalda puede representar honor y reconocimiento, además de relacionarnos con las personas que nos han obsequiado con ella.
3. Una guirnalda simboliza la necesidad de dedicación espiritual o física. Quizá también represente un elemento de la santidad subconsciente del soñador, que éste tendrá que reconocer.

Guitarra
Véase también *instrumentos musicales*
1. Oír música de guitarra en sueños puede predecir la posibilidad de un idilio nuevo, pero también la necesidad de precaución. Si el soñador toca la guitarra, está intentando ser más creativo.
2. Cualquier instrumento musical ilustra la necesidad de descanso, relajación y armonía en nuestra vida.
3. Acaso sintamos la necesidad de armonía, tanto en nuestro mundo espiritual como en el físico.

Gurú
1. Un gurú que aparece en sueños es una representación de la sabiduría del inconsciente. Conforme disponemos de esos conocimientos, los hacemos aflorar en la consciencia mediante la figura del anciano sabio (véase la introducción de este libro).
2. Psicológicamente, todos necesitamos un símbolo para el padre o persona con autoridad. La del gurú es una represen-

tación así. Al buscar conocimientos específicos, necesitamos una figura exterior a la que referirnos, el gurú en las religiones orientales, que lleva a cabo las mismas funciones que el sacerdote en las occidentales.
3. Para muchos de nosotros, Dios es demasiado lejano como para poder tener una relación personal con él. Por eso, un gurú se convierte en la personificación de la sabiduría, disponible para nosotros a través de su percepción. Nos ayudará a alcanzar nuestra propia sabiduría innata.

Gusano
Véase también *lombriz*
1. La interpretación más básica del gusano es el pene. Según la actitud del soñador hacia la sexualidad, quizá exista la sensación de amenaza. El gusano no siempre parece precisamente limpio.
2. En sueños, un gusano también puede destacar la sensación de ineficacia e insignificancia, ya sean referidas a nosotros o a los demás. Si el gusano es mayor que nosotros, el sueño sugeriría que nuestro sentido de inferioridad es un problema. Si advertimos claramente un rastro de gusano, es decir, la tierra que haya pasado por el cuerpo del animal, se trata de una imagen de transformación, que indica que podemos cambiar nuestra vida a algo más fértil.
3. Ser entregados a los gusanos es una metáfora de la muerte. Necesitamos advertir que, desde un punto de vista espiritual, quizá se produzcan cambios a corto plazo.

Gusto
1. Cuando en sueños algo no es de nuestro gusto, no se adapta a nuestros ideales y normas. Tener mal sabor de boca sugiere que lo representado por lo que comemos, sea lo que sea, no nos sustenta. Reconocer que nuestro entorno es de buen gusto indica aprecio por la belleza.
2. Durante la vigilia, normalmente sabemos lo que nos gusta y cuáles son nuestras reglas personales. En sueños, esas normas pueden distorsionarse, con objeto de iluminar un cambio. Por ejemplo, descubrir durante un sueño que nos gusta un color, cuando en la vida real no lo apreciaríamos, sugiere que necesitamos estudiar el color nuevo más a fondo, para averiguar qué tiene que ofrecer (véase *colores*).
3. Conforme nos volvemos más sensibles y conscientes, nuestro gusto se refina. Así ocurre en el ámbito espiritual, ya que apreciamos cosas más delicadas y bellas.

H
desde *hablar* hasta *huracán*

Hablar
Véase también *palabra* y *palabrería*
1. Advertir, en sueños, que la gente habla nos transmite la sensación de estar en contacto con nuestra propia capacidad de comunicación. Podemos expresar claramente lo que sentimos y pensamos, mientras que en la vida de vigilia quizá no nos sintamos confiados.
2. Tal vez tengamos miedo de que no nos escuchen adecuadamente, ansiedad que puede expresarse oyendo a alguien hablar en sueños. Las palabras no son necesariamente importantes, aunque sí el sentido de lo que se diga.
3. Comunicación psíquica.

Hacha
Véase también *armas*
1. Cuando soñamos con un hacha, necesitamos distinguir si se utiliza contra nosotros o la usamos nosotros mismos. En el primer caso, nos parece que nos amenaza el poder superior de alguien. En el segundo, el sueño indica que necesitamos advertir las fuerzas destructoras que llevamos dentro.
2. Existe algo en nosotros que sólo puede abordarse de modo destructivo. Debe erradicarse por completo.
3. El hacha representa poder, trueno, conquista del error y sacrificio.

Hada
1. Como las hadas son representaciones de fuerzas elementales, si aparecen en sueños indican nuestra relación con tales fuerzas dentro de nosotros mismos. Es posible que se destaque el lado más alegre de nuestra naturaleza, aunque también podría tratarse de uno maligno, como en el caso de malos espíritus y elfos.
2. Desde un punto de vista psicológico, como se tiene a las hadas por seres caprichosos, quizá representen el lado de

nuestra personalidad que no desea control, sino libertad para reaccionar con espontaneidad.
3. Las hadas tienen fama de poseer poderes mágicos pero hay que controlarlos, como aprendió el Oberón de Shakespeare, porque si no, el lado malicioso campa por sus respetos.

Halcón
Véase también *pájaros*
1. Soñar con un halcón o cualquier pájaro adiestrado puede representar la energía dirigida a un proyecto concreto, con libertad para actuar. Un sueño así quizá nos permita concentrarnos en nuestras aspiraciones, esperanzas y deseos.
2. Un halcón, como pájaro adiestrado, puede sugerir que el poder de que disponemos para alcanzar un logro debe emplearse con cierta contención.
3. El halcón representa ascensión y libertad de las ataduras espirituales.

Hambre
1. Experimentar hambre en un sueño indica que nuestras necesidades físicas, emocionales o mentales no están debidamente cubiertas. También es posible que el soñador esté hambriento de verdad y lo perciba durante el sueño.
2. Todo ser humano tiene necesidades que satisfacer. Si bien la falta de satisfacción quizá no se reconozca en el estado de vigilia, puede traducirse al simbolismo de los sueños como hambre.
3. Buscar satisfacción espiritual y cubrir una necesidad es un aspecto del hambre.

Harén
1. Si un hombre sueña que se encuentra en un harén, intenta asimilar las complejidades de la naturaleza femenina. Si una mujer tiene el mismo sueño, reconoce su naturaleza exuberante y sensual.

Desde otro punto de vista, la soñadora también admite su necesidad de pertenecer a un grupo de mujeres, una hermandad, por ejemplo.
2. Cualquier grupo de mujeres que aparezca en sueños representará la feminidad, en una forma u otra. Una interpretación más profunda dependerá de si el soñador se relaciona con alguna mujer de la escena en particular.
3. La gran madre, en sus aspectos más divertidos.

Haz
1. Antiguamente, un haz, sobre todo de trigo, significaría una cosecha o buena administración. Hoy día, sugiere más bien métodos anticuados de trabajar. Un fajo de papeles indicaría trabajo duro.
2. Como indicador de tiempo, un haz o gavilla apunta al otoño. Suele verse como símbolo de consolidación y unión. Quizá sea preciso examinar lo que hace falta recoger, convertir en un todo coherente y asignarle fronteras.
3. Como símbolo de Déméter (véase *diosa*), la gavilla representa a la madre nutricia. También puede sugerir un mundo que muere, ya que Déméter rehusó alimentar a los seres humanos cuando Plutón secuestró a Perséfone (véase *diosa*).

Hebilla
1. Soñar con una hebilla adornada tiene el mismo simbolismo que un cinturón, ya que puede representar un alto cargo o elevada posición social. También puede indicar honor y simbolizar lealtad o pertenencia a un grupo.
2. Abrochar una hebilla en sueños muestra que aceptamos la responsabilidad por lo que hacemos.
3. Una hebilla puede representar un elemento protector contra las fuerzas del mal.

Hechicera
Véase también *sirena* en *arquetipos*
1. La hechicera es una imagen tan intensa en las psiques masculina y femenina, que puede aparecer en sueños con muchas formas. Se trata del principio femenino en su aspecto atador y destructivo, la bruja malvada o la seductora hermosa. Tiene el poder de crear ilusión y capacidad para engañar a los demás.
2. Al representar el aspecto negativo de lo femenino, la hechicera puede aparecer en sueños cuando una mujer encuentra su lado autodestructor. Es necesario comprenderla, más que temerla.
3. La hechicera supone el lado destructivo de lo femenino, representado por Lilith.

Helado
Véase también *hielo*
1. Los helados (dulces) que aparecen en sueños guardan mucha relación con los gustos sensuales que tenemos. En circunstancias normales, comer un helado es una experiencia placentera, que con frecuencia nos recuerda a la infancia y épocas felices. En sueños, indica que quizá aceptemos el placer como antes no éramos capaces de hacerlo. Dar helados a otras personas sugiere que complacemos a otros.
2. Un helado también puede ilustrar cierta actitud en la que hemos llegado a la conclusión de que nada es permanente, de que el placer que sentimos puede derretirse y desaparecer.
3. La imagen del helado puede emplearse para significar inestabilidad, sobre todo en lo que se refiere al placer. Debemos decidir si queremos buscar lo transitorio o lo permanente.

Hélice
1. Una hélice indica el impulso y la intención que acompañan nuestro progreso. Al reconocer nuestras necesidades, también necesitamos comprender cómo avanzar hacia delante. La acción de un propulsor es levantarnos, lo que sugiere que seamos capaces de emplear el intelecto.
2. Una hélice que aparece en sueños muestra que necesitamos emprender un viaje de descubrimiento.
3. Existe cierta obligación espiritual en lo que hacemos.

Heno
1. Antiguamente, para muchas personas, un campo de heno representaba diversión, tranquilidad e irresponsabilidad. Hoy día, es más probable que suponga irritación (como en las alergias) y una cualidad desconocida. Soñar con heno quizá signifique que examinamos un aspecto práctico dentro de nosotros mismos. Tal vez sea la capacidad de proporcionar abrigo y sustento a los demás.
2. Los recuerdos felices y las sensaciones alegres pueden representarse en sueños mediante escenas románticas estereotipadas, donde se necesitan reproducir tales impresiones.
3. El verano y la sensación de calidez y felicidad que proporciona se relacionan con el progreso espiritual.

Herida
Véase también *armas* y *úlcera*
1. Cualquier herida o trauma en sueños significará emociones o sentimientos heridos. Si nosotros causamos la herida, se destaca nuestra agresividad y desconfianza; si la recibimos, quizá nos estemos convirtiendo en víctimas o lo seamos.
2. El tipo de herida será relevante para interpretar el sueño. Una herida grande y de mal aspecto sugerirá más violencia, mientras que una pequeña quizá indique un ataque más centrado.

3. Una herida simboliza una experiencia, quizá desagradable, de la que el soñador debería tomar nota y aprender.

Hermafrodita
Véase también *sexo*

1. Cuando soñamos con un hermafrodita, quizá sintamos incertidumbre sobre nuestro propio sexo o nuestra aptitud para adaptarnos a los papeles que desempeña aquél. Resulta interesante que, conforme aprendemos más sobre nosotros mismos, intentamos alcanzar el equilibrio entre los lados sensible y lógico de nuestra naturaleza. Esto puede aparecer en sueños como un hermafrodita.
2. Al tiempo que un niño crece, comienza a comprender que ciertos comportamientos son apropiados o aceptables, lo que quizá suponga reprimir otras reacciones que podrían aflorar más adelante. Por ello, el soñador puede sentirse confuso y percibir hermafroditismo en el sueño.
3. Equilibrio perfecto.

Hermana, hermano
Véase *familia*

Hermandad
1. Soñar que pertenecemos a una hermandad indica la necesidad de pertenecer a un grupo de personas con parecida forma de pensar. Podría tratarse de algo como un sindicato o la masonería. A todos nos hace falta que nuestros iguales nos den su aprobación. Un sueño así indica cómo manejamos la conducta ritual en grupos.
2. Cualquier agrupación de hombres suele alertarnos sobre los muchos lados diversos de la personalidad masculina.
3. El sacerdocio.

Héroe, heroína
Véase *arquetipos*

Herradura
1. La herradura siempre se ha interpretado como símbolo de buena suerte. Si apunta hacia arriba, representa a la luna y la protección de todos los aspectos del mal. Si apunta hacia abajo, se dice que el poder se escapa y trae mala suerte. La herradura también se relaciona con las bodas, como símbolo de fortuna. Normalmente, soñar con una puede indicar que no tardará en celebrarse una boda en el grupo familiar o de amigos.
2. En la vida cotidiana, los símbolos que poseen una larga historia se fijan en nuestro inconsciente, que los emplea con frecuencia para representar tiempos más felices o agitados.
3. Espiritualmente, podemos relacionar la herradura con un talismán o amuleto que nos protege a nosotros y a nuestro espacio personal.

Herramientas
Véase también *martillo*

1. En sueños, las herramientas sugieren los instrumentos prácticos que tenemos a nuestra disposición para mejorar nuestro estilo de vida.
2. Cada herramienta tendrá su propio significado. Un taladro sugiere que trabajamos a través de emociones, miedos y actitudes que se han endurecido. Un martillo proporciona energía para destruir los antiguos hábitos de comportamiento y las resistencias al cambio. Una sierra indicaría que somos capaces de cortar todos los desechos que hemos acumulado, para elaborar algo nuevo.
3. Los instrumentos espirituales que pueden simbolizarse de modo práctico son amor, compasión y caridad.

Herrumbre
1. La herrumbre representa descuido y negligencia. No hemos cuidado adecua-

damente de la calidad de nuestra vida.
2. Soñar que limpiamos herrumbre sugiere que reconocemos nuestra propia negligencia. Si en el sueño el óxido aparece mientras observamos un objeto, un proyecto ha llegado al final de su vida útil.
3. Espiritualmente, quizá tengamos que retirar las pruebas de contaminación antes de que podamos avanzar. La herrumbre quizá represente actitudes antiguas y pasadas.

Hexagrama
Véase también *formas*
1. El hexagrama es una figura de seis líneas, que resulta de unir triángulos equiláteros a los lados de un hexágono. Representa la unión de dos fuerzas, el yin (femenina) y el yang (masculina). Si aparece en sueños, sugiere el principio de «como arriba, también debajo».
2. Cuando intentamos reconciliar dos fuerzas, la espiritual y la física, quizá experimentemos la unión en forma de figuras, una de las cuales es el hexagrama.
3. El hexagrama representa la unión de los mundos espiritual y físico.

Hiedra
Véase también *enredadera*
1. Soñar con la hiedra evoca la antigua idea de celebración y diversión. También podría representar la dependencia que a veces se desarrolla en las relaciones.
2. Puesto que la hiedra posee el simbolismo de afecto constante, podemos reconocer que, psicológicamente, nos hace falta amor.
3. Desde un punto de vista espiritual, la hiedra ilustra la inmortalidad y la vida eterna.

Hielo
Véase también *carámbanos, deshielo* y *granizo*
1. Cuando soñamos con hielo, habitualmente examinamos las emociones. Nos damos cuenta de que quizá seamos más fríos de lo que deberíamos y evitemos cualquier demostración de calor o compasión. Por tanto, nos estamos encerrando en una situación de la que quizá sea difícil liberarnos.
2. El hielo también es una representación de rigidez, de la fragilidad que surge de no comprender lo que sucede a nuestro alrededor, de crear circunstancias en las que los demás no pueden entrar en contacto con nosotros. Según cómo aparezca el hielo en el sueño, puede indicar un estado transitorio.
3. Espiritualmente, el hielo simboliza una parte de nosotros mismos que se ha congelado y necesita derretirse antes de que podamos avanzar.

Hierba
Véase también *drogas*
1. La hierba suele ser símbolo de nuevo crecimiento, así como de victoria sobre la esterilidad. En las antiguas interpretaciones de los sueños, podía representar embarazo, pero hoy día es más probable el significado de nuevas ideas y proyectos.
2. A menudo, la hierba puede evocar nuestra tierra natal o el abandono de creencias profundas.
3. Los cambios de la consciencia espiritual pueden indicarse mediante la hierba que aparece en sueños.

Hierro
Véase también *metal*
1. Cuando el hierro aparece en sueños, suele representar nuestra fuerza y determinación. Quizá también signifique la rigidez de nuestras emociones o creencias.
2. En un sueño, el hierro puede indicar el lado de nosotros mismos que requie-

re disciplina. Antes de templarlo mediante el fuego y convertirlo en acero, el hierro necesita protección contra el óxido. El sueño nos indica que es preciso tratar este aspecto de preservarse contra la corrosión espiritual.

Hígado
Véase *cuerpo*

Higo, higuera
1. Con frecuencia, debido a su forma, el higo se asocia con la fertilidad, lo masculino, la prosperidad y el sexo. Soñar que comemos higos quizá suponga el reconocimiento de que hace falta algún tipo de celebración, aunque también de que cierta situación encierra más potencial de lo que se creía al principio.
2. En sueños, el higo suele sugerir que estamos en contacto con una consciencia espiritual más profunda, de la que al principio no teníamos conocimiento consciente. Esto se debe a sus asociaciones con el árbol de la sabiduría, con el comienzo de la dualidad y con la masculinidad y la feminidad.
3. Aptitud psíquica y una relación directa con el comienzo de la vida física.

Hijo
Véase *familia*

Hilar
Véase también *hilo, lino, tejer* y *rueca*
1. Hilar significa, con frecuencia, nuestra capacidad para crear orden a partir del caos. En tiempos antiguos, la rueca era un símbolo arquetípico de la vida, imagen que aún suele presentarse en sueños. Organizamos nuestra vida a partir de lo que se nos da.

Hilo
Véase también *hilar* y *tejer*

1. En sueños, el hilo representa una manera de pensar o un razonamiento. En la vida cotidiana, quizá tengamos que seguir ese hilo hasta el final. Enhebrar una aguja tiene una evidente connotación sexual. Además, debido a la dificultad del gesto, quizá sugiera incompetencia, no sólo en el terreno sexual.
2. Fijarse en un hilo durante un sueño supone ser conscientes de cómo evoluciona nuestra vida. Si está enredado, apunta a una dificultad que quizá haga falta desembrollar. Un carrete de hilo sugiere una existencia ordenada. El color quizá sea importante (véase *colores*). Una cesta llena de carretes de hilo sugiere los distintos aspectos de la personalidad de una mujer, debido a su asociación con lo femenino arquetípico.
3. Los diversos hilos de nuestra espiritualidad están entretejidos, lo que contribuirá a que el soñador alcance integridad espiritual.

Historia
1. Un sueño situado en tiempos históricos enlaza con nuestros sentimientos del pasado y la parte de nuestra personalidad que se ha convertido en historia. Se relaciona con la persona que éramos en algún momento anterior de nuestra vida y, quizá, con creencias y modos de vivir anticuados.
2. Los seres humanos evalúan continuamente su pasado. Quizá la historia sea una evaluación objetiva de un modo subjetivo de ser. A veces, un sueño así implica a la persona en que podríamos habernos convertido.
3. Las creencias y los comportamientos antiguos necesitan considerarse a la luz del conocimiento actual.

Hogar
1. El ser humano tiene ciertas necesidades básicas, como abrigo, calidez y sus-

tento. El hogar, especialmente el de los padres, puede representarlas a todas. Soñar que nos encontramos en casa significa un regreso a las creencias básicas que adoptamos de niños.
2. Psicológicamente, todos necesitamos integrar nuestros rasgos primarios de personalidad y la conducta aprendida. Soñar con un entorno seguro, como el hogar, nos permite hacerlo.
3. Esta imagen contiene un santuario, es decir, un lugar donde podemos ser nosotros mismos, sin temor a represalias. Los espiritualistas hablan de «vuelta a casa» cuando se acercan a la muerte, ya que el estado físico es temporal.

Hogaza
Véase también *pan*
1. Debido a su elaboración a partir de cereales, el pan era una ofrenda adecuada para los dioses, en épocas menos tecnificadas. Las hogazas se convirtieron en símbolo de fertilidad, sustento y vida. Este simbolismo sigue presente en las fiestas de las cosechas y celebraciones judías. En sueños, una hogaza puede representar nuestra necesidad de sustento.
2. La parábola evangélica de los cinco panes y dos peces representa el principio de la alimentación por el amor. En la mayoría de culturas, compartir una hogaza de pan denota amistad, significado que puede conservarse en sueños.
3. Espiritualmente, la hogaza representa el pan de vida, el amor de Dios y la caridad en su significado de amor.

Hoguera
Véase también *fuego*
1. Encender o avivar una hoguera en sueños indica la necesidad de limpiar algún aspecto de nuestra vida. Un fuego así puede representar pasiones que no estén sujetas a costumbres ni a rigidez.
2. Cuando en sueños advertimos que alimentamos una hoguera, el lado apasionado de nuestro yo emocional necesita que le permitan libertad para expresarse. Pueden abandonarse conceptos viejos y anticuados, con el propósito de crear algo nuevo.
3. Reflejo del poder del sol. Estímulo del poder del bien. Festivales solares.

Hoja
Véase también *árbol* **y** *corona de hojas*
1. Muy a menudo, una hoja representa un periodo de crecimiento, aunque también puede simbolizar el tiempo. Las hojas verdes quizá sugieran esperanza, oportunidades nuevas o la primavera. Las hojas muertas indican un periodo de tristeza, esterilidad u otoño (véase *otoño*).
2. Cuando examinamos nuestra vida en conjunto, las hojas pueden proporcionar alguna indicación de determinado periodo de nuestra vida, quizá uno que haya sido significativo y creador. Después de soñar con hojas, debemos evaluar cómo seguir adelante, para beneficiarnos de las oportunidades que se nos ofrecen.
3. Las hojas significan fertilidad y crecimiento. Puesto que cada hoja es totalmente única, quizá se nos alerte sobre la belleza de la creación.

Hombre lobo
Véase *animales siniestros*

Homosexualidad
Véase también *sexo*
1. Soñar que hacemos el amor con alguien del mismo sexo suele indicar un conflicto o angustia sobre nuestra identidad sexual. Quizá nos sintamos atraídos hacia alguien del mismo sexo en sueños porque buscamos amor paterno o materno. También es posible que busquemos amor de distinta clase, más sustentador que sexual.

2. Muy a menudo, soñar con una aventura homosexual es un intento de asimilar aspectos opuestos de uno mismo. Supone comprender que, mediante la integración de una parte de nosotros mismos, tendemos más hacia la totalidad y, por tanto, somos más capaces de emprender relaciones satisfactorias de cualquier clase.
3. La unificación en nuestro interior es un signo de madurez espiritual.

Horno
Véase también *panadero*
1. Un horno representa la capacidad humana de transformar ingredientes crudos en algo comestible. Por tanto, en sueños puede ilustrar la aptitud de modificar rasgos de carácter, desde la tosquedad hasta el refinamiento.
2. Como objeto hueco, un horno que aparece en sueños también puede simbolizar el útero. Con su capacidad de alterar los ingredientes hasta producir algo distinto, el horno puede indicar, además, el proceso de gestación y nacimiento.
3. El horno representa la transmutación de cualidades bastas y, por tanto, sugiere transformación espiritual.

Horquilla
Véase *tridente*

Hospital
Véase también *médico, operación* y *quirófano*
1. Según nuestra actitud hacia los hospitales, cuando uno aparece en sueños, puede representar un lugar o bien seguro, o bien donde se amenaza nuestro propio ser y nos volvemos vulnerables. Al interpretarse como un lugar de curación, el hospital apunta a nuestro aspecto interior que sabe cuándo hace falta un descanso de preocupaciones y problemas, cuándo podemos dejar que cuiden de nosotros, nos atiendan y arreglen. Si los hospitales nos asustan, quizá seamos conscientes de que debemos dejarnos llevar, sentirnos a merced de otras personas y permitir que las cosas ocurran sin nuestra intervención, para poder mejorar determinadas circunstancias.
2. Soñar que nos encontramos en un hospital quizá suponga crear mentalmente un periodo de transición entre algo que no ha ido bien y una actitud alentadora, según la cual las cosas pueden salir mejor. Visitar a alguien en el hospital podría indicar que somos conscientes de que parte de nosotros no se encuentra bien, está trastornada y necesita atención para proporcionarnos claridad.
3. Un entorno de curación, donde las cosas pueden llevarse al equilibrio, se representa mediante un hospital.

Hostilidad
1. Cuando en sueños experimentamos hostilidad en nuestro interior, se trata de la expresión directa de ese sentimiento. Resulta seguro exteriorizarla en sueños, aunque quizá no nos atrevamos a hacerlo durante la vida de vigilia. Sin embargo, si alguien nos es hostil, a menudo el sueño significa que debemos advertir que no actuamos adecuadamente, ya que otras personas pueden tener la sensación de que los ponemos en peligro.
2. La hostilidad es una de las emociones que pueden estudiarse en sueños. Si podemos identificar lo que nos vuelve hostiles, normalmente podemos establecer una comparación en la vigilia y abordar el problema de que se trate. Si podemos identificar la sensación como adecuada en ciertas circunstancias, podemos tratarla.
3. La oposición espiritual o, más bien, la oposición hacia nuestras creencias espirituales, puede crear una hostilidad muy

intensa. Debemos darnos cuenta de que otras personas no tienen por qué estar de acuerdo con lo que nosotros creemos.

Hotel
Véase también *pensión* en *edificios*
1. Soñar que nos encontramos en un hotel puede significar que nos hace falta escapar de cierta situación de nuestra vida, durante un breve periodo de tiempo. También podría suponer algo casi opuesto: que la situación en que estamos durará poco.
2. Un sueño en el que nos vemos alojarnos en un hotel durante poco tiempo, puede indicar que nos sentimos agitados y creemos que sólo podemos encontrar el equilibrio temporalmente. Si nos vemos forzados a vivir en un hotel, el sueño indica una inquietud básica en el carácter del soñador, que quizá esté intentando escapar de sí mismo.
3. Un hotel representa un santuario temporal o la necesidad de verse en un entorno espiritual seguro.

Hoyo
Véase también *abismo, cavar* y *pozo*
1. Con frecuencia, hablamos de la profundidad de la desesperación o de cómo nos atrapan las circunstancias. Un hoyo que aparece en sueños puede volvernos más conscientes de estas sensaciones. Quizá nos encontremos en una situación de la que no sabemos salir o nos parezca que, si no tenemos cuidado, nos encontraremos en dicha situación. Si en el sueño cavamos un pozo, debemos ser conscientes de que quizá nosotros mismos estemos creando el problema. Si otros lo cavan, tal vez nos parezca que no controlamos nuestras circunstancias y que se avecinan el fracaso y el desastre.
2. Rescatar a otras personas de un hoyo, especialmente si son miembros de nuestra familia, sugiere que disponemos de información que puede serles útil, para superar sus problemas. Empujar a alguien a un hoyo indica que intentamos suprimir alguna parte de nuestra personalidad. Si somos conscientes de que el pozo no tiene fondo, el sueño significa que no tenemos recursos para recuperar una situación anterior.
3. El hoyo, como el abismo, representa el vacío y, probablemente, la muerte, no necesariamente física, sino de nuestro antiguo yo. No tenemos elección; debemos seguir adelante, sabiendo que podemos fracasar, aunque también que, si tenemos éxito, nuestra vida mejorará. Afrontar un hoyo requiere mucho valor.

Hoz
Véase también *guadaña*
1. La hoz ya no es una imagen tan importante para el hombre. Ahora que hemos pasado de una sociedad agrícola a otra más tecnológica, nos queda la hoz como símbolo antiguo de mortalidad y fallecimiento. Como suele ocurrir, la muerte no tiene por qué ser física, sino que quizá sea de una parte de nosotros.

Hueco
Véase también *vacío*
1. Soñar que nos sentimos vacíos se relaciona con la impresión de falta de objetivos e incapacidad para encontrar una dirección en nuestra vida. Soñar que nos encontramos en un hueco indicaría que nos hace falta algún tipo de protección para lo que nos rodea en la vida cotidiana.
2. Los huecos pueden aparecer en sueños de distintas maneras. Quizá nos parezca que nuestro interior está hueco, por ejemplo, tengamos esa sensación en las piernas, o que nos encontramos en una situación vacía (véase *abismo*). Esta-

mos en una posición en la que no ocurre nada, que no creemos controlar y donde nos hace falta hacernos cargo del espacio que nos han proporcionado.
3. Un hueco puede indicar falta de motivación, especialmente en nuestro viaje espiritual.

Huellas

1. Observar en un sueño las huellas de alguien indica que necesitamos seguir a otra persona. Si las huellas se extienden delante de nosotros, habrá ayuda a nuestra disposición en el futuro, pero si están detrás de nosotros, quizá necesitemos examinar cómo hicimos las cosas en el pasado. Normalmente, las huellas de otra persona indican ayuda, de un modo u otro y, desde luego, reflexión.
2. Si vemos huellas de pies que avanzan en direcciones opuestas, es preciso reflexionar sobre qué ha ocurrido en el pasado y qué va a ocurrir en el futuro. También debemos considerar qué acciones hemos comenzado antes para lograr dirigirnos hacia el futuro. Podría decirse que estamos situados en el presente y examinamos la confusión de éste.
3. Quizá percibamos, a nivel subconsciente, una presencia divina.

Huérfano

1. Soñar con un huérfano indica que quizá nos sintamos vulnerables, incluso abandonados y no queridos. Si cuidamos de un huérfano, intentamos curar esa parte de nosotros que no se siente amada. En caso de que soñemos que nosotros mismos somos huérfanos, quizá nos haga falta ser más independientes y autónomos.
2. Hemos asimilado nuestra capacidad para crecer y separarnos de nuestros padres. Cuando la vida nos fuerza a perderlos, no sólo por la muerte, sino debido a otras circunstancias, como un traslado, quizá nos sintamos huérfanos.
3. Deserción espiritual.

Huerto

1. En sueños, un huerto puede representar los intentos de cuidarnos a nosotros mismos. La interpretación del sueño dependerá de que los árboles tengan flor o fruta. Si están en flor, el sueño representará el potencial que tenemos para el éxito; si han dado fruto, se nos tranquiliza sobre la cosecha que podremos recoger.
2. Cualquier grupo de árboles puede representar nuestra propia fertilidad. Por otra parte, como un huerto suele ser más ordenado que un bosque, por ejemplo, soñar con él indica que apreciamos el lado más estructurado de nuestra personalidad.
3. Fertilidad.

Huesos

Véase también *esqueleto* y *miembros* en *cuerpo*

1. Los huesos que aparecen en un sueño suelen indicar que necesitamos ser conscientes de lo que consideramos materiales básicos. Es preciso dirigirnos a lo elemental. Si en sueños vemos que un perro come un hueso, nos hace falta considerar nuestros instintos básicos. Soñar que encontramos huesos indica que en una situación existe algo primordial que aún no hemos examinado.
2. Soñar con un esqueleto entero sugiere que debemos volver a considerar la estructura de nuestra vida.
3. Los huesos son una de las partes integrales del hombre. Con frecuencia, son la clave en cuanto a la muerte y la resurrección.

Huevo

Véase también *huevo de pascua*

1. El huevo es el símbolo de la potencia que aún no se ha materializado, de posibilidades que están por venir. Por tanto, soñar con un huevo indica que todavía no somos conscientes de nuestras capacidades naturales. Comer uno muestra la necesidad de admitir ciertos aspectos nuevos, antes de explorar por entero un modo de vida distinto.
2. Gozamos de una sensación de asombro, relacionada con el milagro de la vida, y nos damos cuenta de que se puede planear mucho antes de que logremos disfrutar de la vida completamente. Quizá tengamos que dar un paso atrás y observar, antes de emprender nuevas experiencias de aprendizaje.
3. Se dice que el principio de la vida y el germen de todo se contienen en el huevo cósmico, por lo que éste representa espiritualmente nuestro poder y aptitudes para ser perfectos.

Huevo de pascua
Véase también *huevo*
1. El huevo de pascua es un símbolo pagano de renovación que, en sueños, nos hace evocar a menudo las impresiones infantiles de promesa y asombro. Quizá también nos advierta sobre el paso del tiempo, ya que en la mente se generan símbolos de épocas y estaciones, más que las fechas mismas.
2. Soñar con un huevo de pascua indica que en la mente disponemos de un enorme potencial que necesita liberarse.
3. Un huevo de pascua se asocia con la primavera. Renacimiento y resurrección.

Humo
Véase también *fuego*
1. En sueños, el humo sugiere que existe la sensación de peligro, especialmente si no podemos localizar el fuego. Si fumamos, intentamos controlar la ansiedad. Si en la vida real somos fumadores, pero en el sueño hemos dejado de serlo, hemos superado cierta dificultad. Cuando un fumador abandona el hábito en la vida cotidiana, con frecuencia tiene sueños centrados en el tabaco.
2. En sueños, el humo puede representar la pasión, aunque ésta quizá no haya llegado a *encenderse* del todo. Además, en ocasiones, el humo puede simbolizar limpieza como en el caso del incienso, o contaminación.
3. Espiritualmente, el humo ilustra la oración que se dirige al cielo o la elevación del alma, para escapar del espacio y el tiempo.

Hundirse
1. Hundirse en sueños sugiere falta de confianza. Quizá nos sintamos desesperados por algo que hayamos hecho y coartados por las circunstancias. Ver cómo se hunde otra persona indicaría que advertimos una dificultad en la que tal vez sea necesaria nuestra ayuda. El elemento en que nos hundimos podría ser relevante: sumergirse en agua mostraría que cierta emoción amenaza con desbordarnos, mientras que hundirse en arena o barro ilustra la sensación de que no existe terreno seguro para nosotros.
2. Una sensación de desmoronamiento en sueños suele sugerir preocupación o miedo. Emocionalmente, somos incapaces de mantener nuestra alegría habitual. Tal vez nos parezca que hemos perdido el control y no podemos sostener el avance hacia delante. Ver cómo un objeto se hunde quizá sugiera que estamos a punto de perder algo que valoramos.
3. Tanto desde el punto de vista espiritual como desde el físico, hundirse significa entrar en una situación donde somos incapaces de ver con claridad o percibir el mejor camino para actuar.

En el caso de las personas sensibles, esto podría ocurrir cuando los sentimientos negativos de otros amenacen con superarnos.

Huracán
Véase también *remolino*, *tornado* y *vendaval*
1. Cuando en sueños experimentamos un huracán, advertimos la fuerza de un elemento de nuestra vida que escapa a nuestro control. Quizá tengamos la impresión de que ciertas circunstancias o, tal vez la pasión de alguien, nos arrastran y no tenemos energía suficiente para resistir.
2. Un huracán puede representar el poder de nuestra propia pasión o creencia vehemente, que nos envuelve y arrastra. Tal vez no sepamos manejar los resultados de nuestra exaltación y nos parezca que podría ser desastrosa para otras personas.
3. Así como el viento representaba al Espíritu Santo, un huracán simboliza la intensidad de nuestra creencia espiritual, aunque esto depende de otras circunstancias del sueño.

I desde *ibis* hasta *izquierda*

Ibis
Véase *pájaros*

Icono
Véase también *imágenes religiosas*
1. Soñar con cualquier símbolo religioso suele indicar nuestra relación profunda con ideas y principios antiguos. El icono suele simbolizar el microcosmos dentro del macrocosmos, es decir, el resumen del mundo que refleja el universo amplio. El ser humano suele necesitar algo tangible para representar ideas y conceptos, propósito que cumple el icono.
2. Normalmente, los iconos son representaciones de un sistema de creencias, por lo que también retratan nuestra opinión o cómo nos sentimos acerca de otros asuntos. Cuando en un sueño un icono parece contener una imagen religiosa, pero en realidad contiene imágenes de nuestra familia, indica la capacidad de idolatrar a ésta.
3. El icono es un pequeño retrato espiritual que simboliza un todo superior.

Idioma
1. Un sueño en el que oímos un idioma extranjero o extraño a nosotros ilustra alguna clase de comunicación, bien procedente del interior, o bien del inconsciente colectivo, que aún no es lo bastante clara como para que la podamos llegar a comprender.
2. Conforme nos vamos haciendo más abiertos ante las diferentes posibilidades, las distintas facetas de nuestra personalidad pueden alcanzar su propio método de comunicación con nosotros. En sueños, todos estos cambios se experimentan a menudo como un idioma ajeno y se expresan con frecuencia hablando en voz alta.
3. En el espiritualismo, oír un lenguaje supone comunicación por parte de seres incorpóreos.

Iglesia
Véase también *campanario, edificios, imágenes religiosas* y *templo*

1. Una iglesia representa nuestros sentimientos sobre la religión organizada. En sueños, puede que sea un santuario, sobre todo porque nos proporciona la sensación de que podemos compartir nuestras creencias con otras personas. Puede tratarse tanto de un código moral compartido pero también de un código de conducta personal.
2. Una iglesia puede ser considerada como un edificio bello o no, pero su imagen se relaciona siempre con nuestro aprecio por los objetos hermosos que destacan e intensifican el sentimiento de adoración. Entramos en contacto con las fuerzas de la naturaleza de nuestro interior, que nos permiten vivir la vida con más plenitud.
3. Una iglesia se convierte en un centro mundial, ya que señala todo lo sagrado y esencial de nuestra vida.

Iglú
Véase también *edificios*

1. El iglú es un símbolo interesante en los sueños. Puede representar un exterior frío que contiene un interior muy cálido, o bien, puede representar la frialdad de la misma construcción. Quizá sugiera que alguien no es cariñoso y que, por tanto, crea un ambiente frío en el hogar, aunque en realidad esa persona albergue calidez en su interior.
2. Un iglú puede representar a menudo la feminidad y el útero. A veces, indica frigidez, pero en otras ocasiones, ilustra la capacidad de una mujer para relajarse y ser ella misma, una vez que se hayan derribado sus barreras.
3. El principio femenino, en su aspecto acogedor y nutricio, se representa a través de la imagen del iglú.

Imágenes religiosas

1. Los sueños tienen un modo de presentarnos (o, más bien, de volver a presentarnos) verdades cuya existencia conocemos desde hace mucho tiempo. Si se interpreta la espiritualidad como verdad interior, y la religión, como lo que nos une a los orígenes, entonces debe admitirse que las imágenes religiosas contribuyen, en parte, a esa función de reconocimiento. Emplear imágenes que no pueden explicarse bien de otra manera refuerza la idea de que la espiritualidad es algo separado dentro de nosotros. Puesto que las imágenes son tan específicas, a veces quizá nos sobresalten.
2. Cuando el ser humano, debido a un descuido deliberado o espontáneo, se niega a sí mismo el acceso a la acumulación de imágenes religiosas durante la vigilia, los sueños reaccionarán con frecuencia ante esta carencia e intentarán compensarla, empujando al soñador a advertir su espíritu interior. En la sociedad actual, es muy fácil agarrarse a los aspectos hipócritas de la religión y aceptarlos. También es fácil suponer que las formas exteriores religiosas suelen negar la existencia de una verdadera realidad interior. Este rechazo puede ser válido, ya que hasta que cada uno no acepte la responsabilidad de su propia existencia, no aparece la verdadera espiritualidad. Si descuidamos ésta, la verdad interna que todos poseemos, no desaparecerá; sencillamente, volverá a aparecer de forma negativa y terrorífica. Durante la vigilia, las imágenes más cercanas que tenemos para esto son el diablo (véase *diablo*) o los dioses indios vengativos, pero nuestros demonios personales pueden ser aún más aterradores.
3. Si estamos dispuestos a aceptar que cada verdad tiene su sesgo personal, así como que debemos buscar la verdad ele-

mental, todos los sueños pueden interpretarse desde un punto de vista espiritual. Esto es especialmente cierto en el caso de las imágenes religiosas. Aquí, la mayoría de las interpretaciones han tenido que esbozarse en términos generales y se dan sólo como esquemas. Cuando el lector pueda dejar a un lado el libro y decir que las interpretaciones no son válidas, habrá asumido su responsabilidad personal.

Ángel: desde un punto de vista espiritual, el ángel representa un ser puro y libre de las ataduras terrenales. Los ángeles suelen ser andróginos y no se reconocen como masculinos o femeninos. Existe una jerarquía de espíritus angélicos, de los que podemos destacar los ángeles (los más cercanos a lo físico), querubines y serafines. Como cada vez más personas buscan la espiritualidad, algunas se han vuelto más conscientes de la forma angélica, especialmente en sueños. Es vital que el soñador pueda distinguir entre el aspecto personalizado del yo superior y la forma angélica, ya que son similares, pero no idénticos. Los ángeles oscuros tienen fama de ser los seres que aún no han rechazado por completo el ego o las pasiones terrenales. Cuando esta imagen aparece en sueños, se nos alerta sobre una transgresión espiritual que, con frecuencia, ya ha sucedido. Unos ángeles que nos advierten algo suelen simbolizar lo que no debería hacerse.

Antiguo y Nuevo Testamento: un sueño en el que aparecen el Antiguo o Nuevo Testamento o cualquier otro libro religioso indica que disponemos de una fuente y un depósito para conocimientos, que se presenta con frecuencia en forma de libros.

Buda (véase también la entrada correspondiente): la figura de Buda en sueños destaca que es preciso fijarse en las cualidades del ser que aquél enseñó. Nos relaciona con el poder de la renuncia y el sufrimiento, pero en el sentido de que la experiencia del dolor es válida.

Ceremonia o ritual (véanse también las entradas correspondientes): las ceremonias y rituales forman parte del aguzamiento de la consciencia que tiene lugar en el camino hacia la espiritualidad. En sueños, las imágenes de las ceremonias aún son más vívidas.

Cielo: el cielo es un estado del ser, en el que la frecuencia de la energía es tan alta, que no existe sufrimiento. En sueños, aparece cuando el ser humano transporta su consciencia a otras dimensiones distintas de la física. Supuestamente, es un lugar donde la felicidad existe. También se conoce como nirvana y *samadhi*.

Comunión: la creencia de que el cuerpo de Cristo se transformó en alimento celestial, simbolizada por la Última Cena, aparece en sueños como la ingestión de alimento espiritual. La Sagrada Comunión representa una forma sagrada de compartir.

Cristo: en sueños, Cristo representa el reconocimiento de la capacidad para reconciliar lo físico y lo espiritual, Dios y el hombre. Personifica al hombre perfecto, un estado al que todos aspiramos. Si aparece en la cruz, significa redención a través del sufrimiento. No hace falta que nos crucifiquen físicamente para sufrir. El Cristo ideal es nuestro lado que está dispuesto a asumir su parte de los dolores del mundo, actuando dentro de éste. El Cristo anárquico es el lado de nosotros mismos que posee el amor y las ganas de vivir, que nos permiten derribar las barreras conocidas. El Cristo cósmico es nuestra parte preparada para asumir la responsabilidad cósmica, es decir, para relacionarse con la verdad universal. Si bien estos aspectos están descritos en términos cristianos, por supuesto, también están presentes en todas las figuras religiosas.

Crucifixión: las imágenes de la crucifixión en un sueño ilustran la necesidad del ser humano de sacrificarse a sí mismo, a través de la pasión y el dolor.

Diablo (véase también la entrada correspondiente): en sueños, el diablo representa la tentación. La imagen suele surgir de los impulsos sexuales reprimidos que exigen atención. Quizá también signifique la sombra (véase la introducción de este libro).

Dioses o diosas (véanse también las entradas correspondientes): a todos se nos da la oportunidad de materializar nuestro potencial máximo. Al hacerlo así, debemos explorar y, posiblemente, confrontar nuestras percepciones de dioses.

Fantasmas (véase también la entrada correspondiente): existen fuerzas independientes en nuestro interior, separadas de la voluntad. Que el soñador acepte la apariencia de los fantasmas como apariciones psicológicas o espirituales dependerá de sus creencias.

Icono (véase también la entrada correspondiente): un icono es una representación de una figura o concepto religioso. A través del uso, puede convertirse en un objeto sagrado por sí mismo.

Iglesia (véase también la entrada correspondiente): todos somos conscientes de que nos hace falta un santuario para refugiarnos de los golpes de la vida ordinaria. Dentro de la iglesia, somos libres para establecer una relación con nuestro propio Dios personal. En sueños, quizá también nos demos cuenta de que nuestro cuerpo es nuestro templo.

Incienso (véase también la entrada correspondiente): el incienso es una ofrenda a los dioses y una forma física de oración, mediante el perfume y el humo.

Infierno: el infierno es un estado del ser en el que nada es lo que parece; podría pensarse que existe continuamente en un estado de ilusión negativa. Supuestamente, es un estado de agonía en el que se cumplen nuestras peores pesadillas.

Iniciación: la iniciación se produce cuando se trasciende alguna barrera, para permitirnos el acceso a otros modos de ser.

María: el simbolismo de María, la madre de Dios y la madre Virgen, es muy potente. Personifica lo femenino y lo sagrado.

Misa: véase *servicio religioso* en este apartado.

Moisés: a menudo, Moisés aparece en sueños como la figura sagrada que nos sacará de las dificultades.

Música religiosa: los sonidos dedicados a la percepción que tenemos de Dios son sagrados y pueden interpretarse como un modo de expandir el espíritu.

Ritual: véase *ceremonia* en este apartado.

Sacerdote o profeta: conflicto entre el presente y el futuro.

Servicio religioso: un servicio es el acto religioso que se utiliza para unir a las personas. En sueños se reconoce quizá como un acto de integración de todo el yo, quizá como ilustración de que el todo es superior a las partes.

Tercer ojo: el tercer ojo es la percepción clarividente desarrollada que se produce con la maduración espiritual. Se trata del tercer ojo de Buda y simboliza unidad y equilibrio. No representa en ningún caso una cualidad física, aunque se le supone relacionado con la glándula pineal.

Imán

1. Todos tenemos, dentro de nosotros, la capacidad de atraer o repeler a los demás, que puede destacarse en sueños con la aparición de un imán. Puesto que por sí solo se trata de un objeto inerte, lo importante es la potencia que contiene. Con fre-

cuencia, debemos darnos cuenta de que la influencia que ejercemos sobre otras personas no sólo procede de nosotros mismos, sino de nuestra interacción con ellos.
2. El imán tiene la capacidad de crear un campo de energía magnética alrededor de sí mismo. Cuando aparece en sueños, nos alerta a menudo sobre el poder intrínseco que poseemos, que es inerte hasta el momento en que las situaciones que nos rodean lo activan.
3. Un imán sugiere un cierto grado de carisma en el soñador, que puede emplearse de diversas formas, según sus inclinaciones.

Imitación

1. Soñar que nos imitan es ambivalente. Puede significar que somos conscientes de que lo hecho, sea lo que sea, es correcto, y otras personas quizá aprendan de nuestro ejemplo. Asimismo, puede significar que otros nos tienen por dirigentes, si bien tal vez no nos parezca que se trate de un papel correcto para nosotros.
2. Si imitamos a otra persona, normalmente advertimos que tenemos la aptitud de ser como ellos. Imitar a los superiores implica reconocer su mayor conocimiento. Sin embargo, imitar a otros en una acción negativa, remedarlos burlonamente, quizá muestre que dudamos de nuestra propia integridad, y nos hace falta examinar si estamos satisfechos con nuestros actos.
3. El microcosmos del macrocosmos, lo pequeño imitando a lo grande.

Impuesto
Véase también *dinero*
1. En la vida cotidiana, un impuesto representa una suma de dinero que se nos sustrae a cambio del derecho a vivir un cierto estilo de vida. Por tanto, si en sueños pagamos un impuesto, sugiere algún tipo de penalización por vivir del modo que hemos elegido.
2. En términos reales, un impuesto representa el esfuerzo extra necesario para permitirnos pertenecer a la sociedad. Así, soñar que pagamos tasas por el coche podría indicar que hace falta un esfuerzo mayor para avanzar. Abonar el impuesto sobre la renta sugiere que quizá nos sintamos en deuda con la sociedad. Un impuesto sobre la vivienda podría indicar que nos sentimos obligados a pagar por el espacio en que existimos. Negarse a pagar cualquier tributo sugiere que no queremos adaptarnos.
3. Espiritualmente, cualquier impuesto que aparezca en sueños indicaría nuestra actitud hacia el trabajo para el bien común. Debemos sentir cierto grado de responsabilidad por el universo en que vivimos.

Incesto
Véase también *sexo*
1. El incesto es un tabú tan poderoso, que soñar con él se refiere raras veces a la relación física. Normalmente, representa la necesidad y el deseo que sentimos de controlarnos a nosotros mismos o las relaciones dentro de la familia. Es posible que el incesto ocurra en la vida real porque el niño aún no ha podido aclarar sus sentimientos con respecto a la familia.
2. Puesto que la imagen de uno mismo y la sexualidad están tan estrechamente ligadas, es muy probable que el incesto en sueños sea un esfuerzo para aclarar nuestros sentimientos sobre nosotros mismos. Intentamos relacionarnos con la parte de nuestra personalidad a la que más se parece el familiar del sueño, lo que sólo podemos hacer dentro de la seguridad que nos ofrece el soñar.
3. En leyendas y mitos, el incesto entre

dioses y diosas era un intento de mantener la pureza de la energía. Por tanto, desde un punto de vista espiritual, cuando soñamos con incesto, intentamos purificarnos o mantener limpio nuestro poder.

Incienso
Véase también *imágenes religiosas*
1. Físicamente, el incienso está pensado para perfumar un espacio. En sueños, es posible percibir su olor, sobre todo si el soñador tiene algunas asociaciones con él. Por ejemplo, quizá el perfume contenga recuerdos infantiles de la iglesia u otros espacios religiosos.
2. El incienso se emplea para aguzar la consciencia o limpiar atmósferas y espacios sagrados. En sueños, cuando nos damos cuenta de que se le están dando estos usos, quizá nos haga falta considerar cómo mejorarnos a nosotros mismos o cómo mejorar nuestro entorno.
3. Espiritualmente, el incienso se utiliza como vehículo para la oración y como símbolo para el cuerpo o alma sutil. Durante los sueños, podemos advertir la necesidad de emplear simbolismo espiritual en nuestra actividad.

Incitar
1. La incitación puede aparecer de muchas maneras. Con frecuencia, si empujamos a alguien a hacer algo que no desea, debemos tener cuidado, ya que quizá haya circunstancias que experimenten un cambio y nos controlen a nosotros. Tal vez estemos intentando forzar a alguien para que actúe o siga adelante, pero debemos tener en cuenta que también necesitamos dirigir ese movimiento.
2. Psicológicamente, nuestros propios lados agresivos y negativos nos incitan a todos. A menudo, un sueño puede revelar cómo nosotros mismos nos creamos complicaciones; además, puede representar qué partes de nosotros están dominando a las otras.
3. El poder y la autoridad espiritual pueden actuar como una incitación.

Inclinarse
1. Puesto que supone reconocer la posición social de otra persona, inclinarse ante alguien indicaría nuestra sensación de inferioridad.
2. Si bien quizá intelectualmente no tengamos por qué sentirnos inferiores, a nivel inconsciente tal vez percibamos la necesidad de superioridad que otra persona siente y la reconozcamos durante el sueño.
3. Superioridad.

Indigestión
1. Padecer indigestión en un sueño muestra que hay algo en nuestra vida que no toleramos demasiado bien. Asimismo, quizá indique que la sufrimos en realidad y la reconocemos durante el estado de sueño. Existe la creencia de que algunos alimentos pueden provocar sueños morbosos.
2. Si algo resulta indigesto en el sueño, quizá nos demos cuenta de que tenemos algún tipo de bloqueo mental hacia nuestro progreso. Tal vez tengamos que hacer las cosas de modo distinto o a pasos más pequeños.
3. El conocimiento espiritual que no se ha asimilado bien puede representarse mediante indigestión en un sueño.

Indio norteamericano
1. La idea de que el indio norteamericano está más cercano a la naturaleza hace interpretar su aparición en un sueño como evocadora de sabiduría natural o instintos elementales. Somos capaces de manejar un tipo distinto de poder y energía.

2. Desde un punto de vista psicológico, existe curación y conciencia de uno mismo.
3. Un indio norteamericano representa un poder interior del que quizá seamos conscientes o no. El soñador debería estar preparado para ampliar la investigación de su espiritualidad.

Infección
1. Soñar que padecemos una infección sugiere la posibilidad de que hayamos internalizado actitudes negativas, procedentes de otras personas. El lugar del cuerpo donde aparece la infección puede darnos una pista sobre la naturaleza de ésta. Por ejemplo, una infección en la pierna quizá indique nuestra sensación de que nos impiden avanzar adelante con bastante rapidez en la vigilia.
2. Cuando las circunstancias externas de la vigilia nos incomodan, pueden aparecer como infección en un sueño.
3. En el desarrollo espiritual, especialmente cuando tratamos con influencias exteriores, podemos sentirnos contaminados o infectados por ciertas ideologías o creencias espurias. Debemos ser conscientes de que es posible que nos invadan tanto los pensamientos equivocados como la negatividad.

Infierno
Véase *imágenes religiosas*

Infracción
Véase *ofensa*

Ingeniería
1. Un sueño relacionado con la ingeniería nos pone en contacto con nuestra capacidad de construcción. Se trata de la capacidad para crear una estructura que nos permitirá seguir adelante o hacernos la vida más fácil. Soñar con trabajos de ingeniería, como obras en carreteras, supone reconocer la necesidad de algún ajuste en nuestra vida.
2. La ingeniería sugiere que somos capaces de emplear fuerzas de las que normalmente no disponemos, con medios técnicos y mecánicos. Un sueño así destaca nuestra aptitud para controlar fuerzas exteriores a nosotros. Podemos manipular para llegar a algún logro.
3. La ingeniería espiritual significa mejorar el control de nuestro poder interior y poder hacer uso de él.

Ingresos
1. Los ingresos que percibimos son parte importante de la estructura que nos sostiene, de modo que cualquier sueño relacionado con ellos indicará normalmente nuestra actitud hacia nuestras necesidades. Soñar que aumentan las ganancias muestra nuestra sensación de haber superado algún obstáculo en nosotros mismos, así como que podemos aceptar nuestro valor. Una disminución de ingresos ilustra nuestra necesidad y, quizá, actitud hacia la pobreza.
2. Cuando intentamos cuidar de nosotros mismos, advertimos lo que otras personas pueden ofrecernos, además de lo que tenemos que hacer para que nuestros esfuerzos se vean recompensados. Soñar que recibimos una renta, como un fondo de custodia, sugiere que quizá nos haga falta examinar nuestras relaciones con otras personas.
3. Dar limosna representa la creencia de que debemos compartir lo que tenemos y es una parte significativa de los ingresos. No importa si se aplica en sentido material o con tiempo y esfuerzo.

Iniciación
Véase *imágenes religiosas*

Inmovilidad
Véase también *parálisis*
1. En un sueño, la inmovilidad puede ser verdaderamente aterradora. Esta impresión aparece muy a menudo cuando comenzamos a aprender más sobre nosotros mismos. Sentirnos oprimidos e incapaces de movernos indica que necesitamos literalmente quedarnos quietos e inmóviles durante la vida cotidiana. Tenemos que alcanzar algún tipo de quietud, extraña para la mayoría de las personas y, por tanto, angustiosa al principio, aunque más adelante pueda convertirse en un estado de paz y tranquilidad.
2. Encontrarse inmovilizado en sueños suele indicar que hemos creado circunstancias a nuestro alrededor que comienzan a atraparnos. Debemos permanecer totalmente quietos, hasta que hayamos decidido qué acción es la apropiada, y entonces podemos avanzar adecuadamente. Con frecuencia, un sueño así aparece cuando nos enfrentamos a nuestro lado más oscuro, al lado que podría llamarse *malo*. Es preciso hacer un esfuerzo sobrehumano para superar lo que quizá nos esté paralizando.
3. El estado sin condiciones, el yo liberado. En este sentido, la inmovilidad es quietud dinámica.

Inquilino
Véase también *renta*
1. Soñar que somos inquilinos sugiere que, en algún grado, no queremos asumir la responsabilidad del estilo de vida que hemos elegido. No queremos sentir el peso de la responsabilidad plena por nuestro espacio de vida. En cambio, tener un inquilino significa que estamos preparados para dejar que otra persona viva en nuestro espacio. Este sueño quizá se presente cuando nos preparamos para implicarnos en una convivencia estrecha.
2. Si seguimos la idea de que un inquilino es alguien con quien tenemos una relación comercial, quizá el sueño nos dé alguna indicación de cómo manejamos tales transacciones. Si el soñador es hombre y tiene una mujer como inquilina, ésta representará probablemente su *anima*. Si la situación es al revés, el inquilino personificará el *animus* (véase la introducción de este libro).
3. Soñar que tenemos un inquilino, en sentido espiritual, puede tener dos significados. Uno se relacionaría con la idea de que, dentro de nosotros, existen muchas personalidades que deben sintetizarse en un ser holístico. El otro sugeriría que las creencias heredadas, como los inquilinos, pueden expulsarse si son inadecuadas.

Inscripción
1. Cualquier inscripción en un sueño denota información que es preciso comprender. Leer una inscripción quizá sugiera que algo ya se ha comprendido, mientras que no ser capaz de descifrarla indicaría que hacen falta más conocimientos para completar una tarea.
2. Una inscripción que aparece en una roca, por ejemplo, significaría sabiduría o conocimientos antiguos. Si los signos aparecen en la arena, se mostraría que el conocimiento es temporal o que debe aprenderse pronto.
3. La imagen de una inscripción aparece con frecuencia en los sueños cuando alcanzamos cierta etapa del desarrollo. Espiritualmente, suele indicar el tipo de conocimientos que pueden transmitirse a otras personas.

Insectos
Véase también *parásitos*
1. En sueños, los insectos pueden reflejar la sensación de que algo nos irrita o causa comezón. También pueden indi-

car nuestra sensación de insignificancia e impotencia, aunque la interpretación del sueño dependerá del insecto que aparezca. Así, una avispa quizá indique miedo, o una cucaracha, suciedad o protección.
2. Psicológicamente, los insectos pueden representar sentimientos que preferiríamos no tener. Podría tratarse de algo por lo que nos remuerde la conciencia o de culpa. Los insectos suelen indicar sentimientos negativos.
3. Desde un punto de vista psíquico, los insectos pueden aparecer en sueños como algún tipo de amenaza. Por eso se utilizan en novelas psicológicas de intriga y de ficción científica. Con un significado algo más positivo, los insectos quizá se presenten en sueños para recordarnos algún comportamiento instintivo.

Insignia
1. Si en sueños nos fijamos en una insignia, somos conscientes de nuestro derecho a pertenecer a un grupo.
2. Se nos ha elegido para algún reconocimiento en particular, seguramente porque tenemos ciertas cualidades. Además, una insignia puede tener el mismo significado que un talismán.
3. Una insignia representa el emblema de un cargo. Soñar con una muestra la necesidad de que nos acepten, no sólo como nosotros mismos, sino como parte de un todo superior.

Insomnio
Véase la introducción de este libro

Instrumentos musicales
Véase también *arpa, flauta, guitarra, música, órgano, pandereta, piano, platillos, tambor* y *trompeta*
1. Los instrumentos musicales que aparecen en un sueño suelen representar nuestras aptitudes para la comunicación. Los instrumentos de viento suelen sugerir el intelecto; los de percusión, el ritmo básico de la vida.
2. A veces, en sueños, los instrumentos musicales pueden sugerir los órganos sexuales y, por tanto, la actitud hacia la propia sexualidad.
3. Los modos de expresarse (por ejemplo, tocar un instrumento musical) son ofrecimientos de nuestra creatividad y actos espirituales.

Intersección
Véase también *encrucijada*
1. Una intersección que aparece en sueños indica que podemos elegir entre dos caminos para seguir adelante. Quizá en la vida de vigilia se encuentren dos alternativas opuestas; somos capaces de introducir cambios y continuar de modo más centrado.
2. Si advertimos una intersección, quizá en un dibujo que aparezca en sueños, se nos ofrecen alternativas; tal vez tengamos que distinguir entre el bien y el mal.
3. Cuando en sueños encontramos una intersección, nos situamos en una posición en que debemos escoger entre alternativas, que quizá tengan más impacto sobre otras personas que sobre nosotros mismos.

Intestinos
Véase *cuerpo*

Intruso
Véase también *invadir, ladrón* y *personas*
1. Los seres humanos somos muy conscientes de nuestro espacio personal. Soñar con un intruso indica que nos sentimos amenazados de algún modo. Con frecuencia, el intruso de los sueños es masculino, lo que generalmente indica

la necesidad de defendernos.
2. Soñar con un intruso tiene una relación obvia con el sexo y las amenazas a la propia sexualidad.
3. Espiritualmente, es posible situarnos en peligro de profanación. Nuestro yo es un espacio sagrado, pero hasta que comprendemos que es inviolable, somos susceptibles a los desafíos. El intruso es la parte de nosotros mismos que no maneja nuestros miedos y dudas.

Inundación
Véase también *agua*
1. Los sueños en que vemos una inundación son fascinantes, porque si bien son aterradores, indican a menudo una liberación de energía positiva. Normalmente, rebosan los sentimientos reprimidos o inconscientes que deben apartarse del camino, antes de poder avanzar. Encontrarse en medio de una inundación indica que quizá nos desborden estos sentimientos, mientras que contemplarla sugiere que tan sólo nos observamos a nosotros mismos. Con frecuencia, una inundación en un sueño puede indicar depresión.
2. Si no nos expresamos bien verbalmente, soñar con una inundación quizá nos permita asimilar nuestras angustias y preocupaciones de modo adecuado.
3. Final de un ciclo y comienzo de otro. Los viejos agravios y las telarañas emocionales se lavan, dejando la cabeza despejada y un camino abierto hacia delante.

Invadir
Véase también *intruso*
1. Cuando soñamos que invadimos una propiedad ajena, quizá entremos en el espacio personal de alguien. Un sueño así también podría sugerir que cierto lado de nosotros mismos es privado y se siente vulnerable. Deberíamos respetar esos límites.
2. Si alguien invade nuestro espacio, debemos examinar nuestras propias fronteras. A veces, al interpretar el sueño es interesante averiguar si el intruso está ahí voluntaria o involuntariamente; entonces, podemos deducir si somos víctimas o no de la invasión.
3. Quizá nos acerquemos a áreas del conocimiento donde no podemos entrar sin permiso espiritual.

Inventor
1. Soñar con un inventor o personaje similar nos relaciona con nuestro lado más creativo. Normalmente, se trata más del pensador que de la persona de acción; alguien capaz de tomar una idea y hacerla tangible.
2. Cuando soñamos con un inventor, psicológicamente nos relacionamos con el lado de nosotros mismos más sabio, pero al mismo tiempo más introvertido que nuestro yo de la vigilia.
3. Dentro de nosotros, el inventor es el lado que se responsabiliza de nuestro avance. A menudo, significa nuestra capacidad para crear nuevos modos de ser, pero necesita nuestra ayuda a nivel consciente.

Investidura
1. Tenemos muchas oportunidades para comenzar de nuevo, lo que a menudo se puede simbolizar mediante una investidura o una toma de posesión de un cargo, ya que ésta indica un cambio de posición. Quizá esto sea importante para nosotros, en lo que a nuestro crecimiento personal o a nuestra situación laboral se refiere. Soñar que recibimos un honor así significa que podemos recibir aclamación pública por algo que hayamos hecho o por nuestra capacidad para llevar a cabo la transición de lo inferior a lo superior.

2. A menudo, es necesaria una ceremonia para señalar el hecho de que hemos tenido éxito en algo y ahora podemos seguir adelante, poniendo a prueba ese conocimiento en el mundo exterior. Soñar con una ceremonia que nos confiere honores indica que podemos sentirnos satisfechos de nosotros mismos y lo que hemos logrado, que hemos inaugurado un modo diferente de ser y podemos continuar hacia el futuro.
3. En sentido espiritual, una ceremonia puede señalar un comienzo nuevo. En este caso, indica el comienzo de nueva espiritualidad, quizá de responsabilidad cósmica.

Invierno
Véase también *estaciones*
1. En sueños, el invierno puede representar una época improductiva de nuestra vida. También puede simbolizar la vejez, un periodo en que nuestra energía decrece.
2. Cuando nos sentimos emocionalmente fríos, las imágenes asociadas con el invierno, como hielo y nieve (véase *hielo* y *nieve*), tal vez destaquen si nuestros sentimientos son adecuados o no. En la clarividencia, las estaciones también indican una época del año en la que puede ocurrir algo.
3. Dentro del ciclo de la naturaleza, el invierno puede representar un periodo de barbecho antes del renacimiento; por tanto, el invierno quizá signifique la muerte.

Invisible
1. Volverse invisible en un sueño, desaparecer, indicaría o que no estamos preparados para afrontar los conocimientos que nos traería la comprensión, o que quizá exista algo dentro de nosotros que preferiríamos olvidar.
2. Cuando percibimos que algo es invisible, el sueño indica que sólo nos hace falta ser conscientes de la presencia de las imágenes, sin que sea necesario interpretarlas inmediatamente. A veces, una figura, hombre o mujer, que parece ser invisible, puede representar la sombra (véase la introducción de este libro).
3. Espiritualmente, lo invisible es lo indefinido. Se describe a menudo como Dios sin manifestarse, y no puede verse porque no sólo se experimenta mediante la vista.

Inyección
Véase también *jeringa* y *vacuna*
1. Soñar que nos ponen una inyección supone percibir que han penetrado nuestro espacio personal. Quizá el soñador se vea forzado a admitir las opiniones, necesidades o deseos de otras personas, y apenas le quede más opción que cooperar. Cuando soñamos que ponemos una inyección, tal vez intentemos imponernos a otras personas. Por supuesto, el sueño puede tener connotaciones sexuales.
2. Una inyección quizá sea un intento de curarnos o de mejorarnos. Tal vez nos parezca que necesitamos ayuda exterior, para actuar con mejores resultados. Según nuestra actitud hacia la medicina convencional, veremos cooperación o resistencia en el sueño.
3. Espiritualmente, ver que aceptamos una inyección en sueños indica que estamos preparados para crear circunstancias dentro de nosotros que nos ayudarán a avanzar. Un significado más negativo es que la inyección indique placer a corto plazo, más que ganancia a largo plazo.

Ira
1. En un sueño, la ira representa a menudo otras emociones apasionadas. Nos debatimos con el derecho a expresar lo

que nos perturba. Quizá seamos incapaces de expresar emociones adecuadamente durante la vigilia, pero en sueños podamos hacerlo.
2. Nos concedemos permiso para sentir pasión, que podría ser sexual o de otra naturaleza. A menudo, el modo en el que expresamos las emociones en sueños puede informarnos sobre la conducta adecuada en la vida cotidiana.
3. Sufrimos el enojo divino.

Isla
1. Soñar con una isla ilustra la soledad que podemos sentir a causa del aislamiento. Quizá nos parezca que no tenemos contacto con los demás o con las situaciones que nos rodean. Una isla también puede representar seguridad, ya que al aislarnos, dejamos de estar sujetos a presiones externas.
2. De cuando en cuando, todos necesitamos recuperar energía; por ejemplo, soñar con una isla puede ayudarnos a hacerlo o advertirnos de que nos hace falta. Soñar con una isla desierta o con la isla del tesoro indica que podemos ganar algo si estamos solos y exploramos nuestra capacidad de afrontar la situación. En realidad, tal vez actuemos mejor en algún sentido.
3. En sueños, una isla puede significar un retiro espiritual, algún sitio separado del mundo, que nos permitirá contemplar nuestro propio yo espiritual.

Izquierda
Véase *posición*

J

desde jabalí hasta justicia

Jabalí
Véase también *cerdo* en *animales*
2. Debido a su asociación con las fiestas y celebraciones, el jabalí puede representar lujuria y gula.
3. Abundancia y vitalidad. Por asociación con la mitología y las fábulas infantiles, también puede representar el mal.

Jabón
1. En sueños, el jabón sugiere la idea de limpieza. Quizá necesitemos crear un ambiente limpio, tanto con respecto al físico como a la conducta adecuada. A menudo, en sueños sobre sexo, el jabón puede ser una imagen del semen eyaculado.
2. Psicológicamente, el jabón tal vez indique la necesidad de limpiar nuestras acciones. Quizá tengamos la sensación de que cierta experiencia o situación nos ha ensuciado, y la mente, en sueños, nos alerta de que debemos abordarla.
3. Una vez más, desde un punto de vista espiritual, el jabón representa limpieza. Existe una visualización creativa que puede practicarse si sentimos que han invadido nuestro espacio personal. El soñador debería imaginarse frotando las paredes de una habitación tres veces, con objeto de limpiarla, y acordándose de tirar el agua sucia o dejando que desagüe. La primera limpieza es física, la segunda emocional, la tercera espiritual. A continuación, el soñador obtendrá una sensación de claridad.

Jaguar
Véase *animales*

Jamón
Véase *alimentos*

Jardín
Véase también *jardinero*
1. Soñar con un jardín puede ser fascinante, ya que quizá indique el área de

crecimiento en nuestra vida o lo que deseamos cultivar en nosotros mismos. A menudo, representa la vida interior del soñador y todo lo que éste aprecia sobre sí mismo.
2. El jardín suele ser el símbolo de los atributos femeninos y las cualidades silvestres, que necesitan cultivarse y domesticarse para crear orden. Este significado lo poseen, especialmente, los jardines cerrados, que además pueden representar la virginidad.
3. Un jardín puede ilustrar una forma de paraíso, como en el Jardín del Edén. El soñador debería buscar alguna relajación espiritual.

Jardinero
Véase también *jardín*
1. Cuando una persona aparece en nuestro sueño representando cierto papel, es importante examinar su actividad. El jardinero puede representar los conocimientos que hemos acumulado a lo largo de nuestra experiencia vital, así como la sabiduría, pero de determinada clase. A menudo, el jardinero indica alguien en quien podemos confiar, que cuidará de aquellas cosas que no nos sentimos capaces de tratar.
2. Si en un sueño nos encontramos cultivando un jardín, estamos cuidando de nosotros mismos. Alimentamos los aspectos de nuestro ser que hemos atendido cuidadosamente y debemos mantener en orden, para obtener lo mejor de nosotros.
3. Un jardinero nos ayuda a identificarnos con nuestros lados más sabios. Debemos cultivar estos dones de la sabiduría y no permitir que se atrofien.

Jarra
Véase también *jarrón*
1. Una jarra representa, con mucha frecuencia, el principio femenino, quizá algún aspecto de maternidad o conservación que reconocemos en nuestra vida. A menudo, tiene el mismo simbolismo del jarrón, es decir, el recipiente para algo hermoso o necesario.
3. El recipiente del alma.

Jarrón
Véase también *jarra* y *urna*
1. Cualquier recipiente para contener cosas hermosas, como un jarrón, jarra o urna, representa la feminidad en un sueño. Un objeto así también puede simbolizar la creatividad.
2. Un objeto cóncavo, como un jarrón, sugiere a menudo la aceptación y receptividad del lado intuitivo y femenino.
3. La gran madre (véase la introducción de este libro).

Jaula
Véase también *cárcel*
1. La jaula suele representar alguna forma de trampa o cárcel. Soñar que enjaulamos a un animal salvaje nos alerta sobre la necesidad de reprimir nuestros instintos más primitivos. Soñar que nos encontramos en una jaula indica una sensación de frustración y, quizá, de que el pasado nos atrapa.
2. Se nos advierte de que reprimimos demasiado nuestras capacidades ocultas. Quizá dejemos que otros nos contengan de algún modo.
3. Imágenes negativas de la religión o de diferentes creencias.

Jeringa
Véase también *inyección*
1. En sueños, la jeringa u otro instrumento parecido sugiere una consciencia de lo que otras personas pueden influir en nosotros. La interpretación del sueño dependerá de si la jeringa se utiliza para absorber algo o inyectar algo. Por ejem-

plo, una bomba de jardín o un pulverizador pueden sugerir, en sueños, energía masculina o limpieza de contaminación.
2. Soñar con una jeringa puede indicar que, cuando intentamos influir en otras personas, debemos ser conscientes de cómo lo hacemos. Podemos centrarnos en algo y acertar con el lugar adecuado o podemos esparcir, difuminar, nuestro enfoque. Tenemos que ser cuidadosos y no infligir más daño del necesario.
3. La conciencia penetrante puede sugerir un modo especial de acercarnos a nuestro yo espiritual.

Jesús
Véase *imágenes religiosas*

Joven
Véase *arquetipos*

Joyas
Véase también *adorno, anillo, collar* y *piedras preciosas*
1. Las joyas suelen indicar que tenemos (o podemos tener) algo valioso en nuestra vida. Si nos regalan joyas, el sueño sugiere que alguien nos valora; por nuestra parte, regalarlas significa que creemos tener algo valioso para entregar a los otros. Las cualidades que hemos aprendido a apreciar en nosotros a través de experiencias difíciles son las que más fácilmente mostramos a los demás. Asimismo, las joyas pueden representar amor dado o recibido. Si una mujer entrega joyas a un hombre, el sueño suele indicar que se siente atraída por él y quizá pueda ofrecerle su sexualidad y respeto por sí misma.
2. Con mucha frecuencia, las joyas representan nuestros sentimientos acerca de nosotros mismos. Pueden aparecer en un sueño como algo que creemos muy valioso, o bien en forma de algo que reconocemos como falso (por ejemplo, bisutería que imite joyas de valor), lo que nos indica la estima que sentimos por nosotros mismos. También pueden ilustrar qué sienten los demás sobre nosotros.
3. Las joyas representan honor y respeto por uno mismo sin la vanidad habitual.

Jubileo
1. Una época de jubileo representa un comienzo nuevo. En su significado de celebración cada cincuenta años, resulta significativo, ya que es la cuarenta y nueveava parte del ciclo vital; después de siete por siete años, el quincuagésimo año se convierte en sagrado y proporciona un principio nuevo. Soñar con un jubileo o sus celebraciones indicaría un rito de paso, de lo antiguo a lo nuevo.
2. Soñar con un jubileo u ocasión jubilosa puede representar la espontaneidad natural con que saludamos los cambios.
3. Un comienzo sagrado.

Juegos
Véase también *juguete*
1. Cualquier clase de juego en sueños indica que advertimos cómo nos desenvolvemos en el juego de la vida. Si jugamos bien, podríamos suponer que afrontamos correctamente las circunstancias de nuestra vida. Si lo hacemos mal, tal vez tengamos que volver a evaluar nuestras capacidades, e identificar qué aptitudes debemos desarrollar para hacer mejor las cosas. Los juegos pueden representar, además, que no nos tomamos la vida en serio. Asimismo, quizá muestren cómo funcionamos en un campo competitivo, y nos den algún conocimiento sobre nuestra sensación de ganar o perder.
2. Los juegos específicos como fútbol, béisbol, rugby o baloncesto, que son de equipo, representan para muchos la fuerte capacidad de identificación con una *tribu* o un grupo de gente. Al tratarse de

parodias de peleas, pueden emplearse como expresión de agresividad contra otras personas, como antiguamente se establecían guerras y combates locales y tribales. Estos deportes indican cómo obtenemos identidad y nos relacionamos con los demás. En sueños, los juegos que requieren pensamiento y estrategia, como ajedrez o damas, suelen dar idea de cómo deberíamos impulsar una situación (véase *ajedrez*). Quizá haya que tomar decisiones en las que tengamos que evaluar el resultado de nuestra acción y contar con la reacción de nuestro contrincante. Tomar parte en juegos de azar o arriesgarse indica que quizá necesitemos examinar algo de nuestra vida que es, en sentido figurado, una jugada; tal vez tengamos que correr un riesgo, pero de modo que lo hayamos calculado lo mejor posible.
3. Pelea ritual entre dos fuerzas opuestas.

Juez
Véase también *jurado, justicia* y *personas con autoridad* en *personas*
1. Cuando una persona con autoridad aparece en sueños, con frecuencia nos hace evocar la relación con nuestro padre, con la necesidad de que nos digan lo que tenemos que hacer o, quizá, la de que alguien más poderoso que nosotros controle nuestra vida. Puesto que un juez impone las leyes de la sociedad, también tiene que ver con nuestra disposición a someternos a la autoridad, en beneficio del bien común. A través de la vida, aprendemos a pertenecer a grupos y a actuar ajustándonos a las necesidades de éstos.
2. Las personas con autoridad son parte de nuestra formación. Es posible que una parte de nuestro ser sepa mejor qué deberíamos hacer, pero nuestro ser consciente y diario no coopere para mantener esa autoridad interior.

3. La autoridad espiritual, unida al conocimiento espiritual, se representa a menudo en sueños mediante la figura de un juez. Ésta significa que el soñador puede ser susceptible a ambos.

Jugar
Véase *juegos*

Juguete
Véase también *juegos* y *muñeca*
1. Cuando en un sueño aparecen juguetes, quizá seamos conscientes de los niños que nos rodean o del niño que llevamos dentro. Los juguetes destacan nuestro lado creativo, más inocente y juguetón.
2. Acaso necesitemos fijarnos en las clases de juguetes que aparecen en el sueño. A menudo, proporcionan alguna indicación de con qué estamos jugando. Quizá estemos rumiando ideas nuevas o maneras diferentes de relacionarnos con los demás. Asimismo, necesitamos *jugar* más a menudo, relajarnos y divertirnos.
3. Los juguetes que aparecen en sueños tal vez nos alerten sobre la capacidad de crear nuestra propia vida. Así como un niño se imagina a sí mismo creando su propio mundo con sus juguetes, los soñadores podemos hacer lo mismo, como creadores.

Jurado
Véase también *juez* y *justicia*
1. Cuando soñamos con un jurado, normalmente nos preocupa un asunto relacionado con la presión que haya en nuestro entorno. Quizá tambien tengamos miedo de que nuestros semejantes no comprendan nuestras acciones; podrían juzgarnos y encontrarnos deficientes.
2. Si formamos parte de un jurado, depende de las circunstancias del sueño si estamos de acuerdo con el grupo o no. Tal

vez nos parezca que no podemos concordar con la decisión del grupo. Podríamos vernos obligados a decidir por nuestra cuenta y tomar una decisión unilateral. Un sueño así reflejaría probablemente una situación de nuestra vida diaria.
3. A menudo, en el proceso del desarrollo personal, quizá tengamos que emitir juicios que no sean populares. Siempre que nos mantengamos fieles a nuestra verdad interior, no pueden juzgarnos.

Justicia
Véase también *alguacil, juez, jurado* y *personas con autoridad* en *personas*
1. Con frecuencia, en un sueño no parecemos capaces de expresar nuestro derecho a que nos escuchen, a pronunciar lo que creemos que es correcto. Por tanto, soñar con justicia o injusticia puede indicar que la mente inconsciente intenta separar lo bueno de lo malo. Esto suele ser un proceso personal, aunque puede tener implicaciones más amplias sobre lo que es moralmente correcto y la norma dentro de la sociedad.
2. Cuando intentamos equilibrar dos estados o formas de ser diferentes, la figura de la justicia aparece a menudo en sueños. Sirve para advertirnos de que quizá tengamos que emplear adecuadamente nuestros dos lados. Un sueño en que nos llevan ante los tribunales puede significar que debemos prestar atención a nuestras acciones o actitud ante la autoridad.
3. En el progreso espiritual, es preciso que exista un equilibrio entre nuestro yo más espiritual, lo que podría llamarse comportamiento ideal, y el físico. Este equilibrio puede ser difícil de alcanzar y de mantener.

L
desde *laberinto* hasta *luz*

Laberinto
Véase también *dédalo*

1. Desde un punto de vista puramente práctico, el laberinto que aparece en sueños significa la necesidad de explorar el lado oculto de nuestra personalidad. Con sus recovecos, giros y caminos cerrados, se trata de una representación muy poderosa del ser humano. Dentro del laberinto, encontramos y superamos las dificultades de la vida que podrían impedirnos avanzar.

2. Psicológicamente, al emprender nuestro propio viaje heroico, debemos atravesar en algún momento una experiencia laberíntica. Llegamos a ella en el momento en que debemos viajar a las distintas áreas del subconsciente, y asimilar nuestros miedos y dudas, antes de enfrentarnos a nuestra propia sombra (véase la introducción de este libro). Cualquier sueño que nos haga explorar una serie de pasajes subterráneos sugiere el laberinto. Hay quien lo interpreta como una exploración de la feminidad oculta.

3. Espiritualmente, la experiencia del laberinto señala un hito. Es un símbolo del estado de transición entre el mundo físico y el práctico, así como de la comprensión más profunda de toda la humanidad. En cierto tipo de laberinto, la ruta es única, es decir, el camino avanza continuamente y cubre la mayor parte de terreno posible, hasta el centro, de donde vuelve a salir. Otra clase de laberintos se diseñan con la intención de confundir, y tienen bastantes áreas cerradas y caminos sin salida. Representan el avance espiritual, donde hay que averiguar la clave o el código. En el camino hacia el logro, se encuentran y superan muchas dificultades y tribulaciones. Cada persona emprenderá su propia ruta hacia el centro de su existencia.

Laboratorio

1. Soñar que trabajamos en un laboratorio indica que debemos ser más científicos en nuestra actitud hacia la vida. Quizá tengamos algún talento que necesite desarrollarse de manera objetiva, o nos haga falta estimular más nuestra facultad de pensamiento.
2. Un laboratorio puede sugerir una existencia muy ordenada. La interpretación del sueño dependerá de si estamos trabajando en él o somos sujetos de experimentación.
3. Soñar con un laboratorio muestra que debemos evaluar objetivamente lo que ocurre en nuestra vida.

Ladrón
Véase también *intruso, personas* y *robar*

1. Cuando advertimos un ladrón o un intruso en sueños, experimentamos que nuestro espacio privado se viola de alguna forma. Esto puede deberse a causas exteriores o a temores interiores y emociones difíciles. Soñar con un ladrón también puede relacionarse con nuestro temor a perder cosas o que nos las arrebaten. Acaso tengamos miedo de perder amor o posesiones.
2. Si soñamos con el ladrón como intruso, quizá hayamos descuidado un lado de nuestra psique y éste se inmiscuya en nuestra consciencia, necesitado de atención. Por el contrario, podríamos ser conscientes de cierta parte de nuestra parte de nuestra personalidad que puede perder nuestro tiempo y energía en actividades insignificantes y, literalmente, nos robe.
3. El simbolismo del ladrón como intruso es la penetración, física o no. En cualquier caso, el soñador debería examinar las circunstancias que le rodean. Un ladrón espiritual es la parte de nosotros mismos que no tiene respeto por nuestras creencias.

Lagarto
Véase *reptiles* en *animales*

Lago
Véase también *agua* y *piscina*

1. Un lago o laguna representa nuestro mundo interior de sentimiento y fantasía. Se trata del lado inconsciente, que supone una rica fuente de poder cuando se puede acceder a él y comprenderlo. Si el lago está contaminado, hemos absorbido ideas y conceptos que no son necesariamente buenos para nosotros. Una extensión de agua limpia indicaría que hemos aclarado nuestros miedos y sentimientos sobre nosotros mismos.
2. El lago, al que a menudo se considera hogar de la feminidad mágica y los monstruos, representa el lado oscuro de lo femenino. Este tipo de imagen, que aparece claramente en las leyendas sobre el rey Arturo, se presenta en sueños cuando perdemos el miedo de ese lado de nosotros mismos.
3. El inconsciente y la sustancia primordial se representan con frecuencia mediante un lago. El concepto chino de una especie de sopa de la que surgió toda la existencia se relaciona con este lago.

Lágrimas
Véase también *llorar*

1. En sueños, las lágrimas pueden indicar una liberación emocional y una purificación. Si lloramos, quizá no nos sintamos capaces de dejarnos llevar por la emoción en la vida cotidiana, pero podamos hacerlo en el entorno seguro de un sueño. Si soñamos que otra persona se ha deshecho en lágrimas, tal vez nos haga falta revisar nuestra conducta, para ver si es apropiada.
2. Soñar que tenemos los ojos llenos de lágrimas, y despertarnos dándonos cuenta de que estamos llorando de verdad,

sugiere que algún dolor o trauma se ha acercado lo bastante a la superficie para permitirnos tratarlo a nivel consciente.
3. Las lágrimas pueden representar dolor o compasión; este último significado es a menudo el espiritualmente aplicable. Experimentar compasión en un sueño puede volvernos más conscientes de lo necesaria que es en la vida cotidiana.

Lámpara
Véase también *linterna* y *luz*
1. En sueños, una lámpara o una luz puede representar la vida. Acercarse a ella sugiere claridad de percepción, idea que quizá sea un poco anticuada. En su aspecto más práctico, la lámpara significa intelecto y claridad.
2. Una lámpara que aparece en un sueño significa a menudo guía y sabiduría. También puede ilustrar creencias que se mantenían anteriormente y tal vez haya que actualizar.
3. Espiritualmente, la lámpara puede sugerir la idea de una luz personal en la oscuridad. El ermitaño del tarot lo demuestra, cuando necesita ser capaz de avanzar a pesar de la oscuridad que le rodea. La lámpara también puede significar luz divina e inmortalidad.

Lana
Véase también *tejer* y *vellón*
1. La interpretación de la lana en un sueño depende de si vemos lana de cordero o de tejer. La lana de cordero podría ilustrar pensamientos y sentimientos confusos. Aún no hemos aclarado nuestras ideas.
2. Desde tiempos antiguos, la lana ha representado siempre calidez y protección. Hoy día, sugiere sobre todo dulzura y maternidad.
3. La lana simboliza la protección espiritual.

Lanceta
Véase *lanza*

Lancha de salvamento
Véase también *mar* en *agua*
1. Soñar con una lancha de salvamento podría indicar la sensación de que necesitamos que nos rescaten, probablemente de nuestros propios errores o de circunstancias que escapan a nuestro control. Si estamos al timón de un barco de salvamento, aún controlamos nuestra vida, pero tal vez seamos conscientes de que debemos ofrecer ayuda a otra persona. Puesto que el mar suele representar emociones profundas, en sueños una lancha de este tipo quizá sea de ayuda para manejarlas.
2. Como una lancha de salvamento requiere dedicación por parte de los miembros de la tripulación, quizá se nos advierta en el sueño que tal dedicación altruista es necesaria en nuestra vida. También es posible que se nos alerte sobre el grado de habilidad que nos hace falta para navegar por las dificultades de la vida.
3. Espiritualmente, sólo podemos ser rescatados por conocimiento y sabiduría superiores. Siempre existen riesgos cuando emprendemos una tarea difícil.

Langosta
Véase también *insectos* y *plaga*
1. La imagen de una plaga de langostas está tan arraigada en el pensamiento occidental, que incluso en sueños significa castigo por alguna fechoría.
2. Como insecto volador, la langosta puede indicar pensamientos dispersos y conceptos que no se han elaborado o encaminado. El grupo de insectos quizá sea un instrumento muy poderoso, pero es preciso manejarlo acertadamente.
3. Desde un punto de vista espiritual, las langostas simbolizan el castigo divino, aunque también un mal uso de los recursos.

Lanza
Véase también *armas*
1. La lanza tiene muchos significados. En sueños, representa la masculinidad, debido a su forma fálica, la fuerza que da vida; el poder masculino y, a veces, el acto sexual. Ver un guerrero con una lanza supone reconocer al macho agresivo. Clavar una lanza en el suelo sugiere que marcamos nuestro territorio. Si la arrojamos, quizá nos haga falta percatarnos de nuestros aspectos más primitivos.
2. Psicológicamente, la lanza es nuestro lado fértil y enérgico. Sin que importe el sexo del soñador, nos permite ser conscientes de que es necesario eliminar las tonterías e ir directos al grano. Una lanceta, el instrumento quirúrgico, también es penetrante, pero tiene connotaciones curativas, ya que su función es librarnos de lo negativo. Quizá tengamos que actuar con brevedad y contundencia para mejorar una situación.
3. Espiritualmente, la lanza significa franqueza y honor, así como una imagen fálica de poder solar.

Lápiz
Véase también *tinta*
1. Cuando en sueños aparece un lápiz, bolígrafo o pluma, expresamos o reconocemos la necesidad de comunicarnos con otras personas. Si el bolígrafo no funciona, no comprendemos cierta información que nos han proporcionado. Si no podemos encontrar uno, no tenemos información suficiente para proseguir con un aspecto de nuestra vida.
2. Todos tenemos capacidad de aprender, pero necesitamos algún medio para transmitir nuestro aprendizaje a otras personas. Un bolígrafo tal vez indique conocimientos más permanentes que si empleamos un lápiz.
3. El poder de transcribir conocimientos espirituales y mantener registros de tal información es parte necesaria del desarrollo. Soñar con un bolígrafo o lápiz quizá sugiera que podríamos intentar la escritura automática.

Látigo
1. El látigo es un instrumento de tortura. Si aparece en sueños, indica que el soñador necesita o bien controlar a otros, o bien que lo controlen a él. Quizá intentemos dominar mediante el uso del dolor, ya sea físico o emocional.
2. Como el látigo sirve para castigar, debemos ser conscientes de que, al intentar forzar que las cosas ocurran, tal vez nos estemos creando problemas.
3. Un látigo sugiere castigo correctivo y flagelación de uno mismo.

Laurel
1. Hoy en día, es menos probable que el laurel aparezca en los sueños, a menos que el soñador sea jardinero o tenga conocimientos de simbolismo, pero antiguamente, este árbol representaba cierta clase de éxito. Al tratarse de un árbol difícil de cultivar, simbolizaba el triunfo sobre las dificultades.
2. La corona de laurel se utiliza a menudo para indicar triunfo y victoria, por lo que es un reconocimiento del éxito. Sugiere asimismo inmortalidad.
3. El laurel significa castidad y eternidad.

Lava
Véase *volcán*

Lavar
Véase también *agua*
1. Soñar que nos bañamos o que lavamos ropa, por ejemplo, sugiere que nos liberamos de sentimientos negativos. Tal vez nos haga falta cambiar de actitud, inte-

rior o exteriormente. Lavar a otras personas se relaciona con nuestra necesidad de cuidar a los demás.
2. Puesto que el agua es símbolo de emociones y del inconsciente, lavar supone alcanzar una relación con nuestro ser emocional y tratar adecuadamente los resultados.
3. Quizá haga falta una limpieza espiritual, para conservar la integridad del soñador.

Lazo
Véase también *colgar, cordón, cuerda* **y** *soga*
1. Soñar con lazos puede relacionarse con las ataduras que se establecen en ciertas situaciones y relaciones. Según el soñador se sienta atado o ate, podría sugerirse sumisión a una fuerza superior. Un lazo, como trampa, sugiere que tememos vernos atrapados, quizá por las acciones de otros. Advertimos que podemos crear una trampa para nosotros mismos, tal vez hasta el punto de sentir la cuerda alrededor del cuello. Tradicionalmente, la imagen de una soga con un nudo corredizo era una amenaza de muerte, significado que puede mantenerse en los sueños. Como siempre, la muerte puede referirse a una parte de nuestra personalidad.
2. Si nos sentimos amarrados, atados o encadenados, el sueño quizá indique la posibilidad de que nuestro yo emocional esté fuera de control. Por otra parte, un lazo, como el arnés, el ronzal y otros símbolos de contención, sugiere la doma de algo salvaje. Por ejemplo, si un hombre joven que esté a punto de casarse sueña con un lazo, quizá tenga miedo de verse excesivamente constreñido. Para una mujer joven que desee marcharse de casa, podría representar el miedo de verse atrapada en el hogar familiar. Un lazo también puede implicar un impedimento para expresarnos libremente.
3. En su significado más básico, un lazo simboliza una muerte traumática. En un sentido más complejo, puede representar cómo se ata el propósito espiritual, cómo se domina la energía espiritual. El cordón de plata.

Leche
Véase *alimentos*

Leer
Véase también *libro* **y** *novela*
1. Leer un libro en sueños sugiere que buscamos información. Leer una carta significa recibir noticias. Si se trata de una lista, por ejemplo, la lista de la compra, ésta indica la necesidad de guardar cierto orden en nuestra vida. Soñar que leemos la Biblia u otro libro sagrado supone un intento de comprender un sistema de creencias.
2. Hasta hace muy poco, el único modo de registrar los acontecimientos era escribirlos. Leer es una actividad que nos ayuda a rescatar las cosas de la memoria, ya sea la nuestra o colectiva. Advertir que leemos una novela es comenzar a comprender nuestra necesidad de fantasía. Una lectura psíquica trabaja a menudo con muchas imágenes básicas de los sueños. Soñar con una lectura así sugiere que nos hace falta comprendernos a nosotros mismos con mayor profundidad.
3. La lectura, o encontrarse en una biblioteca, aparece en los sueños como una forma de realización espiritual.

Lengua
Véase *cuerpo*

Lente
Véase también *gafas* **y** *lupa*

1. Así como en la vida cotidiana una lente sirve para enfocar, en sueños puede representar que debemos percibir algo con mucha claridad.
2. Cuando una lente aparece en sueños, tenemos que asegurarnos de si agranda el objeto observado o lo intensifica. Sólo se puede hacer una interpretación adecuada según las demás circunstancias del sueño.
3. Claridad visionaria.

León
Véase también *animales*
1. En sueños, el león significa crueldad y fuerza.
2. Desde un punto de vista psicológico, el león representa todas las cualidades que muestra: majestad, fuerza, orgullo, valentía, etcétera. Es más fácil reconocer la necesidad de tales cualidades en nosotros mismos cuando se simbolizan en otro ser.
3. Espiritualmente, el león simboliza los atributos que pertenecen al principio de fiereza. Se trata de una imagen ambivalente, ya que denota tanto el bien como el mal. Desempeña un papel en el reconocimiento de los cuatro elementos: fuego, tierra, aire y agua, de los que representa el primero.

Leopardo
Véase *animales*

Leproso
Véase también *enfermedad*
1. Soñar con un leproso sugiere que percibimos algún aspecto de nosotros mismos como impuro. Quizá nos parezca que la sociedad nos rechaza, sin saber muy bien por qué. Asimismo, es posible que nos sintamos contaminados de algún modo.
2. Si cuidamos a un leproso, debemos atender a los aspectos de nosotros mismos que consideramos impuros, en vez de deshacernos de ellos. Si el leproso nos ofrece algo, tal vez tengamos que aprender una lección de humildad.
3. Espiritualmente, un leproso en sueños quizá suponga que debemos abordar un dilema moral, que nos aparta de la compasión y el cuidado.

Levadura
1. La levadura se interpreta como una sustancia que aligera los alimentos y los convierte en agradables, si bien al mismo tiempo altera su esencia y textura. En sueños, representa ideas o influencias que pueden cambiar irrevocablemente nuestra vida o cierta situación, a menudo para bien.
2. La fermentación de la levadura la convierte en símbolo de crecimiento y amor incondicional.
3. La levadura puede simbolizar crecimiento sostenido hacia la realización y la belleza del amor natural.

Libélula
1. Soñar con una libélula supone apreciar la necesidad de libertad, aunque también admitir que ésta puede existir por poco tiempo.
2. Quizá estemos persiguiendo un sueño, pero sin centrarnos de verdad en lo que queremos obtener de la vida. Nuestras reacciones son más instintivas que lógicas.
3. Aunque la existencia física de la libélula es breve, simboliza inmortalidad y regeneración.

Libro
Véase también *leer* **y** *novela*
1. Nuestra búsqueda de conocimientos, así como la aptitud para aprender de experiencias y opiniones ajenas, se representan a menudo en los sueños median-

te libros y bibliotecas. Soñar con libros antiguos representa sabiduría heredada y consciencia espiritual. Los libros de contabilidad indican la necesidad o capacidad de cuidar de nuestros recursos.
2. Intelectualmente, en el sueño buscamos métodos para ayudarnos a manejar lo que ocurre en nuestra vida.
3. Un libro, sobre todo uno sagrado como la Biblia o el Corán, significa conocimientos ocultos o sagrados. Soñar con uno puede representar nuestra necesidad de penetrar en los ámbitos del conocimiento sagrado, o bien de asegurarnos de que avanzamos en la dirección correcta.

Liebre
Véase *animales*

Límite
Véase también *borde, frontera* **y** *línea*
1. Un límite puede aparecer de modos muy distintos en un sueño. Si nuestra atención se centra en el límite o borde de algún objeto, esto puede indicar transformaciones que produciremos en el mundo material. Encontrarnos en el límite entre dos países mostraría la necesidad de cambios drásticos en la vida, quizá mudarnos a vivir a otro sitio.
2. Psicológicamente, tal vez necesitemos cambios decisivos en nuestra manera de pensar y sentir.
3. El sueño supone encontrar un aspecto distinto del yo y, por tanto, una experiencia nueva en la vida. El soñador necesita decidir si el momento es adecuado para *cruzar el límite*.

Limón
Véase *fruta*

Lince
Véase *animales*

Línea
Véase también *límite* **y** *línea torcida*
1. En sueños, una línea suele señalar un límite o expresar una medición. Asimismo, puede significar un enlace entre dos objetos, para mostrar una relación que no es visible inmediatamente. Una fila o cola de personas sugeriría un orden impuesto, con un objetivo determinado. Si el soñador está esperando en la cola, dicho objetivo será importante.
2. Psicológicamente, tendemos a necesitar fronteras o líneas de demarcación, límites que pueden aparecer simbolizados en los sueños de formas que quizá serían imposibles en la vida cotidiana. Por ejemplo, saltar una línea acaso sugiera que somos lo bastante valientes como para afrontar riesgos. Una fila de objetos podría mostrar las alternativas que se nos ofrecen.
3. Desde una perspectiva espiritual, una línea que aparece en sueños quizá tenga un significado muy importante. La línea recta puede representar el tiempo y la capacidad de avanzar y retroceder. Si es horizontal, la línea es el mundo terrenal y el punto de vista pasivo; si es vertical, se trata del mundo espiritual, el aspecto activo y el eje cósmico.

Línea torcida
Véase también *línea*
1. Cuando una línea aparece torcida en sueños, normalmente necesitamos registrar la rareza, lo que se encuentra desequilibrado o estropeado. Quizá haya cierta falta de sinceridad en nuestro trato con los demás. Podría tratarse de cualquier clase de línea, como una cola de personas, una fila de coches, etcétera.
2. Debemos reconocer que podemos desviarnos de la verdad y la franqueza.
3. En un sentido espiritual, desviarse de la norma puede consistir en apartarse de

las normas que hemos fijado nosotros mismos. Si somos conscientes de esto desde el punto de vista espiritual, una línea torcida aparecerá con frecuencia en sueños.

Lino
Véase también *hilar*
1. Desde un punto de vista práctico, el lino que aparece en sueños puede sugerir aprecio por las cosas bellas. Por ejemplo, los manteles de lino podrían indicar algún tipo de celebración, en la que se saca lo mejor. Unas sábanas de lino quizá significaran sensualidad.
2. En el mundo actual, cuando todo se hace lo más rápida y fácilmente posible, el lino tal vez ilustre un ritmo lento y un cuidado que nos permitiría apreciar mejor la vida.
3. Espiritualmente, el lino fino significa pureza y rectitud. Fue la tela que se empleó para envolver a Cristo en la tumba, por lo que sugiere reverencia y amor.

Linterna
1. En sueños, una linterna puede representar confianza en uno mismo. Además, podría sugerir que necesitamos ser capaces de avanzar, pero al mismo tiempo, llevar nuestra propia luz.
2. Una linterna puede emplearse no sólo para nosotros, sino también para otras personas. Soñar con una muestra que sentimos la confianza suficiente para comprender que, gracias a nuestros conocimientos, podemos contemplar el camino que nos espera.
3. Quizá sintamos que nos hace falta alguna guía espiritual, lo que a veces puede simbolizarse mediante una linterna.

Líquido
1. Los líquidos que aparecen en sueños pueden tener más de un significado. Como siempre se relacionan con su capacidad de correr, quizá representen la idea de permitir a los sentimientos que fluyan adecuadamente. Tal vez el color del líquido del sueño sea importante (véase *colores*), ya que puede proporcionar una indicación de cuáles son los verdaderos sentimientos y emociones que se tratan. El rojo quizá simbolizara ira, mientras que el violeta podría significar aspiración espiritual.
2. Cuando en un sueño algo es inesperadamente líquido, debemos ser conscientes de que, en la vida cotidiana, nos encontramos en una situación que quizá no permanezca estable. En ese momento, debemos estar dispuestos a dejarnos llevar por la corriente, para sacar el máximo partido del potencial que encierra la situación. Por otra parte, uno de los símbolos del líquido es la liquidez económica, es decir, darnos cuenta de nuestros bienes o posesiones, a nivel físico o emocional.
3. Un símbolo importante en el desarrollo espiritual es el líquido dorado, que puede representar poder y energía.

Lirio
Véase *flores*

Llama
Véase *fuego*

Llamar a la puerta
1. Oír en sueños cómo llaman a la puerta suele advertirnos de que es necesario volver a centrar la atención. Es posible que estemos demasiado concentrados en una parte de nuestra personalidad. Por ejemplo, tal vez seamos demasiado introvertidos, cuando en realidad nos haría falta prestar más atención a los acontecimientos exteriores.
2. Si estamos llamando a una puerta durante un sueño, quizá queramos for-

mar parte de la vida de otra persona. Esperamos que nos concedan permiso antes de avanzar.
3. Nuestro yo espiritual nos da permiso para proseguir el actual viaje espiritual.

Llave
Véase también *candado, cárcel, cerradura* **y** *ojo de la cerradura*
1. Las llaves aparecen con frecuencia en los sueños. Representan actitudes, pensamientos y sentimientos nuevos, capaces de abrir recuerdos, experiencias y conocimientos que hayamos ocultado anteriormente. Soñar con un manojo de llaves sugiere que nos hace falta abrir toda nuestra personalidad a experiencias nuevas.
2. Cuando nos sentimos atrapados, la llave de la libertad puede aparecer como por arte de magia. Tenemos en nuestro interior muchas respuestas a las dificultades, aunque a menudo necesitamos un símbolo mundano y ordinario para activar nuestra capacidad de encontrar soluciones.
3. Una llave puede representar la necesidad que el soñador siente de liberarse, en una situación tensa, y de iniciar una acción positiva. Las llaves de plata y oro simbolizan, respectivamente, el poder temporal y el espiritual.

Llevar
1. Darnos cuenta de que llevamos un objeto sugiere que debemos examinar lo que se acepta como una carga o una dificultad. Si soñamos que nos llevan, quizá tengamos la impresión de que necesitamos apoyo.
2. Soñar que llevamos a otra persona indica que quizá aceptemos la responsabilidad por otros, y que esta obligación es una carga.
3. Cuando estamos dispuestos a llevar algo, asumimos responsabilidad espiritual.

Llorar
Véase también *luto*
1. Llorar sugiere emoción o pena irresistible, por lo que si experimentamos que lloramos o lo hacen los demás, se indica que hace falta descargar dicha emoción. Quizá estemos tristes sobre acontecimientos del pasado o temerosos de avanzar hacia el futuro. También vale la pena examinar cómo lloramos. ¿Sollozamos y, por tanto, no podemos expresarnos por completo? Tal vez estemos creando dificultades dentro de nosotros mismos, que nos permitan expresar los sentimientos que hemos encerrado.
2. Algo que exuda humedad, de modo que parezca que llora, se considera a menudo milagroso. Un sueño así puede aparecer con frecuencia durante las etapas de transición, mientras nos desplazamos de un estado de consciencia a otro. El exceso de energía también puede simbolizarse mediante un árbol llorón u otra imagen parecida.
3. Llorar sugiere que lamentamos alguna cualidad espiritual que hemos perdido.

Lluvia
Véase también *tiempo atmosférico*
1. El significado más elemental de la lluvia es el de lágrimas y liberación emocional. Quizá hayamos estado deprimidos, sin posibilidad de descargar nuestros sentimientos en la vida diaria. En sueños, la lluvia supone, con frecuencia, la primera indicación de que podemos dejarnos llevar.
2. En el sueño de una mujer, la lluvia puede sugerir el acto sexual. También puede tener un significado más universal, como advertir el potencial de un grupo. Todos deberíamos ser capaces de aprovechar la fertilidad que puede proporcionar la lluvia.

3. Debido a su origen celestial, la lluvia simboliza la bendición divina y la revelación.

Lobo
Véase *animales*

Locura
1. Cuando en un sueño nos enfrentamos a la locura, a menudo topamos con los lados de nosotros mismos que aún no se han integrado en la situación actual. Contemplamos una parte de nosotros que está fuera de control y que, en ciertas condiciones, puede ser aterradora.
2. Estar loco en un sueño representa los aspectos incontrolables de la emoción extremada. Si percibimos nuestras diferencias con otras personas, que nos toman por locos por su causa, no nos integramos por completo en la sociedad o en el grupo al que pertenecemos.
3. La locura también puede traducirse en sentimientos de éxtasis.

Lombriz
Véase también *gusano*
1. En el contexto adecuado, las lombrices que aparecen en sueños pueden representar los sentimientos que nos produce la muerte. Si un pescador utiliza lombrices, las interpretaríamos como poder y energía, pero si otra persona las emplease, quizá habría que pensar en un uso desagradable.
2. Las lombrices también pueden representar impurezas en el cuerpo y la sensación de que algo nos consume. Quizá nos parezca que tenemos algo dentro del cuerpo, como una idea o sentimiento, que es extraño a nosotros y, por tanto, puede dominarnos y superarnos.
3. En sueños, las lombrices pueden reflejar los miedos sobre la muerte y la enfermedad.

Loro
Véase *pájaros*

Lotería
1. Una lotería, sobre todo actualmente, sugiere la idea de ganar después de correr un riesgo. Soñar que ganamos en una lotería indicaría que hemos sido afortunados o listos en la vigilia. Soñar que perdemos podría suponer que otra persona dirige nuestro destino.
2. Una lotería puede ilustrar toda clase de sistemas de creencias, unos válidos y otros no. La idea de selección al azar, sobre todo si ésta es mecánica, se relaciona con la creencia en un universo mecánico. La lotería también denota nuestra actitud ante la avaricia, la pobreza y el hecho de ganar gracias a la suerte y no al esfuerzo.
3. Espiritualmente, la lotería representa la capacidad de correr riesgos, de confiar en el destino más que en el buen juicio.

Lugar de destino
Véase también *lugares* y *viajes*
1. Es muy corriente soñar que procuramos llegar a un lugar determinado, lo que suele indicar ambición y deseo conscientes. Si no conocemos el lugar, quizá avancemos hacia territorio desconocido o intentemos algo nuevo y distinto.
2. Soñar con lugares de destino exóticos y lejanos podría indicar nuestra necesidad de estímulos o las esperanzas que tengamos con respecto al futuro.
3. Un objetivo o aspiración espiritual se simboliza en sueños cuando sabemos cuál es nuestro destino.

Lugares
Véase también *campo, lugar de destino* y *naturaleza*
1. Cuando nos fijamos especialmente en el entorno o situación de un sueño, éste

suele contener algún tipo de mensaje o de información. A veces, el lugar refleja nuestro estado de ánimo o mental. Quizá nos recuerde un sitio en particular que fue significativo en determinado momento de la vida del soñador; otras veces, puede hacernos evocar personas.

2. Interpretar el simbolismo de ciertos lugares nos proporciona una pista sobre nuestro propio paisaje interior. A continuación, describimos varios ejemplos: el país donde el sueño tiene lugar quizá tenga ecos para el soñador. Por ejemplo, para la mayoría de las personas, Estados Unidos evocará una cultura más bien expeditiva y orientada a los negocios, Inglaterra suele verse como inhibida y cumplidora, Francia representa la masculinidad temperamental, etcétera (véase *extranjero*).

Un lugar que se vuelve fértil o más agradable durante el sueño indica un aspecto que el soñador había pasado por alto o había encontrado desagradable, y que ahora ha aumentado sus posibilidades, probablemente para el desarrollo espiritual. Los paisajes desolados y áridos, o tranquilos y favorables, podrían referirse a la perspectiva subjetiva que el soñador tiene sobre el mundo.

El campo puede sugerir un estado de ánimo particular, especialmente de libertad. Un sitio alegre y soleado sugiere diversión y vivacidad, mientras que un escenario oscuro, sombrío y tenebroso indica desánimo y tristeza. Los lugares oscuros pueden representar el inconsciente. Un lugar especialmente bello quizá nos permita fantasear, para emplear mejor la visualización creativa. Las selvas se relacionan con el laberinto y las maneras de comprender nuestra sexualidad. Si un sitio nos parece agobiante, quizá haya sido un santuario, pero ya no lo es. Un lugar cubierto ofrece paz y seguridad. Los espacios abiertos nos ofrecen libertad de movimientos.

Las escenas compuestas de muchas imágenes reconocibles por el soñador suelen llamar la atención sobre cualidades, ideas y actitudes determinadas, que intensifican la información contenida en el sueño; además, quizá supongan ciertas evocaciones o se hayan incluido debido a asociaciones que el soñador encuentra con frecuencia.

Los lugares desconocidos sugieren aspectos de nosotros mismos que no advertimos conscientemente. Un ámbito extraño puede representar aspectos nuevos de la personalidad que aún no han aflorado completamente a la consciencia. Un sitio que parece familiar, pero que desconocemos, ilustra una situación que revivimos continuamente en nuestra vida. Un espacio familiar nos hará evocar la infancia o una época de aprendizaje. El lugar de nacimiento del soñador representa un espacio seguro.

3. En el sentido que damos a *lugar* como *punto*, los sitios que aparecen en sueños nos permiten orientarnos, para aprovechar lo más posible la información que recibimos.

Luna
Véase también *planeta*

1. La luna siempre ha representado el yo emocional y femenino. Simboliza la intuición, la psique, el amor y el romanticismo. Por tanto, soñar con ella supone estar en contacto con nuestro lado oscuro y misterioso. Con frecuencia, en sueños la luna también puede representar a nuestra madre o a la relación que tenemos con ella.

2. Siempre se ha sabido que la luna tiene un efecto psicológico sobre el ser humano. En época pagana, se sugería que regulaba las emociones de los hombres

y guardaba la intuición de la mujer, simbolismo que hoy aún se mantiene. Cuando aparece la luna en el sueño de un hombre, éste debe asimilar bien su lado intuitivo o bien su temor a las mujeres. En el sueño de una mujer, la luna suele indicar sus relaciones con otras mujeres, a través de su intuición colectiva.
3. La gran madre, el lado oscuro y desconocido del yo, se representa mediante la luna. También simboliza lo inalcanzable.

Lupa
Véase también *lente*
1. Cuando algo se agranda en sueños, se pretende que fijemos nuestra atención en ello. Emplear una lupa indica que deberíamos traer a la consciencia lo que contemplamos en el sueño. Es preciso convertirlo en parte de la vida cotidiana; además, podemos crear algo a partir del material que tenemos.
2. Si nos damos cuenta de que lo importante es la lupa en sí, no lo que examinamos, reconocemos nuestras propias aptitudes, nuestro poder dentro de cierta situación.
3. Hacer que se manifieste la espiritualidad significaría, al principio, ser más conscientes de nuestras propias acciones. Debemos examinarnos minuciosamente.

Luto
Véase también *funeral, llorar* y *velar*
1. El luto es un proceso importante que se presenta de muchas formas. No sólo lamentamos la muerte, sino también el final de una relación o de una época determinada de nuestra vida. Puesto que a veces el luto o la lamentación se consideran inadecuados en la vida de vigilia, aparecen a menudo en sueños como forma de alivio o liberación.
2. En muchas culturas, menos reprimidas emocionalmente que la nuestra, el periodo de luto se contempla como un modo de ayudar al alma que parte a seguir su camino. En sueños, quizá encontremos que nos ayudamos a crear un comienzo nuevo, mediante nuestra pena por el antiguo. Psicológicamente, necesitamos una temporada de adaptación cuando hemos perdido algo, y necesitamos lamentarnos tanto por nosotros mismos como por lo que nos falta.
3. Dolor. Quizá necesitemos examinar cómo abordamos la pena, tanto desde una perspectiva física, como espiritual.

Luz
Véase también *lámpara, linterna* y *reflector*
1. En un sueño, la luz suele significar iluminación. Por ejemplo, «la luz al final del túnel» sugiere que llegamos al término de un proyecto difícil. «Ver la luz» supone reconocer los resultados de las acciones.
2. Cuando la luz aparece en sueños, normalmente estamos intentando mejorar cómo somos. Una luz muy brillante simboliza a menudo el desarrollo de la intuición o el conocimiento. Varias técnicas, que utilizan velas y otras fuentes luminosas, pueden utilizarse durante la vigilia para mejorar esta facultad.
3. Espiritualmente, en sueños una luz brillante significa la manifestación de la divinidad, la verdad o el conocimiento directo. Con frecuencia, este conocimiento va más allá de la forma, por lo que aparece como energía que la mente traduce como luz.

M

desde *madera* hasta *muslo*

Madera
Véase también *árbol* y *tablón*
1. Soñar con madera, por ejemplo en forma de troncos, sugiere nuestra aptitud para apreciar el pasado y construir sobre lo que ya ha ocurrido. Somos capaces de edificar una estructura, que puede ser permanente o no. Soñar con un juguete de madera destaca la relación con nuestro lado más natural.
2. Cuando nuestra conducta se vuelve rígida, como la parte leñosa de una planta, a menudo los sueños intentan alertarnos de ello y advertirnos de que es necesario equilibrar nuestros sentimientos.

Madre
Véase *arquetipos* y *familia*

Maestro
Véase también *colegio* y *educación*
1. Para muchas personas, un maestro es la primera persona con autoridad que conocen fuera de la familia. Esta persona ejerce un efecto profundo sobre el niño, que con frecuencia sueña con ella pasados los años. Los maestros también pueden producir conflictos, si las opiniones que expresan son muy diferentes de las que el alumno escucha en casa. Quizá haya que resolverlos en años posteriores, mediante los sueños.
2. Cuando buscamos una guía de conducta, el *animus* o *anima* puede presentarse en los sueños con la figura de un profesor. Con frecuencia, se trata de un tutor o director; alguien *más capacitado*.
3. Cuando alguien está preparado para ello, suele aparecer un maestro espiritual, en sueños o en persona. Un antiguo refrán asegura que «cuando el alumno esté listo, entonces llegará el maestro». A menudo, éste no aparecerá como una anciana ni como un anciano sabio, sino como una persona adecuada al grado de entendimiento del soñador.

Magia

1. Si en un sueño utilizamos la magia, estamos dedicando energías a alcanzar algo sin esfuerzos ni dificultades. Podemos controlar la situación en la que nos encontramos, dejar que las cosas sucedan sin nuestra intervención y crear lo que queramos a partir de nuestras necesidades y deseos.
2. Psicológicamente, cuando la magia aparece en sueños, se relaciona con nuestra capacidad de recurrir a nuestros poderes más profundos. Puede tratarse de poderes de sexualidad, de control o de influencia sobre nuestro entorno.
3. La magia siempre ha resultado atractiva. Quizá se deba al misterio que la rodea y a la idea de algo que se encuentra más allá de nuestra comprensión.

Mal
Véase también *malo*

1. Experimentar el mal en sueños suele suponer que somos conscientes de nuestros propios impulsos, que hemos juzgado como incorrectos. Otros aspectos del mal, como acciones inadecuadas de otras personas, pueden vivirse como horror y desagrado.
2. El mal es aquello que no puede explicarse; cualquier acción violenta puede interpretarse como maligna. También la oscuridad puede verse así.
3. Por asociación, el mal va acompañado del diablo.

Malas hierbas
Véase también *ortiga, plantas y vegetación*

1. Normalmente, las malas hierbas crecen en terreno sin aprovechar, lo que forma parte de su simbolismo en los sueños. Quizá indiquen confianza depositada equivocadamente, energía desaprovechada o, incluso, intentos mal dirigidos de alcanzar algo. Todos ellos no contribuyen mucho a nuestra vida y, si se deja que se expandan o crezcan en exceso, pueden frenar nuestro crecimiento positivo. Arrancar malas hierbas en un sueño indicaría nuestra consciencia de que, liberando la vida de lo superfluo, creamos espacio para crecimiento y capacidades nuevas.
2. Las actitudes mentales que nos bloquean y no nos permiten avanzar, así como las antiguas normas de conducta, pueden aparecer con frecuencia en sueños como malas hierbas. Tal vez tengamos que decidir cuáles de estas hierbas podrían ser útiles, es decir, podrían convertirse en abono, llevarse a otro lugar y emplearse para contribuir a un crecimiento positivo, o cuáles es necesario destruir. A menudo, las plantas silvestres tienen propiedades curativas, que pueden utilizarse para mejorar nuestra vida. Por ejemplo, una infusión de diente de león es un diurético natural, y los sueños pueden decirnos frecuentemente qué nos hace falta.
3. Las malas hierbas, debido a sus cualidades irritantes y lo que cuesta erradicarlas, simbolizan las dificultades espirituales.

Maletas
Véase también *equipaje*

1. En sueños, las maletas simbolizan lo que creemos necesario para seguir adelante. Tal vez se trate de los hábitos y emociones que nos han ayudado anteriormente, pero que ahora pueden reevaluarse antes de volverse a *empaquetar*.
2. Cuando las maletas aparecen como símbolo en sueños, tal vez tengamos que mirar si son nuestras o de otra persona. Si son nuestras, significan los criterios, actitudes y comportamientos que hemos traído del pasado. Si son de otro, quizá

estemos contemplando conceptos familiares o universales que ya no son útiles para nosotros.
3. Espiritualmente, si queremos viajar *ligeros,* con frecuencia tenemos que encontrar un modo de desembarazarnos del exceso. Las maletas que aparecen en sueños pueden ayudarnos a verlo así.

Malo
Véase también *mal*
1. Cuando soñamos con algo malo, se nos advierte de que ahora el objeto del sueño es inútil o defectuoso. Sentirse malo puede tener dos significados: uno, ser malintencionado, y otro, no encontrarse bien. De algún modo, estamos desequilibrados.
2. Nuestros procesos de pensamiento están corrompidos. Si soñamos con alimentos en mal estado, no cuidamos suficientemente de nuestras necesidades interiores. Un mal olor en sueños podría significar que nuestro entorno no nos apoya.
3. Reconocimiento del mal a través de algo malo.

Mamar
Véase *chupar*

Maná
1. El maná representa alimento, por lo que tiene el mismo significado que el pan. Se trata de un alimento para el alma que resulta milagroso de algún modo. Si aparece en un sueño, suele representar la capacidad que tenemos para transformar algo ordinario en sagrado.
2. Cuando buscamos algo, quizá cambiar nuestra vida en algún aspecto, necesitamos con frecuencia ayuda exterior, si nuestras circunstancias van mal y nos sentimos rodeados de dificultades. El simbolismo del maná, del pan milagroso que aparece, nos hace darnos cuenta de que, en realidad, podemos seguir adelante. Esta representación de lo extraordinario aparece en muchas religiones, por lo que ilustra el aspecto de nosotros mismos que se relaciona con la divinidad.
3. El maná lleva implícita la gracia de Dios y su bondad. Estamos en el lugar adecuado, en el momento adecuado y por las razones adecuadas.

Mandala
Véase también *mosaico*
1. El mandala es una forma sagrada, tan poderosa que se encuentra, de una forma u otra, en la mayoría de las religiones. Normalmente, se trata de un círculo que contiene un cuadrado, con un símbolo central que representa el conjunto de la vida. Se utiliza, sobre todo, como ayuda para la meditación. El principio es que uno viaja desde el círculo exterior, que figura la totalidad de la existencia, a través de la creación de la materia, el cuadrado, hacia el centro de la existencia, el símbolo central. Por último, uno retrocede hasta volver a su sitio en la existencia material. A menudo, se traza conscientemente como una estrella de ocho puntas y representa las aspiraciones y cargas del hombre. En sueños aparece frecuentemente con esta forma, y puede convertirse en un símbolo personal del viaje del caos al orden. También se ha encontrado que, en un proceso de curación, el símbolo aparecerá una y otra vez. Se ve sobre todo en las religiones orientales, a menudo como dibujos o estampados muy adornados.
2. Jung consideraba esta figura una parte importante de la integridad psicológica; veía el mandala (palabra que significa «círculo») como una expresión arquetípica del alma. Esta figura aparece con frecuencia en sueños, sin que el soñador sepa lo que representa. Sólo cuando

se dibuja después, se reconoce como un mandala. Esto sugeriría que es una expresión verdadera de la individualidad del soñador y de su relación con la unidad, lo que él considere que sea ésta.
3. Cuando se comprenden el ego y la individualidad, el alma busca la representación. La expresión de integridad y, al mismo tiempo, la separación que posee esta figura nos transporta a un espacio que nos permite crear un concepto completamente nuevo de los principios de la existencia. A menudo, al crear y recrear esta figura, avanzamos y experimentamos una totalidad y tranquilidad que no podríamos obtener de otro modo. La forma, el número de lados y los colores del mandala serán significativos (véase *colores, formas* y *números*). El mandala que aparece en sueños puede convertirse en un indicador del progreso espiritual.

Mandíbula
Véase *cuerpo*

Mandrágora
1. Antiguamente, se interpretaba la raíz de la mandrágora como una representación del hombre. Se utilizaba a menudo en ceremonias mágicas, por lo que se volvió significativa del mismo modo que una muñeca de vudú. Cuando en sueños reconocemos la raíz de la mandrágora o un hombrecillo, entramos en contacto con nuestro deseo de hacer daño a otras personas, nuestro conflicto con alguien. Curiosamente, la raíz de la mandrágora también es símbolo de la gran madre (véase la introducción de este libro) y representa, por tanto, aspectos femeninos. De este modo, en hechicería, la bruja se vinculaba en realidad con los poderes destructivos de su propio yo.
2. Quizá uno de los significados de la mandrágora aparezca por asociación en un sueño. Tal vez no soñemos necesariamente con la raíz misma, sino que intentemos comprender algún aspecto de la personalidad que nos rodea y que, de algún modo, no parece completamente humano.
3. El poder de vida y muerte, en términos espirituales, es nuestro derecho de existir de manera acorde con nuestras creencias.

Mano
Véase *cuerpo*

Mansión
Véase *casa*

Mantis
Véase también *insectos*
1. Como ocurre con la mayoría de los insectos, la mantis suele representar algo retorcido en nuestra vida, nuestra parte tramposa, que puede crear problemas cuando las cosas nos funcionan bien. Se trata del aspecto de nuestra personalidad que quizá se aprovecha de los demás lados y no quiere ocupar su lugar en nuestra integración global.
2. En sueños, con frecuencia traducimos una cualidad o una situación con la que estamos luchando a un objeto. Advertir una mantis tal vez muestre que, hasta cierto punto, somos conscientes de que nos rodea alguna artimaña.
3. El soñador debería examinar cuidadosamente la aparición de la mantis, ya que representa artería, especialmente de tipo emocional.

Mantra
1. Un mantra es la creación de un sonido, una vibración creativa, correspondiente a un nombre o un aspecto de un dios. El mantra, que suele tener tres sílabas, es una ayuda para acercarse al centro de uno mis-

mo y del universo. En sueños, se oye con frecuencia por primera vez como el sonido del propio nombre y puede desarrollarse a partir de ahí. Se trata de nuestra clave personal para el conocimiento universal, o más bien se convierte en ella.
2. La concentración intensa y la repetición que se necesitan para llenar la mente con un concepto del Dios en que creemos, junto con una sensación de unión espiritual, son actividades conscientes, pensadas para alcanzar un descansado estado de alerta. Si se consideran los sueños como descanso atento, el uso de un mantra puede ejercer un profundo efecto sobre ellos, permitiéndonos centrarnos mejor. Así, somos capaces de aceptar la espontaneidad de las imágenes evocadas por el mantra cuando también aparecen en los sueños.
3. Espiritualmente, el sonido que se repite una y otra vez provoca un cambio de consciencia. El mantra permite que esto sea positivo y abre posibilidades para mejorar la sabiduría y el conocimiento.

Manzana
Véase también *alimentos* y *fruta*
1. En sueños, una manzana puede representar fertilidad, amor y tentación.
2. Comer una manzana indica el deseo de absorber información o conocimiento. Evidentemente, esta fruta se relaciona con la tentación de Eva a Adán.
3. La flor del manzano es un símbolo chino de paz y belleza. Desde un punto de vista espiritual, una manzana sugiere un comienzo nuevo y un enfoque diferente.

Mañana
Véase *tiempo*

Mapa
1. Un mapa que aparece en sueños ilustra a menudo indicaciones sobre la dirección que deberíamos tomar en la vida. Quizá nos parezca que estamos perdidos y necesitamos algo que nos indique el camino hacia delante, sobre todo con respecto a la ambición o la motivación. Si el mapa ya ha sido usado por otras personas, indicaría que somos capaces de aceptar observaciones y aprender de ellas.
2. Cuando emprendemos por primera vez el viaje de descubrimientos que nos convierte en seres humanos dotados, con frecuencia necesitamos aclaraciones sobre el camino que debemos seguir. En sueños, esto se muestra a menudo con forma de mapa. La dirección que se nos indica es importante: por ejemplo, hacia delante, hacia atrás, a la derecha o a la izquierda... Muchas veces, la idea de que tenemos una ruta que seguir nos ayuda.
3. Es obvio que un mapa puede ayudarnos en nuestra búsqueda del avance espiritual. Vale la pena recordar que deberíamos interpretar nosotros mismos el mapa, por lo que somos nuestros propios guías.

Maquillaje
Véase también *cosméticos*
1. Habitualmente, el maquillaje indica nuestra capacidad para alterar la impresión que producimos a los demás. Si nos estamos maquillando, el sueño indica a menudo una ocasión alegre. Nos hace falta disponer una fachada ante los demás, a veces incluso ante nosotros mismos, de modo que nos sintamos mejor con respecto a nuestra propia imagen. Si maquillamos a otra persona, con frecuencia les ayudamos a crear una impresión falsa, quizá mejor.
2. El maquillaje con que soñamos significa que podemos elegir la persona que queremos ser. Podemos escoger nuestra apariencia exterior y crear una impresión que quizá sea distinta de la que producimos de manera natural.

3. Espiritualmente, debemos percatarnos de la fachada que presentamos ante los demás, y de si es muy diferente a la persona que creemos que somos.

Máquina
1. Cuando una máquina de cualquier clase aparece en un sueño, suele destacar las funciones corporales automáticas, como la respiración, el latido del corazón, la eliminación; en suma, los impulsos mecánicos hacia la vida que nos ayudan a sobrevivir. El sueño se relaciona, normalmente, con algún tipo de acción mecánica y habitual, es decir, con los acontecimientos ordinarios de la vida cotidiana. La *mecánica* del cuerpo es parte importante de nuestro bienestar. Cuando percibimos que una máquina se estropea en el sueño, muchas veces se nos advierte de que debemos tener cuidado, ya que quizá estemos sobrecargando cierta parte de nuestro ser.
2. La máquina se relaciona muy a menudo con el cerebro y los procesos de pensamiento, de modo que, psicológicamente, lo relevante es el *proceso* de pensar. Si una máquina parece grande e imponente, tal vez necesitemos evaluar lo que nos hacemos a nosotros mismos.
3. Una máquina podría representar las maquinaciones de la vida, que se interpretarían como el proceso de la vida.

Maquinilla de afeitar
Véase también *afeitado* y *barba*
1. La interpretación del sueño dependerá del tipo de máquina que aparezca. Una navaja de afeitar tendría igual simbolismo que un cuchillo, es decir, cortar lo innecesario. Una cuchilla sugeriría que hace falta un método menos arriesgado para permitirnos descubrir la verdad sobre nosotros mismos. Una maquinilla eléctrica indica que debemos prestar atención a la imagen que mostramos en la vida cotidiana.
2. Psicológicamente, una maquinilla es antes un objeto útil que un instrumento de agresión. Por tanto, utilizar una para afeitar a otra persona supone una acción para cuidar a ésta, a menos que nuestros actos sean deliberadamente violentos. En este caso, quizá nos demos cuenta de que una parte de nuestra personalidad necesita un cambio o un *afilado*.
3. Soñar con una maquinilla quizá nos permita considerar nuestra imagen espiritual y decidir cómo transformarla.

Mar
Véase *mar* en *agua* y *marea*

Marcharse
Véase también *viaje*
1. Marcharse de una situación conocida, como marcharse de casa, indica una ruptura con normas antiguas o habituales de conducta. Quizá nos haga falta concedernos la libertad de ser independientes.
2. Tal vez sintamos un fuerte deseo de esquivar responsabilidades o dificultades, pero debemos ser cuidadosos sobre cómo lo manejamos.
3. El rechazo consciente del pasado puede representarse en un sueño mediante una marcha.

Marea
Véase también *mar* en *agua*
1. Soñar con la marea supone un intento de seguir el flujo y el reflujo de la vida o, más específicamente, las emociones. Como la marea también se lleva los desechos, el simbolismo de la limpieza es relevante. La marea alta puede simbolizar mucha energía, mientras que la marea baja sugeriría el agotamiento de nuestras capacidades o fuerzas.

2. Existen dos épocas en el año durante las que hay mareas muy altas: la primavera y el otoño (véase *estaciones*). Por tanto, una marea excepcionalmente fuerte en sueños podría referirse a tales estaciones. La luna que brilla sobre el movimiento del mar sugeriría, en cierta etapa del desarrollo, los poderes de la feminidad.
3. Espiritualmente, quizá una imagen tan sencilla como el cambio de la marea baste para indicar que estamos encontrando nuestro camino.

Marfil
1. Antiguamente, el marfil era un material precioso; todavía en la sociedad actual, preocupada por el medio ambiente, representa algo que es preciso conservar. Por tanto, soñar con marfil supone examinar nuestro interior para descubrir qué vale la pena mantener.
2. La torre de marfil indica que la mujer no es fácilmente accesible, a menos que ella misma dé su permiso. Un sueño en que aparece dicha torre puede significar cómo nos cerramos a la comunicación.
3. El marfil puede simbolizar el principio femenino, aunque resulte curioso, ya que su origen, los colmillos del elefante, son penetrantes.

Margarita
1. Debido a su relación con la infancia, soñar con margaritas suele representar inocencia y pureza.
3. La margarita es símbolo de pureza espiritual.

Marido
Véase *familia*

Marinero
Véase también *navegar*
1. La idea que tiene la mayoría de las personas del marinero es bastante anticuada, pero es la noción que suele aparecer en sueños. Este personaje, que ilustra la libertad de espíritu y de movimientos, es una representación del vagabundo (véase *arquetipos*). Sugiere alguien que dirige totalmente su destino. Un marinero actual tendría el beneficio añadido de encontrarse en control de su propio entorno.
2. Si un marinero aparece en sueños, sobre todo en los de una mujer, se trata habitualmente de una figura romántica, que puede representar al héroe (véase *arquetipos*). En el sueño de un hombre, indica la parte de éste que busca libertad, pero necesita permiso o autoridad para tomarla.
3. Espiritualmente, el marinero puede significar la comunicación. El aspecto de libertad se relaciona con una característica de Mercurio, que, cuando le encomiendan una tarea, no tarda en olvidarla.

Marioneta
1. Cuando una marioneta aparece en un sueño, quizá existe la sensación de que podemos manipular las circunstancias o personas que nos rodean. Una marioneta también puede representar los procesos mecánicos de nuestro ser, las actividades que transcurren automáticamente en segundo plano.
2. Si otra persona maneja la marioneta, quizá tengamos la sensación de que nos manipulan. Quizá sea bueno reflexionar sobre cómo contribuimos a convertirnos en víctimas de manejos en la vida diaria. Si la marioneta nos maneja a nosotros, somos conscientes de que la burocracia nos causa problemas. Lo que debería trabajar para nosotros se ha transformado en algún tipo de manipulador.
3. En ciertas etapas del desarrollo, podemos percatarnos de que, sin una fuerza que nos motive espiritualmente, somos impotentes, marionetas en un amplio escenario.

Mariposa
Véase también *polilla*
1. Desde un punto de vista práctico, cuando una mariposa aparece en sueños, simboliza alegría y libertad.
2. Psicológicamente, la mariposa indica incapacidad de asentarse o de emprender una tarea larga.
3. Cuando se advierte en sueños o meditación, la mariposa representa el alma liberada y la inmortalidad. No es necesario que el alma se sienta atrapada por el cuerpo.

Mármol
1. Al tratarse de una sustancia densa, el mármol que aparece en sueños indica a menudo la edad o, quizá, permanencia. Todos necesitamos una cierta estabilidad en nuestra vida, que puede simbolizarse mediante el mármol.
2. Cuando nos vemos en dificultades, a veces nos sentimos «entre la espada y la pared». Como el mármol que aparece en sueños es una piedra hermosa, puede reconciliarnos con la idea de que debemos seguir adelante de manera adecuada.
3. El mármol puede representar firmeza espiritual.

Martillo
Véase también *herramientas* y *mazo*
1. Soñar con martillos o instrumentos romos subraya el lado masculino y más agresivo de nuestra naturaleza. Quizá tengamos la sensación de que es preciso aplastar o golpear un aspecto de nuestra personalidad, para que podamos actuar adecuadamente.
2. Aun cuando acaso sea necesaria la agresión, quizá el sueño signifique más bien que la aplicación judicial de la fuerza es apropiada.
3. El martillo de dos lados también encierra simbolismo. Los dos lados son justicia y venganza. El soñador necesita averiguar cuál de ellos se aplica en su propio dominio espiritual.

Martín pescador
Véase *pájaros*

Mártir
1. Soñar que nos hacemos los mártires destaca nuestra tendencia a hacer cosas sin tener suficiente decisión para negarnos, así como a actuar impulsados por un sentimiento de deber. Si advertimos que otra persona es mártir, quizá tengamos demasiadas expectativas con respecto a ella.
2. Soñar con un mártir religioso suele significar que debemos cuestionarnos nuestras creencias y educación religiosa. Tal vez nos dejemos llevar por un entusiasmo excesivo.
3. Espiritualmente, es posible que sintamos la necesidad de convertirnos en víctima propiciatoria, para dar así algún sentido a nuestra vida. Sin embargo, deberíamos examinar este impulso, ya que quizá no sea necesario.

Máscara
Véase también *gafas protectoras*
1. La mayoría de la gente emplea una fachada para mostrarse ante los demás, sobre todo en un primer encuentro. Soñar con una máscara suele alertarnos sobre nuestra fachada o la de los demás. Cuando no somos sinceros con nosotros mismos, lo experimentamos en sueños con frecuencia como una máscara negativa o aterradora.
2. Cuando intentamos protegernos y evitar que otras personas sepan lo que pensamos o sentimos, nos enmascaramos. Por tanto, una máscara que se presenta en sueños indica ocultación. Además, en las culturas primitivas, llevar una más-

cara de un animal concedía a su portador los poderes de aquél, lo que aún se acepta en el chamanismo.
3. La máscara de la muerte, ya sea la nuestra o la de otros, puede aparecer en sueños como señal de que ya es hora de terminar un juego espiritual que estamos practicando.

Masoquismo
Véase *sexo*

Masturbación
Véase *sexo*

Matar
Véase también *asesinato* y *violencia*
1. Soñar que alguien o algo nos mata representa que estamos sometidos a una influencia, normalmente exterior, que convierte en ineficaz un aspecto de nuestra personalidad o toda ella en la vida cotidiana. Matar a alguien en un sueño supone un intento de librarse de la influencia que esa persona ejerce sobre el soñador.
2. Matar es una respuesta radical a un problema, una acción definitiva. Muchas veces, en sueños puede representar la percepción que tenemos de la necesidad de violencia, sobre todo contra nosotros mismos. Quizá el único modo de solucionar una dificultad sea matando una parte de nosotros mismos. No puede negarse, en este caso, el potencial de violencia, aunque quizá finalmente el impulso no sea correcto.
3. El sueño representa una matanza espiritual y, por tanto, un sacrificio. El soñador debe darse cuenta de que lo que cree más valioso quizá necesite más cuidados, o quedará abandonado.

Mayo
1. El mayo, un palo alto que se adorna con cintas o flores, puede representar muy a menudo la masculinidad e indicar el *baile* que atravesamos cuando asimilamos nuestro propio universo. Es el poste central del mundo que creamos para nosotros; por tanto, soñar con un mayo quizá tenga connotaciones sexuales, pero también podría indicar cómo dirigimos nuestra vida.
2. Desde un punto de vista psicológico, para que el ser humano esté en paz consigo mismo, necesita festivales y ocasiones para la ceremonia. Con frecuencia, el mayo simboliza el festejo, la celebración, la vida nueva. En un sueño, quizá también represente el tiempo y sirva para indicar la necesaria elección del momento adecuado en ciertas situaciones.
3. En términos espirituales, el mayo es una representación fálica, de espiritualidad masculina y energía creadora de vida.

Mazo
Véase también *martillo*
1. El mazo es símbolo de autoridad y fuerza masculina. Si algo como un martillo o mazo aparece en sueños, indica que tal vez empleemos demasiada fuerza o poder para alcanzar cierto resultado.
2. La voluntad dirigente también se representa mediante un mazo. En sueños, un objeto así sugiere que tal vez intentemos que las cosas ocurran de modo no siempre adecuado para determinadas circunstancias.
3. Un mazo sugiere una forma de poder y energía espirituales. Sin embargo, debido a sus cualidades simbólicas, debemos ser conscientes de cómo se canalizan tales fuerzas.

Medalla
1. Una medalla suele ser una recompensa por buenas obras o valentía, de modo que, cuando una aparece en sueños, supone un reconocimiento de nuestras

aptitudes. Si damos una medalla a otra persona, honramos al aspecto de nosotros mismos que ésta representa.
2. Los seres humanos necesitan sentirse bien consigo mismos y disfrutan de la sensación. En un sueño, una medalla reconoce nuestros talentos y logros, no sólo en el momento actual, sino que proporciona un recuerdo permanente de lo que hayamos hecho.
3. Una insignia de honor que refleje nuestra sintonía con el código espiritual puede simbolizarse en sueños mediante una medalla.

Medicinas
Véase también *drogas* y *pastilla*
1. Tomar medicinas en un sueño significa que somos conscientes en algún grado de que una parte de nosotros necesita curación. A menudo, sabemos para qué es la medicina, de modo que se nos alerta sobre un problema de salud, o bien sobre una situación que puede cambiarse de negativa a positiva.
2. A veces, una experiencia que tenemos durante la vigilia puede ser desagradable en el mismo momento, pero acaba por ser buena para nosotros. En sueños, la medicina puede simbolizarlo.
3. La necesidad espiritual de una influencia curativa en nuestra vida se indica con la aparición de medicinas. El soñador puede examinar cuáles son sus requisitos a este respecto.

Médico
Véase también *hospital*
1. Cuando soñamos con un médico, percibimos que es preciso ceder ante una autoridad superior en asuntos de salud. Para la gente mayor, un médico también puede representar las profesiones liberales.
2. La interpretación correcta del sueño dependerá de la clase de médico que aparezca. Un cirujano sugeriría que es preciso extirpar algo en nuestra vida. Un médico de familia podría indicar que deberíamos considerar cuidadosamente nuestro estado general, mientras que un psiquiatra apuntaría a la necesidad de examinar nuestro estado mental. Si el doctor es conocido, quizá represente una persona con autoridad.
3. En sueños, la personalidad del médico sugiere la aparición del sanador interior.

Meditación
1. Interpretar la meditación que aparece en sueños dependerá de si el soñador medita en la vida real. Si la practica, la meditación sugiere una disciplina que le ayuda y le pone en contacto con la intuición y los asuntos espirituales. Si no la practica, el sueño tal vez indique la necesidad de ser más introvertido, para comprender la necesidad de ser responsable de sí mismo.
2. Con frecuencia, advertimos a nivel inconsciente la necesidad de cambiar nuestra consciencia o actitud, lo que puede destacarse en sueños con la meditación. Podemos acceder a nuestro lado más creativo y espiritual.
3. El soñador debe aceptar disciplina de naturaleza espiritual, si quiere tener éxito en su objetivo espiritual.

Médium
1. Soñar que visitamos a un médium significa, con mucha frecuencia, que buscamos algún tipo de contacto con nuestro inconsciente o con los muertos. Quizá también intentemos despabilar nuestra intuición y emplearla de modo diferente a como lo hemos hecho antes.
2. Soñar que somos médium indicaría que advertimos poderes superiores de los que creemos tener en la vida real.
3. En sueños, los aspectos relacionados

con un médium pueden representar el deseo del soñador de establecer contacto con lo muerto. No tiene por qué tratarse siempre de muertos en sentido literal, sino que puede ser sólo lo que está *muerto* en la vida del soñador, lo que éste quiere resucitar.

Mena
Véase también *mina*
1. La mena, el mineral tal como sale del yacimiento, es un material tosco, que necesita refinarse antes de poder utilizarlo. En sueños, puede representar los recursos que tenemos a nuestra disposición, aunque quizá al comienzo estén sin elaborar. Además, la mena puede ilustrar ideas, pensamientos y conceptos nuevos que aún no se hayan comprendido por completo.
2. Cuando algún material básico, como la mena, aparece en sueños, el inconsciente nos pide que *excavemos* en busca de información. Quizá no se presente como material utilizable desde el principio, sino que necesitará algo de elaboración para permitirnos aprovechar la información de que disponemos.
3. Tal vez se descubran conocimientos espirituales básicos.

Mendigo
1. Un sueño en el que somos mendigos representa nuestra sensación de fracaso y falta de autoestima. Soñar que alguien es un mendigo indica que debemos advertir nuestra capacidad para ayudar a otras personas menos afortunadas.
2. Un mendigo puede personificar en sueños a los impulsos, emociones y pensamientos que *hayan pasado hambre* en nuestra vida cotidiana.
3. Un mendigo puede ser un ermitaño y, por tanto, un solicitante espiritual.

Menstruación
Véase también *sangre*
1. Soñar con la menstruación quizá se relacione con nuestro lado creativo, que puede concebir ideas nuevas y crear nuevos y maravillosos *hijos* a partir de principios sencillos. Entramos en contacto con el misterio de la vida y el instinto de procreación.
2. Puesto que la menstruación es parte básica de la vida femenina, en el sueño de una mujer puede indicar que acepta el afloramiento de su propia sexualidad. Sin embargo, en el sueño de un hombre, quizá le advierta de sus miedos con respecto a las relaciones y a la unión con lo femenino; también es posible que indique su propio lado femenino y la necesidad de comprender su sensibilidad.
3. El ciclo de la vida y todo lo misterioso de las mujeres puede simbolizarse mediante la menstruación. Sólo se considera impura en las sociedades patriarcales.

Mercado
Véase también *tienda*
1. Un sueño en el que estamos en un mercado indica nuestra capacidad de manejarnos en la vida cotidiana y de relacionarnos con los demás, pero sobre todo con las multitudes. También es el lugar de comprar y vender y, por tanto, suele proporcionarnos alguna indicación sobre cómo valoramos nuestras cualidades, si tenemos algo que vender o estamos comprando.
2. Un mercado es un lugar bullicioso y alegre. Soñar con uno quizá muestre que debemos cuidarnos más y pasar más tiempo con otras personas. También podría sugerir que nos hace falta una actitud más comercial en nuestro trabajo o, al contrario, una influencia más creativa, en lugar de hacer algo solamente porque es comercial; por tanto, tiene un significado ambivalente.

3. Un mercado puede contemplarse como un lugar de intercambio espiritual en los sueños. Podemos establecer un equilibrio entre nuestra realidad cotidiana y nuestro mundo espiritual o interior.

Mesa
Véase también *mesa redonda, muebles* y *altar*
1. Puesto que una mesa sirve para reunirse, ya sea social o profesionalmente, en sueños se reconoce como símbolo de la toma de decisiones. Como lugar para encuentros familiares, indica que quizá el soñador considere las comidas un ritual importante. Con respecto a los negocios, la mesa de la sala de juntas también tiene elementos de ritual.

Mesa redonda
Véase también *mesa*
1. En sueños, una mesa redonda es símbolo de totalidad. En parte, debido a los relatos sobre el rey Arturo, existen varios mitos relacionados con ella, pero la mesa indica, sobre todo, que todos los que se sientan a ella son iguales.
2. La mesa redonda es una representación de los cielos, ya que los doce caballeros son los signos del Zodiaco (véase *Zodiaco*). En ciertos sueños, de los que éste es uno, intentamos continuamente crear la perfección.
3. Espiritualmente, la mesa sugiere un centro, pero uno desde el que pueden comenzar todas las cosas.

Meseta
1. Muchos sueños contienen imágenes en que escalamos y alcanzamos una meseta. Después de una subida dura, llegamos a un lugar llano y fácil de cruzar. La meseta puede representar, a veces, un periodo de paz y tranquilidad; otras veces, estancamiento, falta de energía para los cambios.

2. Si la meseta es yerma, quizá nos haga falta algún estímulo más para avanzar. Si parece un lugar seguro, quizá no nos apetezca seguir adelante y necesitemos tiempo para recuperarnos.
3. Desde un punto de vista espiritual, una meseta ofrece alternativas. Podemos dormirnos en los laureles y tomarnos tiempo para evaluar nuestro progreso, o podemos utilizar la meseta para llenarnos de calma y paz.

Meta
Véase también *blanco*
1. Soñar que llegamos a una meta podría indicar que nos hemos propuesto objetivos exteriores. Cuando los alcanzamos, quizá también reconozcamos que las metas que nos hemos marcado en la vida son a corto o largo plazo, y es posible que necesiten algún tipo de ajuste. Errar un objetivo muestra que no hemos considerado todas las circunstancias dentro de una situación, y tal vez nos haga falta volver a evaluar nuestras aptitudes para alcanzar los logros.
2. Proponernos metas en la vida, o ser conscientes de que lo hacemos en sueños, indica que estamos en contacto con nuestra sensación interior de la capacidad para alcanzar logros. Lo externo suele ser un reflejo de lo interno; las metas pueden indicar que sabemos instintivamente cuánto y qué somos capaces de conseguir.
3. Se destacan nuestras aspiraciones espirituales. Si somos conscientes de nuestra meta, podemos avanzar mucho hacia conseguirla.

Metal
Véase también *hierro, oro, plata* y *plomo*
1. Cualquier metal que aparece en sueños representa las restricciones del mundo real. También puede simbolizar

capacidades y características básicas, o bien dureza de sentimientos o rigidez emocional.
2. La mayoría de los metales tienen significados simbólicos. Asimismo, pueden relacionarse con ciertos planetas: el oro, con el Sol; la plata, con la Luna; el mercurio, con Mercurio; el cobre, con Venus; el hierro, con Marte; el estaño, con Júpiter; el plomo, con Saturno.
3. Elementos espirituales.

Metro
1. Antiguamente, la vara de medir representaba corrección y rigidez.
2. El metro, como instrumento de medición, representa la medida de normas aceptables. En sueños, puede tratarse de normas de conducta, creencias o conformidad.
3. Espiritualmente, un metro para medir simboliza las reglas que nos hemos impuesto. Quizá queramos asegurarnos de que las cumplimos en su totalidad.

Microscopio
1. En un sueño, un microscopio indica con frecuencia que es preciso prestar atención a los detalles. Además, es posible que necesitemos cierta introspección para alcanzar un objetivo personal.
2. En sueños, tenemos la capacidad de examinar las cosas con mucho más detalle de lo que quizá haríamos durante la vigilia. Si bien la mente puede ser creativa, a veces también necesita aplicar pensamiento científico, quizá lógico, a un problema, lo que puede señalarse mediante el símbolo de un microscopio.
3. Es necesario cierto grado de introspección detallada, física o espiritual.

Miel
1. Casi inevitablemente, la miel representa placer y dulzura. Si aparece en sueños, sobre todo si la comemos, quizá suponga reconocer que nos hace falta proporcionarnos placer. Asimismo, puede indicar la esencia de nuestros sentimientos, ya que hemos atravesado algún tipo de experiencia alegre que puede asimilarse ahora como parte de nosotros mismos.
2. Se supone que la miel concede fertilidad y virilidad. Soñar con ella indicaría que tal vez entremos en una época mucho más activa sexualmente o fértil.
3. La miel simboliza inmortalidad y renacimiento. Como sustancia curativa, tiene poder para regenerar.

Mina
Véase también *cavar* y *mena*
1. Soñar con minas significa sacar a la luz del día los recursos del inconsciente. Podemos emplear el potencial de que disponemos. Curiosamente, en sueños la mina también puede representar el lugar de trabajo.
3. Desde un punto de vista espiritual, las minas sugieren la capacidad de trabajar el inconsciente que aflora.

Mineral
Véase *mena*

Minotauro
Véase *animales fantásticos*

Mirlo
Véase *pájaros*

Mitad
1. A menudo, los sueños pueden tener una cualidad muy especial: sólo vemos la mitad de nuestra imagen o percibimos la mitad de una acción. Normalmente, esto indica que algo nos falta, quizá que estamos en un estado de transición en el que debemos tomar decisiones. El sueño suele tratar sobre si avanzamos hacia

el futuro o retrocedemos hacia el pasado: totalidad o no. Por ejemplo, quizá hayamos terminado la mitad de una tarea y seamos conscientes de ello, pero no sepamos cómo completarla. Con frecuencia, las imágenes del sueño pueden mostrarnos cómo hacerlo. Por el contrario, si en un sueño hemos completado parte de una tarea y nos sentimos insatisfechos con lo que hemos realizado, quizá nos haga falta considerar durante la vigilia qué sería necesario hacer para permitirnos terminar la acción en el sueño. ¿Qué habríamos hecho en el caso de que hubiéramos podido completarla?
2. Tener sólo la mitad de lo que creemos que deberíamos tener, por ejemplo en cantidad (quizá, sólo la mitad de comida o bebida que esperábamos), indica que tal vez no recibimos lo que merecemos. No nos permitimos tener lo que nos hace falta. Soñar que estamos a mitad de camino, subiendo una montaña o descendiendo por un río, mostraría que existe cierta indecisión. No estamos todo lo motivados que deberíamos o podríamos estar, para continuar la tarea que tenemos entre manos. Hemos hecho un esfuerzo inicial, pero hace falta uno superior para estar donde queremos. Este tipo de sueños se relaciona muy a menudo con la motivación, nuestra o de otros. Soñar que resbalamos hacia atrás continuamente, hasta que sólo estamos a mitad de la tarea, repetirla una y otra vez, reflejaría que no tenemos la capacidad de terminarla. Quizá nos haga falta una aptitud extra para alcanzar el éxito.
3. Un sueño de este tipo indica también cierta indecisión espiritual. El soñador debería examinar dónde quiere estar, en términos espirituales.

Mochila

1. Cuando descubrimos que llevamos una mochila, o la lleva otra persona, el sueño trata de las dificultades con que cargamos (por ejemplo, ira o celos) o de los recursos que hemos acumulado.
2. En las imágenes del tarot, el bufón lleva en su mochila las lecciones que debe aprender en la vida. Si se cree en la reencarnación, se dice que la mochila contiene lo que hemos traído de una vida anterior, que también pueden ser los recursos que tenemos para abordar los problemas.
3. Espiritualmente, la mochila sugiere las cualidades exteriores a nosotros, que debemos aprender a manejar. Pueden ser negativas o positivas; depende de cómo las utilicemos.

Moisés
Véase *imágenes religiosas*

Mojado
Véase *agua*

Molino
Véase también *molino de viento*

1. Un molino extrae lo útil de la materia prima que se emplea, cualidad que se simboliza en los sueños. Podemos extraer de nuestras experiencias en la vida lo que nos es útil y convertirlo en alimento.
2. Cuando se muele un material, se produce una transformación, que se representa en cualquier sueño que contenga un molino. Se dice que las dos piedras significan voluntad e intelecto, los instrumentos que empleamos para transformar.
3. Energía transformadora, que convierte lo primitivo en utilizable.

Molino de viento
Véase también *molino*

1. En sueños, la imagen de un molino de viento puede sugerir el uso correcto de los recursos. Puesto que el viento significa a menudo la inteligencia, se trata de cualidades intelectuales.
2. El molino de viento posee significado como imagen de la cosecha de nuestros recursos disponibles, en este caso, recursos materiales. Como almacén de fertilidad, en sueños puede representar a veces lo femenino o la maternidad.
3. El molino de viento simboliza las muchas facetas del intelecto espiritual que, a su vez, se ve estimulado por nuestros poderes espirituales.

Momia egipcia
Véase también *Egipto*
1. En sueños, una momia egipcia puede simbolizar nuestros sentimientos acerca de alguien que haya muerto.
2. La momia egipcia simboliza la muerte, pero también la conservación después de ésta y, por tanto, la vida del más allá. Quizá intentemos comprender estos conceptos en la vida real, o nos demos cuenta de que la vida debe continuar.
3. La momia simboliza el yo y la conservación de uno mismo.

Monedero
Véase también *dinero*
1. Normalmente, un monedero se utiliza para guardar dinero o algo valioso para nosotros. Por tanto, en los sueños se convierte en un objeto apreciado por sí mismo. Encontrar un monedero podría sugerir que hemos encontrado algo de valor; perderlo indicaría que quizá seamos descuidados.
3. El simbolismo del monedero es igual que el de la bolsa: lo femenino, el recipiente. Intentamos conservar energía y poder.

Monja
Véase *personas*

Monje
Véase *personas*

Mono
Véase también *mono* en *animales* e *imitación*
1. Soñar con monos se relaciona con nuestro lado malicioso.
2. Los monos que aparecen en sueños pueden recordarnos que todos poseemos la capacidad de imitar o copiar.
3. El mono sugiere al tramposo, el lado pícaro del mal.

Monstruo
Véase también *animales*
1. Cualquier monstruo que aparezca en sueños es algo que hemos convertido en mayor que su tamaño real. Lo hemos personalizado, de modo que lo que nos preocupa aparece como un animal. Suele representar la relación negativa con nosotros mismos y el miedo de nuestros impulsos y emociones.
2. En la vida cotidiana, cuando los acontecimientos se vuelven desproporcionados, tenemos que suprimir con frecuencia nuestras reacciones. En sueños, no podemos hacerlo, de modo que nuestra mente crea algún modo de abordar el problema. A menudo, el color del monstruo (véase *colores*) nos proporciona alguna indicación de cuál es la dificultad; así, un monstruo rojo indicaría ira, seguramente incontrolada, mientras que uno amarillo podría sugerir resentimiento.
3. Miedo a la muerte y todo lo que la acompaña. Un monstruo puede reflejar un miedo más infantil, y puede examinarse así.

Montaña
Véase también *colina* **y** *trepar*
1. En las escenas del sueño, la montaña suele aparecer para simbolizar un obstáculo que es preciso superar. Al atrevernos a subirla, desafiamos a nuestras propias deficiencias y nos libramos del miedo. Llegar a la cumbre supone alcanzar nuestro objetivo. Caer montaña abajo indica descuido.
2. Todos nos encontramos con dificultades en la vida. Con frecuencia, lo importante es la actitud con que nos enfrentamos a ellas. El símbolo de la montaña ofrece muchas alternativas, lo que significa que podemos elaborar, a través de los sueños, el mejor camino para actuar en la vida diaria.
3. La montaña, que representa el centro de nuestra existencia en términos terrenales, es una imagen que puede elaborarse una y otra vez.

Montículo
Véase también *colina*
1. Según una interpretación tradicional, cualquier montículo que aparezca en sueños nos hace evocar la infancia más temprana y la seguridad que nos proporcionaba el pecho materno.
2. Emocionalmente, la necesidad que el hombre siente de seguridad y sustento continúa durante toda la vida. Al mismo tiempo, debe asimilar su dependencia de lo femenino. Soñar con montículos puede ayudarle a comprenderlo.
3. La madre Tierra o la entrada al inframundo se simboliza mediante un montículo.

Monumento
1. Ver en sueños un monumento, como por ejemplo uno dedicado a los soldados, nos transporta a una época anterior, a un recuerdo que quizá esté *esculpido en piedra*. Debemos ser capaces de aceptar este recuerdo, si queremos seguir adelante.
2. Es posible que un monumento sólo suponga reconocer una época más feliz, que debemos recordar.
3. Un monumento es una representación tangible de homenaje y estima.

Mordedura
1. Un sueño en el que nos muerden puede sugerir que experimentamos una agresión de otra persona o, al contrario, que nuestros propios instintos agresivos no están controlados.
2. Morder a alguien o algo, como una fruta, dentro de un sueño, indica que existe una idea o concepto al que debemos hincarle el diente.
3. El soñador no sólo debería ser consciente de su capacidad de malevolencia, sino también de la posibilidad de recibir un ataque venenoso.

Mortaja
1. En sueños, una mortaja puede ser una imagen aterradora, ya que se asocia con la muerte. Si reconocemos que al cubrir algo lo ocultamos, la imagen produce menos temor.
2. Una mortaja puede significar que cubrimos algo que no comprendemos por completo. Sabemos que está ahí, pero no queremos verlo.
3. En términos espirituales, una mortaja es señal de respeto.

Mortificación
1. Sentirnos mortificados en un sueño significa que entramos en contacto con sentimientos de amargura, seguramente producidos por algo que ocurre en nuestra vida. Hacer que estos sentimientos salgan a la superficie y dejar que aparezcan en los sueños nos permite la oportunidad de expresarlos y trabajar con ellos.

3. Cuando ciertos aspectos del sueño nos mortifican, éste simboliza alguna forma de mal. Quizá queramos darle la espalda con desagrado, pero en algún momento tendremos que afrontar los efectos y tratarlos apropiadamente.

Mosaico
Véase también *mandala*
1. Cualquier dibujo complicado que aparezca en sueños suele significar la trama de nuestra vida. Tal vez necesitemos contemplar la vida en su conjunto, pero también comprender y respetar las muchas partes distintas que la componen.
2. En un mosaico, formado por muchos fragmentos pequeños, existe un acto de creación deliberado. Cuando un símbolo así aparece en sueños, se nos alerta sobre nuestras capacidades creadoras. Los colores y formas serán importantes (véase *colores* y *formas*).
3. El calidoscopio de la vida, con sus múltiples facetas, es un poderoso símbolo espiritual, representado en sueños por el mosaico.

Moscas
Véase también *insectos*
1. Las moscas siempre se han asociado con algo desagradable, incluso sin tener en cuenta que también comen materia podrida. Por tanto, soñar con moscas supone ser consciente de que existen ciertos aspectos negativos en nuestra vida que debemos tratar. Soñar con un enjambre de moscas indica el tipo de conducta decidida que parece darse cuando se juntan grandes cantidades de insectos. Si bien puede parecer que un solo insecto se mueve sin rumbo, no es así cuando se reúnen muchos. Con frecuencia, sólo podemos cambiar las cosas si actuamos en grupo.
2. Los insectos de cualquier tipo suelen hacernos entrar en contacto con conducta primitiva e instintiva, de supervivencia ante todo. Algo amenaza nuestras características más básicas y quizá no tengamos más defensas que las de nuestra propia naturaleza.
3. Quizá se haya dado alguna forma de contaminación espiritual. Es de esperar que pueda tratarse fácilmente y, entonces, pueden tomarse medidas para mantenerla alejada.

Motocicleta
Véase *viaje*

Motor
Véase también *coche* y *pistón*
1. El impulso o energía que necesitamos para motivarnos en cierta situación puede percibirse en sueños como un motor. Cuando el sueño parece concentrarse en la acción mecánica del motor, quizá debamos examinar los modos más dinámicos y pragmáticos de conducirnos en la vida. Retirar el motor en sueños podría indicar un problema de salud.
2. Según el tipo de motor, éste puede representar el acto sexual. Advertir un motor diésel o de tren podría ponernos en contacto con nuestro poder o principios interiores.
3. Un motor simboliza nuestras motivaciones e impulsos interiores espirituales.

Movimiento
1. Normalmente, en sueños el movimiento se destaca para alertar al soñador de sus progresos. Avanzar sugiere la aceptación de nuestras capacidades, mientras que retroceder significa que nos retiramos de una situación. Moverse hacia un lado indicaría que evitamos algo deliberadamente.
2. El modo como nos movemos en sueños puede significar mucho sobre cómo nos aceptamos. Por ejemplo, los gestos

vigorosos sugerirían que aceptamos fácilmente la necesidad de cambios, mientras que si nos dejamos llevar, como por ejemplo en una cinta mecánica, el sueño podría indicar que nos empujan las circunstancias externas o la voluntad de otros.
3. Puede emprenderse un movimiento hacia la aceptación espiritual cuando se considera que ha llegado el momento oportuno.

Muchacha, muchacho
Véase *personas*

Muebles
1. Los muebles, especialmente si nos fijamos en ellos durante el sueño, suelen mostrar nuestros sentimientos hacia la familia y el hogar, y qué actitudes o hábitos hemos desarrollado. También pueden proporcionarnos alguna indicación sobre nuestros sentimientos hacia nosotros mismos. Por ejemplo, los muebles oscuros y pesados sugerirían la posibilidad de depresión, mientras que los objetos de colores brillantes quizá indicasen mentalidad optimista.
2. A veces, los muebles que aparecen en sueños pueden reflejar que nos hacen falta seguridad o estabilidad, sobre todo si reconocemos que pertenecen al pasado. Cada objeto puede representar una actitud distinta:
Alacena, armario (véase también *armario ropero*): los armarios y alacenas quizá signifiquen lo que queremos mantener oculto, aunque también podrían indicar cómo abordamos los distintos papeles que debemos desempeñar en la vida.
Alfombra: a menudo, cuando una alfombra aparece en sueños, examinamos nuestras relaciones emocionales con el dinero. Deberíamos advertir el color de la carpeta (véase *colores*).
Cama, colchón (véanse también las entradas correspondientes): el sueño puede mostrar exactamente lo que ocurre en las áreas sutiles de nuestras relaciones íntimas. Podemos averiguar algo sobre cómo nos sentimos de verdad con respecto a la intimidad y el placer sexual. Para algunas personas, la cama es santuario y lugar de reposo, donde pueden estar completamente solos.
Estantería: en sueños, una estantería sugiere la necesidad de almacenar algo o de mantenerlo ordenado. Una estantería para vinos quizá signifique que debemos prestar atención a nuestra vida social.
Mesa (véase también la entrada correspondiente y *altar* en *imágenes religiosas*): una mesa que aparece en sueños suele relacionarse con las actividades comunes y nuestras adhesiones sociales.
Silla: una silla puede indicar que nos hace falta un periodo de descanso y recuperación. Tal vez tengamos que destinar tiempo deliberadamente, para estar abiertos a otras oportunidades.
Zapatero: un mueble zapatero sugiere la necesidad de decidir el mejor método para avanzar.
3. Objetos respetados.

Muelle
Véase también *espiral*
1. Un muelle u otro tipo de espiral indicaría poder de movimiento latente.
2. Caminar con elasticidad supone encontrarse a la expectativa de algo.
3. Espiritualmente, un muelle es símbolo de progreso, especialmente con respecto a la emoción. Podemos permitirnos un comienzo nuevo.

Muérdago
Véase también *flores*
1. El muérdago suele representar una época de celebración, amor y compañe-

rismo. Según el entorno cultural, quizá se sueñe con él alrededor de la Navidad.
2. Como planta parásita, el muérdago tiene la capacidad de obtener fuerza de su huésped, pero también de ser útil por sí mismo. Por tanto, puede simbolizar las relaciones en las que existe dependencia de uno de los miembros.
3. El muérdago representa la esencia de la vida. Es una sustancia divina y curativa.

Muerte
Véase también *muerte propia*
1. Tradicionalmente, soñar con la muerte indicaba la posibilidad de un nacimiento o un cambio en las circunstancias de la vida, propia o de los demás. Como en el pasado se temía mucho a la muerte, también representaba la calamidad, en el sentido de que nada volvería a ser lo mismo. Era algo que se debía experimentar y soportar, antes que comprender. Actualmente, conforme cambia la manera de pensar de las personas, la muerte que aparece en sueños indica un desafío que debemos afrontar. Debemos adaptar nuestra actitud ante la vida y aceptar que puede existir un comienzo nuevo, si tenemos valor.
2. Desde un punto de vista intelectual, nos volvemos conscientes del potencial que quizá hayamos perdido o no hayamos expresado por completo y que, por eso, ya no podemos aprovechar. Debemos ser sensibles a nuestra capacidad de revivir estas cualidades. Está surgiendo un cambio de consciencia; tal vez atravesemos algún rito de paso, como de la pubertad a la madurez, de la madurez a la vejez, etcétera.
3. El aspecto no visto de la vida; omnisciencia; renacimiento espiritual; resurrección y reintegración.

Muerte propia
Véase también *muerte*

1. Soñar con la muerte de uno mismo supone explorar los sentimientos propios sobre la muerte, la retirada del desafío de la vida o la separación entre mente y cuerpo. Abandonar el cuerpo es, con frecuencia, la expresión de esta ruptura entre el ego y los procesos vitales.
2. La muerte propia puede utilizarse a menudo en sueños para examinar los sentimientos de otras personas acerca de nosotros.
3. La muerte es una transición desde la consciencia de lo físico y básico al yo más espiritual.

Mujer
Véase *personas*

Muleta
Véase también *bastón*
1. Cuando soñamos con muletas, experimentamos la necesidad de un soporte, aunque también podría ocurrir que necesitemos sostener a otras personas. Quizá nos parezca que éstas tienen deficiencias y nos haga falta cambiar de idea.
2. Tal vez miremos con desaprobación los defectos o debilidades de los demás.
3. Al desarrollarnos espiritualmente, advertimos nuestras diversas dependencias, ya sean alcohol, drogas, normas de comportamiento u otras personas.

Multitud
Véase también *personas*
1. Soñar que nos encontramos en medio de una multitud podría indicar que no queremos destacarnos, o bien que actualmente nos falta la orientación. Quizá queramos disimular nuestros sentimientos delante de otras personas, perdernos o, incluso, ocultar nuestras opiniones.
2. Necesitamos conservar el anonimato, crearnos una fachada o unirnos a un grupo de personas semejantes a nosotros.

3. En términos espirituales, una multitud sugiere creencias populares o sentimientos religiosos comunes.

Mundo
Véase también *esfera*
1. El mundo representa el área de experiencias en la que vivimos y nuestras actividades cotidianas. Con frecuencia, soñar con un mundo más allá de nuestra esfera de influencia sugiere la necesidad de adoptar una perspectiva más amplia en una situación que nos rodea.
2. Soñar con otros mundos y dimensiones sugiere maneras distintas de experimentar nuestra vida. Quizá nos haga falta ser menos rígidos en nuestras opiniones.
3. Conforme avanzamos espiritualmente, advertimos que así como, desde un punto de vista individual, pertenecemos a una familia, el mundo pertenece al cosmos. Ser conscientes del mundo en este sentido significa que debemos responsabilizarnos de cómo funciona.

Muñeca
Véase también *juguete*
1. Una muñeca puede representar cómo se sentía el soñador cuando era niño, o bien la necesidad de consuelo. También podría expresar algún lado sin desarrollar de la personalidad del soñador.
2. En general, aprendemos a través de los juegos. Si una muñeca aparece en sueños, suele indicar que es preciso repasar alguna lección de la infancia que hemos olvidado.
3. La muñeca puede ser una representación del alma de una persona en particular, a la que se puede ayudar o dañar mediante magia o brujería.

Murciélago
Véase también *vampiro*
1. Como existe la creencia popular de que los murciélagos son temibles, soñar con ellos indica que existen pensamientos e ideas en el inconsciente que podrían revelarse con potencial aterrador.
2. Soñar que los murciélagos nos atacan muestra la necesidad de afrontar el miedo a la locura.
3. Un murciélago puede representar el discernimiento o la oscuridad de tipo espiritual. Tal vez la oscuridad también sugiera alguna rareza por nuestra parte.

Muro
Véase también *paredes* en *edificios*
1. En sueños, los muros suelen indicar las fronteras que nos hemos marcado. Quizá se hayan creado como mecanismos de defensa; a veces, ayuda a la interpretación del sueño decidir si los muros se han levantado para guardarnos dentro o mantener a los demás fuera.
2. Un muro también tiene el simbolismo de una línea divisoria, una señal entre el interior y el exterior, la intimidad y la confianza. Un agujero en una pared sugiere la ruptura de confianza o la invasión de la intimidad. Si el muro nos aprisiona, nos vemos encarcelados por nuestros propios miedos, dudas y dificultades. Si el muro aparece y desaparece, sólo hemos abordado parte de nuestro problema.
3. Un muro simboliza las fronteras de un espacio sagrado. El soñador necesita ser consciente de cuáles son sus límites.

Museo
1. Un museo que aparece en sueños denota pensamientos, ideas y conceptos anticuados. Quizá nos haga falta considerarlos, pero con más objetividad que subjetividad.
2. Un museo puede ilustrar un lugar donde almacenamos nuestros recuerdos y, por tanto, acaso represente el subcons-

ciente, la parte de nosotros a la que sólo nos acercamos cuando nos esforzamos por saber quiénes somos y de dónde venimos.

3. El pasado, como reliquia interesante que puede observarse a cierta distancia y, después, dejarse a un lado para avanzar.

Música
Véase también *instrumentos musicales* y *orquesta*

1. La música y el ritmo son expresiones de nuestro yo interno y de la relación con la vida. Oír música en sueños sugiere que disponemos del potencial necesario para establecer esa asociación básica. Además, la música puede representar una experiencia sensual.

2. La música sagrada, producida por ejemplo por entonación, percusión y flauta, se utiliza para provocar un estado de consciencia alterado, lo que puede representarse en los sueños en los que oímos música.

3. El sonido sagrado se ha empleado siempre en la adoración, así como el baile (véase *bailar*).

Muslo
Véase *miembros* en *cuerpo*

N

desde *nacimiento* hasta *nutrición*

Nacimiento
1. En general, soñamos con un nacimiento al comienzo de un nuevo modo de vida, una actitud, capacidad o proyecto diferentes; también, cuando advertimos la muerte de lo viejo.
2. Psicológicamente, estamos aceptando nuestra existencia.
3. El impulso de cuidar, amar y dar a luz se sugiere mediante sueños de nacimiento. Quizá se trate de una necesidad tanto espiritual como física.

Nadar
Véase también *ahogarse* y *sumergirse*
1. Un sueño en el que nadamos tiene un simbolismo muy parecido al de sumergirse. Nadar contra corriente en un sueño indicaría que el soñador va contra su propia naturaleza. Los peces pueden representar lo mismo que el esperma, el deseo de un hijo. Nadar en agua transparente ilustraría limpieza, mientras que las aguas oscuras quizá simbolizaran la posibilidad de depresión.
2. En el agua, nadar siempre simboliza las emociones, mientras que bracear en el aire se relaciona con la capacidad intelectual. Soñar que se es un buen nadador muestra la capacidad de manejarse bien en una situación emocional, mientras que hacerlo mal en un sueño podría mostrar que es necesario aprender a tratar nuestras emociones de forma más positiva.
3. La natación emplea mucha energía para ir de un lado a otro. Simbólicamente, sugiere que la energía espiritual se agota cuando nos dirigimos hacia cierto objetivo.

Naranja
Véase *colores* y *fruta*

Nativos
1. Cualquier sueño en el que aparezcan *nativos*, es decir, gente de otra cultura y,

posiblemente, con un sistema tribal, nos vuelve conscientes de una estructura muy sencilla de la vida. Nuestros sentimientos naturales pueden pasar a primer plano de una manera que expresa el yo más primitivo, bastante menos civilizado.
2. Dentro del hombre, no importa lo civilizado que sea, existe una parte que se aferra a la sencillez básica. Algunas culturas nativas se encuentran más libres y menos restringidas, en ciertos aspectos, que la cultura occidental. Por tanto, pueden encontrar no sólo una expresión más fácil de las emociones desde un punto de vista personal, sino también una organización estructurada del poder, tanto en sentido tribal como espiritual. Por ejemplo, se entiende que sólo aquellos que hayan recibido la educación necesaria pueden convertirse en brujos y tratar con los espíritus. Todos son conscientes de su tarea. Quizá sea este aspecto el relevante en los sueños sobre nativos.
3. En un sentido espiritual, los nativos representan una cercanía a la tierra y a la naturaleza, algo necesario si queremos comprender nuestra propia espiritualidad.

Naturaleza
Véase también *campo, lugares* y *paisaje*
1. Cuando en sueños nos encontramos en medio de la naturaleza, establecemos contacto con nuestros sentimientos naturales y espontáneos. Quizá tengamos recuerdos del campo que nos hacen evocar un estado de ánimo o una manera de ser especial. Podemos volver, sin sentirnos culpables, a una sensación muy descansada.
2. La mayoría de las personas tiene en mente cierto grado de libertad y sinceridad, con respecto a la naturaleza, que no es posible en las ciudades. Soñar con aquélla podría suponer que necesitamos aclarar los sentimientos sobre nuestro estilo de vida.

3. Las fuerzas de la naturaleza que llevamos dentro pueden simbolizarse mediante escenas en el campo.

Naufragio
Véase también *accidente*
1. Soñar con un naufragio o un desastre parecido indica que nuestros planes pueden torcerse de algún modo. Es necesario decidir si la culpa del fracaso de nuestros propósitos es nuestra o de otra persona.
2. Puesto que un naufragio puede ocurrir debido a circunstancias que escapan a nuestro control, un sueño así quizá indique mayor necesidad de dominio o manejo de los recursos.
3. Un desastre de algún tipo simboliza la derrota. El soñador, aunque se vea frustrado en esta ocasión, debería seguir luchando para alcanzar su objetivo.

Náuseas
Véase también *vomitar*
1. En un sueño, las náuseas suelen indicar la necesidad de librarse de algo que nos hace sentir incómodos. Quizá se trate de un reflejo de nuestro estado físico, pero ya que el estómago es el asiento de las emociones, el malestar podría representar una emoción que nos perturba.
2. El cuerpo suele tener su propio sistema para alertarnos de las dificultades. Tal vez las náuseas en un sueño indiquen un problema, antes de que se manifieste en lo físico.
3. Las náuseas también pueden sugerir que advertimos algo podrido.

Navegar
Véase también *barco, marinero* y *viaje*
1. Un sueño en el que aparece la navegación se centra en cómo creemos que manejamos nuestra vida. Podemos ir a favor de las corrientes o en su contra. Si

navegamos en un yate, existe más sensación de inmediatez que si viajamos en un buque. El primero se refiere más bien a relaciones entre dos personas, mientras que el segundo sugiere un esfuerzo de grupo.
2. Si el barco avanza contra el viento, el sueño sugiere que nos hemos creado dificultades, probablemente enfrentándonos a la opinión pública. Navegar a favor del viento significa que aprovechamos las oportunidades todo lo que podemos.
3. Navegar sugiere una sensación de libertad espiritual y la capacidad de emplear el intelecto.

Neblina
Véase también *niebla*
1. La neblina es símbolo de pérdida y confusión, sobre todo emocional; por tanto, cuando esta imagen aparece en sueños, quizá nos haga falta dedicar tiempo a reflexionar sobre nuestros actos.
2. En un sueño, la neblina puede indicar un estado de transición, el paso de un estado de alerta a otro, y se manifestará con frecuencia para transmitirnos este significado.
3. La neblina puede simbolizar iniciación.

Nereida
Véase también *ninfa* y *sirena*
1. La nereida es uno de los espíritus, hombres o mujeres, que pertenecen al mar, aunque también pueden existir en la tierra. Simbólicamente, esto representa la capacidad de ser profundamente emocional, así como totalmente práctico. Mientras estas dos partes no se integren adecuadamente, el ser humano no puede existir por completo en ninguno de los dos ámbitos.
2. Los espíritus del mar son representaciones masculinas y femeninas de la relación entre las fuerzas oscuras, que quizá no comprendamos, y el yo consciente. Existen muchos relatos sobre seres humanos que intentan emparejarse o relacionarse con estas criaturas marinas. La mayoría de las historias terminan en daño o desastre para una de las dos partes, lo que ejemplifica las dificultades para integrar los dos lados de nuestra naturaleza.
3. Cada ser humano debe alcanzar la integración entre el yo espiritual y el emocional, para que pueda existir la totalidad.

Nicho
1. Todos sentimos la necesidad de encontrar nuestro sitio, lo que advertimos con frecuencia en sueños. Se manifiesta como un espacio en el que estamos protegidos por todos los lados, excepto el frente. Se ha sugerido que la imagen supone un retorno a la infancia, antes de los cuatro años, cuando el niño comienza a darse cuenta de que es vulnerable por la espalda. Por tanto, un nicho es nuestro lugar, el espacio donde nos sentimos seguros.
2. En las situaciones nuevas, necesitamos comprender el mundo en que entramos. A menudo, el escenario de los sueños puede ampliar nuestras posibilidades, mostrándonos dónde debemos estar, qué nicho nos hace falta localizar. No sólo debemos encontrar nuestro lugar, sino que debemos saber qué factores externos nos ayudarán y cuáles nos estorbarán. Las imágenes del sueño relacionadas con el nicho nos proporcionarán esa información.
3. Con respecto a las imágenes religiosas, el nicho está consagrado, para que sea un lugar apropiado para albergar a la divinidad. Simboliza la santidad y los poderes especiales relacionados con la deidad que contiene. Si un icono (véase

icono) se coloca en el nicho, el dios o diosa también se encuentra en él.

Nido
1. El nido simboliza la seguridad y, quizá, la vida del hogar. Tal vez dependamos emocionalmente de las personas que nos rodean y tengamos miedo de «abandonar el nido».
2. Quizá resulte interesante comentar que, poco antes de dar a luz, muchas mujeres sienten el instinto de anidar. A veces, éste aparece en sueños antes de reconocerse en la vigilia.
3. Seguridad dentro del entorno propio y conocido.

Niebla
Véase también *neblina*
1. Soñar que nos encontramos en medio de la niebla señala nuestra confusión e incapacidad de afrontar, a menudo incluso de ver, los asuntos verdaderamente importantes de nuestra vida. Muchas veces, nos sentimos confusos debido a cuestiones externas y el impacto emocional que éstas nos producen.
2. Caminar en medio de la niebla suele ser una advertencia de que el juicio de otras personas puede oscurecer los asuntos que consideramos importantes, de modo que quizá sea más acertado detenerse y no hacer nada en este momento.
3. La niebla simboliza cierto grado de duda espiritual y una sensación de avanzar sin rumbo, aunque quizá sólo temporalmente.

Nieve
Véase también *deshielo, granizo, hielo* y *tiempo atmosférico*
1. La nieve es una cristalización del agua, por lo que representa la cristalización de una idea o proyecto. Cuando se derrite, puede representar que el corazón se ablanda.
2. Psicológicamente, la nieve que aparece en sueños quizá sugiera frialdad emocional.
3. Desde un punto de vista espiritual, la nieve puede representar pureza, hermosura y derretimiento de las dificultades.

Nimbo
Véase también *aura* e *imágenes religiosas*
1. El campo de fuerza o energía electromagnética que emana de todos nosotros tiene cualidades especiales en aquellos que han emprendido su desarrollo espiritual. Para el ojo clarividente, puede aparecer como un tipo de irradiación de madreperla.
2. Muchas personas perciben el carisma que poseen numerosos dirigentes y guías mundanos y espirituales. Normalmente, el nimbo es algo más sutil y, por lo tanto, de mayor alcance que el aura de la persona normal.
3. El nimbo se retrata frecuentemente en las imágenes religiosas, como halo o irradiación divina que rodea a los santos y semejantes a Cristo.

Ninfa
Véase también *nereida* y *sirena*
1. Las ninfas son la personificación de la productividad universal femenina. Ellas poseen una energía inocente, tranquila y clara. Suelen ser guardianas de espacios sagrados, como bosques, montañas y lagos. Por tanto, en sueños se relacionan con la sensación que una mujer tiene de su belleza y feminidad.
2. Psicológicamente, la ninfa tiene claras asociaciones con la princesa (véase *princesa* en *arquetipos* y *personas*). Es el aspecto despreocupado y alegre de la energía, que se complace en el movimiento y la

luz. Cuando trabajamos con los sueños, como energía pura, la ninfa nos concede la oportunidad de entrar en contacto con las cualidades de pureza y gracia.
3. Las ninfas son espíritus terrestres relacionados con la energía pura. Sus encantos son la juventud y la belleza. Cada grupo de ninfas guarda un área diferente, como bosques, lagos, valles, montañas y grutas. Las dríadas no se mezclan con las demás. Espiritualmente, su significado es que personifican la mayoría de las cualidades femeninas, en su estado más puro.

Niña, niño
Véase *personas*

Nivel
1. Normalmente, una superficie nivelada sugiere tranquilidad y comodidad. Soñar con una carretera horizontal indicaría que el camino que nos espera es bastante directo. Un cruce a nivel muestra que nos acercamos a una barrera que exige nuestra atención. Quizá, en esta etapa, no tengamos suficiente información para actuar esquivándola.
2. Existen muchos niveles de comprensión disponibles durante los sueños. El que escojamos para interpretar los sueños dependerá de nuestro grado de progreso.
3. En la arquitectura sagrada, un nivel representa conocimiento fuera de lo normal.

No
1. Darnos cuenta de que decimos «no» en sueños quizá sea parte importante de nuestro proceso de crecimiento. Somos capaces de tomar decisiones contra los deseos de otras personas, sin sentir que vamos a recibir un castigo. Aceptamos el rechazo y ya no tenemos miedo. Podemos ser independientes.

2. El derecho de rehusar es un aspecto importante de la elección entre alternativas. Tal vez no tengamos una razón coherente para el rechazo, excepto el derecho a decir «no». En cuanto a las relaciones, decir que no en un sueño sugiere que, en cierto grado, sabemos lo que nos conviene.
3. En términos espirituales, decir que no implica rechazar lo que no es compatible con nuestro concepto del progreso.

Noche
Véase también *tiempo*
1. Normalmente, la noche significa un periodo de descanso y relajación. Sin embargo, también puede sugerir una época de caos y dificultades. Es momento para fantasmas, espíritus y ruidos desconocidos. Desde un punto de vista más positivo, la noche nos permite crear un comienzo nuevo, con el amanecer de un nuevo día. Si se emplea de forma constructiva, la noche es, por tanto, el periodo de descanso antes del crecimiento posterior.
2. Fisiológicamente, se supone que el cuerpo se renueva durante la noche. En la medicina china, ciertas horas de la noche se corresponden con la renovación de determinados órganos del cuerpo. Si el organismo no se restaurase adecuadamente, llegaría la locura (véanse los párrafos dedicados al insomnio en la introducción de este libro).
3. La noche simboliza la oscuridad que aparece antes del renacimiento o la iniciación. Debe darse una desintegración antes de que pueda producirse el entendimiento. La noche también puede significar la muerte.

Nombre
1. El nombre es lo primero que somos conscientes de poseer. Es el sentido de

nuestro yo y de la pertenencia a un grupo. Si en sueños oímos que nos llaman por nuestro nombre, nuestra atención se dirige específicamente a la persona que somos. Se sugiere que los padres asignan un nombre a su hijo de modo que su significado suponga la principal lección que el niño debe aprender en la vida. Por ejemplo, *Carlos* significa «hombre» y *Brígida* significa «fuerza».
2. Cuando en sueños somos conscientes de los nombres de otras personas, probablemente también advertimos sus cualidades, y son éstas las que debemos examinar. Si el nombre de un lugar surge en el sueño, consideramos nuestros sentimientos respecto al sitio o algo que sabemos sobre él. Quizá también aparezcan juegos de palabras sobre los nombres.
3. Espiritualmente, cuando algo recibe un nombre, adquiere forma y, por tanto, significado. El nombre nos permite relacionarnos con el yo esencial.

Norte
Véase *posición*

Novela
Véase también *leer* y *libro*
1. Estrictamente hablando, una novela representa un modo diferente de contemplar las cosas. Si en sueños advertimos que leemos un libro así, debemos comprobar de qué clase de novela se trata. Quizá el argumento tenga importancia en nuestra vida, en ese momento determinado. Por ejemplo, una novela histórica podría sugerir que nos hace falta examinar el pasado, mientras que una novela romántica apuntaría a la necesidad de analizar las relaciones.
2. La palabra *novela* se relaciona con la novedad; psicológicamente, buscamos estímulos con frecuencia. Por tanto, en sueños quizá haya un juego de palabras, para indicar que deberíamos examinar un modo nuevo de abordar nuestra vida.
3. El nuevo aprendizaje espiritual puede explicarse, con frecuencia, en términos de historias o mitos.

Novia
Véase *personas* y *prometida*

Novio
Véase *personas* y *prometido*

Nubes
1. Soñar con las nubes puede tener dos significados, según las demás circunstancias del sueño. En primer lugar, quizá indique elevación o sentimientos religiosos; en segundo lugar, la sensación de que alguien o algo nos hace sombra. También puede advertir de la posibilidad de dificultades o peligros por venir.
2. Quizá suframos una depresión oculta, que sólo podemos tratar después de darle forma en un sueño.
3. Antiguamente, se suponía que las nubes eran el vehículo del poder divino.

Nudo
Véase también *cuerda* y *nudo místico*
1. Un nudo es uno de los símbolos más interesantes que aparecen en sueños, ya que puede tener numerosos significados. Negativamente, si se ve como un enredo, puede representar un problema o una dificultad insoluble. La respuesta sólo se puede *desenredar* gradualmente. Positivamente, un nudo puede ilustrar los lazos que tenemos con la familia, los amigos o el trabajo.
2. Un nudo sencillo que vemos en sueños podría indicar que es preciso tomar una dirección distinta en un proyecto. Un nudo más complejo quizá señale que nos sentimos atados a una situación por una sensación de deber o culpa. Es posi-

ble que, finalmente, el único modo de escapar a tal atadura sea aflojar los lazos de nuestra relación con otra persona o con una situación en el trabajo.
3. Continuidad o conexión espiritual.

Nudo místico
1. Tradicionalmente, el nudo místico no tiene comienzo ni final. Su significado básico sugiere un problema irresoluble. Quizá tengamos que abandonar el problema hasta que el tiempo lo resuelva.
2. El nudo místico suele aparecer cuando intentamos comprendernos a nosotros mismos y nuestra relación con lo espiritual.
3. El nudo místico sugiere infinitud.

Nuevo
1. Soñar con algo nuevo sugiere la necesidad de un comienzo nuevo, de otra forma de examinar o tratar las situaciones; quizá, incluso, de establecer una relación diferente. Por tanto, unos zapatos nuevos podrían indicar un camino distinto hacia adelante u otro modo de relacionarse con la tierra. Un sombrero nuevo ilustraría un enfoque intelectual novedoso; unas gafas nuevas, una manera diferente de ver las cosas.
2. Hacer algo nuevo en sueños destaca el potencial de aprendizaje que posee una situación. Al principio, nos sentimos estimulados y entusiasmados. Cuando en la vida real cambiamos a circunstancias nuevas, los sueños pueden destacar nuestros miedos y dificultades. Quizá soñemos con frecuencia con posibles ambientes donde no funcionemos tan bien como deberíamos, o con lo que podríamos hacer para mejorar nuestro rendimiento.
3. Lo nuevo, dentro de lo espiritual, es información que viene a nosotros en el momento adecuado, para permitirnos progresar. Quizá sea nuevo sólo para nosotros, pero nos impresiona porque antes no lo conocíamos.

Nuez
2. Debido a su forma, las nueces tienen significado como alimento interior. Se creía que nutrían el cerebro y proporcionaban sabiduría, sentido que aún pueden mantener en los sueños. De nuevo a causa de su forma, se relacionan también con la sexualidad masculina y la fertilidad. Soñar con nueces quizá sugiera que intentamos despersonalizar asuntos relacionados con la sexualidad.
3. Las nueces se consideraban alimento de los dioses y, por tanto, se creía que espiritualmente acrecentaban los poderes psíquicos.

Números
1. Cuando en sueños dirigimos nuestra atención hacia los números, éstos pueden tener un significado o bien personal, o bien simbólico. Con frecuencia, aparecen números que evocan algo personal, como una fecha especial o el número de una casa en la que hayamos vivido. La mente retendrá a menudo el significado del número, incluso aunque no lo recordemos conscientemente.
2. Simbólicamente, los números tienen algún tipo de significado en todos los sistemas de creencias o religiones. A continuación, comentamos los sentidos más habituales, que se han dividido en tres secciones.
a) Interpretaciones posibles, prácticas y habituales de los números que se ven en sueños:
Uno: conseguirá una maestría excelente en el trabajo que desempeña.
Dos: las relaciones personales o de negocios necesitan un trato cuidadoso.
Tres: sus ideas de estabilidad y éxito se materializarán.

Cuatro: le basta con pedirlo para obtener un hogar seguro y acogedor.
Cinco: está usted a punto de hacer un descubrimiento importante, que traerá cambios consigo.
Seis: puede acceder a una relación cariñosa.
Siete: con esfuerzo personal, puede resolver sus problemas.
Ocho: su vida posee el potencial para una oferta maravillosa.
Nueve: tenga cuidado de no intentar hacer demasiado.
Cero: el número contiene en sí mismo todo el potencial.
b) Resumen de características representadas por los dígitos:
Uno: independencia, respeto por uno mismo, resolución, determinación. Intolerancia, orgullo, estrechez de miras, degradación, tozudez.
Dos: placidez, integridad, desprendimiento, sociabilidad, armonía. Indecisión, indiferencia, falta de responsabilidad, obstinación.
Tres: libertad, valentía, diversión, entusiasmo, brillantez. Apatía, exceso de confianza, impaciencia, despreocupación.
Cuatro: lealtad, impasibilidad, sentido práctico, honradez. Torpeza, aburrimiento, conservadurismo, falta de adaptación.
Cinco: audacia, vivacidad, valentía, salud, susceptibilidad, simpatía. Precipitación, irresponsabilidad, inconstancia, informalidad, descuido.
Seis: idealismo, desprendimiento, honradez, caridad, fidelidad, responsabilidad, superioridad, suavidad, falta de sentido práctico, sumisión.
Siete: sabiduría, discernimiento, filosofía, fortaleza, profundidad, contemplación. Morbosidad, hipercrítica, inacción, falta de sociabilidad.
Ocho: sentido práctico, poder, capacidad para los negocios, decisión, control, constancia. Falta de imaginación, brusquedad, autosuficiencia, dominación.
Nueve: inteligencia, discreción, sentido artístico, entendimiento, brillantez, elevado sentido moral, genio. Tendencia a la ensoñación, letargo, falta de concentración, falta de rumbo.
c) Las interpretaciones más esotéricas de los números son:
Uno: uno mismo, el comienzo; lo primero; unidad.
Dos: dualidad; indecisión; equilibrio; masculino y femenino; dos lados en una discusión; opuestos.
Tres: el triángulo; libertad.
Cuatro: el cuadrado, fuerza, estabilidad, sentido práctico; la tierra; realidad; los cuatro lados de la naturaleza humana, sensación, sentimiento, pensamiento e intuición; tierra, aire, fuego y agua.
Cinco: el cuerpo humano; la consciencia humana en el cuerpo; los cinco sentidos.
Seis: armonía o equilibrio.
Siete: ciclos de la vida, significado mágico y espiritual; integridad humana.
Ocho: muerte y resurrección, infinitud.
Nueve: embarazo; el final del ciclo y el comienzo de algo nuevo; consciencia espiritual.
Diez: un comienzo nuevo; el varón y la mujer juntos.
Once: el número maestro.
Doce: tiempo; un ciclo completo o totalidad.
Cero: lo femenino; la gran madre; el inconsciente; la totalidad absoluta u oculta.
3. Cuando progresamos espiritualmente, nos situamos en una posición mejor para aprovechar al máximo el efecto vibratorio de los números. Se acepta desde hace mucho tiempo que, combinando números de ciertas formas, se puede ejercer influencia sobre el entorno del soñador.

Nutria
Véase *animales*

Nutrición
Véase también *alimentos* y *comer*
1. En sueños, todos los símbolos de la crianza se asocian con necesidades básicas. En primer lugar, necesitamos calor y comodidad; después, abrigo y sustento. Al principio, experimentamos todos ellos como procedentes de nuestra madre. Por tanto, cualquier sueño en el que advertimos estas necesidades se relaciona con la madre. Si nuestra necesidad de crianza y sustento no se ve satisfecha, sentimos rechazo y dolor. En sueños, ambos se convierten en intercambiables.
2. Todos los recipientes (vasija, taza, caldero, cuenco, etcétera) son símbolos de nutrición y feminidad. Los animales productores de alimentos también se asocian con los aspectos nutricios de la madre y, por tanto, de la madre Tierra.
3. Todas las sugerencias de nutrir el alma y conferir inmortalidad pertenecen a la crianza de la diosa madre.

O

desde *oasis* hasta *óxido*

Oasis

1. Para la mayoría de las personas, un oasis es un lugar de refugio en un desierto. Debido a su asociación con el agua, en sueños se convierte en un lugar donde nuestras emociones pueden descansar.
2. Cuando la gente tiene problemas, necesita un lugar donde expresarse o, quizá, renovar sus fuerzas y capacidad de resistencia. En sueños, un oasis representa un sitio así, sobre todo cuando nos sentimos perdidos (véase *perder*). El sueño destaca un tipo especial de santuario.
3. En términos espirituales, un oasis representa descanso y la idea de poder deshacerse de viejas preocupaciones.

Obediencia

1. Cuando en sueños esperamos obediencia de alguien, reconocemos nuestro poder y autoridad sobre otras personas. En cambio, soñar que debemos obediencia a alguien indica que somos conscientes de su mayor autoridad y conocimiento, así como de la pérdida de poder que ha tenido lugar.
2. Si nos encontramos en la posición de obedecer a alguien conocido, en una situación inesperada, a menudo podemos esperar una relación más fácil con esa persona en el futuro, quizá porque somos capaces de verla de distinta manera.
3. Ser obediente, en sentido espiritual, sugiere una sumisión al bien común y, después de una considerable lucha, a nuestro lado espiritual.

Obelisco
Véase también *piedra*
1. Cualquier piedra esculpida que aparezca en sueños sugiere que reflexionamos sobre cómo hemos dado forma a nuestra naturaleza básica. Cuanto más sencilla sea, más espacio tenemos para mejorar; cuanto más adornada, mejor empleamos nuestra energía creativa.

2. Un obelisco representa a menudo una señal que limita un área especial, como un espacio sagrado. También puede reflejar conocimiento antiguo e instintivo.
3. Un obelisco suele representar una piedra sagrada. Por tanto, el soñador debe aclarar sus creencias espirituales.

Oblea
1. Una oblea es una lámina muy delgada y frágil. En sueños, puede representar algo que se rompe fácilmente y debemos tratar con cuidado.
2. Un barquillo se compone de muchas hojas finas, con lo que se convierte en un símbolo de diversidad. Quizá tengamos que comprender las distintas capas de nuestra vida, para desenvolvernos con éxito.
3. El Cuerpo de Cristo. El pan de vida.

Obligación
1. Cuando tenemos una obligación con respecto a uno de los personajes del sueño, se nos recuerda nuestro sentido innato del deber. Quizá tengamos la impresión de que hemos hecho o debemos hacer algo por esa persona, pero en el fondo de nuestro corazón no creemos que sea apropiado para nosotros.
2. Si en el sueño somos conscientes de que otros han adquirido una obligación con nosotros, debemos estar seguros de que no imponemos nuestra voluntad por la fuerza en cierta situación.
3. Sentirnos obligados en un sueño quizá nos lleve a la ejecución de una tarea o un deber espiritual, que posiblemente hayamos aplazado de un modo subconsciente.

Obra teatral
Véase también *teatro y escenario*
1. Cuando en sueños somos espectadores de una obra de teatro, nos hace falta decidir si se trata de un drama, una comedia o una tragedia. Esto es así porque a menudo intentamos contemplar nuestra vida objetivamente. El contenido de la obra quizá nos proporcione indicaciones sobre cuál debería ser nuestro modo de actuar en la vida cotidiana. Si en el teatro actúan personas conocidas, deberíamos ser conscientes del drama que representamos junto a ellos.
2. En sueños, la obra que se representa es una destilación de nuestra experiencia, conocimiento y aptitudes. El creador que llevamos dentro dirige la escena para permitirnos obtener el máximo beneficio de la información que contiene. Las imágenes se reúnen para tener el mayor impacto y hacer la interpretación lo más fácil posible. A veces, sin embargo, ocurre lo inesperado, lo que significa que debemos buscar la explicación en otro sitio.
3. Desde una perspectiva espiritual, la vida que llevamos crea una obra que nos permite las mejores oportunidades para aprender, mediante la experiencia.

Obscenidad
1. Con frecuencia, los sueños se relacionan con nuestros aspectos más bajos, las partes que normalmente no afrontamos durante la vigilia. Si alguna obscenidad aparece en un sueño, nos permite tratar estos impulsos con seguridad, sin juzgarlos.
2. La obscenidad suele relacionarse con la percepción de nosotros mismos. Si realizamos actos obscenos, debemos ser conscientes de ciertos impulsos reprimidos. Si alguien los realiza sobre nosotros, tenemos que decidir cómo somos víctimas durante la vida cotidiana.
3. A veces, la obscenidad se asocia con actos de maldad. Si el soñador se identifica con esta conexión, tal vez deba ser consciente de sus propias interpretaciones del mal y las malas acciones.

Observar

1. A menudo, somos conscientes del yo que observa y participa en el sueño. Debemos advertir todas las partes del sueño, con objeto de alcanzar los mejores resultados.
2. Percibir que alguien nos observa durante un sueño sugiere que nos sentimos amenazados. Quizá esto ocurra en una situación de trabajo, pero también podría suceder en relaciones personales. La interpretación dependerá de las demás circunstancias del sueño.
3. Es necesario que el soñador vigile sus propias acciones, sobre todo si se han abordado nuevas formas de disciplina espiritual.

Obsesión

1. La obsesión supone concentrarse excesivamente en un sentimiento, creencia u objeto. Quizá indique tan sólo que necesitamos tiempo para solucionar una dificultad. A menudo, sentimos ansiedad sobre alguna ocasión o hecho del pasado, que no hemos podido tratar, o no se nos ha consentido hacerlo. Cuando aparece un sentimiento exagerado de este tipo en un sueño, nos permite apreciar todo lo dañino que puede ser.
2. La conducta obsesiva o repetitiva se utiliza frecuentemente en los sueños, para asegurarse de que el soñador ha comprendido por completo el mensaje que envía el inconsciente.
3. La obsesión puede aparecer en forma de posesión espiritual. Sin embargo, la posesión por parte de un espíritu no indica necesariamente algo maligno. El soñador deberá decidir en qué lado de la balanza espiritual se encuentra esa obsesión.

Obstáculo
Véase también *barrera*

1. En sueños, los obstáculos pueden tomar muchas formas: un muro, una colina, un bosque oscuro... En buena parte, somos conscientes de que es preciso superarlos, y nuestro modo de hacerlo puede sugerir con frecuencia cómo abordar un problema en la vida cotidiana.
2. La indecisión y la inseguridad pueden traducirse en sueños como objetos físicos. A veces, no podemos enfrentarnos a nuestras inhibiciones y ansiedades, a menos que les demos forma tangible.
3. Las dificultades, indecisiones y dudas son los tres escollos principales con que el soñador se encontrará en su *carrera de obstáculos* espiritual. Tendrá que escalar cada uno de ellos si quiere alcanzar su objetivo espiritual.

Oca
Véase *pájaros*

Océano
Véase *mar* **en** *agua*

Ocultismo

1. Un sueño en que aparece lo oculto, si el soñador no sabe nada de ciencias ocultas, suele sugerir la necesidad de asimilar sus miedos escondidos. La mayoría de la gente piensa sobre el ocultismo en su aspecto negativo, como magia negra o satanismo, por lo que el sueño quizá se relacione con el lado egoísta de su naturaleza.
2. Si el soñador tiene conocimientos de ocultismo, tal vez sea importante aplicarlos en la vida cotidiana. La regla, en este caso, es no dañar a nadie.
3. En sueños, lo oculto, debido a sus muchas facetas extrañas, quizá advierta al soñador sobre conocimientos arcanos, aún sin utilizar.

Oeste
Véase *posición*

Ofensa

1. Sentirse ofendido en un sueño supone permitir una exhibición de emoción y sentimientos sobre nuestra sensibilidad que quizá no sea adecuada en la vigilia. Ofender a alguien en sueños implica reconocer que no somos tan conscientes de los sentimientos de otras personas como deberíamos.
2. Cometer una infracción sugiere que no seguimos nuestro propio código moral de conducta, ya sea consciente o inconscientemente. Nos hemos situado aparte de las normas sociales.
3. Una sugerencia de una falta espiritual quizá sea relevante. Sin embargo, es el soñador quien debe evaluar la gravedad de la ofensa o la infracción y actuar en consecuencia.

Oficial
Véase también *personas con autoridad* en *personas*

1. Soñar con un oficial, a menos que tengamos una relación con uno en la vida real, supone examinar la parte de nosotros mismos que coordina y dirige nuestra vida. Cualquier figura oficial, sobre todo una con uniforme, nos alerta sobre el lado de nuestro ser que necesita pertenecer a un grupo organizado. Quizá nos rebelemos conscientemente, pero parte de nosotros reconoce que debemos encajar de alguna forma.
2. A menudo, si el padre ha sido especialmente estricto o dominante, lo representamos en sueños como un oficial. En la infancia, aprendimos a someternos a la autoridad. Curiosamente, los distintos cuerpos de las fuerzas armadas representan aspectos diferentes de nuestra personalidad. El ejército indica el lado más práctico y terrenal; las fuerzas aéreas, el intelectual; y la armada, el emocional y amante de la libertad.
3. Quizá el sueño represente la necesidad de autoridad espiritual. El soñador busca una guía superior y necesita que le digan qué debe hacer.

Oficial de juzgado
Véase *alguacil*

Ogro
Véase *arquetipos*

Ojo
Véase *cuerpo* y *ojos vendados*

Ojo de la cerradura
Véase también *cerradura* y *llave*

1. Cuando soñamos que miramos por el ojo de una cerradura, percibimos que nuestra capacidad de ver y comprender está, en cierto modo, disminuida. Convencionalmente, se ha interpretado el ojo de la cerradura como representación de la feminidad, de modo que tal disminución podría derivarse de nuestra actitud hacia lo femenino.
2. Puesto que una llave suele requerir un ojo, soñar con uno sin el otro indica algún tipo de confusión entre el yo interior y el exterior.
3. Un ojo de cerradura simboliza la tentativa, por parte del soñador, de entrar en lo sublime.

Ojos vendados
Véase también *ojo* en *cuerpo*

1. Si en un sueño nos han vendado los ojos, se indica que alguien intenta engañarnos deliberadamente. Si cubrimos los ojos de otra persona, no somos honrados en nuestro trato con los demás; quizá se deba a ignorancia por nuestra parte.
2. Psicológicamente, tal vez tengamos que pasar un tiempo retirados, es decir, apartarnos del contacto visual con el mundo exterior.

3. En términos espirituales, vendar los ojos es un rito de paso. Se trata de una transición entre dos estados.

Olas
Véase *agua*

Olfato
Véase también *olor* y *perfume*
1. Advertir que olemos algo en sueños suele significar que intentamos identificar un objeto o de dónde procede el olor. La mayoría de los sentidos se agudizan en los sueños, pero el sentido del olfato sólo aparece si se necesita una interpretación específica.
2. En la infancia, el sentido del olfato es muy significativo. Muchos olores se asocian con esa época: por ejemplo, pan recién salido del horno, aceite caliente, flores, comidas escolares... Un olor agradable podría representar recuerdos alegres, mientras que el mal olor quizá refleje recuerdos de épocas especialmente dolorosas.
3. Al tiempo que los sentidos espirituales se desarrollan, la capacidad de percibir y reconocer olores del pasado con clarividencia tal vez nos asuste algo. Siempre que esta capacidad se reconozca como sólo un modo de identificar una época, lugar o persona, no tiene por qué haber problema.

Olla
1. En sueños, una olla o una sartén significa sustento y cuidados. También puede indicar una mentalidad receptiva.
2. Así como un caldero puede interpretarse como indicación del proceso transformador, una olla quizá sugiera la capacidad de combinar varios *ingredientes*, para obtener algo completamente distinto.
3. Como siempre, cualquier recipiente sugiere el principio femenino que contiene, normalmente su lado nutricio.

Olor
Véase también *olfato* y *perfume*
1. Si un olor aparece en sueños, suele ser muy significativo y destacar lo que esté ocurriendo. Cuando se trata de un aroma grato, sugiere una buena época; si el olor es desagradable, probablemente alerte sobre algo malo.
2. Nuestro sentido del olfato es muy delicado, pero, así como el uso de los demás sentidos se suspende o transforma en algo ligeramente distinto, un olor en sueños quizá sea un modo de recordarnos otra época o situación.
3. En términos espirituales, un olor fragante significa santidad y espiritualidad.

Ombligo
1. Cuando en un sueño nos fijamos en el ombligo, ya sea el nuestro o el de otros, somos conscientes de cómo relacionamos nuestro yo interior con el resto del mundo exterior. El feto que está en el útero percibe su condición física a través del ombligo. En sueños, necesitamos a menudo advertir nuestra imagen corporal, que contribuye a centrarnos en cómo nos vemos a nosotros mismos; esta visión, a su vez, nos permite elaborar cómo encajamos en el mundo que nos rodea.
2. En un sueño, el ombligo puede indicar nuestra dependencia de otras personas, sobre todo de nuestra madre. El ombligo es nuestro centro emocional y, como adultos, el asiento inicial de poder. A menudo, durante las pesadillas advertimos algo, quizá un diablo, sentado en nuestro ombligo, lo que puede ser una personificación de nuestros miedos.
3. Espiritualmente, el ombligo o el plexo solar es el lugar de conexión entre lo espiritual y lo físico.

Ópalo
Véase *piedras preciosas*

Ópera
1. Cuando asistimos a una ópera en sueños, quizá contemplemos el *dramatismo* de una situación que nos rodea, en la que tal vez sea más adecuado observar que actuar. Participar en una ópera refleja la necesidad de algún elemento dramático en nuestra vida.
2. Si nos encontramos cantando en una ópera, deberíamos ser capaces de expresarnos de modo más dramático y dirigido en las situaciones cotidianas.
3. El espectáculo de la vida.

Operación
Véase también *hospital* y *quirófano*
1. Una operación en un hospital es aterradora y agresiva. En sueños, podría significar nuestra conciencia del temor al dolor y la enfermedad, aunque también la admisión de que es necesario curarse.
2. Si nosotros estamos llevando a cabo una operación, reconocemos nuestra destreza dentro de una situación de la vigilia. Si nos operan a nosotros, intentamos llegar a cierto conocimiento interior, pero probablemente nos atemoriza el resultado.
3. Curación incisiva.

Óptica
1. Visitar una óptica en un sueño quizá muestre que nos falta la sensación de ver una situación con claridad; tal vez necesitemos ayuda. También podría indicar que debemos desarrollar una nueva manera de contemplar las cosas.
2. Un óptico que aparece en sueños tal vez sugiera que debemos comprender la capacidad de ver. Asimismo, puede significar clarividencia.
3. Este sueño indica la capacidad de mejorar nuestras percepciones.

Oráculo
1. A la mayoría de nosotros nos gusta saber lo que va a ocurrir, así como que nos digan lo que debemos hacer. Soñar con un oráculo nos pone en contacto con el lado de nosotros mismos que sabe cuáles son nuestros siguientes movimientos. Con frecuencia, un oráculo puede aparecer como una persona, por ejemplo, una diosa o un anciano sabio. También podemos soñar que utilizamos uno de los numerosos sistemas de predicción disponibles en la vida cotidiana.
2. La necesidad de saber es muy fuerte, y el soñador supone que un oráculo tiene más información que nosotros. Con frecuencia, es preciso desentrañar lo que nos dice, ya que se presenta de modo extraño; a veces, no puede encontrarse el sentido hasta que reflexionamos sobre él en la vida de vigilia.
3. Predicción y conocimientos ocultos.

Ordenador
1. El ordenador y otros objetos de alta tecnología forman actualmente una parte tan importante de la vida de muchas personas, que la interpretación correcta depende mucho del resto de circunstancias del sueño. Si el soñador trabaja con ordenadores y uno aparece en el sueño, quizá se trate de un instrumento, mientras que en otros casos servirá para recordar las posibilidades o aptitudes personales.
2. Establecemos un lazo con antiguos recuerdos o información almacenada.
3. El ordenador puede simbolizar registros espirituales y el pasado, presente y futuro.

Organista
Véase también *música* y *orquesta*
1. La imagen del organista personifica la parte de nosotros mismos que sabe cómo aprovechar las diversas vibraciones que

nos forman. Cuando soñamos con esta figura, apreciamos que, al igual que ocurre con la orquesta, las diversas notas que tocamos pueden unirse en armonía. Sin embargo, producir los sonidos requiere bastante habilidad.
2. Expresarnos con eficacia es una capacidad aprendida. El organista representa la parte de nosotros mismos que está dispuesta a comportarse con disciplina y decisión, para permitir que nos escuchen adecuadamente.
3. El yo superior.

Órgano
1. Los distintos órganos del cuerpo pueden representar los diferentes aspectos del yo. En sueños, quizá indiquen diversas debilidades y fuerzas. Un órgano musical suele destacar las opiniones y sentimientos del soñador sobre la religión. Asimismo, un órgano puede sugerir el pene.
2. En la medicina china, los distintos órganos del cuerpo representan diferentes cualidades. Por ejemplo, la vesícula biliar se relaciona con la capacidad de tomar decisiones, mientras que el hígado es asiento de la irritabilidad. Por tanto, un sueño en el que somos conscientes de un órgano corporal nos pediría advertir lo que nos molesta y tratarlo de manera adecuada.
3. Espiritualmente, la salud perfecta de mente y cuerpo sería posible, siempre que comprendiéramos el funcionamiento del organismo físico. Si supiéramos lo que es la perfección, el propio cuerpo aseguraría un funcionamiento correcto de los órganos.

Orgía
1. Una orgía se relaciona con una descarga tremenda de energía, que puede darse cuando nos concedemos permiso para acceder a nuestra propia sexualidad. Con frecuencia, este permiso se concede subconscientemente al principio, y puede expresarse en sueños de modo más abierto que lo que nos permitiríamos en la vida diaria. Soñar con una orgía también puede reflejar cómo nos relacionamos con otras personas. La necesidad de que otros nos quieran y comprendan es bastante fuerte y, cuando se ve como una orgía, quizá indique que tenemos miedo de perder el control.
2. A menudo, los sueños expresan dificultades o bloqueos que tal vez tengamos en cualquier área de nuestra vida. Como la imagen que las personas tienen de sí mismas se relaciona mucho con su sexualidad, soñar con una orgía quizá indique cómo podemos liberar la energía bloqueada. La conducta que no sería necesariamente apropiada en la vida cotidiana puede utilizarse en sueños para equilibrar los problemas.
3. Exceso espiritual.

Oriente
Véase también *este*
1. La mayoría de las personas considera muy exótico el modo de vida oriental. Soñar con el Oriente quizá nos permita acceso a la parte de nuestra personalidad que se suprime debido a las exigencias de la vida diaria.
2. El modo oriental de vida parece ser más amable y acaso más intuitivo que el occidental. En sueños, tendemos a entrar en contacto con el lado de nosotros que tiene acceso a la sabiduría y la claridad. Suele ser un modo bastante femenino de actuar, de modo que se personifica a menudo como una mujer oriental (véase *mujeres* en *personas*).
3. Sabiduría trascendental.

Orina
Véase *cuerpo* y *orinar en la cama*

Orinar en la cama

1. En sueños, retrocedemos a menudo a un estado anterior. Soñar con orinarse en la cama indica angustia sobre la falta de control. En algunos casos, quizá también indique un problema con el sexo o la sexualidad.
2. Tal vez estemos preocupados por el comportamiento correcto en público o temamos que nos acusen de conducta inadecuada.
3. Orinarse en la cama en sueños sugiere la necesidad de libertad de expresión personal.

Oro
Véase también *metal*

1. El oro que aparece en sueños sugiere los aspectos mejores y más valiosos de nosotros mismos. Encontrar oro indica que podemos descubrir tales características en nosotros o en los demás. Enterrarlo muestra que queremos esconder algo que tenemos, quizá información o conocimientos.
2. En sueños, el oro también puede representar el lado sagrado y dedicado de nosotros mismos. Podemos reconocer incorruptibilidad y sabiduría, amor, paciencia y cuidados. Curiosamente, en este contexto casi nunca refleja riqueza material, sino más bien los bienes espirituales que uno posee.
3. El viejo dicho de «no es oro todo lo que reluce» no se aplica, desde luego, en el sentido espiritual. Soñar con oro simboliza un grado supremo de espiritualidad.

Orquesta
Véase también *instrumentos musicales* y *música*

1. Todos tenemos ciertos aspectos en nuestra personalidad que deben funcionar en armonía con otros, si queremos actuar adecuadamente. Soñar con una orquesta representa formas de aunar todos esos lados de nuestra personalidad para formar un todo coherente.
2. Cuando queremos organizar algo, a veces debemos hacer que nos escuchen y comprendan. Si en sueños dirigimos una orquesta, sentimos que podemos aceptar que estamos al mando. Si somos miembros de una orquesta, sencillamente formamos parte de una tarea superior.
3. Somos capaces de actuar en armonía espiritual.

Ortiga
Véase también *plantas*

1. En sueños, una ortiga sugiere que será preciso evitar una situación difícil. Quizá se produzca una irritación, sobre todo si no nos relacionamos con los demás o con el entorno. Si nos encontramos en medio de una mata de ortigas, el sueño también podría sugerir problemas para comunicarse: los que nos rodean quizá empleen palabras o circunstancias para herirnos. Las ortigas que aparecen en sueños también pueden significar un trato inútil, del que salimos heridos.
2. Las ortigas son plantas silvestres que irritan la piel. Este simbolismo puede aparecer en sueños como si nos permitiéramos un estímulo excesivo, debido a una conducta incontrolada. El entorno quizá sea sexual, pero también podrían aparecer otros, como el baile; en cierto momento, perdemos el control. Asimismo, las ortigas pueden sugerir un tipo de curación, tanto a través de las vitaminas y minerales que contienen, como por su aplicación externa, que estimula el organismo. La medicina popular recomendaba a menudo emplastos de ortigas para estimular el riego sanguíneo.
3. En términos espirituales, se supone que la ortiga protege del peligro. También se usa en rituales de purificación. Las orti-

gas frescas tienen fama de contribuir al restablecimiento de los enfermos.

Oruga
1. La oruga que aparece en sueños suele indicar que atravesamos algún tipo de transformación drástica. Quizá se nos advierta que debemos sufrir una completa metamorfosis. Tenemos que cambiar y crecer, a partir de lo que somos ahora, para alcanzar mayores posibilidades.
2. Soñar con orugas indicaría que debemos ser flexibles en nuestra actitud hacia los cambios. Además, debido a la asociación con los animales que se arrastran, quizá represente maldad o problemas.
3. El potencial espiritual, sin reconocer en su mayor parte, que debe transformarse en algo más hermoso.

Oscuridad
Véase también *penumbra*
1. Soñar que estamos a oscuras suele representar un estado de confusión, o bien que nos encontramos en territorio difícil y desconocido. Quizá se trate de una parte de nosotros secreta o que aún no conocemos.
2. Intelectualmente, estamos en contacto con el lado deprimido y oculto. Tal vez nos haga falta abordar nuestros lados oscuros.
3. Desde un punto de vista espiritual, la oscuridad representa nuestro lado oscuro, donde quizá reine el caos, y el mal acabará por prevalecer, a menos que se alcance algún entendimiento espiritual.

Oso
Véase también *animales*
1. Un oso vivo que aparece en sueños indica agresividad; si está muerto, representa cómo manejamos nuestros instintos negativos más profundos. Soñar con un oso de juguete, por ejemplo de peluche, muestra una necesidad infantil de seguridad.
2. La necesidad de encontrarnos con la fuerza de nuestra propia creatividad.
3. El oso simboliza fuerza y poder espirituales, latentes (por ejemplo, cuando el animal hiberna) y también manifiestos.

Osteópata
1. En sueños, un osteópata indicaría nuestra necesidad de manipular las circunstancias de nuestra vida hasta el punto en que nos sintamos cómodos. Ya que un osteópata cura, si uno aparece en sueños, sugeriría preocupación por asuntos de salud y por cómo funciona el cuerpo.
2. Curiosamente, como un osteópata manipula el organismo, al presentarse en sueños podría alertarnos sobre la manipulación que se produce en la vida cotidiana. Desde un punto de vista psicológico, cualquier tratamiento curativo ejercerá algún efecto sobre la energía del organismo; con frecuencia, debemos advertir los cambios sutiles que hacen falta en nuestra vida.
3. Un osteópata quizá represente algún tipo de manipulación o cambio espiritual.

Ostra
1. La ostra tiene fama de alimento afrodisiaco. Por tanto, en sueños puede representar el acto sexual o algo relacionado con el sexo.
2. Debido a su capacidad de transformar un grano de arena en una perla, la ostra es casi única. Esta cualidad suele destacarse en los sueños, para demostrar cómo podemos convertir algo que nos irrita en hermoso.
3. La ostra representa transformación espiritual. Podemos construir sobre cualidades negativas en nuestra vida, sin intentar erradicarlas por completo.

Otoño
Véase también *estaciones*
1. Somos conscientes de la sensación de que algo termina. Reconocemos que lo bueno de una situación puede aparecer y emplearse, pero debemos renunciar al resto.
2. Psicológicamente, debemos considerar los ciclos que ocurren en nuestra vida, y si alguno de ellos puede terminarse.
3. El otoño de la vida, con sensaciones sosegadas y todo lo que aporta la vejez, se simboliza en sueños mediante dicha estación.

Ouroboros
Véase también *serpiente* en *animales*

1. Desde un punto de vista espiritual, el ouroboros representa totalidad. Habitualmente, se representa como una serpiente que se muerde la cola; denota energía inagotable y poder eterno. Suele aparecer en sueños cuando el soñador está preparado para tratar y comprender la autonomía espiritual completa.

Óvalo
Véase *formas*

Oveja
Véase *animales*

Óxido
Véase *herrumbre*

P desde *padre* hasta *putrefacción*

Padre
Véase *arquetipos* y *familia*

Pagaré
1. Soñar con pagarés o documentos similares indica que tenemos una sensación de compromiso con una persona o un principio, que somos capaces de hacer promesas que podemos mantener.
2. Dependiendo de si damos o recibimos el pagaré, es preciso considerar nuestro compromiso emocional con nosotros mismos y nuestras preocupaciones.
3. Transformación de un conflicto en ley y orden.

Pagoda
Véase *templo* en *edificios*

Paisaje
Véase también *lugares* y *naturaleza*
1. En un sueño, el paisaje puede ser parte integral de la interpretación. Normalmente, refleja sentimientos y conceptos que poseemos, por lo que ilustra nuestra personalidad. Un paisaje pedregoso sugeriría problemas, mientras que uno triste quizá implicara pesimismo y dudas sobre nosotros mismos. Un escenario que se repite podría ser uno en el que nos sentíamos cómodos de niños, o bien reflejar una sensación o dificultad que no hemos sido capaces de asimilar. Los paisajes suelen representar sensaciones habituales, más que estados de ánimo puntuales.
2. Los paisajes de un sueño pueden tener alguna característica extraña, con objeto de destacar un mensaje en particular. Por ejemplo, podrían aparecer árboles de hielo o rocas de azúcar. El argumento del sueño tal vez sea importante para llegar a la interpretación correcta de estos símbolos (véase la introducción de este libro). El paisaje de un sueño también puede indicar cómo nos relacionamos con los demás. Encontrarse en un desier-

to podría representar soledad, mientras que la jungla quizá indicara imaginación fértil.

3. Espiritualmente, el paisaje de un sueño tal vez sugiera mejoras que podemos introducir al tratar nuestros estados de ánimo y actitudes. Si el paisaje se transforma entre el comienzo y el fin de un sueño, tal vez debamos hacer los cambios correspondientes en la vida cotidiana.

Países extranjeros
Véase *extranjero* y *país* en *lugares*

Paja
1. En sueños, la paja destaca la debilidad y el vacío. A menos que la imagen aparezca en una escena de campo, seguramente somos conscientes de una fase pasajera que tiene poco significado. Una choza de paja, al ser una estructura temporal, sugeriría que existe un estado transitorio en nuestra vida.

2. Cuando decimos que algo está hecho de paja, somos conscientes de que no tiene cimientos adecuados. Debemos examinar lo que no nos parece permanente en nuestra vida y construir sobre ello.

3. La paja que aparece en sueños puede revelar, a menudo, la sensación de que nos falta apoyo, o de que el apoyo que recibimos parece bastante seco y frágil, cuando emprendemos nuestro viaje espiritual.

Pájaro carpintero
Véase *pájaros*

Pájaros
Véase también *alas, pluma, plumaje* y *volar*

1. En sueños, los pájaros representan libertad, imaginación, pensamientos e ideas que, por naturaleza, precisan libertad para poder manifestarse. Desde la antigüedad, los pájaros y el vuelo han fascinado al ser humano. Se creía que las aves eran vehículos del alma y podían llevar a ésta hasta el cielo. Por esta razón, a menudo se atribuían poderes mágicos y místicos a los pájaros.

2. Psicológicamente, el hombre necesita con frecuencia proyectar atributos humanos a cosas del mundo exterior. Como la conducta de los pájaros es totalmente instintiva, se pueden utilizar en sueños para comprender la conducta humana.

3. Los pájaros han llegado a representar el alma, tanto en los aspectos oscuros como en los iluminados.

Un pájaro **enjaulado** puede indicar restricción o prisión. Si **vuela** libremente, representa aspiraciones, deseos y, probablemente, el espíritu que asciende hacia la divinidad. El ave que exhibe el **plumaje** ilustra la fachada del soñador, el modo en que la persona se ve a sí misma. Una **bandada** de pájaros en la que algunos tienen plumas y otros están desplumados indica cierta confusión sobre asuntos físicos o materiales, en oposición a aspiraciones espirituales.

A veces, los pájaros pueden denotar el lado libre y femenino del ser.

El ave de **alas doradas** tiene el mismo significado que el fuego y, por tanto, indica aspiraciones espirituales. Un pájaro que **vuela alto** sugiere conciencia espiritual o la parte de nosotros mismos que busca el conocimiento.

Si el soñador es **hombre**, un pájaro representa el *anima* (véase la introducción de este libro). En el sueño de una **mujer**, sugiere el *sí mismo*, en el sentido del *sí mismo* espiritual (véase la introducción). Si en el sueño aparecen pájaros **blancos o negros**, tal vez se representen como opuestos los dos aspectos del *anima* o del

sí mismo (véase la introducción). El pájaro negro retrata el lado oscuro, abandonado o sombrío, mientras que el blanco apunta al lado abierto, claro y libre.
Las circunstancias personales y las emociones pueden tener un efecto profundo sobre el control de nuestra conducta; la felicidad recordada puede experimentarse en sueños en que el pájaro es un animal de compañía.

Águila (véase también la entrada correspondiente): como el águila es un ave de presa, en sueños indica dominación y supremacía. También puede significar percepción, así como clarividencia y objetividad. Si el soñador se identifica con el águila, aflora a la superficie su deseo de dominar, aunque quizá existan dificultades para reconciliar con éste otras partes de su naturaleza. Si el soñador se siente amenazado, quizá otra persona amenace el estado de cosas en ese momento.
Alondra: tradicionalmente, se supone que una alondra representa la trascendencia de lo mundano.
Avestruz: el avestruz denota que intentamos huir de las responsabilidades.
Búho: el búho es sagrado para Atenea, diosa de la estrategia y la sabiduría, por lo que en un sueño puede describir esas cualidades. Puesto que también se asocia con la noche, a veces quizá represente la muerte.
Buitre: como animal carroñero, el buitre posee una asociación con el aspecto femenino en su imagen destructiva.
Cigüeña: la cigüeña es un símbolo de vida y comienzos nuevos.
Cisne: el cisne es el alma del hombre y suele interpretarse como el pájaro divino. A veces, tal vez indique una muerte tranquila.
Codorniz: la codorniz representa apasionamiento, a veces, valor y, con frecuencia, buena suerte. En su forma negativa, también puede ilustrar brujería y sortilegios.
Cuco: el significado del cuco es ambivalente, ya que puede indicar condición taimada o amor no correspondido. Como heraldo de la primavera, supone el paso de energía vieja y gastada a novedad y frescura.
Cuervo: soñar con un cuervo puede tener varios significados. Tradicionalmente, el cuervo alerta sobre la muerte, pero también podría ilustrar sabiduría y engaño. Tal vez sea un símbolo de pecado, aunque si aparece hablando suele representar la profecía.
Faisán: soñar con faisanes suele predecir prosperidad y buena suerte.
Fénix: el ave fénix es un símbolo universal de renacimiento, resurrección e inmortalidad (morir para vivir).
Gallina: la gallina representa previsión, cuidado maternal y procreación. Cuando una gallina cacarea en un sueño, éste indica dominio femenino.
Gallo (véase también la entrada correspondiente): el gallo es el símbolo de un nuevo día, pero también de la vigilancia. Representa el principio masculino y, por tanto, la necesidad de ser más sinceros y valientes.
Gaviota: la gaviota es un símbolo de libertad y poder.
Golondrina: la golondrina que aparece en sueños representa esperanza y la llegada de la primavera.
Gorrión: el gorrión retrata trabajo y laboriosidad.
Grajilla: véase *urraca*.
Halcón (véase también la entrada correspondiente): el halcón comparte el simbolismo del águila. Como ave de presa, representa libertad y esperanza para los que se sienten coartados de algún modo. Puede sugerir la victoria sobre el deseo.

Ibis: el ibis, que a veces se confunde con la cigüeña, es el símbolo de la perseverancia y la aspiración.

Martín pescador: soñar con un martín pescador se relaciona con dignidad y calma.

Oca: se supone que la oca representa la vigilancia y el amor. Al igual que el cisne, puede representar el amanecer o la vida nueva. Una bandada de ocas se suele interpretar como símbolo del poder de la intuición y advertencia de un desastre. Un ganso salvaje tal vez sugiera el alma y con frecuencia ilustra el lado pagano de nuestra naturaleza. Las ocas, como los gatos, se consideran espíritus con forma animal que ayudan a los brujos.

Pájaro carpintero: el pájaro carpintero es guardián de reyes y árboles en la mitología. También tiene fama de poseer poderes mágicos.

Paloma: el *anima* (véase la introducción de este libro). La paloma trae la calma después de la tormenta. El alma, el lado pacífico de la naturaleza humana, suele aparecer en sueños como una paloma.

Pato (véase también la entrada correspondiente): en un sueño, el pato denota a menudo cierta superficialidad o puerilidad.

Pavo: el pavo suele ser alimento en celebraciones y fiestas. Por tanto, soñar con uno quizá muestre que se avecinan buenos tiempos.

Pavo real: ver un pavo real en sueños indica que hemos avanzado en la comprensión de lo feo y sin adornos a la belleza del pájaro con todo su plumaje. Como el fénix, esta ave representa renacimiento y resurrección.

Pelícano: existen dos significados del simbolismo del pelícano. Uno es sacrificio y devoción; el otro, amor maternal y cuidadoso.

Pingüino: se cree que el pingüino representa adaptabilidad, pero quizá también estupidez.

Pollo: la imaginación se emplea para destinarla a una función práctica. Existe potencial para el crecimiento, aunque éste también puede surgir por la pertenencia a un grupo. Además, el pollo puede representar estupidez y cobardía.

Urraca o grajilla: debido a la creencia de que las urracas y grajillas son ladronas, soñar con una de ellas tal vez muestre que algún conocido intenta arrebatar algo que el soñador valora. Asimismo, la urraca puede significar buenas noticias.

Pala
Véase también *cavar*

1. Una pala que aparece en sueños indica la necesidad de cavar en experiencias pasadas, en búsqueda de alguna información. Tal vez nos haga falta descubrir una alegría o un trauma del pasado, incluso una experiencia de aprendizaje. El tipo de instrumento quizá tenga importancia: una pala de jardín sugeriría pragmatismo, mientras que una pala de bombero indicaría la necesidad de tener cuidado.

2. Como una pala puede sugerir cierto grado de introspección, de enterrar, es importante el material que se excava. Nos hace falta fijarnos en el contenido de nuestra vida. Palear abono, por ejemplo, significaría que consideramos la suma de los aspectos más fértiles de nuestra vida, mientras que la arena sugeriría la experiencia del tiempo.

3. Una pala es una herramienta que puede emplearse para ayudarnos a descubrir lo espiritualmente correcto.

Palabra
Véase también la introducción, *hablar* y *mantra*

1. Cuando en sueños somos conscientes de que una palabra se repite, el sonido o el significado pueden ser relevantes.

2. Ciertas palabras tienen significados esotéricos, como ocurre con el vocablo hebreo JHVH (Jehová). Tales palabras aparecen con mayor frecuencia en el sueño que en el estado de vigilia. Estamos más abiertos a este tipo de informaciones mientras dormimos.
3. Palabras de poder. El logos, el sonido sagrado.

Palabrería
Véase también *hablar*
1. Charlar incesantemente y sin contenido puede traducirse como que el soñador debe controlar su forma de expresarse. Si otra persona emplea palabrería en un sueño, éste indica que, en la vida real, el soñador debe escuchar con mucha atención ciertas instrucciones. Quizá no confíe en la persona que habla.

Palacio
Véase *edificios*

Palestra
1. Soñar que nos encontramos en un lugar donde se celebra una competición o una discusión, ya sea como participantes o espectadores, implica que tal vez debamos tomar la decisión de trasladarnos a un entorno específicamente creado; uno que proporcione más espacio para la expresión, creatividad o teatralidad.
2. Desarrollamos un nuevo centro de atención o un área de conflicto. Quizá haga falta sacarlo a la luz, a un espacio abierto.
3. Una palestra sugiere un conflicto ritual. Hoy en día, el deporte se emplea como liberación.

Palma
1. Ver una palma o palmera en sueños se relaciona sobre todo con descanso y tranquilidad. Antiguamente, la palma se asociaba con honor y victoria, pero desde que las vacaciones en el extranjero son más populares, casi no se recuerda ese significado.
2. La palma de la mano resulta significativa como símbolo de generosidad y franqueza.
3. La palma, en términos espirituales, sugiere bendiciones y bondad.

Palo
Véase *bastón, mayo* y *vara*

Paloma
Véase *pájaros*

Pan
Véase también *alimentos, hogaza* y *panadero*
1. Soñar con pan nos recuerda que debemos satisfacer necesidades emocionales y biológicas básicas. Compartir pan en sueños representa nuestra capacidad de compartir experiencias elementales.
2. Si el pan del sueño es extraño o tiene mal sabor, quizá no estemos seguros de lo que necesitamos de verdad en la vida. Tal vez estemos equivocándonos en alguna área de la existencia.
3. El pan simboliza la vida misma. Es alimento para el alma y representa también la necesidad de compartir.

Panadero
Véase también *horno*
1. Dentro de nosotros, todos tenemos la capacidad de alterar nuestro enfoque o actitud hacia las situaciones de nuestra vida. Soñar con un panadero nos alerta sobre esta posibilidad.
2. Tal vez sea preciso intensificar o aligerar nuestra capacidad creativa, para alcanzar algún logro. Si una mujer sueña que cuece pan, reconocerá la imagen como su necesidad de nutrir.

3. El impulso creativo, que quizá necesite apaciguarse, puede verse como un panadero.

Panal de abejas
1. Los cuentos populares, como aquél en que se cuentan los problemas a las abejas, pueden aparecer en sueños sin que comprendamos necesariamente qué significan. Se dice que el panal representa una comunidad organizada y, por tanto, la capacidad de absorber el caos.
2. Soñar que cuidamos una colmena nos alerta sobre la necesidad de una buena gestión de los recursos.
3. La elocuencia, el discurso directo. Seguramente exista una relación con la gran madre.

Pandereta
Véase también *instrumentos musicales*
1. Los seres humanos necesitamos ritmo en la vida. Soñar con una pandereta o un instrumento musical parecido nos permite estar en contacto con nuestros ritmos básicos.
2. La pandereta puede indicar que tenemos algún control sobre el ritmo y el ruido en nuestra vida. Sobre todo, si tocamos la pandereta en grupo, aceptamos nuestra capacidad de participar en la vida con eficacia.
3. Tradicionalmente, el ruido se empleaba para convocar o alejar a los malos espíritus. La pandereta es un instrumento de este tipo.

Pantano
Véase también *ciénaga*
1. Cuando soñamos con un pantano o una ciénaga, es posible que nos sintamos *empantanados*. Nos parece que estamos retenidos en algo que hacemos; quizá nos falte la confianza en nosotros mismos o el apoyo emocional que necesitamos para seguir adelante. Un pantano o ciénaga también puede indicar que las circunstancias que nos rodean nos atrapan de algún modo.
2. Soñar con terreno pantanoso representa muy a menudo dificultades relacionadas con las emociones. Tal vez estemos creándonos problemas emocionales o nos los provoquen, lo que nos impida sentirnos seguros.
3. Conflicto espiritual y emocional. Quizá espiritualmente estemos en terreno movedizo.

Pantera
Véase *animales*

Papa
1. A menudo, ver al papa en sueños supone encontrarnos con el lado de nuestro ser que ha desarrollado un código de conducta basado en nuestras creencias religiosas. Según nos hayan presentado su figura cuando éramos niños, el papa será benigno o juzgador.
2. En sueños, el papa suele aparecer como sustituto del padre o como personificación de Dios.
3. Nuestro mentor espiritual o yo superior se ve a veces como el papa.

Papel
Véase también *empapelado* y *rollo de papel*
1. El papel es una de esas imágenes cuya aparición en los sueños depende de las circunstancias del soñador. Por ejemplo, en el sueño de un estudiante, el papel sugeriría la necesidad de prestar atención a los estudios. En la vida de un cartero, quizá exista cierta ansiedad relacionada con el trabajo, mientras que el papel de envolver regalos o adornos festivos podría indicar la necesidad o posibilidad de celebración.

2. Un papel de escribir en blanco apunta a falta de comunicación o necesidad de comunicarse con alguien, pero también podría significar un comienzo nuevo. El papel de estraza puede ilustrar el lado utilitario de la naturaleza del soñador.
3. Existen posibilidades de crecimiento, a través del aprendizaje y la creatividad.

Paquete
Véase también *caja, dirección* y *regalo*
1. Cuando recibimos un paquete en sueños, se nos llama la atención sobre algo que hemos experimentado, pero no analizado. En esta etapa, no sabemos cuál es el potencial del regalo, pero una inspección puede permitirnos averiguarlo. Cuando mandamos un paquete, enviamos nuestra energía al mundo.
2. Los paquetes que aparecen en sueños también pueden representar los regalos que recibimos de otras personas. A menudo, tal vez sea importante fijarse en quién nos envía el regalo, si se recibe directamente de la persona implicada o si tan sólo sabemos de quién se trata y es algo que podemos recibir con alegría.
3. Los paquetes pueden sugerir posibilidades latentes y dones o aptitudes.

Paracaídas
1. Ocurra lo que ocurra en la vida real, soñar con un paracaídas sugiere que disponemos de cierta protección que nos ayudará a salir adelante. Quizá también indique que podemos enfrentarnos a nuestras angustias y salir victoriosos, al menos en parte.
2. Como deporte, lanzarse en paracaídas se ha vuelto muy popular. La sensación de libertad y aventura que proporciona puede aparecer fácilmente en los sueños.
3. En la imagen del lanzamiento en paracaídas existe libertad intelectual. Tenemos la capacidad de elevarnos sobre lo mundano.

Parachoques
1. En las imágenes de los sueños, quizá tengan que aparecer símbolos para representar las barreras y dificultades. Un parachoques tal vez indique la necesidad de tomar precauciones.
2. En nuestros estados emocionales más vulnerables, acaso nos haga falta alguna clase de amortiguador entre nosotros y el resto del mundo, lo que puede representarse en sueños como una barrera física.

Paraguas
1. En sueños, el paraguas simboliza protección y un santuario. A menudo, en una situación laboral debemos trabajar orientados por otra persona, y la sensación de seguridad que nos proporciona puede reconocerse en los sueños.
2. Conforme maduramos, tenemos que desarrollar ciertas aptitudes de resistencia. En sueños, éstas pueden verse como una cubierta protectora, y de ahí la imagen del paraguas.
3. Así como una sombrilla confería dignidad social y poder, lo mismo ocurre con el paraguas.

Paraíso
1. Un sueño en el que aparece el paraíso supone establecer contacto con la capacidad de perfección innata en el soñador. Podemos experimentar una armonía total dentro de nosotros mismos y ser completamente inocentes.
2. Psicológicamente, el paraíso es una parte de nosotros mismos que llevamos dentro y no tiene por qué estar disponible para nadie más. Es un lado separado, desde el que podemos desarrollar una unión perfecta con el universo.

3. Soñar con el paraíso significa ser conscientes del alma perfecta. En este estado no existen el bien ni el mal, sólo la integridad.

Parálisis
Véase también *inmovilidad*
1. Cuando en un sueño nos sentimos paralizados, probablemente suframos sensaciones como un gran temor o cierta supresión. Los sentimientos que se basan en las emociones se experimentan como parálisis, para destacar el efecto físico que pueden tener.
2. La imaginación puede engañarnos con frecuencia, de modo que vivimos como reales ciertos tipos de reacciones que no nos permitiríamos normalmente. La parálisis es una de ellas.
3. La parálisis puede significar falta de adecuación, incapacidad para crear movimiento e inercia. A veces, durante el desarrollo, nos sentimos trastornados y nos vemos obligados a enfrentarnos a nuestros miedos, lo que puede experimentarse como parálisis.

Parásitos
Véase también *insectos* y *pulgas*
1. En sueños, los parásitos como piojos, pulgas o chinches sugieren que tal vez seamos conscientes de que alguien intenta aprovecharse de nuestra energía de algún modo. Para la otra persona, quizá nuestro estilo de vida sea emocionante y más interesante que el suyo, o le proporcione mayor diversión.
2. Quizá en algún aspecto de nuestra vida nos veamos desaliñados y nos sintamos avergonzados o incómodos por ello. Somos conscientes de que no podemos existir sin apoyo.
3. Advertimos que no estamos satisfechos con nuestra vida y que la desarrollamos a través de otras personas.

Pared
Véase *edificios* y *muro*

Pares
1. La mente inconsciente parece clasificar la información mediante comparación y contraste. Sobre todo cuando percibimos que existe algún conflicto dentro de nosotros, quizá soñemos con pares: masculino y femenino, joven y viejo, listo y tonto. Es como si existiera una especie de péndulo interior, que acaba por clasificar los opuestos en un conjunto unificado.
2. Esta forma de barajar los conceptos puede darse durante cierto tiempo. Un sueño que aclare nuestro lado masculino quizá se vea seguido por otro que aclare lo femenino. En la interpretación de los sueños, examinar el significado opuesto al sentido manifiesto puede proporcionarnos a menudo una visión mejor de nuestros procesos mentales.
3. El uso de pares en los sueños supone el intento de alcanzar un equilibrio espiritual.

Paro laboral
1. Soñar que estamos en el paro sugiere que no aprovechamos del todo nuestras capacidades, o que nos parece que éstas no reciben reconocimiento.
2. Casi todo el mundo tiene temor al desempleo. Cuando en sueños aparece un acontecimiento relacionado con el paro, como despidos o subsidios de desempleo, se destaca nuestra sensación de incompetencia. Debemos experimentar este miedo para poder superarlo.
3. Una sensación de ineptitud e incapacidad espirituales puede traducirse en la imagen del paro. En este caso, el sueño se puede relacionar con la falta de motivación para aceptar una tarea espiritual determinada.

Parra
Véase *vid*

Párroco
Véase también *sacerdote* en *arquetipos* y *personas*
1. Así como el sacerdote recibía autoridad espiritual sobre muchas personas y era, con frecuencia, una figura temida, el párroco también posee esta autoridad, aunque quizá se le tema menos que al primero. En sueños, suele ser la persona con autoridad a quien hemos otorgado poder.
2. Cuando un párroco aparece en sueños, significa que en general somos conscientes del lado más espiritual y sabio de nosotros mismos.
3. Un párroco es un hombre de Dios. El soñador quizá deba reconocer que existe mucho que aprender, tanto en el plano físico como en el espiritual.

Partido
Véase *juego*

Partir
Véase *marcharse*

Pasaporte
1. Normalmente, se interpreta el pasaporte como prueba de la identidad de alguien. En la vida de vigilia, quizá experimentemos dificultades para mantener una buena imagen de nosotros mismos, y nos reconfortemos en sueños mostrando un pasaporte.
2. A menudo, el pasaporte puede aparecer como símbolo del permiso que debemos obtener, de nosotros o de otras personas, para avanzar a cosas o situaciones nuevas.
3. La conciencia espiritual puede permitirnos obtener un pasaporte para una vida mejor.

Pasillo
Véase también *vestíbulo* en *edificios*
1. Cuando soñamos que nos hallamos en un pasillo, generalmente nos encontramos en un estado de transición, tal vez cambiando de un estado mental a otro o, quizá, entre dos formas de ser.
2. Tal vez estemos en una situación incómoda, pero no seamos capaces de tomar decisiones, excepto la de aceptar lo inevitable.
3. Nos encontramos en un estado de limbo espiritual.

Pastel
1. Cuando soñamos con pasteles para celebraciones, como una tarta de boda o de cumpleaños, se nos muestra que existen razones para festejar en nuestra vida. Esto puede deberse a la causa misma de celebración o a la señal del paso del tiempo. Quizá en el pastel haya velas (véase *número* y *vela*).
2. Hacer pasteles indica la necesidad que sentimos de cuidar a otras personas o de satisfacer alguna necesidad interior.
3. Los pasteles o bollos para ofrendas, marcados con una cruz, simbolizan la luna y sus cuartos.

Pastilla
Véase también *medicinas* y *vitamina*
1. Para la mayoría de las personas, tomar medicamentos en forma de pastillas sugiere hacer algo con el propósito de sentirse mejor. En sueños, significa atravesar una experiencia necesaria para mejorar nuestra actividad o potencial. También puede significar que reconocemos nuestra necesidad de estar sanos; debemos **curar** algo que no funciona. Si damos pastillas a otra persona, tal vez nos demos cuenta de que las necesidades de ésta no están cubiertas.
2. Desde un punto de vista psicológico, quizá nos demos cuenta de nuestra capa-

cidad de curarnos a nosotros mismos, que puede reflejarse en sueños tomando una pastilla. En términos mágicos, una pastilla supone conocimiento superior al nuestro y, por tanto, representa un elemento de confianza. Confiamos nuestro destino a otra persona.
3. Los métodos espirituales o alternativos de curación quizá sean apropiados en ciertas situaciones.

Patada

1. La agresividad puede representarse de muchas formas; soñar que damos una patada a alguien suele permitir la expresión de la ira de manera aceptable. Probablemente no lo haríamos en la vida real. Soñar que recibimos la patada refleja nuestra capacidad de ser víctimas.
2. Dar patadas a un balón en un sueño indica nuestra necesidad de controlarnos a nosotros mismos y a las circunstancias exteriores.
3. Una patada puede interpretarse simbólicamente como la necesidad de motivación espiritual; quizá sea el impulso que nos hace falta para continuar o, incluso, comenzar nuestro viaje espiritual.

Patíbulo

1. Un patíbulo sugiere que una parte de nuestra vida ha terminado. Tal vez seamos conscientes de que hemos delinquido contra alguna de las leyes o creencias de la sociedad, y tengamos que recibir un castigo. También debemos examinar nuestra propensión a ser víctimas.
2. A veces, en sueños un patíbulo indica un final forzoso. Puede tratarse de la muerte, pero más probablemente será el fin de una parte de nuestra personalidad. En lugar de ser capaces de alcanzar una integración eficaz, nos vemos obligados a detener activamente la conducta o acción que nos está causando problemas.

Debemos asumir las consecuencias de comportarnos de tal modo.
3. Un patíbulo sugiere la aplicación forzosa de un código de conducta espiritual y la necesidad de controlarnos.

Pato
Véase también *pájaros*
1. Como siempre, otras circunstancias del sueño podrían indicar la verdadera relevancia del símbolo. Un pato de juguete quizá denote nuestro lado infantil. Dar de comer a los patos tal vez indicara la importancia de algún tipo de actividad terapéutica o tranquilizadora. Comer pato sugiere que se aproxima una fiesta o celebración.
2. Tal vez debamos dejar que nos lleve la corriente de la vida, en vez de actuar.
3. Se dice que el pato es símbolo de superficialidad, seguramente porque flota sobre el agua, sin hundirse.

Pavo
Véase *pájaros*

Pavo real
Véase *pájaros*

Peces

1. Un sueño en el que aparecen peces se relaciona con nuestro lado emocional, pero sobre todo con la capacidad de ser sabios sin emplear estrategias. A menudo, podemos limitarnos a responder instintivamente a lo que ocurre, sin necesidad de analizarlo.
2. Empezamos a disponer de lo que Jung ha llamado el inconsciente colectivo: el lado de la vida que todos compartimos, la experiencia, conciencia y conocimiento que todos tenemos.
3. Los peces significan poder temporal y espiritual. Cuando aparecen como dos peces que nadan en dirección opuesta, la

imagen se reconoce como el signo astrológico de Piscis.

Pechos
Véase también *cuerpo*
1. El simbolismo que suele entenderse cuando se trata de los pechos, una de las partes del cuerpo que aparecen más a menudo en los sueños, es la crianza y el amor de la maternidad. En el sueño de un hombre, suelen indicar su conexión inconsciente con su madre o el principio nutricio.
2. Si bien intelectualmente quizá neguemos la necesidad de la madre o de su amor excesivamente protector, psicológicamente esta necesidad aflora cuando nos encontramos en tensión, generalmente como la imagen onírica de los pechos.
3. Maternidad, protección y amor.

Pedestal
1. Cuando en un sueño nos damos cuenta de que algo está situado en un pedestal, obviamente hemos intentado convertirlo en especial. Lo hemos elevado a una posición de poder.
2. La mayoría de los seres humanos tiene la tendencia de idolatrar o adorar ciertas características. Los sueños muestran a menudo lo apropiado o no de tal conducta.
3. Elevar a alguien o algo sobre un pedestal sugiere idolatría espiritual, lo que podría suponer un obstáculo en el viaje espiritual, si nuestro objeto de adoración no la merece.

Pegar
Véase también *pelea*
1. En sueños, pegar a alguien o algo representa nuestra necesidad de poder, aunque sea mediante agresión y fuerza bruta.
2. Un sueño en el que nos pegan indica sumisión por nuestra parte a una fuerza superior.
3. Si uno recibe una paliza, se simbolizan humildad, angustia y dolor.

Peine
1. Un peine es un objeto de numerosos dientes, que suele destacar la necesidad de componer o arreglar algo de nuestra vida. Debemos ordenar nuestros pensamientos. En el sueño de un hombre, el peine puede indicar seducción o sensualidad.
2. Quizá nos demos cuenta de que debemos trabajar con la imagen que tenemos de nosotros mismos.
3. El peine representa fertilidad, los rayos del sol, enredo y música.

Peldaños
Véase también *escalera* **en** *edificios*
1. En sueños, los peldaños sugieren casi siempre el esfuerzo para alcanzar algún logro. Subir escalones sugiere que intentamos mejorar las cosas, mientras que descender implica ir al pasado o al subconsciente.
2. Los peldaños representan cambios de consciencia dentro de un proyecto, los pasos necesarios. También ilustran una comunicación progresiva.
3. En el progreso espiritual, aún se puede percibir que existe una estructura jerárquica. Podemos alcanzar algunas cosas al llegar a cierto nivel. Antes de avanzar hacia el siguiente, debemos refinar en gran medida aquél en el cual nos hallamos.

Pelea
Véase también *pegar, riña* **y** *violencia*
1. Un sueño en el que participamos en una pelea suele indicar que nos enfrentamos a nuestra necesidad de independencia. Quizá también nos haga falta expresar nuestra ira y frustración, así como el deseo subconsciente de herir a

una parte de nosotros mismos. También es posible que deseemos hacer daño a otra persona, aunque esto sería inaceptable en el estado de vigilia.
2. Pelear en defensa propia es un mecanismo natural; por tanto, cuando nos sentimos amenazados en la vida cotidiana, soñamos a menudo con llevar la situación un paso más adelante y pelearnos.
3. Un conflicto espiritual. El soñador debería intentar averiguar dónde y por qué existe un conflicto; quizá, tratarlo de modo más sutil que *a cañonazos*.

Pelícano
Véase *pájaros*

Película
1. Soñar que vemos una película, por ejemplo, en el cine, indica que contemplamos un aspecto de nuestro pasado o nuestro carácter que debe reconocerse de manera distinta. Intentamos examinarnos objetivamente, o bien quizá estemos escapando de la realidad.
2. La película, como grabación de imágenes, es parte importante del hombre moderno. Encontrarnos en la posición de contemplar una en sueños supone crear una realidad diferente a la que vivimos en este momento. Esto suele aplicarse al estado de vigilia, más que al de sueño. Si estamos rodando una película cuando no es nuestra ocupación habitual, quizá debamos cuestionarnos la realidad que estamos creando, aunque tal vez también se nos advierta de que no debemos crear demasiadas realidades.
3. Los registros akáshicos, el pasado.

Peligro
1. Cuando nos encontramos en circunstancias peligrosas durante un sueño, reflejamos a menudo las angustias y los dilemas de la vida cotidiana. Tal vez seamos conscientes de que nuestras actividades pueden sernos dañinas, si seguimos actuando del mismo modo.
2. Los sueños pueden señalar a menudo los peligros de forma simbólica, como conflicto, fuego o inundación. Quizá nos haga falta representarnos los riesgos así para reconocerlos a nivel consciente.
3. Soñar que nos encontramos en una posición peligrosa o precaria también puede indicar inseguridad espiritual.

Pelo
Véase *cuerpo*

Pelota
Véase también *juegos*
1. Una pelota se relaciona con nuestro lado juguetón e infantil, así como con la necesidad de expresarnos con libertad.
2. Si participamos en juegos de pelota, somos conscientes de que nos hace falta cierta estructura, al mismo tiempo que libertad.
3. Una pelota simboliza con frecuencia festivales solares y lunares, además de una sensación de totalidad impenetrable.

Peluca
1. Antiguamente, cubrir la cabeza se consideraba una manera de ocultar el intelecto, dar una impresión falsa o indicar sabiduría. Un postizo o un tupé destacan ideas falsas o actitudes poco naturales.
2. A veces, una peluca refleja que tenemos algo que ocultar. Quizá no seamos tan competentes, jóvenes o capaces como nos gustaría que los demás nos creyeran.
3. Un símbolo de autoridad y juicio espirituales.

Peluquero
Véase también *barbero*

1. Para muchas mujeres, el peluquero es alguien con quien pueden comunicarse libremente. En sueños, esta figura tal vez aparezca como nuestra parte relacionada con la imagen y las sensaciones sobre nosotros mismos. Tal vez debamos considerar métodos para cambiar de imagen.
2. Psicológica e intelectualmente, el peluquero puede representar al sanador que todos llevamos dentro. Una relación íntima, pero objetiva, puede ser importante dentro de nuestra vida. Un peluquero que aparece en sueños podría indicar esta relación.
3. En términos espirituales, la conexión entre la imagen propia y la belleza es obvia. No podemos crecer espiritualmente, a menos que nos gustemos a nosotros mismos.

Pentágono, pentagrama
Véase *formas*

Penumbra
Véase también *oscuridad*
1. Si en un sueño estamos en penumbra, ésta puede indicar dificultades para ver o comprender las cosas desde un punto de vista exterior. Quizá estemos rodeados de negatividad, que debemos percibir para que sea posible ahuyentarla y crear luz y claridad, de modo que podamos continuar con nuestra vida.
2. Si nos rodea la penumbra, mientras otras personas parecen estar en la luz, quizá se nos advierta de una clase de depresión que nos afecta a nosotros, pero no a ellas. Por el contrario, si estamos bañados en luz, pero otros están en la sombra, quizá tengamos información que les ayudará a mejorar su vida.
3. La penumbra suele indicar la presencia del mal, que se despejará tan pronto como aquélla descienda a sus oscuros comienzos.

Pepita
1. Cuando una pepita de metal aparece en sueños, suele ser de oro y, por tanto, representa la mejor parte de una situación. Tal vez encontremos un trocito de información o conocimiento representado por una pepita.
2. Los metales preciosos suelen encontrarse en pepitas en su estado nativo. Con frecuencia, el oro representa lo masculino y la plata, lo femenino. Así pues, si encontramos cualquiera de los dos en un sueño, significa que encontramos una parte de nosotros mismos que no sabíamos que existía. Quizá esté en estado bruto, pero al trabajarse puede convertirse en algo hermoso.
3. Espiritualmente, una pepita representará conocimiento, poder y capacidades psíquicas. Es el núcleo de una idea o concepto.

Perder, perderse
1. Perder algo en sueños podría reflejar que hemos olvidado algún asunto que tal vez sea importante. Quizá se trate de una oportunidad, un amigo o una manera de pensar que nos ha ayudado antes. Sufrir una pérdida sugiere que parte de nosotros o de nuestra vida está muerta y debemos aprender a sobrevivir sin ella.
2. Experimentar que nos perdemos indica confusión en la faceta representada en el sueño. La sensación puede ser tanto emocional o mental, como física. Hemos perdido la capacidad o la motivación para tomar decisiones claras.
3. Buscar el objeto o la emoción perdida representa la búsqueda de explicaciones. En términos espirituales, no sabemos lo que perseguimos hasta que no lo hemos encontrado.

Peregrinación
1. Cuando en sueños emprendemos una peregrinación, reconocemos el lado

resuelto y decidido de nuestra personalidad. Tenemos un propósito en la vida, que tal vez requiera fe para alcanzarse.
2. Un peregrino puede representar, con frecuencia, al ermitaño o al anciano sabio (véase la introducción de este libro) que llevamos dentro. La parte segura de nuestra personalidad, que quizá no necesite mucha influencia de los demás tiene la capacidad de dirigir nuestra vida, siempre que creemos las circunstancias correctas.
3. Un buscador de espiritualidad debe siempre emprender un viaje de algún tipo. Esto suele representarse mediante una peregrinación a un lugar sagrado.

Perejil
1. En época pagana, se creía que el perejil poseía poderes místicos. Como todas las hierbas, se utilizaba en infusiones y como condimento, para alcanzar ciertos resultados. En algún grado, aún conservamos la conciencia de este conocimiento; por tanto, cuando el perejil aparece en sueños, entramos en contacto con esta información.
2. Una de las cualidades del perejil es la de limpiar o purificar, lo que suele aparecer en sueños. Somos conscientes de que debemos librarnos de algo que nos está contaminando.
3. El perejil simboliza el principio femenino y la consciencia de lo oculto.

Perfume
Véase también *olfato* y *olor*
1. Cuando soñamos que olemos un perfume, solemos revivir ciertos recuerdos. Los olores pueden ser muy evocadores, y tal vez tengamos que rememorar determinada emoción asociada con ese perfume específico.
2. Algunos aromas quizá nos recuerden a ciertas personas que hemos conocido. Nuestra reacción ante el olor puede ser buena o mala pero, así como la gente que aparece en sueños nos recuerda nuestras propias cualidades, los perfumes pueden hacer lo mismo.
3. La información intuitiva se reconoce a menudo debido a un perfume en particular.

Periódico
1. Muchas veces, un periódico que aparece en sueños sugiere conocimientos que se encuentran a disposición de todos. Quizá se trate de información necesaria para entender el mundo que nos rodea, o bien de algo específico sobre nosotros. Una revista frívola podría suponer material sensacionalista, mientras que un periódico serio indicaría datos mejor investigados. Un dominical tal vez sugiera que tenemos la capacidad de asimilar el conocimiento que necesitamos en periodos de descanso y relajación. Un periódico local significa que los datos que necesitamos están cerca.
2. En sueños, los periódicos significan que disponemos de información nueva que es consciente ahora, en lugar de estar retenida en el subconsciente. Se trata de información que necesitamos. Una página en blanco puede tener dos significados: primero, quizá los conocimientos no estén disponibles para nosotros por varias razones; segundo, tal vez nosotros tengamos que proporcionar la información para que otras personas la utilicen.
3. Espiritualmente, deberíamos advertir que lo que hacemos tiene que dirigirse al bien común. Debemos volvernos más visibles públicamente.

Perla
Véase *piedras preciosas*

Perro
Véase también *animales*

1. La interpretación del sueño depende de si conocemos al perro (por ejemplo, uno que tuvimos en la infancia), en cuyo caso podría representar recuerdos alegres, o no, lo que podría significar las cualidades de lealtad y amor incondicional asociadas con los perros.
2. Soñar con una manada de perros salvajes ilustra emociones y sentimientos que nos producen temor.
3. Un perro simboliza al guardián del inframundo. En la mitología egipcia, éste se representa mediante Anubis, el dios con cabeza de perro.

Persecución
1. Soñar que nos persiguen o intentamos escapar es, quizá, uno de los sueños más corrientes. Normalmente, procuramos huir de la responsabilidad, nuestra sensación de fracaso, el miedo o emociones que no podemos dominar.
2. Un sueño en que nos persiguen sombras muestra la necesidad de escapar de algo reprimido anteriormente, como un trauma o un problema de la infancia. Un animal que nos persigue suele indicar que no hemos asimilado nuestra propia pasión.
3. Espiritualmente, la imagen de la persecución puede sugerir miedo de las acciones propias.

Personas
Véase también *personas famosas* y *personas muertas*
1. Las personas que aparecen en sueños son los personajes con que escribimos nuestra *obra*. Con frecuencia, se presentan sencillamente como ellas mismas, sobre todo si se trata de gente conocida o con la que tenemos relación en este momento. Quizá las estemos introduciendo en el sueño con objeto de destacar alguna cualidad o característica específica. También podemos dejar que aparezcan en las escenas del sueño como proyecciones de nuestra vida interior o manera de ser. Por último, tal vez signifiquen alguien más importante que el soñador.
2. Para desentrañar los diversos tipos de informaciones que los personajes aportan al soñador, a menudo es necesario decidir en qué o quién nos hace pensar cada uno de ellos. Así, descubriremos las relaciones y significados profundos que implican.

Una persona del pasado podría retrotraernos al periodo de nuestra vida en que la tratamos y devolvernos ciertos recuerdos, que pueden ser dolorosos o no. Un vecino o conocido cercano suele aparecer en un sueño para destacar una cualidad específica de esa persona. El padre, la madre, el hermano... de otra persona quizá apunten a nuestros propios familiares o indiquen celos. A veces, en lugar de descifrar el significado del sueño, basta con examinar la influencia que las acciones del personaje tienen sobre la vida cotidiana del soñador. Para interpretar por qué el soñador ha adoptado un papel determinado, sería preciso saber algo más sobre su estilo de vida. Cuando alguien sufre algún conflicto entre amor y aversión por una persona en particular, es más fácil soñar con ella. En sueños, a menudo se señala una diferencia notable entre dos de los participantes, para ilustrar dos lados distintos de los pensamientos y sentimientos del soñador. Del mismo modo, quizá exista un contraste definido en cómo el soñador manipula una situación con dos de los personajes del sueño; como si se pusieran en práctica dos opciones. En cuanto a los personajes compuestos, ocurre como con los animales: el personaje compuesto destacará cierta característica con objeto de atraer la atención del soñador hacia ella.

Puesto que no se trata de una sola persona, así se enfatiza la cualidad multifacética del ser humano. Todos los personajes que aparecen en sueños son un reflejo de una faceta o parte de nuestra propia personalidad y, con frecuencia, pueden comprenderse mejor si nos ponemos en su lugar.

Adolescente: soñar que somos adolescentes se centra en el lado sin desarrollar de nosotros mismos. Un joven del sexo opuesto que aparece en el sueño suele implicar que tratamos con una parte suprimida de nuestro desarrollo. Las emociones asociadas con la adolescencia, simples y poderosas, a menudo sólo son accesibles a través de los sueños. Quizá exista un conflicto con respecto a la libertad.

Antepasados: nuestras costumbres, nuestra manera de comportarnos, nuestra moralidad y nuestros sentimientos religiosos se han transmitido de generación en generación. Cuando durante un sueño pensamos en nuestros antepasados, nos concentramos en nuestras raíces. Quizá nos comprendamos a nosotros mismos a través de nuestra relación con el pasado.

Bebé: soñar con un bebé nuestro indica que debemos reconocer los sentimientos vulnerables sobre los que no tenemos control. Quizá estemos intentando algo nuevo. Si, en el sueño, el bebé es de otra persona, tenemos que advertir que esa persona es susceptible al dolor o que tal vez sea inocente de algo. Psicológicamente, estamos en contacto con nuestro lado inocente y curioso, con la parte que no quiere ni necesita responsabilidades. Un sueño en el que aparece un bebé puede indicar que, desde un punto de vista espiritual, el soñador precisa una sensación de pureza.

Cuidadores: un sueño en el que aparecen enfermeros, monjas u otros tipos de cuidadores ilustra nuestro aspecto más compasivo y generoso. Con frecuencia, se trata del lado que sostiene una vocación. Si quien sueña es un hombre, suele darse una relación asexuada.

Dictadores: si el soñador ha tenido un padre excesivamente dominante, en sueños puede aparecer un dictador conocido (Hitler, Stalin…) representando esa relación.

Emperador o emperatriz: véase *personas con autoridad, reina* y *rey*

Forastero (véase también *sombra* en la introducción de este libro): en sueños, el forastero representa la parte de nosotros mismos que aún nos es desconocida. Quizá exista una sensación de temor o conflicto, que debemos abordar antes de poder avanzar.

Gemelos (véase también la entrada correspondiente): un sueño en el que aparecen gemelos o dobles, como una imagen reflejada en un espejo, puede sugerir dos lados de nuestra personalidad. Si son gemelos idénticos, tal vez reconozcamos que tenemos sentimientos ambiguos sobre nosotros mismos. Si se trata de mellizos, sugieren el yo interior y la realidad exterior. Los gemelos también pueden representar las proyecciones en el mundo de nuestras personalidades.

Héroe (véase también *arquetipos*): en el sueño de un hombre, la figura del héroe o algún personaje heroico puede representar todo lo que hay de bueno en él, su *sí mismo* superior. En el sueño de una mujer, sugiere el *animus* (véase la introducción de este libro). Cuando el héroe está entregado a una búsqueda, luchamos por encontrar una parte de nosotros mismos que, en este momento, es inconsciente (véase *búsqueda*). Es importante que las fuerzas oscuras resulten vencidas, pero no muertas, puesto que no pueden aniquilarse totalmente sin dañar al anciano sabio (véase la introducción de este libro). Dicho de otro modo, nuestra integración eventual aún necesita el desafío de lo negativo. En caso de que, durante el sueño, se provoque por descuido el fracaso del héroe, esto ilustra que todos tenemos un lado débil por el que nos pueden atacar. Un sueño así indica que no prestamos atención a los detalles en nuestra vida o a la parte de nosotros mismos que tiende a quedarse sin desarrollar. La muerte del héroe puede mostrar, con frecuencia, que es preciso desarrollar nuestro lado más intuitivo, nacer otra vez a algo nuevo. Un conflicto entre el héroe y cualquier otro personaje del sueño indica una falta de armonía básica entre dos facetas de nuestro carácter. El héroe suele aparecer en sueños como antídoto para alguna figura exterior, aborrecida en la vida cotidiana del soñador.

Hombre: cualquier hombre que aparece en sueños muestra un aspecto o faceta del soñador de forma reconocible. Todos tenemos un repertorio o conjunto de comportamientos, unos aceptables y otros no. En sueños, tales comportamientos y características tal vez se magnifiquen, de modo que se puedan identificar con facilidad, con frecuencia como personalidades. Al trabajar con cada atributo, se dispone de más energía y poder. Incluso cuando un rasgo negativo del carácter nos amenaza, podemos encontrar espacio para mejorar. Un hombre que aparece en sueños tal vez personifique la sombra, si quien sueña es varón, o el *animus*, si quien sueña es mujer. Un hombre viejo, con pelo cano o santo, puede representar la sabiduría innata que todos tenemos. Una figura así también puede encarnar al padre. Cuando en nuestro sueño aparece un hombre grande, normalmente apreciamos la fuerza, certeza y protección que nos proporcionan nuestras creencias básicas. En el sueño de una mujer, un hombre significa el lado más lógico de su naturaleza. La mujer tiene, o puede desarrollar, los aspectos masculinos que le permiten funcionar con eficacia en el mundo exterior. Si se trata de un hombre a quien la mujer conozca o ame, tal vez la soñadora intente comprender su relación con él. Un desconocido suele ser la parte de la personalidad del soñador que éste no reconoce. El desconocido, en el sueño de una mujer, es su lado masculino, y en el sueño de un hombre, el *sí mismo* (véase *arquetipos*).

Intruso (véase también la entrada correspondiente y *ladrón*): en el sueño de una mujer, el intruso es, con frecuencia, una personificación de su propio *animus*, mientras que en el de un hombre, representa su sombra (véase la introducción de este libro). En cualquier caso, el intruso sugiere que es necesario un cambio de actitud por parte del soñador, para poder disfrutar de una relación plena y satisfactoria consigo mismo.

Miembro de una minoría étnica: cualquier aspecto nuestro que sea distinto, o fuera de lo corriente, puede manifestarse en sueños como un miembro de otra raza.

Muchacha: cuando una muchacha aparece en sueños, en general intentamos comunicarnos con nuestro lado más sensible e inocente. Las cualidades de intuición y percepción quizá no estén muy desarrolladas, pero podrían volverse disponibles. Si conocemos a la muchacha, probablemente advertimos esas cualidades, pero nos hace falta explorarlas como si nos acercáramos a ellas desde el punto de vista de la chica. Si se trata de una desconocida, podemos reconocer que sería útil una actitud nueva.

Muchacho: soñar con un chico muestra el potencial de crecimiento y experiencias nuevas. Si se trata de un conocido, refleja cualidades reconocidas en el soñador. Psicológicamente, tal vez nos haga falta estar en contacto con quienes éramos en aquella edad y con el entusiasmo juvenil e inocencia de un muchacho. Nos relacionamos con nuestros impulsos naturales y la capacidad de enfrentarnos a las dificultades.

Mujer: si en el sueño de una mujer aparece otra, como un miembro de la familia o una amiga, ésta suele representar un lado de su propia personalidad, pero a menudo uno que la soñadora aún no ha comprendido por completo. En el sueño de un hombre, una figura así denota la relación del soñador con sus propios sentimientos y su lado intuitivo. Quizá también ilustre cómo se relaciona con su mujer o novia. Una diosa o mujer santa significa el máximo potencial de trabajo para el bien común que posee el soñador. Las mujeres orientales que aparecen en sueños sugieren, en general, el lado misterioso de la feminidad. En el sueño de un hombre, esta mujer descubrirá con frecuencia su actitud hacia la sexualidad, mientras que si quien sueña es mujer, revelará más sobre sus propios poderes intuitivos y trascendentes. Una mujer vieja suele representar a la madre del soñador y su sensación de sabiduría heredada. Una desconocida simboliza o bien el *anima,* en el sueño de un hombre, o bien la sombra, en el de una mujer (véase la introducción). La sorpresa e intriga que nos produce la desconocida nos permite seguir examinando la importancia de su figura y obtener así mucha información.

Multitud (véase también la entrada correspondiente): las multitudes que se presentan en sueños indican la manera en la cual nos relacionamos con otras personas, especialmente desde un punto de vista social. Tal vez muestren cómo podemos escondernos, o bien cómo ocultamos aspectos de nuestra personalidad y no dejamos que destaque ningún atributo. También es posible que intentemos evitar responsabilidades. Una gran multitud sugiere información que acaso no seamos capaces de manipular.

Niño: soñar con un niño, que podría ser uno de los hijos del soñador, nos permite acceder al que todos llevamos dentro. Nuestra personalidad tiene lados que aún reaccionan de manera infantil y curiosa. Cuando podemos establecer contacto con estos aspectos, nos damos permiso para aclarar un potencial de integridad que quizá no hayamos reconocido previamente.

Novia (véase también *prometida*): cuando una novia, o ex novia, aparece en el sueño de un hombre, generalmente están implicados algunos asuntos relacionados con masculinidad y feminidad. Quizá existan temores sobre la sexualidad.

Novio (véase también *prometido*): un sueño en el que aparece un novio, ya sea el actual o uno anterior, se relaciona con las sensaciones, afectos y sexualidad asociados con él. Soñar que alguien inesperado es novio nuestro indica que nos hace falta mayor comprensión de cómo nos relacionamos con los hombres. Quizá haya que tratar con consideración el lado amoroso y sustentador de la masculinidad. Aún buscamos al amante ideal.

Persona inoportuna: es mucho más fácil afrontar nuestras equivocaciones e incongruencias durante el sueño, cuando estamos seguros. A menudo, se trata de la primera oportunidad que tenemos para encontrar a la sombra (véase la introducción de este libro), un aspecto que resulta arriesgado pasar por alto, por lo que no podemos permitirnos desechar la imagen cuando aparece. Debemos reconocer esta figura del sueño como un reflejo de nosotros mismos, con objeto de abordarla con un sentimiento de inferioridad aprendido. Si no lo hacemos así, nuestro sentimiento de inferioridad aparecerá sin cesar en la vida.

Personas con autoridad (como jueces, policías, profesores..., véanse también las entradas correspondientes): nuestro concepto de la autoridad empieza a desarrollarse a través de la relación que tengamos con el padre o la figura paterna. Según cómo nos tratasen de niños, nuestra idea de la autoridad se encontrará entre los extremos de una ayuda benévola o una disciplina tiránica. La mayoría de las personas con autoridad que aparecen en sueños parecen ejercer poder sobre nosotros, pero si se trabaja con las imágenes adecuadamente, éstas generarán la capacidad de salir adelante. Soñar con la policía, en particular, puede indicar un tipo de control social y elemento protector para nosotros, como miembros de la sociedad. Con frecuencia, en sueños aparece un policía como nuestra conciencia, tal vez cuando creemos que nuestro lado más salvaje y arisco necesita sujeción.

Pirata: soñar con un pirata sugiere que existe un aspecto de nuestra personalidad que destruye la relación emocional con el alma.

Príncipe (héroe) y princesa (véase también *arquetipos*): estas imágenes representan los lados de nosotros u otras personas que existen por derecho, es decir, que han salido a la superficie consciente y a los que se ha conferido autoridad. Así como el héroe se responsabiliza de su propio viaje, el príncipe y la princesa se responsabilizan de cómo viven sus vidas.

Reina: podemos soñar no sólo con una reina actual, sino con una del pasado. Suele representar la relación del soñador con su madre y, por tanto, con las mujeres que poseen autoridad, en general.

Rey: casi siempre, un rey que aparece en sueños representa al padre o la figura paterna. Un emperador o alguien similar tal vez sugiera que algunas de las actitudes paternas son extrañas al soñador, pero quizá deberían aceptarse. Si el rey es viejo o está a punto de morir, el soñador podrá rechazar valores familiares anticuados o inservibles.

Sacerdotes de cualquier religión (véase también *arquetipos, personas con autoridad* en esta entrada y *párroco*): los sacerdotes de cualquier religión poseen un lugar especial en la jerarquía de los sueños, ya que no reciben autoridad sólo del hombre, sino, a todos los efectos, de Dios o un poder superior. Por tanto, existe cierta alteridad con respecto a ellos.

Sumo sacerdote (véase también *arquetipos* y *personas con autoridad* en *personas*): en un sueño puede aparecer un sumo sacerdote, un astrólogo o alguien con sabiduría esotérica similar. Cualquier personaje que parezca poseer conocimientos de prácticas mágicas u otros parecidos suele ser la primera introducción al yo superior. Es como si sólo pudiéramos penetrar estas nociones profundas encontrándonos antes con un maestro.

Viejos (véase también *hombre* y *mujer*): en sueños, los viejos pueden representar a nuestros antepasados o abuelos y, por tanto, la sabiduría acumulada a partir de la experiencia. Si el viejo es varón, según el sexo de quien sueñe, simbolizará el *sí mismo* o el *animus*; si se trata de una vieja, representa la gran madre o el *anima* (véase la introducción de este libro). Todas las figuras paternas, o representaciones del padre, aparecerán viejas con frecuencia, como si eso destacara su lejanía. A menudo soñamos con un grupo de viejos, que suelen simbolizar las tradiciones y la sabiduría del pasado, lo sagrado para la *tribu* o familia. En sueños, la gente mayor ilustra a nuestros padres, aunque las personas del sueño no guarden ninguna relación con ellos.

3. Cuando comenzamos a trabajar espiritualmente con nosotros mismos, es fácil ver que existe una acumulación gigantesca de conocimientos que pueden elaborarse y con los que podemos mejorar nuestra vida.

Personas famosas
Véase también *actor* y *personas*

1. La mayoría de nosotros somos capaces de crear una persona ideal, sobre la que proyectamos nuestras fantasías y deseos. En esta etapa, no guardamos mucho contacto con la realidad. En sueños, una estrella de cine, de la canción o una figura pública famosa representará el *animus* o el *anima* (véase la introducción de este libro). Una persona joven que sueña con una estrella de cine quizá no esté preparada para la responsabilidad de una verdadera relación.

2. Las personas famosas, estrellas de cine o de la música quizá sirvan también en sueños como proyección del tipo de persona que nos gustaría ser. Por ejemplo, en la vida real quizá seamos tímidos y retraídos, pero necesitemos sentirnos admirados y queridos.

3. Espiritualmente, cuando buscamos la perfección, debemos elaborar diversas características de nuestra personalidad. A veces rechazamos algunos aspectos por no ser apropiados para el modo de vida que llevamos. Por ejemplo, quizá nos demos cuenta de que la dureza de la vida pública nos pasaría factura en nuestra vida.

Personas muertas
Véase también *personas*

1. Las personas muertas que hemos conocido y aparecen en sueños suelen referirse a emociones intensas que hemos sentido sobre ellas, negativas o positivas. Por ejemplo, quizá retengamos aún ira o culpa sin resolver, y el único modo de superarlas sea dentro de la secuencia de un sueño.

2. Los recuerdos pueden permanecer enterrados durante años. Con frecuencia, cuando las personas que se han muerto aparecen en sueños, se nos recuerdan distintos lugares, épocas o relaciones que nos ayudarán a abordar la situación actual.

3. Soñar con personas muertas quizá sugiera un lazo de naturaleza espiritual entre nosotros y nuestros antepasados, olvidados desde hace tiempo.

Pesar
Véase también *balanza* y *peso*

1. Pesar algo en sueños supone calcular su valor. La imagen se relaciona con el cálculo de nuestras necesidades y lo que es valioso para nosotros, ya sea material o espiritualmente.

2. Sopesar algo supone intentar tomar una decisión exacta, para evaluar cuáles son los riesgos. Si intentamos equilibrar la balanza, buscamos justicia y equilibrio natural.

3. El soñador quizá desee aclarar, en la mente consciente, su propio valor espiritual.

Pescador

1. Cuando uno de los personajes del sueño lleva a cabo una actividad específica, debemos examinar lo que esa acción ilustra. Con frecuencia, un pescador representa un suministrador, o quizá valentía, como en el caso de un marinero en alta mar; alguien que pesca en agua dulce quizá indique la necesidad de descanso y recuperación.

2. Quizá dentro de una situación en nuestra vida intentemos *atrapar* algo, como un trabajo o un compañero.

3. Debido a su asociación con el cristianismo, un pescador puede sugerir un sacerdote en los sueños.

Peso
Véase también *pesar*
1. Experimentar un peso en sueños supone ser conscientes de nuestras responsabilidades. Quizá también sugiera que deberíamos evaluar la importancia y gravedad de lo que estamos haciendo.
2. El peso, en un sueño, puede muy bien indicar la necesidad de ser práctico y tener los pies en la tierra.
3. En sueños, el peso indica dignidad y gravedad.

Peto
1. En la mitología, se consideraba siempre que el peto de la armadura protegía al caballero. Cuando advertimos que llevamos alguna forma de protección alrededor del corazón, normalmente defendemos nuestro derecho a amar sin restricciones.
2. Psicológicamente, nos sentimos mucho más vulnerables cuando se trata de asuntos del corazón, y con frecuencia necesitamos un escudo o una protección en esa zona. Soñar que otra persona lleva peto indica que es vulnerable a heridas emocionales.
3. La necesidad de protegernos espiritualmente.

Piano
Véase también *instrumentos musicales*
1. Tocar el piano es algo que satisface todos los sentidos estéticos. Cuando el instrumento aparece en sueños, simboliza nuestra creatividad. Así como en la vida diaria debemos aprender y practicar el piano, también necesitamos aprender y practicar el uso de nuestra creatividad.
2. Uno de los aspectos de tocar el piano es que somos creativos con la obra de otra persona; pocos componemos nuestra propia música. Quizá tengamos que examinar nuestra situación laboral cotidiana a otra luz, haciendo que algo ocurra para emplear nuestras mejores aptitudes.
3. El sonido creativo es un aspecto vital del desarrollo espiritual. El aprecio por la música puede dar una indicación del avance espiritual.

Pie
Véase *cuerpo*

Piedra
Véase también *piedras preciosas* y *roca*
1. Soñar con piedra puede sugerir estabilidad y duración, aunque también pérdida de sentimientos. Esculpir la piedra supone intentar la creación de un monumento duradero.
2. Desde un punto de vista emocional, la piedra tiene muchas connotaciones. Si se rompe, significa que recibimos un daño grave. Convertirse en piedra sugeriría que hemos tenido que endurecer nuestras actitudes. Si nos lapidan, se nos castiga por alguna fechoría.
3. La piedra significa algo imperecedero y la imposibilidad de destruir la realidad suprema.

Piedra de molino
Véase *molino*

Piedras preciosas
Véase también *anillo*, *collar* y *joyas*
1. Las piedras preciosas que aparecen en sueños simbolizan casi siempre lo que consideramos valioso. Tal vez se trate de cualidades personales, nuestra sensación de integridad, la capacidad de ser nosotros mismos o, incluso, nuestro ser esencial. Cuando creemos que sabemos lo que estamos buscando, somos conscientes hasta cierto punto de su valor, para noso-

tros u otras personas. Cuando sentimos, sin más, que buscamos piedras preciosas, a veces en una montaña, o en una cueva, intentamos encontrar las partes de nosotros mismos que, como sabemos, nos servirán en el futuro. Contar o evaluar de algún modo las piedras sugeriría que hace falta una época de reflexión.
2. Si las piedras están montadas, convertidas en objetos que se pueden poner, somos conscientes de algunos usos de la cualidad u objeto que simbolizan. Por ejemplo, encontrar un anillo de esmeraldas podría sugerir que hemos completado una etapa de crecimiento hacia la inmortalidad. Para cada gema existen interpretaciones diferentes, y las opiniones varían sobre cuáles son las correctas. A menudo, un poco de reflexión permitirá al soñador decidir qué significa cada piedra para él. Un sistema sugiere las siguientes definiciones: la **amatista** contribuye a la curación e influye en los sueños. El **diamante** significa avaricia, dureza natural y lo que uno valora en un sentido cósmico. La **esmeralda** destaca el crecimiento personal. El **ópalo** sugiere el mundo interior de fantasías y sueños; impresiones psíquicas. La **perla** significa belleza interior y valor. El **rubí** advierte sobre emociones, pasión y simpatías. El **zafiro** expresa sentimientos religiosos.
Otros significados de algunas piedras bien conocidas son los siguientes:
Adularina, o piedra de luna: la luna y sus cualidades mágicas, ternura y amor romántico.
Ágata: el ágata negra simboliza riqueza, valentía, seguridad y vigor; el ágata roja, paz, amor espiritual a la bondad, salud, prosperidad y longevidad.
Aguamarina: el aguamarina incorpora las cualidades de esperanza, juventud y salud.
Amatista: se trata de la piedra de la curación. Relaciona al soñador con lo espiritual y representa la influencia de los sueños. También expresa humildad, tranquilidad, fe, contención y resignación.
Ámbar: el ámbar representa luz cristalizada y magnetismo.
Azabache: aunque suele asociarse con emociones oscuras, como dolor y tristeza, el azabache también contribuye a la seguridad en un viaje.
Berilo: se cree que el berilo contiene felicidad, esperanza y juventud eterna.
Carbunclo: esta piedra encierra decisión, éxito y confianza en uno mismo.
Circón: el circón contiene mucha sabiduría mundana, así como las virtudes del honor y la gloria (o al contrario) de la riqueza.
Corindón: esta gema influye en la estabilidad mental y contribuye a crearla.
Cornalina: amistad, valentía, confianza en uno mismo y salud.
Crisólito: representa sabiduría, discreción, tacto, prudencia.
Crisopracio: regocijo, felicidad sin trabas, símbolo de alegría.
Cristal: simboliza pureza, sencillez y varios elementos mágicos.
Diamante: el diamante tiene varias influencias: luz, vida, sol, durabilidad, incorruptibilidad, constancia invencible, sinceridad, inocencia.
Esmeralda: la esmeralda comprende inmortalidad, esperanza, juventud, fidelidad y, asimismo, la belleza de la primavera.
Granate: devoción, lealtad, gracia. El granate también puede influir en los grados de energía.
Heliotropo, o piedra de sangre: el heliotropo contiene las cualidades de paz y comprensión. También tiene fama de conceder todos los deseos.
Jacinto: sobre todo, supone fidelidad y verdad interior, pero también el don de la clarividencia. Contiene cualidades humildes, que bordean la modestia.

Jade: «Todo lo supremo y excelente», el poder yang de los cielos y todos los deleites que le acompañan.
Jaspe: el jaspe contiene las cualidades de alegría y felicidad.
Lapislázuli: una piedra favorable; de ella se dice que evoca el favor divino, el éxito y la capacidad de mostrar perseverancia.
Magnetita, o piedra imán: contiene las cualidades de integridad y honradez; también se dice que influye en la virilidad.
Ojo de gato: longevidad, capacidad de sostener, la luna menguante.
Olivino: el olivino influye en la sencillez, modestia y felicidad, dentro de un entorno humilde.
Ónice: representa grados de perspicacia, sinceridad, fuerza espiritual y felicidad conyugal.
Ópalo: el ópalo no sólo ilustra fidelidad, sino también fervor religioso, oración y seguridad de creencias espirituales.
Peridoto: indica consolidación de amistades. Además, también representa el rayo, que quizá nos golpee en momentos inesperados.
Perla: simboliza los principios femeninos de castidad y pureza, así como la luna y las aguas.
Rubí: el rubí indica todo lo asociado con la realeza, es decir: dignidad, celo, poder, amor, pasión, belleza, longevidad e invulnerabilidad. Sin embargo, algunas personas tendrían estas interpretaciones por ligeramente irónicas.
Sardónice: esta piedra contiene códigos de honor, así como renombre, alegría, vivacidad y aspectos de control de uno mismo.
Topacio: el topacio sugiere la belleza de lo divino, es decir, bondad, fidelidad, amistad, amor, sagacidad. También simboliza el sol.
Turmalina: esta gema representa las cualidades de la inspiración y la imaginación. La amistad también se encuentra sometida a la misma influencia.
Turquesa: la turquesa simboliza valentía, física y espiritual, así como plenitud y éxito.
Zafiro: encierra verdad mundana, contemplación y virtudes celestiales y el lado femenino de la castidad.
3. Desde un punto de vista espiritual, las gemas y su comprensión pueden mejorar el desarrollo personal. En la mayoría de los sueños aparecen las piedras preciosas más conocidas, pero cuando se ven las menos habituales, se puede obtener grandes beneficios aprendiendo más sobre ellas a nivel consciente. Muchas piedras tienen propiedades curativas, lo que ya es otro asunto. Se remite al lector a los numerosos libros especializados en el tema.

Piel
Véase *cuerpo*

Pierna
Véase *cuerpo*

Pijama
Véase *ropa*

Píldora
Véase *pastilla*

Pimienta
1. Como condimento, la pimienta tiene la capacidad de *salpimentar* algo, cualidad que suele simbolizarse en los sueños. Debemos animar una situación en que nos encontramos.
2. Soñar con pimienta sugiere que estamos cambiando nuestros gustos. En la vida cotidiana, quizá estemos reaccionando hacia una relación o ciertas circunstancias que no nos satisfacen. Cuando nos hace falta introducir cambios drásticos, este simbolismo suele aparecer.

3. En sueños, la pimienta sugiere calidez espiritual y amor.

Pingüino
Véase *pájaros*

Pintar
1. Con frecuencia, en la vida cotidiana no reconocemos nuestras propias aptitudes creativas. Pintar en un sueño quizá nos alerte sobre algún otro talento que poseemos, pero del que no nos hemos dado cuenta. En realidad, quizá no tengamos suficiente habilidad para pintar bien en la vida diaria. Por otra parte, examinar cuadros en sueños indica que cuestionamos o prestamos atención a ideas y conceptos de los que no hemos sido conscientes. Pintar algo, como para decorarlo, sugiere que existen cambios apreciables en cómo pensamos y sentimos.
2. Puesto que la pintura guarda mucha relación con la expresión de uno mismo, el modo de pintar en un sueño quizá sea importante. Por ejemplo, si dibujamos miniaturas, quizá nos haga falta concentrarnos en el detalle. Si pintamos cuadros grandes, tal vez debamos adoptar una perspectiva más amplia. El color también es importante (véase *colores*).
3. Estamos creando un escenario espiritual.

Pinzas
1. Soñar con pinzas sugiere que debemos examinar una situación con detenimiento. Comprender adecuadamente los detalles podría significar que obtenemos una gran ventaja.
2. Ya que las pinzas son instrumentos, el sueño quizá sugiera que debemos desarrollar los instrumentos oportunos para el trabajo. Utilizar otros objetos como pinzas y viceversa indicaría confusión sobre nuestros propósitos.
3. Las pinzas indican atención al examen detallado de un concepto espiritual.

Piña
1. Cuando soñamos con piñas de pinos, si éstas no aparecen por una asociación personal del soñador (como un recuerdo infantil), denotan fecundidad y buena suerte.
2. La forma de la piña y el hecho de que contiene muchas semillas indica una relación obvia con el falo y la masculinidad.
3. Una piña es un atributo de Dionisos y, por tanto, un símbolo de buenos tiempos.

Piojos
Véase *insectos*

Pirámide
Véase también *edificios*
1. Una pirámide es una imagen muy poderosa. Desde un punto de vista físico, es una edificación maravillosa. Desde una perspectiva mental, es una estructura de regeneración. Si consideramos el aspecto espiritual, es un guardián de poder. La interpretación válida dependerá del grado de consciencia del soñador.
2. La pirámide siempre significa mayor consciencia de poder y energía. Existe un punto, dentro de la pirámide, en el que todos los planos se intersecan. Cualquier objeto que se coloque en ese lugar se regenera; por ejemplo, las cuchillas recuperan el filo. En una pirámide mayor, ese punto puede emplearse para la experiencia mística. En sueños, entrar en una pirámide supone buscar el significado de la vida.
3. Espiritualmente, la pirámide es un símbolo de integración del yo y el alma. En sueños, puede representar la muerte, pero también el renacimiento.

Pirata
Véase *personas*

Piscina
Véase también *agua* y *lago*

1. Soñar con una piscina, estanque o algo similar se relaciona con la necesidad de comprender nuestros propios sentimientos y emociones. Por ejemplo, una piscina entre árboles sugeriría la capacidad de entender nuestra necesidad de paz y tranquilidad. Una piscina en la ciudad tal vez indique que nos hace falta cierta estructura en nuestras relaciones con los demás, mientras que un charco en la carretera apuntaría a un problema emocional que es preciso superar antes de seguir adelante con nuestros planes.

2. Para comprendernos a nosotros mismos, tal vez necesitemos explorar la piscina, sumergiéndonos completamente en ella; es decir, implicándonos profundamente en nuestras emociones. La forma como abordemos lo que salga a la superficie, en más de un sentido, nos enseñará mucho sobre nosotros. La piscina puede sugerir también una manera de limpieza, especialmente de emociones y traumas antiguos o errores del pasado. La imagen más potente de esto es el bautismo por inmersión.

3. Existe una técnica de meditación que utiliza imágenes guiadas y puede mejorar nuestra capacidad de soñar. Primero, nos imaginamos caminando por un prado. Sienta la hierba bajo los pies y el viento en la cara. Camine hacia una leve hondonada en el terreno hacia la izquierda. En el fondo de la hondonada aparece un estanque rodeado de árboles. Siéntese en silencio al lado del estanque, pensando sobre su vida. Cuando esté dispuesto, levántese y entre en el agua muy despacio. Advierta cómo el agua va subiendo lentamente por el cuerpo, hasta que esté completamente sumergido. En ese momento, relájese de todas las tensiones cotidianas y concéntrese en la paz del interior. Después, salga lentamente del estanque y vuelva a sentarse a su lado. Cuando esté listo, regrese al lugar del prado donde comenzó y deje que la imagen se desvanezca. Al practicar esta técnica, comprobará gradualmente que las imágenes de los sueños adquieren un significado más profundo.

Pistola
Véase también *armas*

1. En sueños, la pistola tiene obvias connotaciones masculinas y sexuales. Si una mujer dispara el arma, es consciente del lado agresivo y masculino de su personalidad. Si alguien le dispara, quizá se sienta amenazada por señales claras de agresión o sexualidad.

2. La interpretación del empleo de la pistola dependerá de las demás circunstancias del sueño. Quizá la utilicemos como protección de las cosas que nos parecen importantes.

3. En este caso, el simbolismo conduce a un atributo más básico, el de la masculinidad manifiesta.

Pistón
Véase también *motor*

1. En sueños, un pistón puede interpretarse como símbolo de impulso o actividad sexual. En este contexto, se trata más de un acto mecánico que amoroso y quizá muestre la actitud del soñador hacia el sexo. En el sueño de una mujer, un pistón tal vez descubra el miedo de que le hagan daño sexualmente; podría ser consciente de que la están utilizando y no existe ternura. En el sueño de un hombre, la imagen puede indicar su sensación de identidad y masculinidad. Si el pistón no está rígido, un hombre quizá

tema impotencia, mientras que una mujer podría sentir que no puede confiar en su compañero.
2. Un pistón también puede representar el impulso de una persona hacia el éxito. Tal vez el soñador tenga que evaluar la cantidad de esfuerzo necesario para alcanzar sus objetivos. Quizá sea necesario reconocer que, en este periodo, el esfuerzo concentrado, bastante mecánico, podría ser más eficaz que la inspiración creativa. Por otra parte, como el pistón es sólo parte de un motor, necesita al resto de los componentes para funcionar correctamente. A menudo, se puede obtener mucha ayuda reflexionando sobre cómo funciona el pistón; dicho de otro modo, cuando en cierta etapa del desarrollo nuestras acciones tengan que ser mecánicas, también necesitamos la gasolina y el recipiente para actuar.
3. El impulso espiritual, es decir, la necesidad de integración, requiere un esfuerzo, que puede mejorarse si empleamos nuestros recursos adecuadamente.

Placenta

1. En el útero, la placenta es fuente de alimento para el feto. En sueños, se convierte en símbolo de cómo nos alimentamos de lo que nos rodea. También sugiere modos en que quizá el soñador dependa de otras personas. Cuando emprendemos un proyecto nuevo, debemos ser conscientes de que quizá no tengamos los recursos suficientes para cuidarnos bien. Nos hace falta sustento desde una fuente externa, pero una con la que nos sintamos relacionados.
2. La dependencia personal varía en cada uno de nosotros. Así como la relación entre madre y feto es única y está protegida por las funciones de la placenta, en sueños ésta puede destacar la exclusividad de tal relación. Uno de los mayores traumas que debemos atravesar es la separación de la madre; la placenta sirve para amortiguar este proceso. Soñar con una placenta indica la necesidad de algo que aminore las dificultades en épocas de separación brusca.
3. Espiritualmente, como seres humanos, dependemos de la madre Tierra o de la gran madre. Hasta que seamos capaces de apreciar debidamente nuestra dependencia, no tenemos más alternativa que reconocerla, simbolizada por la placenta.

Plaga
Véase también *langosta*
1. Antiguamente, se creía que las plagas y pestes procedían de un Dios enfadado. En realidad, la causa de la mayoría de las plagas es un desequilibrio en el ecosistema. Soñar con una plaga destacará algún desequilibrio interior en nosotros, que podría ser físico, emocional, mental o espiritual. No importa de qué se trate: una cualidad que define a las plagas es el exceso. Quizá éste nos desborde, como ocurrió con la plaga de langostas que se describe en la Biblia.
2. Un ejemplo destacado de una peste bíblica son las llagas que afligieron a Job. La historia sugiere la antigua idea de que, si uno no se adaptaba, recibiría un castigo. Por tanto, soñar con una plaga supone reconocer que sufriremos las consecuencias si no intentamos aprovechar al máximo nuestras posibilidades.
3. En términos espirituales, una plaga significa castigo divino.

Planeta
Véase también *luna* y *sol*
1. Soñar con planetas supone entrar en contacto con energías muy sutiles que nos rodean y ejercen algún efecto sobre nuestra vida, aunque quizá no seamos conscientes de ello.

2. La interpretación de los significados es la siguiente: **Júpiter** sugiere crecimiento y expansión, así como ausencia de limitaciones. La **luna** representa nuestras emociones y las relaciones con nuestra madre. **Marte** indica actividad y guerra, pero también impulso. **Mercurio** significa comunicación, intuición y poderes mentales. **Neptuno** nos remite a la ilusión, pero también a la inspiración. **Plutón** se encarga del inconsciente y la transformación. **Saturno** es una influencia restrictiva y regula el pasado. El **Sol** suele simbolizar el yo y la energía de que disponemos. **Urano** gobierna los cambios bruscos. **Venus** destaca el amor y la belleza.
3. Espiritualmente, cuando advertimos conscientemente cómo las energías sutiles pueden ayudarnos a llevar adecuadamente nuestra vida, podemos aprender a emplear la energía planetaria.

Plantas
Véase también *flores, malas hierbas y vegetación*
1. Debido al proceso de crecimiento y descomposición que las plantas atraviesan naturalmente, se convierten en un símbolo del cambio progresivo. Si soñamos con plantas cultivadas, deberíamos advertir nuestra capacidad de cultivar potencial. Si las plantas están muriéndose, tal vez hayamos alcanzado una etapa en la que ya no hay más ventajas que obtener de cierta situación.
2. Si las plantas crecen sin control, un lado de nosotros necesita libertad. Si crecen en filas ordenadas, advertimos demasiada preocupación por los puntos de vista de otras personas. Muchas plantas tienen propiedades curativas y mágicas. Asimismo, sin conocimientos adecuados, algunas pueden ser dañinas.
3. Desde un punto de vista espiritual, las plantas significan la fuerza y el ciclo de la vida. Como mueren para volver a crecer, también sugieren muerte y renacimiento.

Plata
Véase también *metal*
1. Desde un punto de vista práctico, la plata que aparece en sueños sugiere finanzas o dinero. Se trata de algo valioso, que puede guardarse como reserva para hacer frente a posibles dificultades.
2. Según un enfoque más psicológico, la plata se ha interpretado como representación de las características de la luna. Algo o alguien está disponible, pero al mismo tiempo resulta remoto.
3. Espiritualmente, se dice que la plata representa el aspecto femenino y el oro, el masculino.

Plátano
Véase también *alimentos y fruta*
1. La mayoría de los sueños sobre fruta se refieren a sexualidad o sensualidad. Convencionalmente, el plátano significa el pene, debido a su forma. Sin embargo, a causa de su aspecto blando, también se interpreta que representa el manejo de la sexualidad masculina.
2. En unión de otras frutas, el plátano puede considerarse como fertilidad o sustento.
3. El plátano simboliza fertilidad.

Platillos
Véase también *instrumentos musicales*
1. Los platillos se relacionan con el ritmo y el sonido, de modo que si aparecen en sueños, indican la necesidad de volver a una vibración básica. Con frecuencia, existe una relación con el sexo y la sexualidad, ya que, junto con el tambor y la pandereta, se utilizan para provocar un estado de éxtasis.
2. Reconciliamos pasión y deseo.
3. Espiritualmente, los platillos signifi-

can dos mitades dependientes entre sí: una no puede funcionar sin la otra.

Plato
1. Un plato puede ser sencillo o adornado, de lo que dependerá la interpretación del sueño. Un plato sin adornos indicaría que nos hace falta sencillez en nuestra vida, mientras que uno decorado quizá sugiera la necesidad de celebración. Si sostenemos el plato, somos conscientes de lo que hemos recibido de otras personas. Si alguien nos tiende el plato, nos ofrecen algo que les pertenece, pero que ahora podemos compartir.
2. Como recipiente, el plato es una imagen importante. Si es más bien hondo, representará lo que pertenece a la feminidad; si es llano, sugiere algún tipo de posesión compartida. Un plato vacío significa las necesidades y apetitos propios, mientras que una fuente para uso común destaca lo que existe para compartir. El dibujo y el color del plato quizá sean importantes (véase *colores* y *dibujos* en *formas*).
3. Antiguamente, sólo los ricos poseían platos. En términos espirituales, poseer un plato sugiere que hemos alcanzado cierto grado de consciencia.

Playa
1. Encontrarse en una playa sugiere que advertimos la frontera entre emoción y realidad, nuestra capacidad de estar en contacto con los elementos.
2. Según nuestras acciones y el estado de ánimo del sueño, soñar con una playa suele significar relajación y creatividad.
3. Tenemos a nuestra disposición cierto potencial para la claridad emocional, sobre todo si la playa está desierta.

Plomo
Véase también *metal*
1. La explicación convencional del plomo que aparece en sueños es que nos rodea una situación que nos resulta una carga. Quizá no nos enfrentemos a la vida como deberíamos, lo que supone un peso para nosotros.
2. Hoy día, el plomo se utiliza menos que antes, pero aún tiene las connotaciones de metal de baja ley. En sueños, puede indicar que el momento es adecuado para la transformación. Nos hace falta impulsar algunos cambios para aportar mejor calidad a nuestra vida.
3. En el simbolismo espiritual, el plomo representa la consciencia corporal. Es el metal de Saturno.

Pluma
Véase también *pájaros* y *plumaje*
1. En sueños, las plumas podrían denotar suavidad y ligereza, quizá un acercamiento más delicado a alguna situación. Tal vez nos haga falta examinar la verdad que existe dentro de las circunstancias, así como reconocer que debemos sentirnos más tranquilos en lo que hacemos.
2. Las plumas suelen representar la huida hacia otras partes del yo. Debido a su relación con el viento y el aire, pueden simbolizar nuestro lado más espiritual. Ver plumas en un sueño quizá muestre que debemos terminar una acción antes de permitirnos descansar.
3. Los cielos. El alma.

Plumaje
Véase también *pájaros* y *pluma*
1. En un sueño, un plumaje que atrae nuestra atención representa, con frecuencia, una exhibición de poder y fuerza. Quizá también se trate de una señal de desafío, como si necesitáramos mantenernos firmes en alguna decisión y mostrarnos tal y como somos.

2. El plumaje de un pájaro es su protección, pero también simboliza poder y fuerza. En estos términos, nos advierte de que podemos emplear nuestras fuerzas y capacidades para lograr lo que queremos hacer en el futuro.
3. El triunfo se muestra desplegando el plumaje.

Pobreza
1. Experimentar pobreza en un sueño destaca que nos sentimos despojados de la capacidad de satisfacer nuestras necesidades básicas. Quizá nos parezca que no cumplimos ciertas expectativas, emocionales o materiales. A menudo, tenemos que volver a los principios más básicos para descubrir cuáles son nuestras verdaderas necesidades.
2. En un sueño, la idea de pobreza puede transmitirse mediante un entorno pobre. Tal vez, con este sueño, tengamos que ocuparnos del entorno, más que de nosotros mismos.
3. La pobreza espiritual puede significar negarse a sí mismo.

Polilla
Véase también *insecto* y *mariposa*
1. Asociamos la polilla con las horas nocturnas, por lo que se relaciona con el lado oculto de nuestra naturaleza. Además, como la polilla puede destruirse a sí misma cuando hay luz, suele simbolizar el yo de nuestros sueños y el lado más transitorio de nuestra personalidad.
2. Así como la mariposa es símbolo del alma, la polilla representa el lado más oscuro de nosotros mismos que emplea la fantasía. Cuando el insecto aparece desde la oscuridad, significa el reconocimiento del yo que todos debemos efectuar si queremos sobrevivir.
3. La polilla simboliza el yo, pero quizá en su sentido más oscuro.

Pomada
1. Soñar con una pomada significa que debemos advertir la parte de nosotros que o bien necesita curación, o bien es capaz de ella. La clase de pomada proporcionará a menudo información sobre lo que necesitamos. Por ejemplo, soñar con una marca conocida puede sugerir un tipo general de curación, mientras que un ungüento preparado especialmente para el soñador sugiere un acercamiento más centrado.
2. Desde la antigüedad, se han empleado pomadas para conservar y evitar el envejecimiento. A menudo, el uso de ungüentos era señal de respeto, simbolismo que aún puede aparecer en los sueños actuales.
3. Una pomada puede ilustrar nuestra necesidad espiritual de cuidar y sanar, o bien la de que nos cuiden.

Pomo
1. Soñar con un pomo, como el de una puerta, puede indicar algún tipo de momento decisivo de la vida. Si el soñador percibe un contraste destacado entre la puerta y el pomo, quizá obtenga más información. Por ejemplo, un tirador muy sencillo en una puerta ornamentada quizá muestre que el proceso de avanzar a partir de cierta situación es muy fácil. Soñar con cualquier otra clase de pomo suele relacionarse con el dominio que uno tiene de las circunstancias.
2. Como muchas personas aún sienten reparos en llamar a los genitales por su nombre correcto, un pomo que aparece en un sueño puede representar el pene o, si el soñador es hombre, su propia masculinidad.
3. Espiritualmente, un tirador puede sugerir ciertos cambios en cómo accedemos a nuestro yo subconsciente.

Porra
Véase también *bastón*, *garrote* y *vara*
1. En sueños, cualquier instrumento que se utilice para golpearnos supone reconocer que otra persona tiene poder sobre nosotros, y puede emplear la fuerza, en lugar de darnos la libertad de actuar por nosotros mismos.
2. La porra reforzaría nuestras ideas sobre la autoridad. En tiempos antiguos, el bufón utilizaba la vejiga de un cerdo para golpear al rey y recordarle su humildad.
3. Una porra también puede representar supremacía espiritual y poder supremo, que quizá tengamos a nuestra disposición.

Portón
Véase también *puerta*
1. Soñar con un portón suele significar algún tipo de cambio, a menudo de la consciencia. Significa que atravesamos un umbral en la vida; quizá intentemos algo distinto o avancemos desde una fase de la vida a otra.
2. Con frecuencia, la consciencia del cambio se destaca mediante el tipo de portón. Por ejemplo, el de una granja indicaría un cambio laboral, mientras que la verja de un jardín podría representar placer.
3. Se ha establecido la existencia del portón que separa los ámbitos físico y espiritual desde hace mucho tiempo. Se utiliza como vía de comunicación; el soñador puede emplearlo así, si lo desea.

Posición
Véase también *postura*
1. Cuando una posición especial se destaca en un sueño, suele representar nuestro punto de vista moral o nuestra situación en la vida. También puede indicar cómo manejamos las circunstancias de la vida. Por ejemplo, algo que está en posición incorrecta significa que llevamos las cosas de modo incorrecto.

2. Cuando soñamos con algo que se encuentra más **alto** que nosotros, la atención se dirige hacia nuestro espíritu, intelecto, ideales y consciencia. Esto también se aplica si soñamos con la **parte superior** de algo, por ejemplo, de un edificio o del cuerpo. Quizá nuestro altruismo se ponga en duda. Algo **debajo** o en el piso inferior significa el lado anárquico o inmoral de nuestra personalidad. Los impulsos sexuales también pueden simbolizarse de este modo. Algo que aparece **cabeza abajo** resalta las posibilidades de caos y problemas. Las **subidas y bajadas** de las situaciones de la vida pueden experimentarse en los sueños como el movimiento de la posición propia. La personalidad necesita equilibrar las alturas y descensos de la experiencia y, si esto no ocurre, en sueños puede presentarse una advertencia.

Adelante, atrás: un sueño en el que la atención se dirige a un movimiento hacia delante o hacia atrás suele indicar las posibilidades de adoptar una tendencia regresiva, que mire hacia atrás. Existe la necesidad de retirarse al pasado, más que de abordar los miedos y avanzar.

Anterior, posterior: el rechazo y la aceptación pueden mostrarse en un sueño cuando vemos la parte posterior y la anterior de algo.

Arriba: tenemos la capacidad de alcanzar un grado de supremacía. Podemos llegar a la posición superior en ciertas situaciones. Es posible apartarse del mundo cotidiano, del mundo ordinario. Si nos encontramos en la cumbre, hemos logrado el éxito en nuestras actividades. El hecho de intentar llegar arriba sugiere que hace falta un esfuerzo mayor.

Bajo: un sueño en que nos sentimos *bajos* puede sugerir una sensación de inferioridad o humildad. A menudo, cedemos a una conducta sumisa y nos situamos en una posición inferior a la de otros. A veces, estar bajo alguien o algo puede indicar la necesidad de examinar la otra cara o la negatividad de una relación o de una situación.

Centro (véase también la entrada correspondiente y *formas*): advertir el centro de cualquier aspecto de un sueño supone ser conscientes de un propósito y objetivo, quizá incluso del yo verdadero del soñador. Existe la necesidad de ser el centro de atención, cualesquiera que sean las circunstancias.

Debajo: encontrarse debajo de algo sugiere, o bien que nos refugiamos, o bien que nos sometemos a la dirección de otra persona. También puede representar una parte de nosotros mismos que escondemos o nuestro lado menos capaz.

Derecha, izquierda: el conflicto entre derecha e izquierda suele producirse entre lógica e intuición. El lado **derecho** representa la parte lógica, más dominante. Es el lado que se expresa conscientemente, más confiado, que percibe el mundo exterior de modo quizá más objetivo. Tiene que ver con la *rectitud*, es decir, la corrección y la conducta moral y social. Conforme el soñador progresa, algo que se percibe situado a la derecha suele ser significativo. Si se experimenta un dolor en el lado derecho, también puede interpretarse en relación con los impulsos. También expresa los atributos más masculinos. El movimiento hacia la derecha indica que algo avanza hacia la consciencia. Por el contrario, el lado **izquierdo** sugiere la parte menos dominante, más pasiva. A menudo, se interpreta como representación de todo lo oscuro y siniestro, así como las partes de nuestra personalidad que intentamos suprimir. Se relaciona más bien con la conducta instintiva, lo que nos hace sentirnos bien, el comportamiento que no se rige por códigos morales. En su expresión, es un apoyo; en su naturaleza, es receptivo, de modo que algo que aparezca al lado izquierdo en los sueños puede aceptarse como símbolo de sostén. Cualquier dolor que se sienta en el lado izquierdo se interpreta en relación con la sensibilidad. A menudo, la izquierda representa el pasado, así como los atributos más femeninos. Por otra parte, la **indecisión entre derecha e izquierda** sugiere la incapacidad de decidir si debemos confiar en el impulso o en el instinto.

Horizontal: la posición horizontal suele simbolizar el mundo material.

Lejos, cerca (véase también *cercanía*): en sueños, el espacio y el tiempo pueden confundirse. Soñar con algo que se encuentra muy lejos podría indicar que está muy distante en el tiempo, futuro o pasado, según el sueño. Algo muy lejano delante de nosotros señalaría al futuro; detrás, al pasado. Lo cercano indicaría un momento reciente o un futuro inmediato.

Opuesto: cualquier cosa que en el sueño se encuentre en el lado opuesto al soñador podría sugerir alguna dificultad para conciliar dos conceptos enfrentados (bueno y malo, masculino y femenino, etcétera). Quizá se insinúe un conflicto, quizá no. Algo situado a propósito enfrente de otra cosa indica que existe un intento deliberado de provocar discordia. Si se altera la posición enfrentada, las diferencias pueden ajustarse.

Recto: la rectitud sugiere un acercamiento directo, el camino más corto entre dos objetos o lugares.

Vertical: en sueños, la verticalidad suele representar el ámbito espiritual.

3. Los puntos cardinales pueden tener una lectura espiritual. El **norte** significa lo desconocido y, por tanto, a veces indica oscuridad. Es la espiritualidad dentro

del mundo. El **este** sugiere tradicionalmente nacimiento y religiones místicas. También representa el proceso de hacerse *consciente*. El **sur** ilustra pasión terrenal y sensualidad. El **oeste** puede simbolizar la muerte o, más exactamente, el estado posterior a la muerte, cuando existe una conciencia espiritual aumentada. Según la tradición, también representa el lado más lógico de nuestra naturaleza.

Poste

1. La interpretación dependerá de cómo se utilice el poste en el sueño. Podría suponer una expresión de la fuerza vital, como en un mayo (véase *mayo*), pero también podría verse como una fuerza estabilizadora o punto de partida, por ejemplo si se tratase de un mástil de bandera. Asimismo, quizá sea un instrumento de apoyo.
2. En sueños, un poste, que puede servir de señal, quizá sea un instrumento de medida.
3. Es preciso promover normas de conducta espirituales o heroicas.

Postura
Véase también *posición*
1. El lenguaje corporal es un aspecto importante de los sueños. Los personajes quizá adopten posturas o movimientos exagerados, para hacer hincapié en cierta información que debemos reconocer.
2. A menudo, recogemos información subliminal sin que podamos entender por qué. Las posturas que nosotros u otras personas adoptemos en sueños nos dan frecuentemente las respuestas a las preguntas que las necesitan.
3. Una postura forzada indicará emociones en los sueños. Vivir y ser significa que somos capaces de adoptar ciertas actitudes y posturas reconocibles, como en el yoga, para avanzar espiritualmente.

Potro de tormento
Véase también *tortura*
2. Si nos sentimos torturados, como si estuviéramos en el potro, el sueño sugeriría que hemos hecho algo de lo que nos avergonzamos, o bien que nos hemos colocado en una situación de víctima con respecto a otra persona.
3. Quizá tengamos que ponernos en el potro en cuanto a la disciplina. Espiritualmente, tal vez nos parezca que la disciplina es un problema.

Pozo
Véase también *agua, fuente* y *hoyo*
1. Un pozo es un modo de evaluar los recursos más profundos de sentimiento y emoción de que disponemos. A menos que tengamos acceso a ellos, no alcanzaremos la integridad. Si algo falla con el pozo, por ejemplo, no podemos llegar al agua, no somos capaces de entrar en contacto con nuestras mejores aptitudes.
2. Al comunicarnos con nuestro yo intuitivo y consciente, destapamos el potencial de curación y de éxito.
3. Un pozo puede simbolizar una forma de contacto con las profundidades, quizá las de la emoción.

Precio de un viaje
Véase también *billete* y *viaje*
1. Pagar un billete o pasaje en sueños supone reconocer el precio que se paga para lograr algo. El precio de un viaje en taxi indicaría una acción más íntima que un billete de autobús.
2. Se nos exige algo y debemos decidir hasta qué punto es adecuado.
3. Un sueño en el que abonamos el precio de un viaje suele ocurrir cuando tenemos la sensación de no haber pagado por acciones del pasado y nos parece que debemos aceptarlas.

Precipicio
Véase *abismo, acantilado* y *sima*

Pregunta
1. Hacer preguntas durante un sueño indica cierto grado de duda sobre uno mismo. Si alguien interroga al soñador, éste es consciente de que posee algunos conocimientos que podría compartir. Si no puede responder a la pregunta, tal vez el soñador tenga que buscar la respuesta durante la vigilia.
2. Si en la vida cotidiana tenemos una pregunta que requiere una respuesta, al recordarla antes de ir a dormir, a menudo podemos encontrar la contestación mediante los sueños.
3. La curiosidad y las preguntas espirituales conducen a mayor conocimiento.

Prehistoria
Véase también *dinosaurio*
1. En un sueño, advertir que algo es prehistórico supone reconocer que los sentimientos y emociones que vivimos surgen desde un periodo anterior a que pudiéramos entendernos. Cuando no hemos integrado ni comprendido por completo el impulso básico de supervivencia, es posible que nos comportemos de forma destructiva hacia nosotros mismos, quizá sin que nos demos cuenta del porqué.
2. A menudo, la escena de los sueños o el paisaje que aparece en ellos parecen prehistóricos. Esto sucede *antes del pensamiento,* antes de que tengamos la capacidad de registrar nuestras impresiones. Si uno cree que los fetos son conscientes del mundo al que llegarán antes de nacer, estas impresiones pueden aparecer en la vida posterior como imágenes prehistóricas. Por ejemplo, un paisaje baldío podría indicar falta de amor.
3. El progreso espiritual nos exige comprender nuestros impulsos físicos, emocionales, mentales y espirituales. En este contexto, las imágenes prehistóricas indican la falta de capacidad, bien para aunar las diversas partes de nuestra personalidad, o bien para integrarnos en la sociedad.

Premio
Véase también *trofeo*
1. En sueños, ganar un premio supone haber logrado superar los obstáculos que teníamos delante. Además, otras personas reconocen el esfuerzo que hemos hecho para alcanzar el éxito. Entregar premios sugiere que reconocemos públicamente el esfuerzo que han hecho otros.
2. Considerar que un objeto es un premio supone darle el valor adecuado. Esto no significa necesariamente una condición materialista, sino la capacidad de ganar algo a partir de la apreciación de su valor intrínseco.
3. En términos espirituales, ganar un premio en sueños significa que hemos empleado los instintos y la intuición en armonía, para ser capaces de aprovechar la inspiración.

Presa
Véase también *agua*
1. Cuando soñamos con una presa, el significado puede variar. Quizá estemos conteniendo nuestras emociones e impulsos o, por el contrario, intentemos detener la expansión emocional de otra persona. Construir una presa indica que probablemente acumulemos defensas. Si una presa está a punto de reventar, podríamos sentir que no controlamos situaciones emocionales que nos rodean.
2. Si bien a nivel consciente quizá tengamos que ejercer cierto control sobre nuestras emociones, en los sueños nos permitimos con frecuencia una expresión natural de las dificultades o frustracio-

nes, que pueden simbolizarse mediante un pantano rebosante de agua.
3. La asociación de palabras podría llevarnos a *apresado*.

Presente
Véase también *regalo*
1. Soñar con un presente, es decir, un regalo, puede ser un juego de palabras. Se nos entrega un *aquí y ahora*. Se nos recuerda que vivamos en este momento, no en el pasado ni en el futuro.
2. Presentar algo en sueños, exponer un trabajo realizado, supone ofrecerlo para su aprobación y reconocimiento. Advertimos que la tarea hecha es más importante que nosotros mismos.
3. Uno de los requisitos del progreso espiritual es que aprendamos a vivir en el presente. Tenemos que ser capaces de aprovechar todo lo que presente la vida, de emplearlo para nosotros mismos, pero asimismo debemos reconocer la importancia que tenga para los demás y cómo puede influir en su vida.

Prestar
Véase también *dinero*
1. Si en un sueño prestamos un objeto a alguien, somos conscientes de que la cualidad representada por éste no puede regalarse, es nuestra, pero podemos compartirla. Si alguien nos presta algo, quizá no seamos lo bastante responsables como para poseer permanentemente lo que representa, o bien sólo lo necesitemos durante un breve periodo de tiempo.
2. Si prestamos dinero, creamos un lazo y una obligación dentro de nuestra vida. Si nos lo prestan, debemos examinar cómo gestionamos nuestros recursos y, lo que es más importante, la ayuda que necesitamos para hacerlo.
3. En términos espirituales, el concepto de prestar se relaciona con curación y apoyo.

Primavera
Véase también *estaciones*
1. En sueños, la primavera puede sugerir crecimiento u oportunidades nuevas. Quizá exista un comienzo nuevo en una relación.

Princesa, príncipe
Véase *arquetipos*

Prisa
1. Tener mucha prisa sugiere que nos estamos enfrentando a presiones externas. Darnos prisa sugiere que nosotros mismos nos presionamos.
2. Debemos aprender a repartir el tiempo eficazmente; apresurarnos sugiere que aún no lo hemos conseguido.
3. Curiosamente, en el trabajo espiritual el tiempo es símbolo del espacio. Si tenemos prisa, no vemos lo mejor del mundo. Al revés, si empleamos el espacio adecuadamente, también ocurre así con el tiempo.

Procesión
1. Una procesión significa un acercamiento ordenado y supone, con frecuencia, una declaración de intenciones. En un sueño, ver una fila de personas que parecen tener un propósito común o las mismas creencias indica que lo importante es la intención que anima al grupo. A menudo, una procesión se organiza jerárquicamente, con las personas más importantes al comienzo o al final. Esto podría ser importante en el sueño, al permitirnos establecer las prioridades según nosotros mismos.
2. Muchas veces, una procesión es un modo de señalar una ocasión especial, con pompa y dignidad. En sueños, una imagen así puede representar la necesidad de que otros reconozcan los éxitos y las aptitudes del soñador. Participar en

una procesión supone reconocer que nos hace falta pertenecer a un grupo de mentalidad similar a la nuestra. Observar una procesión supone apreciar la determinación de otras personas.
3. Espiritualmente, una procesión indica un grupo de personas con parecida manera de pensar, pero también con grandes conocimientos. En sueños, reconocemos la importancia del sistema de creencias o la religión a la que pertenezcamos. Nos damos cuenta de que es preciso respetarlos.

Profundidad
Véase también *posición*
1. Cuando soñamos con la profundidad, generalmente consideramos las influencias familiares del pasado, de las que quizá no seamos conscientes.
2. Tal vez intentemos comprender esquemas arquetípicos que no eran reconocibles en el pasado. Es posible que tengamos ciertos conocimientos a nuestra disposición, que sólo podemos asimilar si somos capaces de apreciar nuestras emociones.
3. Lo desconocido y, por tanto, lo insondable suele simbolizarse mediante la profundidad, por ejemplo en el agua, el terreno, etcétera.

Prometida
Véase también *boda, personas* y *prometido*
1. Cuando una mujer sueña que está prometida o es la novia en una boda, a menudo intenta reconciliar la necesidad de una relación con su independencia. La mujer debe comprender los cambios de responsabilidades. En el sueño de un hombre, una prometida o novia indica su comprensión de su lado femenino e inocente. Soñar que nos encontramos en una boda, especialmente la propia, indica la integración de sentimientos interiores y realidad exterior.
2. Psicológicamente, buscamos la unión de la parte sin integrar de nosotros mismos. Quizá busquemos la feminidad inocente en nuestro interior.
3. La necesidad espiritual y el reconocimiento de amor, receptividad y fertilidad.

Prometido
Véase también *boda, personas* y *prometida*
1. Soñar con un prometido o con el novio de una boda suele indicar el deseo de casarse o encontrar una pareja. También muestra, con frecuencia, el deseo de ser más responsable o de responsabilizarse de otra persona. El sueño sugiere conexión con el lado romántico de nuestra naturaleza, así como su comprensión, e indica la necesidad de integrar el intelecto y el mundo real.
2. Tal vez la necesidad de una pareja sea más intelectual que emocional. Es posible que tengamos que entrar en contacto con el impulso de la masculinidad.
3. Un novio puede representar la necesidad que el soñador tiene de cuidar de alguien o algo y, quizá, de ejercer cierto control.

Prostitución
1. Soñar con la prostitución suele sugerir un impulso sexual. En el sueño de un hombre, quizá indique su necesidad de una relación, a cualquier precio. Si quien sueña es mujer, puede mostrar su necesidad de libertad sexual. A menudo, soñar con la prostitución nos obliga a examinar nuestra sensación de culpa o incertidumbre sobre nosotros mismos. Pagar para obtener una relación sexual quizá sugiera que no confiamos en nuestras aptitudes sexuales. Si nos pagan por ello, tal vez tengamos la impresión de que las

relaciones tendrán un precio. En ambos casos, podríamos tener miedo de una relación amorosa.
2. Al soñar con la prostitución, quizá entremos en contacto con una pobre imagen de nosotros mismos. No sacamos partido de nuestras capacidades ni talentos, tal vez en una situación laboral o en nuestra vida personal. Muy a menudo, cuando se espera de nosotros cierto rendimiento, la incapacidad o el ego nos hacen sentir que *prostituimos* nuestras aptitudes.
3. Desde un punto de vista cristiano, así como Jesús reconoció el valor de la prostituta como persona, a pesar de su profesión, espiritualmente también nosotros debemos aceptar los valores de otras personas.

Prueba
Véase también *examen*
1. Soñar con pruebas de cualquier clase puede indicar alguna forma de evaluación de nosotros mismos. Los análisis clínicos tal vez nos alerten sobre la necesidad de vigilar la salud.
2. Probar algo en sueños sugiere que ha habido alguna forma de ley o referencia general, a la que creemos que debemos adherirnos. Esto no tiene por qué significar que nos estamos situando frente a otros, sino que hemos decidido mantener ciertas normas.
3. Una prueba espiritual se crea desde las circunstancias que nos rodean, quizá para comprobar nuestra resolución.

Psicólogo, psiquiatra
Véase *analista*

Púas
Véase también *espina*
1. Un sueño en que estamos rodeados por alambre de púas indica que se nos impide avanzar.

2. Intelectualmente, quizá queramos ser demasiado listos; asimismo, tal vez intentemos forzar a otras personas a que hagan algo que no desean.

Público
1. Si en un sueño nos encontramos frente a un público, quizá tengamos que afrontar un asunto importante en nuestra vida. Si formamos parte del público, somos testigos de una emoción o un proceso de cambio en nosotros mismos.
2. Debemos considerar cuidadosamente algún aspecto de nuestra vida, especialmente uno que se desarrolla en público. Somos los creadores de nuestra propia obra teatral. Además, el público también puede representar los diversos lados de nuestra personalidad que hayamos creado.
3. El público suele ser las múltiples partes de nuestra personalidad.

Pueblo
Véase también *ciudad*
1. Un pueblo que aparece en sueños sugiere una comunidad bastante ligada. Podría ilustrar nuestra capacidad de establecer relaciones de apoyo recíproco y desarrollar espíritu de comunidad.
2. Un pueblo puede presentar algunos problemas. Por ejemplo, todo el mundo sabe lo que hacen los demás, lo que puede resultar molesto. En este caso, el sueño destacaría la opresión que pueden producir las relaciones íntimas. Por otra parte, como el ritmo de la vida es más tranquilo, quizá el pueblo suponga un símbolo de relajación.
3. A menudo, la vida del pueblo se centraba alrededor de la iglesia y la taberna, lo que proporcionaba muchos contrastes. Espiritualmente, muchas veces tenemos que procurar equilibrar dos partes de nuestra vida.

Puente

1. El puente es una de las imágenes que aparecen con más frecuencia en los sueños. Casi siempre indica el paso de un periodo de la vida a otro. El puente puede parecer débil o fuerte, robusto o ligero, lo que proporciona una indicación de la fuerza de conexión necesaria para introducir cambios en la vida del soñador.
2. El símbolo de un puente en sueños significa la relación emocional entre el soñador y otras personas, o entre diversas partes de su vida.
3. Cruzar el río de la vida. También, la laguna Estigia.

Puerta
Véase también *edificios, pomo* y *portón*
1. En sueños, una puerta significa el movimiento entre dos estados. Puede representar la entrada a una fase nueva de la vida, como la pubertad o la edad mediana. Quizá estemos rodeados de oportunidades, sobre las que deberíamos tomar las decisiones oportunas.
2. Si la puerta del sueño está cerrada o es difícil de abrir, indica que nos creamos obstáculos, mientras que si está abierta, podemos sentirnos tranquilos para avanzar.
3. Espiritualmente, una puerta representa el aspecto protector de la gran madre.

Puerto
Véase también *embarcadero* y *viaje*
1. Encontrarse en un puerto durante un sueño puede indicar o bien que avanzamos hacia una nueva etapa de la vida, o bien que dejamos atrás una antigua. Si miramos hacia delante, con expectación, debemos comprender la nueva etapa. Si tendemos la vista hacia atrás, quizá haya algo en el pasado que requiera atención, antes de que podamos continuar.
2. Como todo lo relacionado con el agua se asocia con emoción y nuestros sentimientos acerca de lo que nos rodea, encontrarse en un puerto puede indicar cómo necesitamos manejar las emociones de otras personas, al tiempo que avanzamos hacia una nueva fase de la vida.
3. El progreso espiritual puede sugerirse mediante un puerto, ya que es un punto de partida.

Pulgar
Véase *cuerpo*

Pulgas
Véase también *insectos* y *parásitos*
1. Las pulgas suponen una irritación, significado que mantienen en sueños. Quizá haya personas o situaciones en nuestra vida que nos causen problemas, o que nos parezcan parásitos, y necesitemos pasar por una limpieza para sentirnos libres.
2. Acaso seamos conscientes de que no nos tratan correctamente; algunas personas, que deberían ser amigas, no se comportan bien.
3. Las pulgas simbolizan el tipo de mal que probablemente hiere, más que destruir, como el cotilleo. El soñador debería advertir que tiene la capacidad de afrontarlo.

Pulmones
Véase *cuerpo*

Pulpo
1. Como el pulpo tiene ocho tentáculos, se relaciona con el simbolismo del mandala (véase *mandala*). A menudo, los tentáculos pueden ser significativos; indicarían que podemos vernos atrapados en algo aterrador, de lo que no podemos escapar.
2. Los animales poco habituales, con los que no estamos familiarizados, aparecen en sueños para advertirnos de ciertas cua-

lidades que poseemos. El simbolismo que debemos percibir en el pulpo es que este animal es capaz de moverse en cualquier dirección.
3. Un pulpo puede representar el movimiento sin restricciones del espíritu.

Pulso
1. El pulso es un ritmo básico de la vida. Advertir en sueños el pulso propio quizá indique alguna clase de ansiedad. Esto puede traducirse en un ritmo exterior a nosotros. Tal vez también exista cierta preocupación por la salud.
2. Percibir el latido de uno mismo en sueños supone un intento de entrar en contacto con los procesos de la vida. Sentir el pulso de otra persona quizá indique preocupación sobre la parte de nuestra personalidad que aquélla representa. Si no podemos encontrarlo, esto podría indicar la *muerte* de parte de nosotros o de alguna emoción.
3. Se dice que las personas sensibles pueden detectar un pulso en todo. Espiritualmente, cuanto más estemos en contacto con el ritmo interior, más íntegros (o santos) podemos ser.

Punta, punto
1. Cualquier cosa apuntada suele referirse a la sexualidad masculina. Advertir que llegamos a un punto de inflexión supone tomar la decisión de que es preciso hacer algo. Debemos provocar cambios, de un modo u otro; en ese *punto* en particular no hay nada más que hacer. Dicho de otro modo, no se puede hacer nada hasta que decidamos emprender alguna acción.
2. Psicológica e intelectualmente, habernos integrado significa que hemos alcanzado nuestro propio centro. Esto suele simbolizarse en sueños mediante una punta o un punto.

3. Un punto es el comienzo, el alma o el acto de completar.

Puñal
Véase también *apuñalar*, *armas* y *cuchillo*
1. Cuando un puñal aparece en sueños, el significado puede ser agresivo o defensivo. Si el soñador emplea el arma para atacar a alguien, quizá intente cortar alguna parte de sí mismo o librarse de algo que no le gusta. Si le apuñalan, el sueño destaca su vulnerabilidad.
2. Psicológicamente, la penetración de un instrumento cortante suele relacionarse con el lado masculino y referirse a la propia sexualidad.
3. El puñal que nos apunta representa un instrumento muy antiguo para el sacrificio.

Pus
1. Una infección puede derivar en la aparición de pus. En un sueño, algo *malo* que infecta lo que le rodea quizá se presente como esta materia. Es posible que estemos incubando miedos o dudas sobre nosotros mismos, tal vez celos. El sueño nos muestra que una situación negativa de nuestra vida puede acabar en dolor y problemas si no se trata correctamente.
2. Si tenemos que tratar una infección, quizá tengamos que abordar una negatividad exterior. Si otra persona trata nuestro pus, la negatividad es interior y debemos aprender a curarnos.
3. En sentido espiritual, el pus es el resultado de luchar contra algo *malo*; aunque quizá lo hayamos superado, debemos eliminar las consecuencias.

Putrefacción
1. La putrefacción puede representar desintegración. En cierta situación de la vida cotidiana, tal vez algo haya ido mal

y ya no tengamos energía para sostenerlo. Si bien quizá no reconozcamos este hecho a nivel consciente, a menudo los sueños nos llamarán la atención sobre él.

2. El deterioro, por ejemplo de una relación, puede representarse en sueños como putrefacción. Cuando ocurre algo que acabará destruyéndose por completo, podemos percibirlo con frecuencia como un mal olor: algo se muere.

3. Desde un punto de vista espiritual, muchas veces tiene que existir disolución y desintegración antes de que aparezca un comienzo nuevo. Si tenemos miedo del proceso, en sueños éste puede manifestarse como putrefacción.

Q desde *químico* hasta *quirófano*

Químico
1. Un sueño en el que aparece un químico nos comunica con la parte de nosotros mismos capaz de alterar nuestro modo de ser. Estamos en contacto con la sabiduría sobre el yo, inherente a nosotros.
2. El alquimista transforma los materiales de baja ley, el conocimiento espiritual básico, en oro espiritual.

Quirófano
Véase también *operación*
1. Si en sueños nos encontramos en un quirófano, esto indica que deberíamos examinar nuestra salud o asuntos relacionados con ella.
2. La cirugía representa una intrusión bastante violenta en nuestra vida. Soñar que nos operan en un quirófano muestra que necesitamos acostumbrarnos a ciertos cambios, que quizá sean difíciles, pero finalmente nos curarán.
3. Espiritualmente, el soñador quizá sienta que tiene que enfrentarse a demasiado o que hay algo que requiere cambios. A menudo, soñar con un quirófano puede indicar esto.

R desde *rabo* hasta *ruinas*

Rabo

1. Soñar con un rabo quizá indique algún residuo del pasado, algo que aún llevamos con nosotros. También puede indicar excitación sexual o, por asociación, el pene.
2. El animal necesita la cola para mantener el equilibrio. En sueños, el rabo puede reconocerse como un método para adaptarse en circunstancias difíciles.
3. La acción de completar un acto espiritual.

Radar

1. En un sueño, el radar representa nuestra propia facultad intuitiva. Es nuestro modo de recoger mensajes y señales sutiles que otras personas emiten, con frecuencia de manera subliminal.
2. Muchas personas perciben el radar en sueños con la sensación de que «el gran hermano te vigila». Nos controlamos a nosotros mismos, quizá para averiguar si nuestros pensamientos o conductas son adecuados.
3. El radar puede sugerir que el soñador dispone de algún grado de clarividencia.

Radiación

1. Cuando algo parece radiante en sueños, se señala como si tuviera alguna clase de cualidad especial, que quizá debamos investigar más a fondo.
2. Una radiación representa algo fuera de lo corriente o sobrenatural. También sugiere pureza de pensamientos, sabiduría y la trascendencia de lo mundano.
3. La radiación es una señal de espiritualidad pura. Nos ilumina y deslumbra, al mismo tiempo que nos atrae.

Radio

1. Como método de comunicación, una radio sugiere información disponible

para todo el mundo y, por tanto, que muchos comprenden. Soñar que oímos una radio sugiere una forma de relación con el mundo exterior. El contexto del sueño dará una explicación más amplia del significado exacto.
2. Con frecuencia, una radio que aparece en sueños puede representar la voz de la autoridad o de ideas e ideales comúnmente sostenidos. Desde un punto de vista más mundano, durante la vigilia, a veces la gente con problemas mentales piensa que recibe instrucciones a través de la radio.
3. Una radio simboliza comunicación espiritual. El soñador debería tener los sentidos despiertos en esta época y estar abierto a cualquier eventualidad.

Radiografía

1. Soñar con rayos X puede ser significativo de diversas formas. Quizá haya algo que influya la vida del soñador a nivel subconsciente y debe revelarse. Si el soñador realiza la radiografía, tal vez sea necesario examinar la situación con mayor profundidad. También podría existir miedo a la enfermedad, propia o de otros.
2. Durante la vigilia, quizá nos haga falta tener una visión muy clara de la situación que nos rodea.
3. Espiritualmente, una radiografía puede simbolizar una claridad visual nueva que el soñador está a punto de experimentar. Esta visión limpia debería permitir al soñador avanzar confiadamente.

Raíz
Véase *árbol* y *planta*

Ramo de flores
Véase también *flores*
1. Un sueño en el que nos entregan un ramo de flores muestra que reconocemos nuestras aptitudes, pero también que esperamos que los demás las aprecien.

Dar un ramo a otra persona indica que reconocemos sin limitaciones sus mejores cualidades.
2. Desde un punto de vista psicológico, un ramo indica muchas veces que disponemos de muchos dones y talentos.
3. A causa de su belleza y asociación con las ceremonias, un ramo puede simbolizar una ofrenda espiritual.

Rana
Véase también *animales*
1. Muchas personas asocian a la rana con un desarrollo visible de crecimiento que refleja el paso a la madurez del ser humano. En sueños, ver una rana en un estado determinado de crecimiento ilustra la sensación que tenemos sobre nosotros mismos. Por ejemplo, verla cuando ya posee las patas traseras sugeriría que somos capaces de avanzar a saltos.
2. La rana es símbolo de fertilidad y erotismo. En sueños, también representa un aspecto del carácter que puede cambiarse, algo desagradable que puede convertirse en bueno. La imagen se recoge en mitos y leyendas en que el animal se transforma en príncipe.
3. Transformación espiritual.

Rata
Véase *animales*

Ratón
Véase *animales*

Rayo
Véase *relámpago, trueno* y *tormenta*

Rayos X
Véase *radiografía*

Rebaño
1. Soñar con un rebaño o una bandada de animales supone reconocer la necesi-

dad de pertenecer a un grupo, de un propósito o modo de ser común.
2. Cuando soñamos que formamos parte de un grupo, quizá nuestra propia conducta sea distinta de los demás, de lo que puede advertirnos un sueño sobre un rebaño.
3. Un rebaño puede simbolizar nuestras creencias espirituales y la fe en que seguimos el camino correcto.

Recolección
Véase también *cosecha, guadaña y sembrar*
1. Antiguamente, toda la comunidad participaba en la recolección de la cosecha. Así se aseguraba que todos obtuvieran algún beneficio de ella. Hoy día, soñar con la recolección sugiere un modo de ganar algo en nuestras actividades.
2. El dicho de «el que siembra recoge» puede interpretarse como que si nuestras acciones son buenas, recibiremos algo bueno a cambio. Cuando soñamos que recibimos una recompensa por algo que hemos hecho, aprobamos nuestras propias actividades. Visto más negativamente, significaría que una acción dañina volverá para perseguirnos.
3. La muerte siempre se representa con una guadaña, asociada con la recolección.

Recto
Véase *posición*

Recuerdo
1. En tiempos pasados, los amantes solían intercambiar algún objeto como recuerdo. Un sueño en el que advertimos que tenemos algo así indica nuestra capacidad de amar y ser amados. Cualquier objeto que se relacione con el pasado nos recuerda lo que hemos sido capaces de hacer o de ser.
2. Los recuerdos románticos se presentan muy a menudo en las imágenes de los sueños. Soñar con algo que otra persona nos ha dado y que consideramos muy valioso permite al soñador reconocer la belleza contenida en el interior.
3. En sentido espiritual, un recuerdo es un objeto sagrado, debido a la gran estima en que lo tiene su dueño. Probablemente, se habrá bendecido de alguna forma.

Red
1. En sueños, una red suele indicar que nos sentimos atrapados por algún plan o situación. Si sueña una mujer, quizá sea consciente de su poder de seducción, mientras que un hombre podría advertir su miedo a las mujeres.
2. A menudo, las mujeres son más capaces de crear una red de *hermanas*, mediante el uso de la intuición, y lo simbolizan en sueños con frecuencia como un lazo tangible.
3. Relación ilimitada.

Reflector
Véase también *linterna y luz*
1. En sueños, un reflector ilustra la concentración y la atención dirigida hacia algo. Si la luz nos enfoca, debemos considerar nuestros actos y comportamiento.
2. Un reflector puede sugerir iluminaciones sobre asuntos que nos conciernen. Hemos dirigido el haz de luz hacia ellos para descubrir la verdad, ya que el foco se utiliza para iluminar el camino que tenemos por delante.
3. Un reflector nos ayudará a comprender asuntos espirituales, para que podamos rechazar lo superfluo.

Reflejo
Véase también *espejo*
1. Un reflejo que se ve en sueños guarda mucha relación con el modo como nos vemos a nosotros mismos, en ese momen-

to determinado. Nuestra imagen es importante para nosotros, ya que es cómo nos ven otras personas. Si el reflejo aparece en un espejo, quizá nuestra imagen sea más *sólida*, mientras que si nos vemos en el agua, sería más efímera. La historia de Narciso y cómo se enamoró de sí (o, más bien, de su propia imagen) nos advierte a todos del peligro que encierra la adoración de uno mismo.
2. Con frecuencia, ver una imagen reflejada en sueños supone un intento de comprender el yo interior y el modo como afrontamos el mundo exterior. El yo interior influye en nuestro entendimiento de esa realidad exterior. Si en un sueño las imágenes no se corresponden, tendremos que efectuar algún tipo de ajuste, para vivir cómodamente dentro del mundo ordinario.
3. La verdad espiritual que tenemos a nuestra disposición suele mostrarse como si estuviera reflejada.

Refugio
1. Cualquier refugio indica protección. El ser humano es consciente de la necesidad de un espacio seguro, cuyos símbolos aparecen en los sueños con bastante intensidad. Las imágenes pueden ser muy distintas, desde una concha de caracol a un paraguas. Normalmente, los sueños sobre refugios destacan nuestras necesidades o inseguridades.
2. La otra imagen de un refugio es el impulso de protección, es decir, una participación más activa para proporcionar un abrigo o santuario. Si damos cobijo a alguien en sueños, quizá estemos protegiendo a una parte de nosotros mismos de daño o dificultades. Si otros nos alojan, advertimos que existe un poder protector en nuestra vida.
3. Desde un punto de vista espiritual, un refugio sugiere un santuario: un espacio donde no recibiremos ningún daño y podremos ser nosotros mismos.

Regalo
Véase también *paquete* y *presente*
1. Recibir un regalo en sueños supone reconocer nuestro talento y capacidad. Según las circunstancias, admitimos lo que recibimos de otros. Nos quieren y aprecian y, además, obtenemos ventajas de la relación. Si damos un regalo, advertimos que poseemos características que podemos ofrecer a los demás. Un montón de regalos en un sueño pueden representar dones y capacidades que aún no se han reconocido. Si proporcionan alguna indicación de tiempo, por ejemplo, si se trata de regalos de cumpleaños, podemos esperar algún logro hacia esa época.
2. Todos nosotros disponemos de un cúmulo de conocimientos inconscientes, que de cuando en cuando se pone a nuestra disposición y puede aparecer en sueños con la imagen de un regalo.
3. En sentido espiritual, soñar con un regalo quizá nos dirija hacia nuestro don creativo, del que quizá no hayamos sido conscientes hasta ahora.

Reina
Véase *personas*

Relámpago
Véase también *tormenta* y *trueno*
1. En un sueño, un relámpago indica cambios inesperados que se producen o están a punto de producirse. Quizá aparezcan debido a algún descubrimiento o revelación. A menudo, tal descubrimiento es causa de que se derriben las estructuras que hemos construido como protección en nuestra vida. Por otro lado, quizá tengamos que introducir algún cambio en nuestro modo de pensar, dejando nuestra estructura cotidiana y nuestras

relaciones en el lugar que estaban. Los relámpagos también pueden indicar una pasión ardiente, como amor, que quizá golpee de improviso y tenga efectos devastadores.
2. Cuando soñamos con relámpagos, advertimos algún modo de descargar la tensión. Tal vez exista una situación en nuestra vida cotidiana que sea preciso dinamitar, para que ocurra algo que cambie las circunstancias. Esto podría parecer una acción destructiva por nuestra parte, pero es necesaria, sin embargo. Si tenemos en cuenta todos los hechos conocidos, nuestra intuición nos advertirá de la acción correcta.
3. Espiritualmente, un relámpago muestra alguna forma de iluminación espiritual. Quizá se trate del descubrimiento súbito de una verdad personal o una toma de conciencia de algo más universal; algo que no se nos ha ocurrido antes. En sueños, un relámpago también puede representar al Espíritu Santo.

Relleno
Véase también *empaquetar* y *paquete*
1. En sueños, la necesidad de sentirnos seguros puede destacarse más de lo que consentimos en la vida cotidiana. Como el relleno puede ser un material de protección, quizá debamos darnos cuenta de que deberíamos actuar para protegernos, más que para defendernos.
2. A veces, los cambios corporales pueden reflejarse en las imágenes que creamos durante los sueños. Un relleno puede representar el temor a volvernos gordos o feos.
3. En términos espirituales y psíquicos, el relleno sugiere seguridad. La imagen surge cuando buscamos aquélla.

Reloj
Véase también *reloj de arena* y *tiempo*

1. Cuando un reloj aparece en sueños, en buena parte se nos alerta sobre el paso del tiempo. Quizá nos haga falta prestar más atención a nuestra impresión del tiempo o del deber, o tengamos que reconocer que existe una sensación de prisa en lo que hacemos.
2. En un sueño, las manecillas del reloj podrían indicar los números que son importantes para nosotros. Cuando un despertador suena, se nos avisa del peligro.
3. El descubrimiento de la edad y el tiempo se simboliza mediante un reloj.

Reloj de arena
Véase también *reloj*
1. En sueños, el tiempo es irrelevante. Percibir algo que delimita el tiempo suele servir para advertirnos de que es necesario medir nuestras actividades. Cuando un símbolo así es arcaico, como ocurre con un reloj de arena, nuestra percepción del tiempo quizá sea anticuada. Debemos emplear métodos más precisos y diferentes para medir nuestros actos.
2. Cuando nos sentimos tensos, podemos ser exageradamente conscientes de que se acaba el tiempo, de que éste puede convertirse en enemigo. Esta actitud quizá se simbolice mediante un reloj de arena.
3. El reloj de arena solía interpretarse como imagen de la muerte. Más exactamente, representa el paso de la vida.

Remo
1. El remo es un instrumento que permite a un barco avanzar, pero cuyo empleo requiere cierta destreza. Por tanto, representa el conjunto de nuestras aptitudes. Tenemos ciertas habilidades que nos ayudan a *navegar* en la vida.
2. Perder un remo indica la pérdida de una capacidad que anteriormente valorábamos.

3. Un remo puede sugerir un instrumento espiritual, debido a su capacidad para guiar, aunque al final somos nosotros quienes controlamos la dirección que sigamos.

Remolino y torbellino
1. Estas dos imágenes evocan el vórtice, una representación de vida y energía natural. Normalmente, en ambas existen energías en conflicto y, cuando aparecen en sueños, nos permiten advertir el poder que tenemos dentro. El remolino suele representar energía emocional, mientras que el torbellino sugiere capacidad intelectual.
2. Intelectualmente, quizá sepamos que controlamos nuestra vida, pero nos encontramos atrapados en un ciclón incesante de actividad que parece improductiva. Ahora bien, esta actividad contiene una cantidad de energía enorme.
3. Ante nosotros existe un torbellino de creatividad. Debemos dejarnos llevar y aprovecharlo al máximo.

Renacuajo
Véase también *rana*
1. Soñar con renacuajos se asocia con la conciencia de la sencillez de la vida. Advertimos que existe crecimiento, pero quizá no se haya alcanzado la plena madurez, por nuestra parte o la de otros.
2. En el sueño de una mujer, los renacuajos pueden representar o bien el deseo, o bien la capacidad de quedarse embarazada.
3. Espiritualmente, un renacuajo representa el germen de la vida.

Reno
Véase *ciervo* en *animales*

Renta
Véase también *dinero* e *inquilino*

1. En sueños, pagar una renta supone asumir una responsabilidad personal. Estamos dispuestos a cuidar de nosotros mismos y a responsabilizarnos de quiénes somos. Recibir una renta sugiere que nos hemos embarcado en una transacción que nos beneficiará.
2. A veces, llega alguna ocasión en que, si deseamos aprovechar al máximo nuestras posibilidades, debemos encontrar un espacio propio. Pagar una renta nos permite hacerlo. En sueños, puede verse como un acto de independencia.
3. A menudo, en términos espirituales, debemos aprender de nuevo a manejar dinero y valores. La imagen de pagar una renta contribuye a centrar este concepto.

Reptiles
Véase también *animales*
1. En sueños, los reptiles se relacionan con nuestras reacciones y respuestas primitivas e instintivas. Cuando existe un impulso básico como la necesidad de alimento, sexo, etcétera, a veces no podemos enfrentarnos directamente a él, sino que lo simbolizamos mediante un reptil.
2. Cuando es preciso entender por qué hacemos las cosas, primero necesitamos controlar nuestros impulsos básicos. Muchos sueños sobre reptiles se relacionan con controlar y dirigir. Dominar a un cocodrilo sugeriría algún temor a una naturaleza agresiva. Dar de comer a un lagarto o acariciar una serpiente son sueños fáciles de interpretar.
3. Al comprender los impulsos básicos y el modo de dominarlos, podemos crear unos cimientos firmes. A partir de ahí, podemos avanzar espiritualmente.

Rescate
1. La imagen de que alguien nos rescata en sueños es muy poderosa, ya que nos deja en deuda con nuestro salvador. Res-

Check Out Receipt

RCLS - Valle Vista Library
951-927-2611
www.rivlib.net

Friday, February 24, 2017 11:20:49 AM

Item: 0000139160253
Title: Gran enciclopedia de los sueños : diccionario de la A a la Z : conócete a ti mismo a través de 10,000 interpretaciones
Due: 03/10/2017

Total items: 1

Thank You!

Call to Renew
1-888-388-0664

catar a otra persona suele sugerir que deseamos establecer una relación con ella. El caballero que libera a la doncella implica la idea del ser femenino intacto, salvado de su propia pasión.
2. Cuando en sueños hemos puesto a otros en peligro, se nos exige rescatarlos. Así, somos capaces de mostrar cierta nobleza y valor, que engendra un sentimiento de bienestar y nos concede poder.
3. El rescate espiritual se acepta generalmente como la liberación de *almas perdidas,* tanto si están a este lado del telón, como si no.

Resignarse
1. En sueños, resignarse implica una renunciación.
2. La resignación es un estado mental que aparece cuando tenemos que enfrentarnos a dificultades en la vida. Es como si llegáramos a un punto en el que ya no podemos esforzarnos más. Lo cierto es que tal vez sea mejor no hacerlo, sino resignarnos a lo que pueda ocurrir. En sueños, se reconoce esta actitud cuando no queremos seguir adelante.
3. La resignación espiritual supone ceder ante lo inevitable. Ya no tenemos necesidad ni deseo de seguir luchando.

Respiración
1. Advertir la propia respiración en un sueño indica una profunda relación con el proceso de la vida. Notar que otra persona está respirando indica la necesidad de empatía y entendimiento con ella.
2. Con mucha frecuencia, nuestro estado emocional afecta al ritmo de la respiración, lo que en sueños se traduce en crisis de angustia, por ejemplo. Respirar bajo el agua es un regreso instintivo al estado intrauterino.

3. El alma. El aliento es el poder del espíritu y la energía vivificadora; sin él, no somos nada.

Restaurante
Véase también *bar*
1. Soñar con un restaurante o una cafetería sugiere la necesidad de estar acompañados. Quizá tengamos miedo de estar solos, pero también de permitir a alguien que penetre en exceso en nuestro espacio personal. Un espacio público permite el contacto, aunque se puede mantener la intimidad.
2. Cualquier sitio asociado con la comida se relaciona con nuestra necesidad de sustento emocional. Comer en un local público provoca una reacción: se cubren nuestras necesidades sociales. Quizá seamos conscientes de que nos hace falta alguna *relación* con el local en que comemos, además de con la persona que nos acompaña.
3. Espiritualmente, un restaurante simboliza la necesidad de pertenecer a un grupo de personas que tienen los mismos hábitos y, tal vez, diversas creencias.

Retrete
1. Para muchas personas, hasta hace poco tiempo, el retrete era símbolo de suciedad y falta de aprecio. También se establecía la asociación inevitable con la sexualidad. Hoy en día, el simbolismo se relaciona más bien con ideas de intimidad, así como la capacidad de alcanzar un estado en que podamos liberar nuestros sentimientos en privado.
2. Si algo falla con el inodoro, el sueño podría sugerir que estamos bloqueados emocionalmente. Entrar en un retrete desconocido indica que nos encontramos en una posición en la que no sabemos cuál será el resultado de cierta situación. Limpiar un retrete sucio tal vez muestre que perdemos nuestra actitud mojigata.

3. Desde un punto de vista espiritual, un retrete sugiere que disponemos de medios para limpiar y eliminar lo negativo.

Retroceder
1. Soñar que retrocedemos indica que quizá nos estemos apartando de una situación o seamos lentos en aprender de ella. Tal vez nos haga falta reconocer que continuar en ciertas circunstancias detendrá nuestro progreso.
2. Mentalmente, no empleamos nuestras mejores facultades. Cuando miró hacia atrás, la mujer de Lot se convirtió en estatua de sal. Volver la vista al pasado puede ser perjudicial.
3. Las tendencias regresivas pueden hacernos retroceder hacia formas de conducta anteriores. El soñador debería fijarse en lo que ocurre en su vida durante este periodo y determinar las razones del retroceso.

Revolver
1. Cuando un líquido se agita, revuelve o borbotea de algún modo, el sueño nos retrotrae a una sensación de caos (falta de orden) muy primitiva. Indica que quizá nos haga falta evaluar de nuevo nuestras aptitudes creativas, para aprovechar la energía de la que disponemos.
2. Muchas veces, nos hace falta advertir que existe un caos profundamente arraigado en nosotros, con objeto de apreciar nuestra capacidad para el orden.
3. El caos acabará por ceder ante el orden. Antiguamente, se creía que la forma surgió de la agitación del caos.

Rey
Véase *personas*

Rezar
Véase también *imágenes religiosas*
1. Rezar en sueños sugiere la idea de que debemos buscar ayuda exterior. Quizá necesitemos la autoridad de alguien para alcanzar el éxito en lo que hacemos.
2. Psicológicamente, el ser humano siempre ha necesitado sentir que tiene acceso a un poder superior a él. Rezar en sueños refuerza esta idea, ya que el soñador debe utilizar su sensación interior de sí mismo para acceder al poder superior.
3. La súplica y la adoración son dos aspectos del rezo.

Riendas
Véase también *arnés, bridas y ronzal*
1. En sueños, las riendas, como forma de contención, indican la necesidad de controlar el poder y la energía de que disponemos.
2. Psicológicamente, unas riendas sugieren alguna forma de inhibición, ya sea nuestra o de otros. Ver cómo se rompen significa liberarnos de alguna coerción que sentíamos durante nuestro crecimiento.
3. Las riendas indican control inteligente y voluntad.

Rigidez
1. En sueños, la rigidez sugeriría que existe cierta ansiedad o tensión. La contención de la energía está causando la rigidez.
2. Ser estirado con alguien supone ser reservado y distante, quizá debido a la timidez, pero probablemente a causa de cierta irritación. Una imagen rígida podría indicar una actitud juzgadora.
3. En ciertas etapas del desarrollo espiritual, la disciplina puede aparecer como rigidez.

Riña
Véase también *pelea*
1. Soñar que reñimos con alguien indica un conflicto interior. Si un hombre riñe con una mujer, o viceversa, existen discrepancias entre impulso e intuición. Si

disputamos con la autoridad, por ejemplo, con la policía, podría tratarse de un conflicto entre bien y mal.
2. Según los demás aspectos del sueño, una riña puede sugerir que lo que nos han enseñado y lo que creemos se encuentran en oposición. A menudo, un conflicto así sólo puede resolverse mediante un arrebato emocional.
3. Un conflicto espiritual, o un conflicto entre nuestro ser espiritual y el físico, puede aparecer en sueños como una riña.

Riñones
Véase *cuerpo*

Río
Véase *agua*

Riqueza
Véase también *dinero*
1. La imagen de que somos ricos supone soñar que poseemos en abundancia todo lo que nos hace falta. Quizá hayamos atravesado un periodo en el que hemos invertido mucho esfuerzo; soñar que disponemos de grandes riquezas indica que hemos logrado lo que nos proponíamos hacer.
2. La riqueza y la posición social suelen ir acompañadas, por lo que a menudo, cuando tenemos problemas sobre nuestra posición en la vida, soñamos con la abundancia. Muchas veces, el sueño también puede indicar los recursos que poseemos o que pertenecen a otros, pero que podemos utilizar. Tenemos la capacidad de aprovechar nuestras experiencias o sentimientos, así como de alcanzar muchos logros dentro del marco de nuestra vida.
3. Se puede ganar gran riqueza espiritual; el sueño indica que esto entra dentro de las posibilidades del soñador.

Risa
1. Un sueño en el que se ríen de nosotros sugiere miedo de que nos hagan burla o de haber hecho algo que no nos parece apropiado. Quizá nos sintamos avergonzados. También puede entenderse la risa como señal de rechazo.
2. Si nosotros nos reímos, tal vez experimentemos una liberación de tensión. Con frecuencia, el objeto de nuestra diversión nos dará una idea de la relevancia del sueño en la vida cotidiana. Oír cómo ríe una multitud sugiere un disfrute compartido.
3. En sentido espiritual, la risa significa alegría pura.

Ritmo
Véase *música*

Ritual
Véase también *ceremonia* e *imágenes religiosas*
1. Los rituales pueden variar desde lo sublime a lo ridículo. Se trata de acciones repetidas una y otra vez, con objeto de alcanzar ciertos resultados.
2. Las actividades repetidas, como levantarnos por la mañana, puesto que se trata de hábitos, tan sólo tienen el propósito de que nos centremos. Los ritos religiosos han adquirido vida propia y contribuyen a concentrar el poder de la multitud. Los rituales mágicos se han convertido en centros de poder por sí mismos.
3. Espiritualmente, somos capaces de centrar nuestras energías de tal modo que podemos contribuir al bien común.

Robar
Véase también *ladrón*
1. Soñar que robamos sugiere que nos apoderamos de algo sin permiso; podría tratarse de amor, dinero u oportunidades. Si alguien nos roba, quizá nos sin-

tamos estafados. Si el ladrón es alguien conocido, debemos reflexionar sobre cuánto confiamos en esa persona. En caso de que sea un desconocido, probablemente se tratará de una parte de nosotros en la que no confiamos. Si formamos parte de una banda de ladrones, deberíamos examinar y considerar la moralidad del grupo al que pertenecemos.

2. Robar es una palabra muy emotiva; lo que el soñador sienta sobre la conducta inadecuada dependerá de su formación. La imagen también surge cuando se tratan las emociones. Por ejemplo, una persona *necesitada* quizá crea que le roban el afecto.

3. Espiritualmente, robar supone emplear energía de modo inadecuado. En cada grado de consciencia, tenemos cierto poder a nuestra disposición que debe emplearse con sabiduría y acierto. Por ejemplo, la magia negra podría interpretarse como robo. El *vampirismo* psíquico es otra forma de robar.

Roble
Véase *árbol*

Roca
Véase también *piedra*

1. Soñar con roca sugiere estabilidad en el mundo real. Si estamos en terreno firme, podemos sobrevivir. Quizá también nos demos cuenta de que debemos permanecer «como una roca» y no dejarnos disuadir de nuestro propósito. Las rocas en la costa pueden recordarnos épocas más felices y sin preocupaciones.

2. Por lo que se refiere al intelecto, prevalecen todas las imágenes en las que uno piensa cuando se trata de rocas. Existe fiabilidad, frialdad, rigidez, etcétera. Debemos reconocer estas cualidades en nosotros, para desenvolvernos adecuadamente. En sueños, podemos encontrarnos en una situación difícil, «entre la espada y la pared».

3. Espiritualmente, en algún momento tendremos que atravesar una barrera, desde la dificultad hasta el santuario. Suele presentarse en forma de barrera rocosa. Si tenemos que pasar entre dos rocas, la imagen sugiere lo mismo que el paso entre dos columnas, es decir, la transición desde un estado al siguiente.

Rocío

1. En un sueño, el rocío o una lluvia suave puede representar una sensación de novedad y frescura que quizá no hayamos sido capaces de obtener, excepto de una fuente exterior.

2. Quizá debamos aceptar que una emoción delicada puede limpiarnos de lo que nos causa problemas.

3. El rocío simboliza renovación espiritual y bendición.

Rodilla
Véase *cuerpo*

Rojo
Véase *colores*

Rollo de papel
Véase también *papel*

1. Hoy en día, un rollo de papel o pergamino representa el reconocimiento de un aprendizaje; por ejemplo, si se entrega a estudiantes que se licencian. La interpretación exacta dependerá de las circunstancias. Damos nuestra aprobación, o bien a nuestros conocimientos, o bien a la información que nos ha llegado, para que podamos mejorar nuestra vida.

2. Un rollo manuscrito puede representar conocimientos ocultos, así como el paso del tiempo. De este modo, en determinadas circunstancias, soñar con un

rollo significa que debemos esperar, hasta que los conocimientos que hayamos alcanzado puedan emplearse en el momento oportuno.
3. Un rollo de papel o pergamino puede simbolizar la letra de la ley y el respeto que merece. Si nos entregan uno, se nos considera lo suficientemente responsables para emplear la información que hemos obtenido.

Romper

1. Soñar que algo se rompe simboliza pérdida o deterioro. Si un objeto favorito se rompe, debemos cambiar y romper con el pasado. Si un brazo o pierna se rompe, quizá se nos impida avanzar o llevar a cabo cierta acción.
2. Cuando el soñador rompe algo en sueños, debe dar los pasos adecuados para romper un lazo o conexión en su vida.
3. Idealismo, esperanza y fe que se tambalean.

Ronzal

Véase también *arnés, bridas, guiar* y *riendas*

1. En circunstancias normales, el ronzal o cabestro controla la cabeza. Soñamos con frenar el intelecto, en lugar de permitir que la energía creativa fluya libremente. No nos consentimos la libertad de crear todo lo que nuestras aptitudes nos permiten. Un ronzal suele representar alguna forma de restricción, aunque ésta podría ser aceptable.
2. Cuando nos movemos hacia nuevas áreas de crecimiento, a veces nos hace falta que nos muestren el camino. Un ronzal es símbolo de que nos dejamos guiar hacia una creatividad nueva. Es como si nos movieran la cabeza para mostrarnos lo que nos hace falta ver.
3. Quizá experimentemos también alguna forma de contención espiritual. De ser así, deberíamos dedicar tiempo a examinar lo que más deseamos, desde un punto de vista espiritual.

Ropa

1. La ropa que llevamos en un sueño puede ilustrar a menudo la fachada o máscara que creamos para otras personas. Adoptamos ciertos papeles como respuesta a la reacción de los demás. La ropa que llevan otras personas del sueño también pueden disponer el escenario para representar algunos de los encuentros que tienen lugar.
2. Con frecuencia, la ropa puede actuar como protección, para que no nos toquen. Quizá esta defensa sirva también para que no invadan nuestro verdadero yo. La ropa puede esconder o descubrir. Al tapar la desnudez, esconde lo que percibimos como imperfecto y, al mismo tiempo, disfraza nuestra sexualidad. Cuando descubrimos alguna parte de nosotros, los sueños pueden mostrar de qué forma somos vulnerables.

Desnudarse (véase también la entrada correspondiente) puede sugerir que abandonamos viejas creencias e inhibiciones. Perder la ropa o verse desnudo refleja vulnerabilidad y temores. En un sueño, quizá aparezcamos vestidos de forma inapropiada, es decir, llevemos ropa elegante en una ocasión formal o al revés. Cuando nos encontramos en tal situación, somos conscientes de nuestras dificultades para *encajar* con otras personas. Según la escena del sueño, nos sentiremos sorprendidos o disgustados; a menudo, la emoción que experimentamos nos dará la interpretación correcta. Quizá no nos adaptemos, deliberadamente, a la percepción que los demás tienen de nosotros, o bien intentemos adaptarnos en exceso al adoptar cierto papel.

A menudo, el color de la ropa es significativo (véase *colores*).

Cuando en un sueño alguien lleva ropa que no le pertenece, existe cierta confusión en la mente del soñador sobre qué actitudes son apropiadas para cada persona. Si un hombre va vestido de mujer, el soñador debe ser más consciente de su lado femenino. Si una mujer lleva uniforme, se destaca la necesidad de prestar más atención al lado más disciplinado y masculino de su personalidad.

Cambiarse de ropa indica que intentamos cambiar nuestra imagen. Las prendas pequeñas sugieren que quizá hayamos pasado la etapa de anteriores placeres y nos haga falta buscar diversión en otro lugar. La ropa bonita supone que tenemos mucho que apreciar en nuestra vida. Cuando en el sueño aparece ropa que pertenece a cierta persona, la recordamos, incluso aunque seamos conscientes de que quizá no pueda estar con nosotros.

Se atribuyen ciertos significados simbólicos a diversas prendas de vestir:

Abrigo, chal o capa: un abrigo o chal puede sugerir calidez y amor, así como protección. Ésta quizá sea física o emocional o bien, sobre todo si se trata de una capa, la protección espiritual de la fe. Un abrigo de lana de cordero podría insistir en este significado (véase también *oveja* en *animales*). El temor a perder el abrigo tal vez sugiera miedo a perder fe y creencias. Si el abrigo es demasiado corto o no lo bastante grueso, quizá tengamos miedo de que nuestro amor o la protección que tenemos no sean adecuados a nuestras necesidades.

Camisa: una camisa puede sugerir una acción adecuada.

Corbata: una corbata puede tener distintos significados en los sueños. Para algunos, quizá represente corrección y buena conducta; para otros, seguramente debido a su forma, significa el falo.

Guantes (véase también la entrada correspondiente): el significado de los guantes es ambivalente. Quizá representen que nos cubrimos y protegemos, pero también que «alzamos la mano» y desafiamos el orden establecido.

Impermeable: esta prenda, una vez más, simboliza protección, pero aquí contra un asalto emocional de otras personas. En algunas ocasiones, quizá sugiera algún deseo de volver al estado intrauterino.

Pijama, camisón: la ropa de noche sugiere relajación y, por tanto, franqueza.

Ropa interior: cuando soñamos con ropa interior, nuestra o ajena, consideramos actitudes ocultas sobre la imagen propia y la sexualidad.

Sombrero, gorro (véase también *gorro*): un sombrero es símbolo de sabiduría e intelecto, así como protección. También puede significar espiritualidad o sexualidad, según las demás circunstancias del sueño.

Velo (véase también la entrada correspondiente): cuando llevamos un velo o lo llevan otras personas, a menudo intentamos ocultar algo a los demás; asimismo, quizá sólo aceptemos parcialmente conocimientos sobre nosotros mismos o nuestra relación con los demás.

Zapatos: el calzado significa nuestra capacidad, o la falta de ella, de pisar terreno firme y estar en contacto con la vida cotidiana. Reconocer que unos zapatos, nuestros o ajenos, son extraños nos advierte de que es preciso hacer algún ajuste en nuestra actitud hacia la vida. Atarse los zapatos en un sueño se considera un símbolo corriente de la muerte, así como ver zapatos sobre una mesa.

3. La ropa puede sugerir perfección espiritual. Por ejemplo, ciertas prendas destacarán funciones y posición social.

Rosa
Véase también *flores* y *ramo de flores*
1. En sueños, la rosa tiene gran simbolismo. Representa amor y admiración, así como fertilidad y virginidad. En un ramo, el número de rosas y el color pueden ser significativos (véase *colores* y *números*).
2. Como símbolo psicológico, la rosa representa perfección. Contiene en sí el misterio de la vida, su gracia y felicidad. También sugiere el ciclo de la vida, a través de su propio crecer y marchitarse.
3. Espiritualmente, la rosa tiene significados ambivalentes. Indica perfección y pasión, vida y muerte, tiempo y eternidad. Asimismo, representa el centro de la vida.

Rosario
1. Cuando soñamos con las cuentas de un rosario, establecemos una relación con la continuidad. Un sueño en que se rompen las cuentas indica el fracaso de un proyecto favorito.
2. Psicológicamente, buscamos la perfección. Las cuentas se emplean en muchas religiones para contar las oraciones, cuyas repeticiones se señalan para asegurarse de que se dice el número correcto.
3. En los rosarios, se utilizan cuentas de piedras semipreciosas como recordatorios espirituales.

Roto
Véase *romper*

Rueca
Véase también *hilar* y *tejer*
1. Este símbolo se habrá reemplazado en los sueños por imágenes modernas y tecnológicas, pero suele representar los atributos femeninos, así como el paso del tiempo.
2. La mayoría de los símbolos asociados con las acciones de hilar y tejer se relacionan con la creación de un modelo intuitivo en nuestra vida.
3. La rueca siempre ha representado al tiempo, la creación y el destino.

Rueda
Véase también *círculo* en *formas*
1. En un sueño, una rueda indica la capacidad y la necesidad de cambiar, de avanzar hacia el futuro sin que nos aparten del camino.
2. Perder una rueda de un vehículo supone quedarse sin motivación o dirección, perder el equilibrio. Una rueda grande, como una noria de un parque de atracciones, sugiere la conciencia de las subidas y bajadas de la vida.
3. La rueda de la vida y cómo vemos que encajamos en ella.

Ruinas
1. Cuando algo está en ruinas, tenemos que descubrir si ha sufrido descuido o maltrato. En el primer caso, la sugerencia es que debemos volver a unir las cosas. En el segundo, nos hace falta examinar cómo nos volvemos vulnerables por nuestra causa.
2. Si deterioramos algo deliberadamente, debemos aclarar, en nuestro interior, un elemento destructivo hacia nosotros mismos. A veces, examinar el simbolismo de lo que ha arruinado un objeto o una ocasión nos proporciona algún descubrimiento sobre nuestros procesos interiores.
3. En algunas ocasiones, es vital que exista un elemento destructivo en nosotros, para poder reconstruir parte de nuestra vida sobre una base más firme.

S

desde *sabiduría* hasta *susurrar*

Sabiduría

1. La sabiduría se desarrolla, a lo que puede contribuir la aptitud para interpretar nuestros sueños y los ajenos. Soñar que somos sabios indica las posibilidades que tenemos para encaminar nuestra vida con acierto y relacionarnos profundamente con otras personas.
2. Cualquier imagen de sabiduría que aparezca en sueños suele referirse al *sí mismo* (véase la introducción de este libro y *personas*).
3. La confirmación de la integridad espiritual del soñador se representa mediante la presencia de la sabiduría en sueños. Con frecuencia, aparece en forma de anciano sabio (véase la introducción).

Sacerdote, sacerdotisa
Véase *arquetipos, personas* y *párroco*

Saco
Véase también *bolsa* y *tela de saco*

1. La interpretación más sencilla de un sueño en que aparece un saco podría ser un juego de palabras, por ejemplo, *saquear*. Un periodo de nuestra vida se termina, seguramente de modo negativo.
2. El saco tiene el mismo significado que la bolsa o un recipiente parecido. Por tanto, en el sueño de una mujer, puede representar el embarazo; en cambio, en el sueño de un hombre, es más probable que signifique algún tipo de experiencia en el útero (véase *útero* en *cuerpo*). Como símbolo de seguridad, el útero suele presentarse en sueños con forma de bolsa o saco. Muchas veces, el saco, como objeto práctico, tiene el significado de contener algo para nosotros, de darnos la oportunidad de considerar nuestras pertenencias. Podríamos volcarlo y decidir lo que nos importa y lo que debemos llevarnos para seguir adelante.
3. En su significado más puro, el saco puede indicar la muerte. Quizá signifi-

que la muerte de una persona o, en sentido figurado, la liberación de una parte de nuestra personalidad. Debemos librarnos de un problema, para avanzar dentro de la estructura de nuestra vida.

Sacrificio

1. El sacrificio tiene dos significados: el primero, renunciar a algo, y el segundo, convertir algo en santo o sagrado. Por tanto, cuando estas dos cosas son posibles en la escena de un sueño, el soñador está preparado para renunciar a su ego o individualidad por algo superior o más importante que él mismo. Con frecuencia, un sacrificio se lleva a cabo a causa de creencias sostenidas apasionadamente, que suelen ser de origen religioso.

2. Al hacer sacrificios, suele existir la expectativa de una recompensa justa, normalmente espiritual. Quizá exista un elemento de compensación pospuesta, ya que no esperamos una recompensa inmediata, excepto la de sentirnos bien o saber que hemos hecho lo que debíamos. Asimismo, siempre aparece un elemento de renuncia a la conducta egoísta, que ya no es adecuada, para seguir la corriente de la vida. Sacrificar un animal sugiere que advertimos cómo nuestros instintos más básicos y bajos pueden abandonarse, para aspirar al poder espiritual. Debemos estar preparados para reconocer nuestra condición humana, pero desprendernos también de la complacencia. Tal vez exista un altar para el sacrificio, o bien éste suponga matar y cocinar al animal siguiendo cierto ritual. Si el animal está dispuesto al sacrificio, estamos dispuestos a transformar el instinto en energía espiritual. Si se trata de una liebre o un conejo, el sueño simboliza la resurrección.

3. El sacrificio es un aspecto importante del crecimiento espiritual. Significa la renuncia a lo menor por la recompensa de lo superior.

Sadismo
Véase también *sexo* y *víctima*

1. El sadismo suele surgir debido a la ira que aún se conserva, aunque suprimida, desde la infancia. Es el deseo de herir o provocar una reacción, a menudo en alguien a quien queremos. Durante la vigilia, la mayoría de nosotros no somos capaces de ser sádicos, pero en sueños podemos hacer lo que queramos, de modo que el sadismo se convierte en aceptable.

2. Evidentemente, la interpretación del sueño dependerá de si somos sádicos con otros u otras personas se comportan sádicamente con nosotros. Sabemos que, en los sueños, los demás pueden representar partes de nosotros mismos, de modo que debemos considerar si nos estamos haciendo daño deliberadamente o sin darnos cuenta. Quizá sintamos que deseamos castigarnos por alguna mala acción y, como desplazamiento, soñamos con comportamiento sádico. El hecho de que sea sádico quizá signifique también que es masoquista; uno podría implicar lo otro.

3. El castigo puede ser la otra cara de la compasión, si no tenemos la motivación correcta: «es por tu propio bien».

Sal

1. En sueños, la sal destaca las cualidades sutiles que aportamos a la vida, lo que hacemos para intensificar nuestro modo de vivir. Se ha sugerido que, si se eliminara el agua del cuerpo humano, los minerales y sales bastarían para cubrir una moneda. Centramos la mayor parte de la vida en las emociones, pero los aspectos sutiles son igualmente importantes.

2. Como símbolo de estabilidad e incorruptibilidad, la sal es importante en los sueños. Así como en el pasado la sal se pagaba como salario, hoy día, si nos la dan, representa nuestro valor. Existen muchas costumbres asociadas a la sal. Se arroja por encima del hombro, supuestamente a la cara del demonio. En Escocia, además de carbón y pan, es la primera sustancia que cruza el umbral para acoger al año nuevo.
3. Como destilación de todo lo que conocemos, la sal representa sabiduría.

Saliva
1. Normalmente, la saliva en sueños refleja desagrado. Antiguamente, se utilizaba la expresión *escupir veneno*, que supone una imagen muy básica de cómo reacciona un animal herido o amenazado.
2. Desde un punto de vista más positivo, la saliva puede indicar una señal de buena fe. En algunas culturas, la gente todavía escupe en las manos cuando llega a un trato. Existe un lazo de unión expresado por el intercambio de líquidos corporales.
3. Desde los tiempos bíblicos, la saliva se ha considerado un líquido curativo. Se creía que resultaba eficaz para contrarrestar las maldiciones, especialmente el mal de ojo. Espiritualmente, tal vez simbolice el flujo de energía entre sanador y paciente.

Salmón
1. El salmón, que significa abundancia y masculinidad, es fálico. Debido a su lucha para reproducirse, nadando río arriba, también puede simbolizar el esperma. A menudo, un salmón puede aparecer en el sueño de una mujer, como representación de su deseo de embarazo.
2. Junto con los demás peces que aparecen en sueños, el salmón significa nuestros impulsos básicos, sobre todo el instinto de supervivencia. Si somos capaces de esforzarnos, obtenemos la recompensa de nuestros actos.
3. En la mitología, el salmón representa el conocimiento de otros mundos (las tierras bajo el mar) y de lo que trasciende lo mundano. Esto se refiere, sobre todo, al subconsciente.

Salpicar
1. El gesto de salpicar, en sueños, sugiere un intento de que algo pequeño sirva para mucho. Quizá tengamos que aprovechar al máximo una situación en que nos encontramos, esforzándonos un poco en muchas cosas.
2. Salpicar sugiere el simbolismo del embarazo, de concepción y gestación. Psicológicamente, debemos establecer una conexión con nuestro lado creativo, para actuar correctamente como seres humanos; a menudo, podemos hacerlo mediante sueños sobre salpicaduras.
3. Espiritualmente, advertimos aptitudes y conceptos básicos. En algunas culturas, se rocía el suelo de semen, para propiciar a la diosa madre y asegurar una buena cosecha. En rituales mágicos de protección, se esparcen hierbas y sal.

Saltamontes
1. El saltamontes es símbolo de libertad e inconstancia. En sueños, indica a menudo una tentativa de libertad.
2. El saltamontes ilustra la incapacidad de centrarse en nada.
3. En la historia china, el saltamontes suele asociarse con el entendimiento. Por tanto, representa cierta forma de libertad espiritual.

Saltar
1. La acción de saltar puede ser más bien ambigua en un sueño. Puede indicar o

bien que saltamos hacia arriba, es decir, que intentamos obtener algo mejor para nosotros, o bien que saltamos hacia abajo, lo que tal vez significase descender al inconsciente y a las partes de nosotros mismos donde quizá nos sintamos en peligro. Saltar en el mismo sitio muestra probablemente alegría y tiene el mismo simbolismo del baile (véase *bailar*).
2. En un sueño, cualquier movimiento reiterativo suele indicar la necesidad de reflexionar sobre nuestros actos, de examinar lo que hacemos y, quizá, de expresarnos de modo distinto. Desde un punto de vista psicológico, saltar arriba y abajo en un sueño podría sugerir que estamos atrapados en una situación, sin posibilidad de movernos hacia delante o hacia atrás.
3. En algunas religiones se llega al éxtasis espiritual a través de los saltos. Es un modo de emplear lo físico con objeto de alcanzar lo espiritual.

Salvaje
1. En sueños, algo salvaje siempre representa lo que no se ha domesticado. Dentro de nosotros, existe un lado que rechaza cualquier clase de control. Es la parte que necesita libertad y es creativa e independiente. Un animal salvaje representa el aspecto de nuestra personalidad que aún no acepta emplear el pensamiento racional.
2. Lo que crece libre y salvaje no se somete a las mismas restricciones que la sociedad nos impone normalmente, de modo que algo silvestre quizá signifique anarquía y falta de estabilidad. En su sentido más positivo, existe profusión y promesa en lo que estemos intentando hacer.
3. Ser o sentirse salvaje en un sueño suele sugerir falta de control espiritual.

Sangre
Véase también *cuerpo* y *menstruación*

1. Desde tiempos inmemoriales, la sangre representa un portador de la vida o una fuerza vital. Soñar con una escena violenta en la que corre la sangre indica alguna tendencia a la destrucción propia. Si tenemos que afrontar la sangre, debemos ser conscientes de nuestra fuerza; si estamos heridos y otra persona restaña la sangre, debemos examinar qué ayuda necesitamos para sobreponernos al daño.
2. En sueños, los abusos emocionales pueden traducirse en heridas sangrientas, infligidas por nosotros u otras personas.
3. La sangre que circula por el organismo puede simbolizar la fuerza renovadora.

Santo grial
1. El santo grial es una imagen tan básica (véase *arquetipos*) que puede aparecer en sueños como algo milagroso, que cumple nuestro deseo y nos permite avanzar hacia nuestro pleno potencial. A menudo, representa la obtención de un logro espiritual, pero también puede ilustrar la copa de la felicidad. El grial que aparece en sueños indicaría que podemos esperar alguna forma de satisfacción y cambio en nuestra vida.
2. Buscamos algo que en este momento nos parece inalcanzable pero que, al someternos a distintas pruebas, tal vez logremos obtener.
3. El Espíritu Santo.

Sapo
Véase *animales*

Sarcófago
Véase también *muerte* y *tumba*
1. Un sarcófago se parece a una tumba, pero es un monumento llamativo, que señala la importancia de la persona enterrada. Soñar con un mausoleo o un sarcófago supone reconocer la importancia

de la muerte y los ritos de paso asociados con ella.
2. Cuando llegamos a un cambio importante en nuestra vida, quizá queramos señalar el paso o la transición de algún modo. Necesitamos que otras personas reconozcan o aprecien nuestros esfuerzos. Un sarcófago indicaría que aún debemos tratar con un ego considerable.
3. Espiritualmente, la muerte indica un cambio de estado y de posición, que puede simbolizarse mediante un sarcófago.

Sartén
Véase *olla*

Sastre
1. Como ocurre con otras profesiones, quizá sea más importante decidir qué significado tiene el sastre para el soñador, antes de proponer una interpretación. Todo profesional desarrolla ciertos talentos y aptitudes; en este caso, la capacidad de llevar a cabo un trabajo preciso y de componer algo nuevo. Soñar con un sastre nos alerta sobre estas cualidades en nosotros mismos.
2. El papel que desempeña un personaje del sueño tiene relevancia en cuanto a cómo consideramos nuestra creatividad y talento. Soñar con un sastre quizá tenga sentido como juego de palabras si, por ejemplo, conocemos a alguien apellidado Sastre.
3. Capacidad creativa.

Satélite
1. Antes de que se inventaran los satélites artificiales, los astros se utilizaban como puntos fijos de comunicación. Hoy día, un satélite sugeriría contacto eficaz. Somos más conscientes, globalmente, del efecto que podemos ejercer sobre nuestro entorno y la gente que nos rodea.
2. Un satélite puede aparecer en sueños para indicar la dependencia que una persona puede tener de otra. A menudo, en las relaciones un compañero es más importante que el otro, por lo que cualquiera de los dos podría reconocer el símbolo del satélite.
3. Un satélite puede representar la comunicación espiritual desde una fuente incorpórea.

Sátiro
1. Cuando el hombre era menos civilizado que hoy, la naturaleza animal estaba más cercana a la superficie. Le era posible ver e identificar energía y carácter, tanto en sí mismo como en la naturaleza, que adoptaban entonces forma humana o semihumana. El sátiro es una de estas formas, un espíritu masculino relacionado con lo más bajo de la naturaleza. Si bien la mayor parte del tiempo, durante la vigilia, suprimimos tales figuras, en sueños, cuando no existe control consciente, aparecen a veces.
2. Desde un punto de vista psicológico, el sátiro es la parte de la naturaleza que escapa al control y a las restricciones. No debe obediencia a nadie y es completamente anárquico. Si se percibe como destructor, lo será; si como colaborador, será igualmente de ayuda.
3. El sátiro es un espíritu de la naturaleza y del poder natural.

Sauce
Véase *árbol*

Savia
1. La mayoría de la gente acepta que la savia fluye con más rapidez en primavera. En un sueño, esto quizá suponga que estamos dispuestos a emprender un trabajo nuevo o una relación distinta. Somos conscientes de nuestra vitalidad y fuer-

za y nos sentimos preparados para afrontar más retos.
2. La fuerza vital que empleamos puede percibirse a menudo como la savia de las plantas.

Secuestrar
1. Si en un sueño nos secuestran, somos conscientes de que nuestros miedos y dudas pueden convertirnos en víctimas. Nuestros propios *demonios* nos superan, ya que se han aliado contra nosotros y nos producen inseguridad.
2. En sueños, quizá nos veamos intentando secuestrar a otra persona, lo que indicaría, en la interpretación más sencilla, que tratamos de influir sobre alguien. Quizá también sugiera que intentamos absorber alguna cualidad de la otra persona que no está a nuestra disposición.
3. Tal vez aquí se simbolice algún tipo de robo psíquico. Desde un punto de vista más negativo, es posible que en el subconsciente del soñador exista algún elemento de vampirismo. Queda a cargo del soñador definir esta imagen.

Sed
1. Soñar que tenemos sed indica que sentimos una necesidad interior insatisfecha; quizá nuestras emociones estén abatidas y nos haga falta algo que nos impulse. Cualquier cosa que nos proporcione satisfacción emocional, ya sea a corto o largo plazo, bastaría.
2. Satisfacer la sed muestra que somos capaces de satisfacer nuestros deseos. Al estar preparados para asimilar lo que precisamos, podemos experimentar del mejor modo posible. Si en un sueño tenemos sed, debemos examinar cuidadosamente lo que se nos niega, o bien lo que nos negamos, en la vigilia.
3. La sed simboliza el ansia de conocimientos y descubrimientos espirituales. Quizá se trate de una sed inextinguible.

Seguir
1. Si en un sueño seguimos a alguien o algo, quizá nos haga falta una causa o cruzada para que nos ayude a obtener una sensación de identidad. Buscamos una guía o percibimos que otras personas pueden influir en nosotros. El sueño también indica que, sobre todo en una situación laboral, quizá nos sintamos más cómodos en una posición secundaria que en la vanguardia.
2. Cuando soñamos que nos siguen, debemos identificar si lo que viene detrás es negativo o positivo. En el primer caso, tenemos que abordar miedos, dudas o recuerdos del pasado. En el segundo, es preciso darnos cuenta de que debemos tomar la iniciativa o identificar lo que nos impulsa.
3. El soñador es consciente de la necesidad o el reconocimiento de la condición de discípulo en su vida.

Sello
1. En la época caballeresca, un sello de cera confirmaba la autoridad y el poder, además de resultar un símbolo de identidad. Hoy día, en sueños, es más probable que signifique legalidad o acción moralmente correcta. Soñar que poseemos un sello nos confiere la autoridad de responsabilizarnos de nuestros actos.
2. Cuando soñamos con documentos legales, fijarnos en el sello puede indicar que se ha alcanzado una conclusión vinculante y secreta. Romper un sello sugiere que quebrantamos una confidencia. También se ha sugerido que si un hombre rompe un sello en el sueño de una mujer, ésta perderá la virginidad.
3. Espiritualmente, un sello sugiere conocimientos ocultos. No todo el mun-

do puede acceder a la información esotérica y oculta; ésta sólo se confía a alguien que tenga el valor de romper el sello.

Selva

1. En sueños, la selva es una imagen que pertenece al misticismo y los cuentos de hadas. A menudo, puede representar el caos, que será positivo o negativo, según las demás circunstancias del sueño. Indica las irrupciones e impulsos de los sentimientos desde el subconsciente, quizá desde las áreas que podrían considerarse como salvajes. En los mitos, la selva simboliza un obstáculo o barrera que es preciso atravesar para alcanzar un nuevo estado. Con este significado, representa lo mismo que el bosque.
2. Verse atrapado en una selva indica que nos sujetan sentimientos negativos y aterradores, procedentes del inconsciente, que aún no hemos asimilado. Ser conscientes de que salimos de una selva indicaría que hemos atravesado y superado los aspectos de nuestra vida que nunca nos habíamos atrevido a afrontar. Psicológicamente, sin ordenar la información que recibimos, la mente puede convertirse en una selva. Debemos emplear la lógica para aplicar un orden, de modo que podamos comprender nuestro entorno y a nosotros mismos.
3. La selva puede simbolizar el caos espiritual, debido a su condición impredecible. Desde un punto de vista espiritual, para el soñador quizá el mundo exterior sea una selva.

Sembrar

Véase también *cosecha, recolección* **y** *semilla*

1. La siembra es un símbolo que lleva asociadas ciertas imágenes básicas. Puede sugerir el acto sexual, así como una buena administración. También puede representar el comienzo de un proyecto nuevo.
2. La imagen de disponer un plan para alcanzar algún logro está implícita en la acción de sembrar. Las actividades que deben llevarse a cabo, como preparar la tierra y labrar, proporcionan imágenes evocadoras, incluso en la actual sociedad tecnológica. Cuando este símbolo aparece en sueños, debemos examinar las circunstancias que nos rodean y decidir qué podemos obtener.
3. En sentido espiritual, sembrar sugiere crear el entorno adecuado para que se produzca el crecimiento. Es el acto creativo.

Semilla

Véase también *sembrar*

1. En sueños, una semilla representa nuestro potencial. Quizá tengamos una idea que sólo se encuentra en germen o un proyecto que necesita cuidados. En el sueño de una mujer, una semilla podría indicar embarazo.
2. Con frecuencia, en sueños una semilla sugiere la validez de algo que planeamos. Nos hace falta conocer las condiciones adecuadas para crecer y madurar.
3. Una semilla lleva consigo grandes posibilidades y poder latente. Éste es el símbolo relevante, desde un punto de vista espiritual.

Señalar

1. Cuando soñamos que alguien hace el gesto de señalar, normalmente nuestra atención se dirige a un objeto, sentimiento o lugar en particular. Debemos fijarnos tanto en quién apunta (véase *personas*) como en lo que indica. Quizá nos parezca que nosotros somos los señalados; a menudo, puede tratarse de un acto agresivo o una acusación, por lo que tal vez creamos que se nos acusa de alguna

mala acción y nos haga falta examinar la validez de nuestra conducta.
2. Señalar en un sueño, sobre todo si lo hace uno de los personajes, indica que se nos da una sensación de dirección, o bien que debemos desviarnos de una acción actual y dejarla atrás.
3. Se indica determinado camino hacia delante.

Serpentear
1. Si en sueños vamos por un camino o carretera serpenteante, es decir, que no se dirige a ningún lado en particular, se sugiere que muchas veces debemos dejarnos llevar por la corriente, limitarnos a seguir lo que ocurra sin pensar en la dirección que seguimos. A veces, las ondas del camino tienen cierto propósito, ya que al movernos sin objetivo definido, en realidad averiguamos más sobre nosotros o las circunstancias en que nos encontramos.
2. El agua se mueve a su manera. Con frecuencia, advertir que un río o un camino serpentea a nuestro alrededor indica que deberíamos fijarnos más en nuestras emociones, que somos más capaces de tratarlas con suavidad, en lugar de ser muy directos. Quizá esto también se refiera a las relaciones con otras personas. Podría hacernos falta reconocer que los demás no son tan directos como nosotros.
3. La espiral espiritual. El soñador debe examinar si se trata de una espiral hacia abajo, un vagabundeo sin propósito o una exploración decidida, en caso de que sea indirecta.

Serpiente
Véase *animales*, *caduceo* y *ouroboros*

Sesión espiritista
1. Soñar que nos encontramos en una sesión espiritista tal vez sugiera la necesidad de explorar el lado psíquico de nuestra naturaleza. Si recordamos que la psique supone estar en contacto con uno mismo, el sueño puede indicar que somos conscientes de nuestra intuición.
2. En sueños, una sesión espiritista podría mostrar que el mejor método para entrar en contacto con nuestro yo espiritual es sentarse y quedarse quieto.
3. Espiritualmente, necesitamos las cualidades de paciencia y determinación, simbolizadas por el hecho de estar sentados, con objeto de progresar.

Sexo
1. Cuando nace un niño, la primera conciencia que adquiere sobre sí mismo es la de ser un individuo. Debe aprender que ahora está desligado de su madre y superar la separación. Comienza a ser consciente de sí mismo, de su necesidad de calidez, comodidad y amor. Una etapa vital del crecimiento es la fascinación del bebé con su propio cuerpo y la capacidad de percibir su físico, que se relaciona con lo que se percibe como agradable y cómodo, lo que se siente dentro de la propia piel. En este momento, el niño aprende sobre el tacto, si es agradable que le toquen o no e, incluso, si el contacto es permisible. Por ejemplo, si se maneja al niño con brusquedad, quizá le quede el temor de que le toquen, lo que podría manifestarse más tarde como un problema sexual. Si bien el trauma original puede suprimirse, aparecerá a menudo en sueños cuando el momento sea apropiado. El verdadero crecimiento se da cuando la persona no tiene miedo de la curiosidad que permite una exploración inocente de su propio cuerpo. A menudo, los sueños nos permitirán explorar nuestra condición física de modo seguro.
2. Los sueños destacan toda la gama de la sexualidad del individuo. Sólo si pasa por alto su naturaleza sexual y no consi-

gue apreciar su propia fuerza vital aparecen los aspectos negativos en los sueños. Se trata de un intento natural de equilibrar el estado de vigilia, que quizá sea excesivamente intelectual o dramatizado. Entonces, se hace preciso el contacto con los demás, necesidad que se presenta muchas veces en sueños. Algunos aspectos del sexo y la sexualidad pueden interpretarse de la siguiente manera:

Anticoncepción: soñar con anticoncepción puede indicar miedo al embarazo y al parto.

Beso (véase también la entrada correspondiente): un beso puede indicar una señal de respeto o el deseo de excitar al compañero del sueño. Sugiere que deberíamos advertir la estimulación que nosotros mismos necesitamos.

Bisexualidad: dentro de nosotros existe potencial tanto masculino como femenino. Uno es más abierto que el otro, y a menudo se producen conflictos entre el interior y el exterior. Esto puede aparecer en sueños como bisexualidad y la necesidad de algún tipo de unión con miembros de ambos sexos.

Castración: en un sueño, la castración sugiere miedo a la pérdida de masculinidad y potencia sexual.

Coito o caricias: el deseo o la necesidad de comunicarse con alguien en profunda intimidad puede traducirse en sueños como un coito. Si éste se interrumpe, el soñador quizá sufra inhibiciones de las que no es consciente. Con frecuencia, un coito puede señalar la integración de una parte determinada de nuestra personalidad. Si en el sueño nace un niño, la integración se ha completado con éxito.

Deseo sexual: en un sueño, el deseo sexual de otra persona, en general del sexo opuesto, es un impulso básico de cercanía y unión con ella. Es como si buscásemos una parte de nosotros mismos que hemos perdido. La otra persona del sueño representa lo más cercano que encontramos a esa parte. Si fuéramos seres humanos completamente integrados, no necesitaríamos el sexo con otras personas, pero la mayoría de nosotros sentimos el deseo de unirnos con todo lo que no forma parte de nuestro propio ego. Un sueño así, que destaca los sentimientos que somos capaces de tener, proporciona información que puede permitirnos comprender nuestras propias necesidades.

Enfermedad venérea: en un sueño, una enfermedad de transmisión sexual puede sugerir la conciencia de alguna clase de contaminación. No tendría por qué ser de naturaleza sexual, sino que también podría ser emocional.

Eyaculación (véase también la entrada correspondiente): las imágenes de un sueño anteriores al orgasmo pueden sugerir la naturaleza de la actitud del soñador hacia el sexo y la sexualidad. Los conflictos que surgen en el soñador, debido a su deseo sexual por alguien, pueden tratarse en el sueño mediante la eyaculación o el orgasmo.

Falo: cualquier imagen relacionada con el falo o del falo mismo significa todo lo creativo, penetrante y masculino. Supone la vitalidad y creatividad en su forma más simple y, a la vez, más compleja. Es la resurrección y la renovación de la vida.

Fetiches: el fetichismo es una fijación por un objeto exterior, sin el cual no puede darse la relación sexual. Se parece algo a la imposibilidad que algunos niños tienen de irse a dormir sin su juguete favorito. Existen algunas pruebas de que, a nivel inconsciente, el hombre preferiría una vida de celibato y, proyectando sus energías sobre un objeto, abdica la responsabilidad. Por tanto, en sueños un fetiche puede reflejar miedo, inmadurez y falta de capacidad.

Hermafrodita (véase también la entrada correspondiente): soñar con un hermafrodita, alguien que es varón y mujer a la vez, sugiere o bien bisexualidad, la atracción erótica hacia los dos sexos, o bien androginia, el equilibrio perfecto de las cualidades masculinas y femeninas que posee una persona.

Homosexualidad (véase también la entrada correspondiente): se interpreta la homosexualidad como el deseo de relaciones sexuales con un compañero del mismo sexo. Más correctamente, se trata del deseo de alguien que sea como uno mismo, aspecto que aparece en los sueños. El sueño puede interpretarse si el soñador puede identificar lo que es parecido a él mismo en términos que no sean solamente sexuales.

Incesto (véase también la entrada correspondiente): en un sueño, el incesto suele caracterizar la necesidad de amor expresado, es decir, materializado de modo táctil. El incesto puede reflejar sentimientos de culpabilidad sobre los padres o miembros de la familia.

Masoquismo: en sueños, el deseo de herir a una persona o de que nos hagan daño a través del sexo surge de dos causas. La primera, ser un mártir, sufrir por los *pecados* propios; la segunda, sentir emoción intensa de algún tipo. Quizá no nos permitamos sentir profundamente en la vida diaria.

Masturbación: el niño aprende a reconfortarse a sí mismo a través de la masturbación, por lo que soñar con ella es buscar consuelo.

Perversión: cuando la perversión sexual aparece en sueños, evitamos o intentamos evitar asuntos relacionados con la intimidad y la unión.

Ropa: en sueños relacionados con el sexo, la ropa puede tener importancia especial, normalmente sobre la percepción que el soñador tiene de sí mismo. Estar totalmente vestido sugeriría alguna sensación de culpa.

Sadismo (véase también la entrada correspondiente): el sadismo que aparece en sueños consiste, probablemente, en una forma de equilibrar la forma de ser consciente del soñador en el mundo real. En la vida diaria, quizá sea tímido, en cuyo caso el sueño es un mecanismo de escape; o bien, si tiene que ser dominante y dirigir, el inconsciente muestra su necesidad de que lo controlen.

Semen: los sueños tienen un modo peculiar de proponer imágenes de ritos y prácticas primitivos, de los que quizá no tengamos conocimiento consciente. Muchas de ellas son representaciones del acto sexual. El semen, signo de la masculinidad y la madurez sexual, se ve a menudo en sueños como un líquido lechoso.

Travestismo: en sueños, el travestismo indica confusión en lo tocante a la identidad sexual.

Violación: cualquier imagen de violación que aparezca en sueños puede relacionarse tanto con la invasión del espacio íntimo como con el acto sexual. Es difícil que aparezca una violación en los sueños de niños que hayan sufrido abusos sexuales, por ejemplo. Quizá sólo aparezca como una imagen, cuando el adulto esté preparado para afrontar el trauma.

3. La actividad sexual es o bien la expresión más elevada de amor y espiritualidad entre dos personas, o bien, si sólo se basa en lo físico, completamente egoísta. Queda a criterio del soñador y su comprensión de sí mismo decidir cómo la interpreta.

Sí

1. A veces, en sueños somos conscientes de que hemos *dicho* que sí. Se trata de una aceptación o reconocimiento instintivo de la validez de lo que estuviese ocurriendo.
2. A menudo, antes de que podamos introducir cambios en la vida cotidiana, necesitamos darnos permiso a nivel inconsciente. Reconocerlo en el estado de sueño puede ser parte importante de nuestro proceso de crecimiento.
3. Se nos da permiso para crecer y desarrollarnos espiritualmente. Con esta conformidad, el soñador puede esperar un estilo de vida más dirigido.

Sierra
Véase *herramientas*

Silbato

1. Un silbato que suena durante un sueño puede señalar el fin de una época determinada. Asimismo, puede sonar como advertencia, para alertarnos de algún acontecimiento en particular.
2. En los sueños sobre juegos, podría oírse y distinguirse un silbato (véase *juegos*). Como sistema de control y entrenamiento, quizá la forma de tocarlo sea relevante. Por ejemplo, si el sonido es estridente, tal vez se indique al soñador que ha transgredido un código de conducta conocido.
3. Una llamada espiritual.

Silencio
Véase también *tranquilidad*

1. En un sueño, el silencio puede sugerir incomodidad y expectación. El soñador espera que algo ocurra (o que no ocurra). Si otra persona guarda silencio cuando esperamos que hable, nos sentimos inseguros sobre cómo el lado de nosotros mismos que aquélla representa reaccionará en la vigilia.
2. Cuando callamos, somos incapaces de dar voz a nuestros sentimientos u opiniones. Quizá nos sintamos inhibidos, por nosotros mismos o por influencias del exterior.
3. Espiritualmente, el silencio es un espacio en el que no existe necesidad de sonido. Muchas órdenes religiosas guardan silencio porque así existe una comunicación más cercana con Dios. En sueños, podría sugerirse que hace falta el silencio y el retiro del mundo.

Silla
Véase *muebles* y *silla de montar*

Silla de montar

1. Una silla de montar que aparece en sueños indica la necesidad de ejercer control sobre alguien. Evidentemente, puede tratarse de control sexual, sobre todo en el sueño de una mujer. En el sueño de un hombre, es más probable que signifique la necesidad de controlar su vida de algún modo: quizá, la dirección que sigue o las circunstancias de su vida. El sueño destacará más bien la sensación de su masculinidad e impulsos.
2. Hasta cierto punto, la interpretación del sueño dependerá de qué hagamos con la silla, incluso de qué tipo de asiento se trate. Por ejemplo, el sillín de una motocicleta, que forma parte de la máquina, sugiere un tipo de control más rígido que una silla de montar a caballo, ya que ésta es flexible y se puede quitar. Si la silla resbala, estamos a punto de perder autoridad en una situación de nuestra vida. Cuando la silla no encaja bien, puesto que también está diseñada pensando en la comodidad del jinete, quizá las circunstancias externas nos hagan sentir incómodos, más que un acto voluntario nuestro.

3. Tenemos la ocasión de hacernos con el control de nuestra vida desde una perspectiva espiritual.

Sima
Véase también *abismo, agujero, hoyo* y *precipicio*

1. Cuando soñamos con una sima o un agujero grande, en general se nos advierte sobre situaciones que contienen algún elemento de lo desconocido o son, de algún modo, arriesgadas. Tendremos que tomar decisiones en un sentido u otro. Por otra parte, el miedo al fracaso es una emoción muy intensa que, con frecuencia, puede representarse en sueños mediante un precipicio. Saltar al vacío supone correr riesgos, ya que no conocemos el resultado de la acción. Un intento de trepar por un precipicio significa que hacemos un gran esfuerzo para superar los obstáculos que hayan surgido.
2. Afrontamos elementos negativos inexplorados, quizá no reconocidos, de nuestra manera de ser; no tenemos experiencia previa, para juzgar según ella nuestros actos o reacciones. En el tarot, la imagen del bufón lo muestra al comienzo y al fin de su viaje. No presta atención al precipicio y, al principio, no advierte el peligro en que se encuentra. Por contra, no le da importancia, por que sabe que es capaz de saltar desde el borde y volar. Este tipo de sueño aparece a menudo cuando nos encontramos en una posición de mucho riesgo.
3. Nos enfrentamos al inconsciente, el vacío. Una sima indica que percibimos un peligro espiritual.

Sinagoga
Véase *templo*

Sirena
Véase también *arquetipos, nereida* y *ninfa*

1. Oír una sirena, como la de una ambulancia o los bomberos, supone una advertencia de peligro. Para quienes sean lo bastante mayores, quizá evoque recuerdos de guerra y destrucción, aunque la sirena que indica el final del peligro serviría para aliviar la angustia.
2. Arquetípicamente, la sirena engaña y distrae al hombre de sus propósitos. En sueños, es una imagen de connotaciones sexuales, difícil de manejar. Cuando sueña con ello una mujer, puede significar que si no está en contacto con la sirena de su interior, la figura puede aparecer como destructora. En términos psicológicos, la sirena es la tentación. Suele aparecer con atuendo griego o romano, como si así intensificara su imagen erótica, y sentada al lado del agua, ya que se refiere a las emociones. En algún caso, es el *anima* del hombre (véase *anima*).
3. Sólo cuando se entiende espiritualmente que la sirena puede acabar por restituir al hombre a sí mismo, se convierte en aceptable esta figura y puede trabajarse con ella. Después de rechazar su encantamiento, el hombre está libre para alcanzar la totalidad.

Sitio
Véase *lugares*

Sobrina, sobrino
Véase *familia*

Soga
Véase también *colgar, cordón, cuerda* y *lazo*

1. Una soga puede implicar fuerza y poder, aunque éste puede volverse contra uno mismo. Una soga en una polea sugiere el empleo de fuerzas y pesos para ayudarnos. Si la cuerda es de un material extraño, como pelo, existe un lazo o nece-

sidad especial que requiere las cualidades que posee esa sustancia.
2. Si la soga nos ata, algo nos impide expresarnos. Si nos ata a otra cosa, es preciso examinar la relación que tenemos con el objeto al que estamos amarrados. Deberíamos reflexionar sobre las limitaciones de esa relación.
3. Una soga puede ofrecer seguridad y libertad. Como lazo corredizo, puede sugerir, y sugiere, desesperación y, posiblemente, muerte.

Sol
véase también *planeta* **y** *sol con plumas*
1. En sueños, el sol sugiere calidez y consciencia. Un día soleado muestra felicidad. Sentirse atraídos por el sol indica que buscamos algún conocimiento. Como se mueve en dirección al sol, el girasol podría representar la obsesión, aunque asimismo la adoración. Gracias a sus abundantes semillas, también simboliza la fertilidad.
2. Puesto que el sol es una imagen tan poderosa, como fuente de vida, puede aparecer en los sueños como símbolo de otras energías vitales. Si aparece una danza solar, quizá el soñador desee alabar al sol por su poder y energía, que todo lo abarcan. En efecto, el soñador emplea la energía solar como guía y fuente de vitalidad.
3. El sol puede simbolizar descubrimiento e irradiación espirituales. El soñador puede absorber los rayos y emplear el poder del sol para un posterior desarrollo espiritual.

Sol con plumas
Véase también *sol*
1. El símbolo del sol rodeado de plumas aparece en ciertas imágenes religiosas e indica el universo y nuestro centro. Refleja que somos el centro del universo y debemos asumir la responsabilidad de ello.

2. Esta imagen, que aúna los símbolos del sol y del águila, representa nuestra capacidad de avanzar hacia otras áreas de percepción y conocimiento.
3. El centro. Poder solar.

Soledad
1. Soñar con encontrarse solo destaca la sensación de soledad, aislamiento o abandono. Desde un punto de vista más positivo, representa la necesidad de independencia. Sentirse aislado puede experimentarse como un estado negativo, mientras que estar solo puede ser muy valioso. Es frecuente que en sueños se destaque una sensación con el propósito de que reconozcamos si es positiva o negativa.
2. Somos capaces de reconocer la necesidad de abordar nuestra estructura emocional sin la ayuda de nadie.
3. Existe totalidad, integridad.

Soltero
1. Soñar que encontramos un hombre soltero indica que buscamos libertad en nuestras emociones o en la vida amorosa. Si el soñador es varón, quizá desee la libertad para conseguir algo que puede parecerle difícil dentro de la vida en pareja.
2. Debemos abrir nuestro lado masculino para alcanzar nuestro destino.
3. En sueños, un hombre soltero puede destacar el lado de nuestra personalidad que no necesita ataduras emocionales ni espirituales en este preciso periodo.

Sombra
Véase la introducción de este libro

Sombrero
Véase *ropa*

Sopa
Véase *alimentos*

Sorteo
Véase también *juegos*
1. En sueños, tomar parte en un sorteo puede indicar la necesidad de ganar o de quedar los primeros. Sin embargo, esto no se relaciona necesariamente con nuestros esfuerzos, sino más bien con la suerte. Vender billetes para una rifa benéfica indicaría el impulso de ayudar a otras personas, mientras que organizar una sugiere una actividad de grupo en la que todo el mundo puede ganar algo.
2. Aunque el juego quizá no sea aceptable en el código normal de conducta del soñador, como una rifa también puede ser un acto caritativo, quizá sirva en sueños para tranquilizar la conciencia por haber corrido un riesgo.
3. Espiritualmente, un sorteo benéfico puede simbolizar nuestro impulso caritativo. Sin embargo, también reconocemos los riesgos de la actividad, como vulnerabilidad y dependencia. Existe un elemento de dependencia del destino.

Submarino
1. En sueños, un submarino indica la profundidad de sentimientos a la que podemos acceder. Normalmente, investigamos las profundidades del subconsciente, más que las alturas espirituales.
2. Si queremos sentirnos cómodos con nosotros mismos, debemos comprender nuestros impulsos subconscientes. Puesto que puede existir algún temor y, en algún caso, la necesidad de protección, el submarino tal vez sea una buena imagen.
3. Soñar con un submarino indica que sentimos la necesidad espiritual de descender por debajo de nuestras emociones.

Subterráneo
Véase también *catacumbas, cripta y túnel*
1. Así como Alicia soñaba que se caía por el agujero del conejo en *Alicia en el país de las maravillas,* todos tenemos la oportunidad de explorar nuestras profundidades ocultas mediante los sueños. Normalmente, no podemos acceder al inconsciente durante la vigilia, pero soñar que nos encontramos bajo tierra nos permitirá con frecuencia asimilar este aspecto de un modo muy fácil.
2. Encontrarnos en un conducto subterráneo, como un túnel, suele indicar los viajes que estamos preparados (u obligados) a afrontar, para comprender quiénes somos.
3. El subconsciente o el inconsciente suele percibirse en sueños como una caverna o un lugar subterráneo.

Suciedad
1. Soñamos que estamos sucios cuando no funcionamos según nuestros principios, o cuando la acción de otra persona nos ha dejado en una situación que nos parece comprometida.
2. Estar sucios en un sueño quizá indique que no nos sentimos cómodos con nuestras funciones corporales. Si alguien conocido nos ha ensuciado, el sueño es una indicación de que no confiamos en esa persona.
3. Los impulsos malignos o negativos suelen mostrarse en sueños como cosas o personas sucias.

Sudar
1. Cuando sentimos temor en un sueño, las manifestaciones físicas, como sudor y pulso acelerado, quizá estén ausentes en el sueño mismo. Sólo al despertar nos damos cuenta de que hemos reaccionado físicamente.
2. Si en un sueño percibimos que estamos sudando, somos muy conscientes de nuestras reacciones a los estímulos exter-

nos. Se nos alerta sobre la necesidad de manejar nuestras emociones y miedos.
3. El esfuerzo espiritual puede manifestarse como una reacción fisiológica, por ejemplo sudar, lo que indica la cantidad de energía gastada.

Sueldo
Véase también *dinero* y *trabajo*
1. Normalmente, el sueldo se recibe a cambio de un trabajo terminado. Un sueño en el que recibimos un salario significa que hemos hecho un buen trabajo. Pagar un sueldo a otra persona implica que le debemos algo. Recibir el sobre de la paga sugiere que nuestro valor se vincula a algo más, como lealtad y deber.
2. La mayoría de acciones que emprendemos producen cierto resultado. A menudo, cuando hacemos algo que no deseamos, o que no disfrutamos, la única compensación es la paga que recibimos. Soñar con el sueldo quizá quiera decir que no deberíamos esperar otra cosa en alguna situación de la vida cotidiana.
3. Espiritualmente, un salario puede representar que recibiremos un premio por nuestras acciones y la recompensa que merecemos.

Suicidio
1. Soñar con suicidio nos alerta sobre el final violento de algo, quizá un proyecto o una relación. Asimismo, es una señal de ira contra el yo. Podría significar el término de un asunto o una relación de negocios.
2. Emocionalmente, cuando los sueños tratan del suicidio, quizá hayamos llegado al fin de nuestra capacidad para afrontar determinada situación de nuestra vida. El sueño no significa, en realidad, que tengamos tendencias suicidas, sino que

se limita a señalar el final de una fase.
3. A menudo, en la búsqueda de la espiritualidad tenemos que librarnos del antiguo yo. Esto suele ocurrir en sueños como una forma de suicidio.

Sumergirse
Véase también *zambullirse*
1. Soñar que estamos completamente sumergidos en agua suele indicar cómo manejamos nuestras emociones, además de que intentamos encontrar la parte más inocente de nosotros mismos, que no tiene que verse influida por las circunstancias exteriores. Intentamos aclarar situaciones y, quizá, limpiarnos de ideas y actitudes que nos hayan sugerido otras personas.
2. Estar completamente sumergidos, es decir, totalmente centrados en algo indica que nos hace mucha falta concentrarnos totalmente en un pensamiento en particular, para ayudarnos a comprendernos mejor.
3. La transformación y el renacimiento sólo pueden lograrse mediante una inmersión total en la espiritualidad.

Sur
Véase *posición*

Susurrar
Véase también *cotilleo*
1. Oír susurros en un sueño sugiere que debemos escuchar a alguien o algo con mucho cuidado. Quizá también muestre que no poseemos toda la información disponible sobre una situación de la vigilia.
2. En sueños, el sonido puede manifestarse a menudo como la cualidad opuesta a la que se necesita. De este modo, los susurros podrían interpretarse como un grito de atención.
3. Información y conocimientos ocultos.

T desde *tabaco* hasta *turista*

Tabaco
Véase también *humo*
1. El tabaco que aparece en sueños tiene distinto significado, según el soñador sea fumador o no. En el primer caso, probablemente el tabaco del sueño será reconfortante. Si el soñador no fuma, el simbolismo se relaciona más bien con la idea de utilizar el tabaco para alcanzar un estado mental en particular. Cuando el soñador está fumando en pipa, quizá haya que abordar asuntos relacionados con la masculinidad.
2. Se dice que los indios norteamericanos emplean el tabaco para ahuyentar a los malos espíritus, y es cierto que el tabaco levanta el ánimo de la persona en un primer momento. En sueños, el significado relevante es este simbolismo de transformación.
3. Quizá el simbolismo del sueño tenga que ver con las visiones que puede proporcionar el tabaco. Tal vez el soñador esté interesado en la idea de espiritualidad, pero aún no haya encontrado el estímulo adecuado.

Tabernáculo
1. Un tabernáculo es un lugar que representa un templo y donde se guarda un objeto sagrado. Por tanto, soñar con uno supone un intento de comprender nuestra necesidad de santuario y de seguridad.
2. El hombre siempre ha necesitado de algún método para sacralizar los objetos. Psicológicamente, reconocer la cualidad sagrada de ellos le otorga una sensación de permanencia. Puede tener la impresión de que el mundo seguirá existiendo sin él.
3. Un tabernáculo, al ser sagrado, se convierte en un centro del mundo.

Tabla
2. Soñar con una tabla de valores o lista de objetos, quizá acciones, nos propor-

ciona una sensación de orden. El sueño representa nuestra capacidad para crear orden a partir del caos.
3. Una tabla puede representar legislación y juicio espiritual. Como ocurre con las tablas de Moisés, existe acceso a conocimientos esotéricos y mágicos.

Tablero de *ouija*

1. El uso del tablero de *ouija* implica ciertos peligros. Soñar con uno quizá no sea más que un recurso de la psique para alertarnos sobre la exploración de lo que no comprendemos. Utilizar el tablero de *ouija* en sueños, así como en la vigilia, demuestra que estamos preparados para correr ciertos riesgos, sobre todo por lo que respecta a nuestra tranquilidad. Cuando el tablero parece aterrador, entramos en contacto con nuestro miedo profundo a lo desconocido.
2. Psicológicamente, todos necesitamos algún modo de establecer contacto con nuestro lado inconsciente. Soñar con el tablero de *ouija* nos alerta sobre modos distintos de acceder a aquél. Quizá se trate de un símbolo de todo lo que hemos suprimido y rechazado admitir.
3. Desde un punto de vista espiritual, el tablero de *ouija* era, y es, un modo bastante tosco de contactar con el mundo de los espíritus. En sueños, quizá seamos conscientes de la necesidad de comunicarse con el espíritu, en lugar de que el mundo de los espíritus se comunique con nosotros.

Tablón

Véase también *madera*

1. Un tablón de madera que aparece en sueños puede indicar que algo requiere reparaciones o que nos sentimos más seguros si llevamos con nosotros nuestros propios medios de sostén. Si la tabla va a emplearse en el suelo, el símbolo es de seguridad, pero si se va a utilizar como puerta o decoración en una pared, significa defensa o adorno del espacio interior propio.
2. Si el tablón servirá para construir algo, sugiere el material de que disponemos para emprender un proyecto. En sueños, quizá seamos conscientes del tipo de madera que utilizamos, lo que podría tener algún significado o recuerdo para nosotros. Si el tablón se usa para construir una caja, deberíamos tener cuidado, para no vernos atrapados en alguna situación.
3. Tenemos la materia prima que nos permitirá percibir mejor el proceso de la vida. Tal vez debamos reflexionar sobre lo que creemos que constituye nuestra utilidad en el mundo.

Talismán

1. Un talismán es una protección contra el mal o los problemas. Cuando uno aparece en sueños, a menudo nos percatamos de que nuestro poder mental no basta para protegernos del miedo y la duda. Necesitamos ayuda exterior.
2. El hombre tiene una relación profunda con objetos que cree sagrados. En la mayoría de las religiones paganas, los objetos como piedras y dibujos recibían poderes especiales. Aunque el soñador no crea conscientemente en ellos, en su inconsciente es capaz de entrar en contacto con la magia antigua.
3. Los objetos que han recibido poderes mágicos conservan la capacidad de proteger a lo largo del tiempo, pero normalmente debería considerarse la técnica empleada para dotar de poderes al talismán.

Taller

Véase también *garaje* y *herramientas*

1. Un taller es un lugar productivo. En sueños, simboliza la parte de nosotros

mismos que crea proyectos. Éstos nos proporcionarán algún beneficio, no siempre financiero.
2. A menudo, en un taller nos encontramos con personas de mentalidad parecida, que son creativas de modo similar a nosotros. Por tanto, el taller representa intercambios y talento en un grupo.
3. Un taller suele contener salidas creativas. La creatividad puede emplearse para el avance espiritual del soñador.

Talón
Véase *cuerpo*

Tamaño
1. Fijarse en el tamaño durante un sueño subraya cómo nos sentimos con relación a una persona, proyecto u objeto. Lo grande podría sugerir que es importante o amenazador, mientras que la pequeñez quizá indicara vulnerabilidad o algo *menor* que nosotros. Así, una casa grande supondría la consciencia de la expansión de uno mismo, mientras que una casa pequeña indicaría la intensidad de los sentimientos.
2. Un niño aprende muy pronto a establecer comparaciones, actitud que ya no perderá nunca. Más que «grande» o «pequeño», algo es «mayor» o «menor». En sueños, el tamaño es relativo. Podríamos darnos cuenta de que estamos en un lugar conocido, pero verlo mayor o menor de lo que creíamos que era. Lo significativo en el sueño es el tamaño.
3. Espiritualmente, el tamaño es irrelevante. Lo que se vuelve importante es apreciar la sensación. Una sensación *grande* es algo que nos consume, mientras que una percepción *pequeña* quizá sea sólo una parte de lo que existe en realidad.

Tambor
Véase también *instrumentos musicales*

1. En sueños, oír un tambor indica el ritmo básico necesario para mantenernos sanos y equilibrados. Debemos mantener más contacto con nuestros ritmos naturales e impulsos básicos. Tocar el tambor supone responsabilizarnos del ritmo de nuestra propia vida.
2. Quizá busquemos una forma más natural de expresión que los métodos normales y cotidianos que utilizamos.
3. Sonido. Verdad divina, revelación.

Tanatorio
1. En la vida cotidiana, un tanatorio es un lugar aterrador, ya que suele relacionarse con el trauma de la muerte. Cuando un tanatorio aparece en sueños, normalmente debemos considerar nuestros miedos y sentimientos acerca de la muerte.
2. Si vemos un cadáver, quizá tengamos que reflexionar sobre una parte de nosotros que ha muerto o, tal vez, una relación extinta. Si nosotros somos el cadáver del tanatorio, quizá hayamos provocado un estado de inercia que no nos permite disfrutar adecuadamente de la vida.
3. La muerte y el morir, que una vez más no tiene por qué tratarse del físico, sino probablemente de una nueva conciencia espiritual.

Tanque
1. Soñar con un tanque de agua supone entrar en contacto con nuestras sensaciones y emociones internas. Soñar con un tanque de guerra se asocia con nuestra necesidad de defendernos, pero también de ser agresivos, al mismo tiempo. Un sueño así indicaría que nos sentimos amenazados de algún modo.
2. En sueños, somos conscientes con frecuencia de la necesidad de superar obstáculos y dificultades. A veces, la única forma de expresión que tenemos es pasar por encima de ellos. La imagen de un

tanque de guerra nos ayuda a hacerlo sin herirnos.
3. Necesitamos ser guerreros espirituales.

Tarde
Véase *tiempo*

Tarjeta
1. Soñar que damos o recibimos una tarjeta, por ejemplo, una felicitación de cumpleaños, nos advierte de que hace falta un tipo de comunicación especial con la otra persona. Quizá queramos celebrar la buena suerte, nuestra o de otros.
2. Tal vez nuestro subconsciente registre preocupación sobre nosotros o los demás.
3. Comunicación visual, es decir, la capacidad de transmitir espiritualmente un mensaje.

Tarta
Véase *pastel*

Tatuaje
1. Desde un punto de vista físico, un tatuaje representa un aspecto de individualidad en el soñador, que desea ser visto como alguien distinto.
2. En sueños, un tatuaje puede significar algo que ha dejado una impresión indeleble. Podría tratarse de un daño grave, pero también de un buen recuerdo. A veces, vale la pena interpretar la imagen tatuada, si puede verse con claridad.
3. En términos espirituales, un tatuaje puede sugerir identidad de grupo, la pertenencia a una tribu o un culto. La relación es más estrecha que si se llevase una insignia.

Taxi
Véase también *coche* **en** *viaje*
1. En un sueño, llamar un taxi significa que reconocemos la necesidad de avanzar, de llegar a algún sitio. No podemos alcanzar algo sin ayuda, por la que quizá haya que pagar un precio.
2. Un taxi es un vehículo público que normalmente conduce alguien desconocido. Por tanto, tenemos que confiar en la atención y los conocimientos del conductor. Así, en sueños, un taxi podría sugerir la capacidad de llegar a algún sitio sin saber cómo.
3. Un taxi puede representar el conocimiento espiritual, unido a la manera práctica de hacer las cosas. Esto es un atributo importante en el desarrollo personal.

Taza
1. La taza comparte mucho simbolismo con recipientes como el cáliz, ya que indica un estado receptivo que acoge la información intuitiva. Se hace una ofrenda que el soñador haría bien en identificar. A menudo, lo femenino ofrece alguna oportunidad desde el inconsciente.
2. Intuitivamente, si estamos abiertos al lado más femenino, podemos dar y recibir ayuda y asistencia.
3. La conciencia femenina del líquido de la vida, la inmortalidad y la abundancia se usa con intuición y sensibilidad.

Té
1. La interpretación del sueño dependerá de si trata del té como bebida corriente o como ocasión social. En el primer caso, el té representa una moneda de cambio, mientras que en el segundo, sugiere comunicación.
2. La ceremonia japonesa del té muestra un modo único de cuidar y nutrir a alguien, así como la costumbre del té o café de la tarde. Soñar con tazas de té se relaciona con el deseo de adivinar, mediante la lectura de las hojas. Un descanso para tomar café o té en el trabajo indica la necesidad de descansar de la concentración y relajarse.

3. El té, como símbolo, sugiere alimento espiritual y ofrenda.

Teatro
Véase también *escenario* y *obra teatral*
1. La interpretación de los sueños en que aparece un teatro dependerá de qué parte se destaque en ellos. Si se trata del escenario, la atención del soñador se centra en una situación que vive en ese mismo momento. Si el soñador se fija en el auditorio, resulta significativa su capacidad de escuchar. La obra que creamos en sueños, como un aspecto de nuestra vida, es especialmente relevante. Cuando no estamos implicados en la acción, el sueño indica que somos capaces de retroceder un paso y adoptar un punto de vista objetivo.
2. El teatro es un escenario lleno de significado para muchas personas. Al ser un local público, tiene relevancia en las relaciones que mantiene la gente entre sí, aspecto que se destaca. Por ejemplo, estar bajo los focos quizá signifique nuestra necesidad de llamar la atención. Estar en el paraíso podría sugerir que necesitamos una visión más distanciada de alguna situación.
3. Espiritualmente, la idea de teatro en sueños destaca el concepto del microcosmos dentro del macrocosmos, lo pequeño contenido en una estructura más grande.

Tejado
1. Concentrarse en el tejado de un edificio o fijarse en él durante un sueño supone reconocer el cobijo y protección que proporciona. Si hay goteras en el tejado, estamos abiertos a ataques emocionales. Si estamos encima de él, nos encontramos desamparados.
2. Un techo es un requisito básico para la comodidad del hombre. Psicológicamente, es importante estar protegidos frente a los elementos. Asimismo, necesitamos saber que somos capaces de *alcanzar el cielo*.
3. El aspecto protector de lo femenino, como guardián del hogar, se representa a veces mediante el tejado.

Tejer
Véase también *hilar, hilo, rueca* y *telar*
1. Tejer algo como una tela o cesto es un símbolo muy básico, que sugiere la necesidad de responsabilizarnos de nuestra vida. Cualquier artesanía muestra que tenemos alguna situación en las manos. También podríamos hacer punto: puede interpretarse que creamos algo nuevo a partir del material disponible. Un proyecto o idea sobre el que trabajamos comienza a tomar forma. Deshacer lo tejido sugiere que un propósito que estamos elaborando necesita más reflexión.
2. Suele interpretarse la acción de tejer como imagen de la vida misma y, a menudo, la actitud con que la encaramos. Con frecuencia, vale la pena advertir el color de lo que se teje (véase *colores*), para descifrar por qué esta imagen aparece en sueños. Por ejemplo, quizá el soñador intente crear una relación o esté trabajando con emociones.
3. Tejer es una de las imágenes espirituales más significativas. En la mayoría de las culturas, se representa cómo nuestro destino se entreteje hasta formar un dibujo o forma determinados. Se supone que no podemos dirigir el resultado, sino que debemos aceptar que los dioses (o Dios) saben lo que es mejor. Por otro lado, tejer puede simbolizar una forma de creatividad. Tal vez aún no nos hayamos dado cuenta de que disponemos de ella.

Tejo
Véase también *árbol*

1. Antiguamente, el tejo simbolizaba luto y tristeza. Si bien pocas personas reconocerían un tejo con precisión, a nivel inconsciente todos poseemos tal conocimiento. Este símbolo puede aparecer como una conciencia instintiva en los sueños.
3. El tejo, del que se dice que es más longevo que otros árboles, puede simbolizar la inmortalidad espiritual.

Tela de saco
1. Antiguamente, la tela de saco o arpillera representaba humildad. Las personas se vestían con ella para mostrar que eran menos que polvo y se cubrían la cabeza con ceniza. Hoy día, es mucho más probable que represente nuestra propia sensación de humillación, que nos hemos humillado en una acción emprendida.
2. La tela de saco también puede indicar arrepentimiento. Quizá nos sintamos humillados, pero asimismo queremos mostrar al mundo que nos hemos arrepentido de alguna acción. El símbolo de la arpillera aparece en sueños para indicar que debemos mostrar en público nuestra contrición.
3. En épocas pasadas, el luto solía mostrarse mediante alguna ceremonia exterior. La tela de saco se interpretaba como la sustancia que mostraba la pobreza espiritual de las personas que la vestían, ya que habían perdido algo muy valioso. Este simbolismo también puede aparecer en los sueños.

Telar
Véase también *tejer*
1. Evidentemente, el significado de un telar en sueños será distinto si se trata de un instrumento de trabajo o pertenece a un artista. En general, un telar sugiere creatividad, ya se oriente más al trabajo mecánico, ya a la artesanía. Todos poseemos la capacidad de crear objetos hermosos, lo que se representa mediante símbolos como el telar.
2. El telar recoge el simbolismo de tejer y la idea de crear nuestra propia vida. Disponemos de ciertos materiales básicos con los que formar un diseño elemental, pero debemos añadir nuestros toques propios, para dar individualidad al conjunto. El telar es el instrumento que necesitamos para conseguir el diseño adecuado.
3. En términos espirituales, el telar sugiere la fortuna, el tiempo y las encrucijadas del destino.

Telaraña
1. En la vida cotidiana, quizá nos veamos atrapados en alguna situación. Podríamos sentirnos *pegados* a las circunstancias, sin saber en qué dirección movernos. Esto puede resultar en la aparición del símbolo de una telaraña durante el sueño. Como la situación es muy compleja, no sabemos qué camino será el más ventajoso para nosotros.
2. Cuando soñamos con una telaraña, entramos en contacto con uno de los símbolos espirituales más básicos. Dentro de la malla de la vida, los poderes divinos han entretejido destino y tiempo, para crear una realidad en la que podamos existir. Somos lo espiritual atrapado en lo físico y no podemos escaparnos para regresar a nuestros dominios espirituales.
3. La tela de araña es el plan cósmico.

Teléfono
1. Utilizar el teléfono en sueños sugiere la capacidad de establecer contacto con otras personas y proporcionarles información, si creemos que la necesitan. Podríamos comunicarnos con alguien de nuestro entorno cotidiano, o con una parte de nosotros mismos con la que no tene-

mos contacto por entero. Un sueño en que nos llaman por teléfono sugiere que existe cierta información disponible que aún no conocemos conscientemente.

2. Cuando somos conscientes del número de teléfono al que llamamos, quizá éste sea importante (véase *números*). Tal vez también nos fijemos en la necesidad de hablar con una persona en particular, a quien podemos ayudar, o que pueda ayudarnos. Si buscamos un número de teléfono, tenemos dificultades para coordinar nuestros pensamientos sobre acciones futuras. Utilizar el teléfono sugiere una relación directa, de persona a persona.

3. Puesto que la comunicación telefónica sugiere que no podemos ver al interlocutor, en un sueño puede significar la comunicación con el espíritu o con los ángeles de la guarda.

Telegrama

1. Recibir un telegrama en sueños destaca la comunicación, del modo más eficaz posible en las circunstancias. El sueño indica que una parte de nosotros mismos intenta darnos información de una manera que recordaremos. Conforme mejora la tecnología de las comunicaciones, soñaremos probablemente con otros métodos (véase *fax*). Enviar un telegrama puede sugerir que deseamos hacer saber algo sobre nosotros que no puede comunicarse verbalmente.

2. Anteriormente, los telegramas eran mensajes de celebración o de malas noticias. Muchas personas retienen esta imagen en los sueños. Por ejemplo, recibir un telegrama de felicitación por una boda podría relacionarse con el deseo de casarse del soñador. En cambio, una mala noticia quizá nos alerte de algo que ya sabemos a nivel subconsciente.

3. Cualquier comunicación recibida por escrito se relaciona con que el conocimiento, espiritual en este caso, se vuelva tangible.

Telescopio

1. Utilizar un telescopio en sueños significa examinar algo más de cerca. Un telescopio mejora la visión, agrandando y ensanchando los objetos. Sin embargo, debemos asegurarnos de que no vemos las cosas desde una perspectiva única.

2. Un telescopio que aparece en un sueño quizá muestre que deberíamos observar desde una perspectiva a largo plazo, además de la inmediata. Sin considerar una visión más amplia, quizá no podamos alcanzar algún logro a corto plazo. En cambio, considerando el futuro, tal vez obtengamos información que nos permita dirigir nuestra vida aquí y ahora.

3. Resulta interesante destacar que un telescopio, en términos espirituales, puede significar clarividencia: la capacidad de percibir el futuro desde una perspectiva inmediata.

Temblar
Véase también *estremecerse*

1. Temblar indica un estado de emoción extrema. Una reacción así, en sueños, indicaría que debemos considerar la emoción y abordarla en la vida cotidiana. Por ejemplo, un gran temor puede ser el residuo de algo que nos haya ocurrido previamente y sólo pueda tratarse en la vida diaria.

2. Una reacción fisiológica puede traducirse en sueños como una acción. Temblar en sueños quizá sólo sea el efecto de sentir frío.

3. Como ocurre con el estremecimiento, puede provocarse un estado de éxtasis que se vea acompañado de temblor. Así obtuvieron su nombre los cuáqueros.

Templo
Véase también *iglesia*
1. En sueños, a menudo un templo puede representar nuestro cuerpo, al que es preciso tratar con respeto y amor. Tiene el mismo significado que una iglesia, ya que es algo construido para honrar y rendir culto a un dios o dioses.
2. Psicológicamente, donde se encuentre un templo existe una sensación de temor, asociada a la creatividad. Quizá el significado principal en sueños sea el hecho de que son necesarias muchas personas para construir un templo. Esto se relaciona con nuestra consciencia de las múltiples facetas de la personalidad, que se unen para formar un todo coherente.
3. Como santuario para los seres humanos y, a la vez, lugar donde reside la divinidad, un templo refleja la belleza del cielo. Es un microcosmos (imagen resumida) de lo que es, después de todo, infinito.

Tentación
1. La tentación es un conflicto entre dos impulsos diferentes. Por ejemplo, en sueños quizá experimentemos una lucha entre la necesidad de salir al mundo y la de quedarnos seguros en casa. La tentación supone ceder a lo más fácil, no necesariamente el modo mejor de actuar.
2. Intelectualmente, cuando disponemos de varias alternativas para actuar, quizá tendamos a buscar un resultado que nos proporcione satisfacción a corto plazo. La idea de ceder a la tentación sugiere que ésta es más grande o poderosa que nosotros. A menudo, los sueños pueden mostrarnos el modo de actuar que deberíamos escoger.
3. La tentación es una de las mayores barreras espirituales que debemos superar. Con frecuencia, se trata de un conflicto entre el *sí mismo* y el ego (véase la introducción de este libro). La tentación de Cristo por el demonio es un buen ejemplo.

Tercer ojo
Véase *imágenes religiosas*

Terciopelo
1. Cuando una tela aparece en sueños, lo relevante suele ser la textura y la calidad. La sensualidad y suavidad son significativas al soñar con terciopelo.
2. Según antiguas interpretaciones de los sueños, el terciopelo suponía soñar con discordia. Hoy día, la explicación sería, con más probabilidad, la opuesta.
3. Espiritualmente, el terciopelo puede ilustrar opulencia y talento.

Termómetro
1. Un termómetro que aparece en sueños será representativo de un juicio sobre calidez y sentimientos. Quizá estemos inseguros sobre cómo nos relacionamos con otras personas y nos haga falta algún tipo de medición exterior. Un termómetro clínico retrataría nuestra temperatura emocional, mientras que otro tipo de instrumento sugeriría nuestra capacidad intelectual.
2. Desde un punto de vista psicológico, a veces necesitamos una evaluación externa sobre de dónde venimos. Un termómetro sería un aparato para darnos seguridad.
3. Así como un termómetro mide la temperatura, nuestro modo de manejar las situaciones que nos rodean indicará el estado de nuestra salud y capacidad espirituales.

Ternero
Véase *crías* **en** *animales*

Terremoto
1. Soñar con un terremoto nos advierte de una inseguridad interior que debemos

tratar, antes de que nos supere. El crecimiento y los grandes cambios que se están produciendo podrían provocar mucha agitación.
2. Las opiniones, actitudes y relaciones antiguas quizá se rompan y causen preocupación.
3. Debido a sus efectos devastadores, un terremoto representa una convulsión espiritual.

Terreno
Véase también *tierra*
1. Soñar que estamos en un terreno *sagrado* por sus asociaciones deportivas es desear el éxito supremo.
2. La asociación con una porción de terreno en particular puede activar recuerdos y sensaciones relacionados con épocas felices. Al hacer memoria, quizá se contribuya a aclarar una situación o problema determinados.
3. Un trozo de césped podría representar terreno sagrado.

Terror
1. En sueños, el terror es, con frecuencia, el resultado de miedos y dudas sin resolver. Es probable que sólo al experimentar una emoción tan profundamente perturbadora intentemos afrontar tales miedos. Si otra persona está aterrorizada en el sueño, nos encontramos en una posición desde la que podemos hacer algo, y debemos pensar en cómo podríamos actuar.
2. Los sueños aterradores pueden provocar una comprensión más profunda de uno mismo. Si sabemos que tenemos miedo, podemos hacer algo. El terror es más difícil de manejar, ya que en ese estado no sabremos cuál es la causa. Durante la vigilia, es posible emplear una técnica que nos ayude a identificarla. Se pronuncia la frase «estoy aterrorizado porque...», seguida de lo primero que venga a la cabeza. A continuación, se elabora cada afirmación, hasta que se llega a un punto final. Por ejemplo: «Estoy aterrorizado, porque no tengo dinero.» «No tengo dinero, porque lo gasté en el supermercado». «Lo gasté en el supermercado, porque tengo que comer». «Tengo que comer, porque me da miedo morir...», etcétera. Poco a poco, el significado se vuelve más claro, hasta que llegamos a una conclusión.
3. El terror espiritual podría identificarse como miedo al mal.

Tesoro
1. En sueños, un tesoro siempre representa algo muy valioso para nosotros, el resultado de un logro y esfuerzo personal. Hallar un tesoro escondido es encontrar algo que hemos perdido, quizá una parte de nuestra personalidad. Enterrar un tesoro supone un intento de acumular para el futuro, quizá en previsión de posibles dificultades.
2. Encontrar una caja que encierra un tesoro indica que comprendemos hasta cierto punto que debemos atravesar limitaciones, antes de dar con lo que buscamos. La búsqueda del tesoro sugiere el hallazgo de bienes terrenales o ganancias materiales, que quizá no siempre sean buenas.
3. Buscar un tesoro simboliza cómo el hombre persigue el conocimiento, la búsqueda del Santo Grial.

Testamento
1. Soñar con un testamento u otro documento legal se relaciona con el modo en que nuestro lado inconsciente puede empujarnos, para que nos demos cuenta de las necesidades interiores. Redactar un testamento supone hacernos una promesa de acción futura. Quizá también

incluya matices como intentar cuidar de nuestros seres queridos. Heredar a partir de un testamento significa que debemos examinar los hábitos, las características y la moral que hemos heredado de nuestros antepasados.
2. Tal vez soñemos con un testamento cuando necesitemos que todo se haga adecuadamente y con cierto grado de corrección. Como para muchas personas un testamento es una acción definitiva y final, en sueños puede indicar el reconocimiento de que entramos en una nueva fase de la vida.
3. Determinación en asuntos espirituales. El sueño también puede sugerir la solución de un problema que el soñador ha tenido entre manos.

Testigo
1. Cuando nos encontramos en la situación de testigos, por ejemplo, de un accidente, quizá el sueño destaque nuestra capacidad de observación. Debemos registrar cuidadosamente lo que ocurre a nuestro alrededor. Quizá también se cuestione nuestra relación con la autoridad.
2. Declarar como testigo sugiere la sensación de que se nos pide que rindamos cuentas de nuestras acciones o creencias. Es posible que nos sintamos inseguros hasta que nuestros iguales nos acepten.
3. El soñador reconoce cierto grado de testamento espiritual en su vida, que necesita para continuar por su camino espiritual.

Texto
1. Como conjunto de palabras con cierto significado, si un texto aparece en sueños indicaría la necesidad de ánimo y, tal vez, de sabiduría.
2. El texto procedente de un libro o una obra de teatro sugiere que el soñador debe seguir ciertas instrucciones de modo particular, para alcanzar algún logro.
3. Un texto espiritual es un mensaje de ánimo para permitirnos progresar.

Tía, tío
Véase *parientes cercanos* en *familia*

Tiburón
Véase también *peces*
1. Soñar con un tiburón quizá muestre que nos atacan de una manera injusta, o que alguien intenta arrebatarnos algo nuestro, que nos corresponde por derecho. Encontrarse en un mar lleno de tiburones sugiere que estamos en una situación en la que no confiamos en nadie. Un tiburón que nos persigue podría indicar que nos hemos puesto en peligro por entrar en el territorio de otra persona.
2. Como un tiburón es un animal marino, este sueño puede tener el significado de que se crean problemas emocionales. Es como si una conducta falta de escrúpulos pudiera minar nuestra capacidad emocional.
3. El tiburón simboliza el miedo a la muerte, debido a su relación con el inconsciente colectivo. No tenemos la capacidad de afrontar estos miedos sin ayuda.

Tiempo
Véase también *día, día y noche, noche* y *tiempo atmosférico*
1. Si el tiempo es relevante en un sueño, suele existir la necesidad de medirlo de algún modo o de utilizar un periodo de tiempo como unidad de medida. Habitualmente, el soñador sólo es consciente del paso del tiempo o de que un instante u hora particular es significativo en el sueño, como parte de la escena. Tras cierta reflexión, el momento del sueño podría simbolizar una época en particular de nuestra vida.

Cuando pasan algunos días u otros periodos largos, ha ocurrido otra actividad que no es relevante. En cuanto a las horas del día, podrían referirse a una época determinada de la vida del soñador, o quizá su número sea importante (véase *números*). El **día** sugiere nuestra vida de vigilia. Cuando soñamos con la **mañana**, nos centramos en la primera parte de nuestra vida o nuestra experiencia temprana. Si se sugiere el **mediodía**, estamos completamente despiertos y conscientes de nuestras actividades. La **tarde** ilustra una época de la vida en la que podemos aprovechar nuestra experiencia. El **atardecer**, el final de la vida, destaca nuestra capacidad de relajarnos sobre nuestra vida y actividad. El **crepúsculo** puede indicar un periodo de inseguridad y posible ambivalencia con respecto a nuestro camino en la vida. La **noche** quizá sea una época de depresión o secreto; tal vez estemos siendo introspectivos o, simplemente, descansemos.

2. En sueños, llegar temprano a una cita sugiere que debemos esperar que algo ocurra, antes de poder continuar nuestra vida. Llegar tarde muestra la falta de atención del soñador hacia los detalles o, quizá, la impresión de que el tiempo se acaba. Mirar el reloj indica la necesidad de que el tiempo trabaje para nosotros.

3. Muerte o cambio.

Tiempo atmosférico
Véase también *lluvia, nieve, tormenta y viento*

1. Puesto que el tiempo atmosférico forma parte del entorno del sueño, suele indicar nuestros estados de ánimo y emociones. Somos muy conscientes de los cambios en situaciones externas y debemos tener cuidado de ajustar nuestra conducta en respuesta a ellas.

2. El tiempo también puede indicar nuestra respuesta interior ante ciertas situaciones. Por ejemplo, si hubiera una tormenta en el sueño, nuestras emociones serían tormentosas, quizá airadas y agresivas. Si observamos un cielo despejado y azul, podríamos reconocer que somos capaces de mantener el control sobre las situaciones en que nos encontramos. Sí que poseemos la capacidad de controlar los estados de ánimo y las emociones, lo que tal vez no fuera posible en el pasado. Percatarse del tiempo indicaría que debemos reconocer que formamos parte de un todo superior, en lugar de ser tan sólo individuos aislados.

3. Los distintos estados y situaciones del tiempo podrían simbolizar una respuesta espiritual. Por ejemplo, el soñador busca una respuesta a una pregunta.

Tienda
Véase también *mercado* y *tienda de campaña*

1. En sueños, una tienda significa algo que queremos o nos parece que necesitamos. Si se trata de una tienda conocida, probablemente somos conscientes de lo que queremos de la vida. En caso de que no la conozcamos, tal vez tengamos que bucear en nuestra mente, en busca de información. Un supermercado sugeriría que debemos elegir.

2. Ir de compras supone un intercambio más o menos justo para satisfacer nuestros deseos. Disponemos de energía (dinero) que puede intercambiarse por algo que nos apetezca. Lo que compramos quizá tenga relevancia. Si se trata de alimentos, necesitamos sustento; si compramos ropa, tal vez nos haga falta protección.

3. En términos espirituales, una tienda tiene el mismo significado que un mercado.

Tienda de campaña
1. En sueños, una tienda de campaña sugeriría que tenemos la impresión de estar en marcha y no ser capaces de asentarnos ni echar raíces. Cualquier asentamiento será sólo temporal.
2. Quizá nos haga falta apartarnos durante un tiempo de las responsabilidades cotidianas y descubrir de nuevo nuestra relación con las fuerzas naturales. Se puede obtener beneficios si nos bastamos a nosotros mismos y no dependemos de nadie.
3. La imagen bíblica y nómada de poder plegar la tienda y marcharse es aquí el significado espiritual. No estamos atados a ningún lugar, sino que podemos encontrarnos donde nos haga falta en breve tiempo.

Tierra
Véase también *terreno*
1. Soñar con el planeta Tierra supone darnos cuenta de la red de sustento que tenemos en nuestra vida y las actitudes y relaciones que damos por hechas. Buscamos algún tipo de amor paterno u orden social. La tierra blanda, en particular, se relaciona con la necesidad de cuidados maternos o contacto táctil.
2. Necesitamos tener los pies en la tierra y ser prácticos, pero nos hace falta apoyo para ello. Si nos encontramos bajo tierra o atrapados por ella, el sueño muestra que debemos prestar más atención a nuestros impulsos inconscientes y hábitos y comprenderlos.
3. La tierra es la gran madre, sinónimo de fertilidad.

Tifón
Véase *huracán*, *tormenta* y *viento*

Tigre
Véase *animales*

Tijeras
1. En sueños, las tijeras sugieren la idea de cortar lo que no es esencial en nuestra vida. Puede tratarse de sentimientos que no consideramos adecuados, emociones que no podemos manejar o traumas mentales que deben extirparse. Quizá el tipo de tijeras sea importante para el soñador: por ejemplo, unas tijeras de cocina serían más prácticas que unas de cirujano, que indicarían la necesidad de precisión. Las tijeras también pueden sugerir una lengua afilada y dañina o comentarios hirientes.
2. Soñar que afilamos unas tijeras sugiere que debemos ser más precisos al comunicarnos. En cambio, unas tijeras romas sugieren que probablemente provocaremos un problema al hablar de forma torpe. Soñar con un peluquero que usa tijeras significa miedo a perder fuerza y posición social.
3. Desde un punto de vista espiritual, las tijeras pueden tener un significado ambivalente. Pueden cortar el hilo de la vida, pero también representar unión y la fusión de lo espiritual y lo físico.

Tinta
Véase también *lápiz*
1. Como muy poca gente utiliza plumas estilográficas hoy en día, el significado de la tinta ya no es el mismo que antes. Antiguamente, en sueños sugería la capacidad de comunicarse de manera lúcida. También era un instrumento de *tortura* para los niños, por lo que muchas personas soñaban con ella de adultos.
2. Desde un punto de vista más intelectual, la tinta indica la capacidad de transcribir y comprender conocimientos de modo elaborado.
3. Más espiritualmente, la tinta tiene relevancia, sobre todo, en prácticas mágicas, cuando se utilizaba para reflejar poderes

que escapaban a la norma En conjuros mágicos escritos, era necesario emplear tintas especiales para alcanzar los resultados deseados.

Tirar
1. Tirar de algo sugiere una acción positiva. Se nos alerta sobre el hecho de que podemos hacer algo acerca de una situación. En sueños, si arrastramos algo, tomamos las decisiones sobre un proyecto. Si tiran de nosotros, quizá nos parezca que cedemos a las presiones exteriores. Tal vez sea necesario un esfuerzo extra para conseguir que algo ocurra. El objeto del que tiramos y los medios para hacerlo pueden ser importantes (véase *brida*, *soga*, etcétera.)
2. Quizá en la vida cotidiana nos parezca que las emociones nos arrastran y no tenemos poder para resistirnos, lo que puede traducirse en las imágenes del sueño. Tal vez creamos que debemos seguir algo y no tenemos la capacidad de rechazar la situación.
3. En cierta etapa del desarrollo espiritual, aparece la impresión de que tiran de nosotros en cierta dirección. Tal vez nos sintamos obligados a hacer algo, sin saber necesariamente de dónde viene el impulso.

Titanes
1. En sueños, los titanes aparecen como figuras gigantescas, similares a dioses; a veces, dominantes, a veces tan sólo grandes. En este contexto, representan las fuerzas de nuestro interior que permiten manifestarse o suceder a las cosas.
2. Desde un punto de vista psicológico, probablemente empleamos un diez por ciento de nuestra energía disponible. Las fuerzas titánicas que pueden aparecer en sueños son partes de nosotros mismos salvajes, que no se pueden domesticar. Si se emplean adecuadamente, son la capacidad para crear un mundo propio.
3. La voluntad y el impulso de alcanzar nuestros objetivos espirituales podría simbolizarse mediante la aparición de titanes en un sueño.

Tocar
1. En sueños, tocar sugiere establecer contacto de algún modo. Nos relacionamos con otras personas, generalmente en beneficio mutuo. Tal vez nos volvemos conscientes de nuestra necesidad de otras personas y viceversa.
2. Dentro de las relaciones entre personas, el tacto puede ser un acto relevante de aprecio. A menudo, los sueños revelan nuestra actitud ante conceptos como tocar y ser tocado.
3. La transferencia de poder y la bendición pueden simbolizarse mediante la sencilla acción de tocar.

Tonel
Véase *barril*

Topo
Véase *animales*

Torbellino
Véase *remolino*

Tormenta
Véase también *relámpago*, *tiempo atmosférico* y *trueno*
1. En sueños, una tormenta indica explosión emocional. Quizá nos parezca que los acontecimientos o las emociones nos golpean. También puede representar ira.
2. Cuando tenemos problemas, en una relación, por ejemplo, una tormenta puede traer la descarga. Si una discusión no es adecuada en la vida cotidiana, en sueños una tormenta puede limpiar el *aire emocional*.

3. Espiritualmente, una tormenta simboliza el poder creativo. Los rayos y truenos son los instrumentos de los dioses de la tormenta.

Tornado
Véase también *huracán* y *remolino*
1. Un tornado que aparece en sueños simboliza energía violenta de cualquier clase. Con frecuencia, se trata de emociones y sentimientos sobre los que nos sentimos impotentes. Es un símbolo reconocible de energía que se ha vuelto sobre sí misma y, por tanto, se ha convertido en destructiva.
2. Si bien un tornado puede ser devastador, curiosamente también puede limpiar a fondo; es este último aspecto el que aparece a menudo desde una perspectiva psicológica. El fenómeno barre todo lo que encuentra a su paso, pero después existen posibilidades de vida nueva.
3. Nuestras anteriores incursiones en la espiritualidad quizá nos hagan sentir impotentes y a merced de los elementos, lo que puede simbolizarse mediante un tornado. Sin embargo, en el centro existe paz y tranquilidad.

Tornillo
Véase también *tuerca*
1. La interpretación de un tornillo que aparece en sueños dependerá de a qué sociedad pertenezcamos. Por ejemplo, para un delincuente, un tornillo significaría un vigilante de prisión o un carcelero. También podría sugerir un juego de palabras.
2. Los tornillos sugieren tareas aparentemente sin sentido, excepto en un contexto más amplio. Unir dos piezas de madera con un tornillo indicaría que intentamos construir algo, de modo que nuestra acción es un medio dirigido a un fin. Se supone que los tornillos unen con más eficacia que los clavos, por lo que el sueño implica que procuramos construir algo duradero. Debemos estar orgullosos de nuestras actividades.
3. Espiritualmente, buscaremos la satisfacción en un trabajo bien hecho. También existe cierta relación con la espiral (véase *formas*).

Toro
Véase también *animales*
1. En sueños, el toro representa el principio masculino y la fertilidad. También puede indicar cómo tratamos la sexualidad masculina.
2. Un toro que aparece en sueños quizá apunte a la testarudez del soñador.
3. El toro se relaciona con las diosas de la luna, además de representar a Tauro en el Zodiaco.

Torpedo
1. Debido a su forma, el torpedo tiene una relación obvia con la agresividad masculina. En sueños, su poder puede ser destructor, pero a menudo su origen es inconsciente.
2. Como es capaz de encontrar su destino por sí mismo, el torpedo sugiere energía dirigida. Quizá se trate de la franqueza que podemos emplear con los amigos, pero también podría advertirnos de que comportarnos de modo demasiado directo quizá sea dañino.
3. Un torpedo simboliza espiritualidad directa. El soñador debería ser consciente de la acción correcta, según las circunstancias en las que se encuentre.

Torre
Véase también *campanario* y *edificios*
1. En sueños, una torre suele representar una construcción que hemos desarrollado en nuestra vida. Podría tratarse de una actitud interior o de una vida exterior.

Soñar con una torre **sin puerta** sugiere que no estamos en contacto con nuestro yo interior. Una torre **sin ventanas** significa que somos incapaces de ver ni apreciar nuestras virtudes exteriores o interiores. Una torre de **marfil** sugiere un acercamiento inocente. Una torre **cuadrada** indica una actitud práctica ante la vida, mientras que una redonda posee un impulso más espiritual. Una torre **redonda**, en el extremo de un edificio cuadrado, es la combinación de lo práctico y lo espiritual.
2. Psicológicamente, si deseamos vivir una vida plena, debemos comprender nuestra propia torre. En sueños, quizá aparezca al principio en la lejanía y sólo más tarde vaya acercándose. El modo de entrar en la torre podría ser importante. Unos **escalones bajos** indicarían que tal vez sea fácil explorar nuestro ser interior. En cambio, unos **escalones más dificultosos** quizá indicaran que cuidamos bastante nuestra intimidad. Si la **puerta está bloqueada**, no estamos preparados para explorar nuestro yo inconsciente; si está **cerrada**, debemos hacer un esfuerzo para entrar. La **oscuridad** dentro de la torre indicaría que aún tenemos miedo de nuestro subconsciente. Una **habitación oculta** dentro de la torre tendría el mismo significado que en una casa. Después de estas sugerencias, el soñador debería ser capaz de interpretar otros simbolismos.
3. En un sentido espiritual, la torre es ambivalente: puede ser femenina, debido a la protección que ofrece, y masculina, debido a su forma. Sugiere ascenso a los dominios espirituales, pero también descenso a lo práctico.

Tortuga
1. Para la mayoría de la gente, la tortuga representa lentitud, pero quizá también meticulosidad. En sueños, puede significar además una concha que alguien (nosotros u otras personas) se coloque, para protección o defensa.
2. La tortuga podría ser una imagen de animal de compañía (véase *animal de compañía*), como objeto de nuestro afecto. Asimismo, quizá sea símbolo de larga vida.
3. En la tradición china, la tortuga es una figura reverenciada de sabiduría y conocimiento. Se dice que lleva el esquema de toda la existencia representado en su concha. También ilustra la creación.

Tortura
Véase también *potro de tormento* y *víctima*
1. Cuando una imagen relacionada con la tortura aparece en un sueño, con frecuencia intentamos asimilar un grave daño. Éste no tiene por qué ser físico; en realidad, casi nunca lo es, sino que es más fácil que se trate de daño emocional o mental.
2. Si nos torturan, debemos examinar las demás imágenes del sueño, para descubrir qué significado tiene en la vida cotidiana. Tal vez acostumbremos a ocupar la posición de víctimas, sin darnos cuenta de ello.
3. El tormento espiritual puede ser un conflicto entre el bien y el mal. Asimismo, puede tratarse de la elección entre dos modos distintos de actuar. Con frecuencia, la idea de tal tortura, en aras del bien común, es parte del proceso de crecimiento.

Tótem
1. En sueños, un tótem puede hacernos entrar en contacto con una necesidad de protección muy básica. No se trata de la protección que ofrece un padre, sino la que otorgan los espíritus cuya energía es lo bastante poderosa para que la usemos.

2. Cuando una creencia común confiere bastante poder a un objeto adorado como sagrado, se percibe que el objeto mismo obtiene un poder propio. Así ocurre con el tótem. Si aparece en sueños, debemos examinar las partes de nuestra vida que se centran en nuestro sistema de creencias, para descubrir si de verdad vivimos conforme a éstas.
3. El tótem sugiere fuerza y poder, en su significado simbólico protector y como representante de asuntos espirituales.

Trabajo
Véase también *empleo, paro laboral, sueldo* y *trabajo penoso*
1. Soñar que trabajamos destaca los asuntos, preocupaciones o problemas que tengamos dentro de la situación laboral. Quizá intentemos cambiar activamente nuestra vida y las transformaciones se reflejen en sueños en un ambiente de trabajo.
2. A menudo, lo que hacemos para ganarnos la vida no guarda relación con lo que consideramos nuestro verdadero trabajo. Los sueños pueden ayudarnos muchas veces a cambiar nuestra situación, dándonos información sobre nuestros verdaderos talentos y aptitudes. Cuando soñamos que trabajamos en algo que no tiene presencia en nuestra vida cotidiana, quizá valga la pena explorar las posibilidades de ese tipo de trabajo.
3. Tal vez el soñador tenga por delante cierta actividad del espíritu. Podría verse impulsado hacia el comienzo de un nuevo trabajo espiritual.

Trabajo penoso
Véase también *trabajo*
1. Esforzarse en algo, en el sentido de trabajar duramente, sugiere que tenemos una meta que deseamos alcanzar. Soñar con trabajos forzados nos advierte de que nos estamos flagelando o castigando en cierto grado durante nuestra actividad.
3. Se dice que los doce trabajos de Hércules representan el paso del sol por los doce signos del Zodiaco. También ilustran los trabajos y fatigas que el hombre padece para alcanzar su realización.

Tragar
1. En un sueño, tragar sugiere que estamos admitiendo algo, que podría ser conocimientos o información. Soñar que nos tragamos el orgullo indica que debemos ser humildes, mientras que si algo es muy difícil de tragar, el sueño muestra que es necesario superar un obstáculo.
2. Cuando contenemos alguna emoción, tenemos que tragar físicamente. Por tanto, tragar se convierte en un acto de supresión que puede ser dañino.
3. Quizá el soñador esté recibiendo más espiritualidad de la que puede asimilar. Sería recomendable que fuera más despacio y digiriera sus enseñanzas espirituales de un modo más metódico.

Traidor
1. Soñar con un traidor sugiere que advertimos subconscientemente el disimulo y la hipocresía. Puede tratarse de otra persona o de una parte de nuestra personalidad que nos defrauda. Quizá pensemos que otras personas no aprecian nuestras normas.
2. Cuando otras personas nos traicionan en sueños y creemos que nos fallan, tal vez nos demos cuenta de que nos han defraudado a través de unas creencias compartidas en la vigilia. Esto significaría que son traidores.
3. Espiritualmente, ser un traidor es actuar como se dice que lo hizo Pedro y negar nuestras creencias fundamentales.

Trampa
Véase también *jaula, lazo* y *tramposo*

1. Si en sueños nos encontramos en una trampa, sentimos que las circunstancias exteriores nos oprimen. Soñar que atrapamos a alguien o algo supone intentar agarrarnos a ellos. Capturar una mariposa significa intentar atrapar el yo interior.
2. Cuando en sueños nos sentimos atrapados, normalmente no somos capaces de liberarnos de los viejos esquemas de pensamiento y conducta. Necesitamos ayuda exterior.
3. Espiritualmente, nos contenemos. Quizá también percibamos que las restricciones del cuerpo físico nos atrapan.

Tramposo
Véase también *villano* en *arquetipos*
1. En sueños, el tramposo es la parte de nosotros mismos que puede provocar el caos en nuestra vida. En épocas de tensión, esta figura puede presentarse en sueños como el personaje que nos envía en la dirección equivocada, da respuestas falsas, etcétera.
2. Psicológicamente, si hemos sido demasiado rígidos en nuestra actitud ante la vida, por ejemplo, intentando siempre ser buenos o adoptar una postura moral, el tramposo puede aparecer en los sueños como una tendencia que contrarreste esta actitud.
3. Ésta es la parte irresponsable de nuestra naturaleza, desde un punto de vista espiritual. Aún no nos encontramos en el camino espiritual correcto y debemos hacerlo.

Tranquilidad
Véase también *silencio*
1. Darnos cuenta de que la atmósfera de un sueño es muy tranquila muestra que debemos cesar la actividad durante un tiempo, quizá para recobrar el equilibrio emocional o espiritual.

2. Experimentar la necesidad de paz en un sueño sugiere que debemos escuchar más cuidadosamente, a nosotros o a los demás, en la vida diaria.
3. La paz y la tranquilidad nos proporcionan una ocasión para la contemplación.

Transbordador
Véase también *viaje*
1. Un sueño en el que nos encontramos en un transbordador indica que nos movemos hacia algún cambio. Puesto que un barco así transporta a un gran número de personas, quizá también represente que un grupo al que pertenecemos debe introducir cambios, transformar su modo de trabajar y asumir responsabilidades por funcionar en común, no como individuos aislados.
2. El transbordador, como barca de pasaje, es uno de los símbolos más antiguos asociados con la muerte. La antigua idea de que se cruzaba la laguna Estigia, frontera entre la vida y la muerte, refleja una imagen de cambio drástico.
3. Se produce una *muerte* espiritual u otro cambio. El soñador debe ser consciente de que quizá progrese espiritualmente a partir de sus conocimientos actuales.

Transfiguración
1. Un sueño en el que algo se transfigura sugiere que la imagen tiene mayor significado que su simbolismo a secas. La transfiguración suele significar que la luz rodea al objeto; si esto ocurre, podría indicar que éste tiene algún propósito divino o especial. El sueño puede aparecer conforme atravesamos estados de transición en nuestra vida.
2. La transfiguración es un fenómeno que puede darse durante estados de consciencia alterados. Es como si una luz entrase en la personalidad y la alterase. Si la transfiguración ocurre en sueños,

indica que advertimos una conciencia de nosotros mismos más duradera. Durante la vigilia, se interpreta que sugiere su utilización como canal espiritual.
3. Espiritualmente, somos conscientes de que formamos parte de un todo superior.

Transformación
1. Los sueños en que se producen cambios y las cosas se transforman en algo distinto sugieren un cambio en la percepción. Un paisaje podría pasar de oscuro a claro (negativo a positivo); una persona podría convertirse de masculina en femenina; una imagen podría transformarse en otra... Cuando el soñador comprenda que la alteración es hacia algo mejor, es capaz de conseguir transformaciones en su propia vida.
2. Conforme se produce el crecimiento hacia la madurez, existen muchas transformaciones, que suelen mostrarse en sueños como cambios inmediatos, como una cámara filmando a mayor velocidad la apertura de una flor.
3. En términos espirituales, se produce una transformación cuando está indicada la libertad de pensamiento o acción, o cuando las reacciones bajas se sustituyen por impulsos superiores.

Transparencia
Véase también *vidrio*
1. Cuando algo es transparente en sueños, quizá nos sintamos vulnerables, pero también podríamos ser conscientes de descubrimientos que normalmente no haríamos. Por ejemplo, encontrarnos en una burbuja transparente sugeriría visibilidad y vulnerabilidad en nuestra vida, quizá la adopción de nuevas responsabilidades. Si otra persona se encuentra tras una protección transparente, el sueño indica que es más bien remota e inalcanzable.

2. Cuando en sueños advertimos que lo que nos rodea es transparente, el sueño trata de nuestra capacidad para ver a través de las cosas. Somos capaces de discernir en nuestros juicios.
3. La transparencia, en un sentido espiritual, representa sinceridad.

Travestismo
Véase *sexo*

Trébol
1. Tradicionalmente, se creía que el trébol daba buena suerte, por lo que un sueño en el que lo encontramos denota que se acercan buenos tiempos.
2. Debemos examinar nuestra capacidad de unir de nuevo en armonía las distintas partes de nosotros mismos.
3. Cuerpo, alma y espíritu, o cualquier representación de la tríada divina, Padre, Hijo y Espíritu Santo.

Tren
Véase *viaje*

Trenza
1. Antiguamente, una trenza hecha con tres mechones indicaba el entrecruzamiento de cuerpo, mente y alma. También representaba las influencias que una chica joven asimilaba e integraba en la idea de sí misma, como mujer. Por tanto, en sueños representa la feminidad. Actualmente, conforme los hombres se hacen más sensibles, los más creativos se trenzan a menudo el pelo, que llevan más largo.
2. El pelo trenzado era un método de crear orden y limpieza en el pasado. A menudo, una trenza que vemos en sueños nos recuerda al talismán, el favor de su dama, que el caballero llevaba al combate. Hoy día, se trata más bien de un amuleto. Trenzar hilo, cuerda, pelo, etcé-

tera, subraya nuestra capacidad de tejer las distintas influencias de nuestra vida, o la de otra persona, en un todo coherente.
3. Cuando comenzamos a desarrollarnos espiritualmente, entran en juego influencias muy sutiles. El pelo trenzado en forma de corona o alrededor de la cabeza indica logro espiritual.

Trepar
1. Soñar que trepamos supone evitar algo, probablemente escapar. Quizá estemos esquivando algún problema.
2. Intentamos alcanzar alturas nuevas en nuestra vida y tal vez tengamos que esforzarnos más que antes para conseguirlo.
3. La ascensión, la subida para llegar al entendimiento, es un símbolo espiritual que se percibe frecuentemente.

Triángulo
Véase *formas*

Tridente
1. Un tridente se considera a menudo símbolo del diablo, por lo que puede simbolizar el mal y el engaño. En sueños, una horquilla denota dualidad e indecisión.
2. Psicológicamente, el tridente u horquilla puede significar lo mismo que una púa o una aguijada: algo que nos incita y empuja, a menudo en nuestro perjuicio.
3. Quizá hayamos llegado a una bifurcación en nuestro camino y desarrollo espiritual, por lo que nos haría falta una guía sobre la dirección que debemos seguir.

Trigo
Véase también *cereal*
1. La mayoría de los sueños que contienen imágenes de trigo simbolizan fertilidad o abundancia. Quizá también representen vida nueva, o bien embarazo, o desarrollo en otras direcciones.
2. Cosechar trigo supone recoger los frutos del trabajo duro. Quizá entremos en contacto con necesidades muy primarias.
3. En su aspecto nutricio, la gran madre se representa siempre con trigo.

Trillizos
Véase también *tres en números*
3. Desde un punto de vista espiritual, los trillizos que aparecen en sueños sugieren que deberían examinarse ciertas situaciones o acontecimientos con cuidado, en lo que respecta a necesidades físicas, emocionales o espirituales. Entonces se desarrollaría la estabilidad espiritual.

Trofeo
Véase también *premio*
1. Soñar con un trofeo supone reconocer que hemos hecho algo que merece una recompensa. La clase de trofeo que aparezca influirá en el significado del sueño, ya que adoptará el simbolismo del objeto presentado. Una copa indicaría receptividad (véase *copa*); un escudo, protección (véase *escudo*). Un sueño frecuente entre los varones es la presentación de una copa de fútbol: son los «primeros entre los hombres».
2. Antiguamente, los trofeos como cabezas de animales eran muy buscados. Ya no es así, pero el simbolismo de superar los miedos básicos para conseguir algo sigue existiendo.
3. Un trofeo significaría una experiencia cumbre, haber llegado a un estado de consciencia expandida, para alcanzar un objetivo espiritual.

Trompeta
Véase también *instrumentos musicales*
1. En sueños, una trompeta sugiere muchas veces una advertencia o una llamada a las armas. Desde un punto de vis-

ta práctico, nos alerta de algún peligro en el que nos hayamos puesto o al que nos enfrentemos. Cuando existe un conflicto a nuestro alrededor, quizá nos haga falta algún tipo de aviso, que nos permita estar preparados para la acción; la trompeta puede simbolizarlo.
2. Los ángeles suelen representarse tocando la trompeta. Esto ilustra la llamada para sacar el máximo partido de nuestras capacidades. Buscamos lo mejor de nosotros mismos, con objeto de que produzca el máximo efecto en nuestra vida.
3. La trompeta produce una vibración espiritual que requiere atención.

Trono
1. Cuando soñamos que estamos sentados en un trono, reconocemos nuestro derecho a ejercer la autoridad. Si el trono está vacío, no estamos preparados para aceptar la responsabilidad por quienes somos. Quizá seamos conscientes de cierta laguna en nuestra crianza. Cuando otra persona está en el trono, tal vez le hayamos transferido la autoridad.
2. Un trono es asiento de autoridad o poder. En sueños, puede representar nuestra capacidad de pertenecer a algún grupo, incluso a la sociedad. Tal vez tengamos que encabezar algún proyecto o plan. El trono suele sugerir que hemos alcanzado el control en todos los ámbitos de la existencia, espiritual y físicamente.
3. Desde un punto de vista espiritual, podríamos encontrarnos en un momento en que el conocimiento y la comprensión se encuentran por fin a nuestro alcance. Esto puede simbolizarse en sueños mediante un trono.

Trueno
Véase también *relámpago* y *tormenta*
1. Oír truenos en un sueño puede suponer una advertencia sobre las posibilidades de un estallido emocional. Quizá estemos acumulando energía que debe acabar por dispersarse. Oír truenos lejanos significa que aún hay tiempo para conseguir el control de una situación potencialmente difícil.
2. El trueno siempre ha sido símbolo de gran poder y energía. En unión del relámpago, se consideraba un instrumento de los dioses. También podía significar muerte y destrucción, así como limpieza.
3. Espiritualmente, el rugido del trueno puede ilustrar ira profunda o, en casos extremos, ira divina.

Tubo
1. Desde un punto de vista práctico, un tubo puede simbolizar muchas cosas. Una cañería podría proporcionar información sobre cómo manejamos nuestras emociones; en este caso, el tamaño y su tipo serán significativos. Un tubo de órgano tal vez indique nuestra relación con el ritmo de la vida.
2. Cuando tenemos problemas en la vida diaria, un símbolo sencillo como un tubo, conducto o cañería indicará cómo el hecho de establecer relaciones entre los distintos aspectos de una situación contribuirá a resolverla.
3. Un tubo sugiere algún tipo de conducto espiritual.

Tuerca
Véase también *tornillo*
1. Soñar con una tuerca destaca la capacidad de construir nuestra vida de manera que se mantenga firme y unida. Antiguamente, una tuerca se consideraba femenina, y el tornillo, masculino.

Tuétano
1. Puesto que el tuétano de los huesos indica la vitalidad o la fuerza que encierra una persona, soñar con él también refleja la

calidad de vida que queremos obtener.
2. Quizá seamos conscientes de algún desequilibrio dentro de nosotros, alguna dificultad que tengamos. El sueño podría apuntar a ese desequilibrio.
3. Así como el tuétano sugiere la fuerza vital, en sueños puede ilustrar la fuerza espiritual.

Tumba
Véase también *muerte* y *sarcófago*
1. Soñar con una tumba es una indicación de que debemos examinar nuestros sentimientos o conceptos sobre la muerte. Asimismo, quizá intentemos afrontar los sentimientos sobre alguien que ha muerto. Un sueño en el que entramos en una tumba sugiere que descendemos a los lados más oscuros de nuestra personalidad. Quizá tengamos miedo al principio, pero más tarde nos sentiremos más cómodos. Encontrarnos en una tumba muestra que estamos dispuestos a afrontar nuestros miedos sobre la muerte.
2. Quizá haya muerto parte de nuestra personalidad o esté enterrada para el mundo exterior. Si nos vemos encerrados en una tumba, tal vez estemos atrapados por miedo, dolor o actitudes anticuadas en la vida de vigilia. Si hay cadáveres en la tumba, suelen ser partes de nosotros mismos que no hemos desarrollado o que hemos matado. Cuando un cadáver resucita en el sueño, la atención que hemos prestado a ese lado de nuestra personalidad ha sido suficiente para revivirlo.
3. Espiritualmente, quizá no sólo tengamos miedo de la muerte física, sino también de sus consecuencias. Por otra parte, tal vez nos parezca que hemos entrado

en un mundo repentinamente misterioso y oscuro, esto último en el sentido de querer ver la luz. Aunque le tenemos miedo, también estamos emocionados. Vale la pena recordar que no estamos atrapados; sólo nos encontramos en un estado breve de pánico, que puede superarse con alivio.

Túnel
Véase también *subterráneo*
1. En sueños, un túnel suele representar la necesidad de explorar el subconsciente y todo lo que hemos dejado sin tocar.
2. A veces, se supone que un túnel que aparece en sueños representa el canal del parto y, por tanto, el nacimiento. Si existe una luz al final del túnel, el sueño indica que alcanzamos las etapas finales de nuestra exploración. Cuando algo bloquea el túnel, algún miedo o experiencia del pasado nos detiene en nuestro avance.
3. Espiritualmente, la imagen de un túnel nos ayuda a escapar desde el inconsciente hacia la luz, así como a descender a las profundidades.

Turista
1. En sueños, un turista es alguien que no conoce el entorno. Si nosotros mismos lo somos, debemos buscar ese aspecto en nuestro interior. Cuando otra persona es el viajero, es preciso ser conscientes de qué ayuda podemos prestarle.
2. Actuar como turista en un sueño supone percatarnos de que tenemos la información necesaria para hacer lo que queremos, pero hemos elegido no hacerlo.
3. En términos espirituales, el turista de

U
desde *úlcera* hasta *uvas*

Úlcera
Véase también *herida*
1. Una úlcera es una llaga que se cura con gran dificultad. Por tanto, soñar con ella nos advierte del trabajo que es preciso hacer para curar una herida grave. Lo que necesita curación dependerá del lugar donde esté la úlcera. Por ejemplo, soñar con una úlcera de estómago sugeriría un problema emocional, mientras que una calentura en la boca sugeriría alguna dificultad en el habla o para hacernos entender por los que nos rodean.
2. Si tratamos la úlcera de otra persona, nos damos cuenta de que esa persona no aborda un dilema en el que estamos implicados.
3. Una úlcera es algo que erosiona la materia. Sugiere alguna herida en el alma o un dilema espiritual.

Umbral
1. Atravesar un umbral en sueños indica experiencias nuevas. Si nos llevan en volandas a través de la puerta, el sueño puede sugerir matrimonio o, en esta época, una relación nueva.
2. Cuando estamos a punto de asumir responsabilidades nuevas, quizá soñemos que nos encontramos de pie en un umbral. Tal vez avancemos hacia una vida nueva o un nuevo modo de vivir. La experiencia del umbral es muy intensa en la imaginería masónica y los rituales de iniciación.
3. Quizá nos encontremos en el umbral de un nuevo amanecer espiritual. El soñador debería ser especialmente sagaz en esta época y advertir todo lo que ocurra a su alrededor.

Unicornio
Véase también *animales* y *animales fantásticos*
1. Según la tradición, las únicas personas que podían cuidar al unicornio eran vírgenes. Cuando un unicornio aparece en sueños, entramos en contacto con la

parte pura e inocente de nosotros mismos. Se trata del principio femenino instintivo y receptivo.
2. Existe un relato que cuenta cómo los unicornios no entraron en el arca de Noé, porque estaban demasiado ocupados jugando. Debemos observar lo que ocurre en el mundo exterior si queremos sobrevivir.
3. El unicornio significa amor incondicional.

Uniforme
Véase también *ropa*
1. Un sueño en que aparecen uniformes trata de nuestra identificación con un papel o cierta autoridad en particular. No importa lo rebeldes que seamos; una parte de nosotros necesita amoldarse a las ideas y creencias del grupo social al que pertenezcamos. Vernos en uniforme confirma esa pertenencia.
2. En las colectividades, a menudo es preciso ganarse el derecho a llevar un uniforme. Soñar que nos encontramos en un grupo de gente uniformada indica que hemos obtenido el derecho a que nos reconozcan.
3. La identificación de un objetivo espiritual común y un acuerdo sobre conducta *uniforme* es un aspecto importante del desarrollo espiritual.

Unión
1. La unión puede darse entre pares de objetos o personas o grupos numerosos. Unir pares indica la reconciliación de los opuestos y la energía añadida que esto implica. Una unión de más elementos sugiere acción colectiva, para el bien común.
2. Todos intentamos alcanzar la unidad a partir de la dualidad, crear una asociación entre dos partes o elementos opuestos. Soñar que alcanzamos la unión ilustra esta relación. Psicológicamente, el ser humano busca sin cesar una pareja.
3. Desde un punto de vista espiritual, la unión suele percibirse como el regreso al origen.

Universidad
1. Soñar que nos encontramos en una universidad destaca nuestras aptitudes y posibilidades de aprendizaje. Quizá no seamos demasiado estudiosos durante la vigilia, pero podríamos percibir subconscientemente nuestra capacidad de relacionarnos con personas de mentalidad parecida.
2. Puesto que una universidad es un lugar de aprendizaje *superior*, el sueño nos indica la amplitud de la experiencia y el aumento de conocimientos que se encuentran a nuestra disposición. Debemos apartarnos de lo mundano y ordinario, hacia áreas específicas de conocimiento y conciencia.
3. Sólo pueden alcanzarse el conocimiento espiritual y la capacidad para usarlo en la universidad de la vida.

Urna
2. Como todos los recipientes, la urna significa el principio femenino, aunque en forma más elaborada. Antiguamente, una urna cubierta de tela representaba la muerte. El simbolismo se mantiene hoy, debido a las urnas empleadas en los crematorios. Por tanto, el sueño podría advertirnos de nuestros sentimientos hacia la muerte.
3. La urna representa el principio femenino receptivo.

Urraca
Véase *pájaros*

Útero
Véase *cuerpo*

Uvas
Véase también *fruta*

1. Ver uvas en un sueño suele indicar que existe la necesidad de celebración. La uva es la fruta más asociada con Baco, Dionisos para los griegos, dios de los banquetes. Soñar con uvas podría mostrar la búsqueda de alegría, risa y creatividad en nuestra vida.

2. Las uvas que aparecen en un sueño pueden representar el sacrificio. Debemos renunciar a algo para conseguir lo que verdaderamente perseguimos. El vino suele interpretarse como símbolo de tal sacrificio, ya que se asocia con la sangre.

3. Por su asociación con los dioses, las uvas pueden simbolizar sabiduría e inmortalidad.

V

desde *vaca* hasta *voz*

Vaca
Véase *animales*

Vacaciones
1. Encontrarse de vacaciones en un sueño indica descanso y la satisfacción de las propias necesidades, sin tener que ocuparse de los demás.
2. Nuestro impulso de ser independientes y responsables suele aparecer en sueños como unas vacaciones. Tal vez tengamos que escuchar el aviso de que necesitamos tiempo libre y crearnos un espacio para nosotros.
3. La satisfacción, el descanso y la tranquilidad espirituales son parte de las vacaciones.

Vacío
Véase también *abismo* y *hueco*
1. Experimentar el vacío en sueños indica la carencia de placer o entusiasmo. Podríamos sufrir una sensación de aislamiento, o tal vez nos parece que no tenemos nada a que agarrarnos. Quizá hayamos alimentado expectativas que no pueden cumplirse.
2. Tal vez nos haga falta espacio para ser nosotros mismos, para asimilar lo que sucede en nuestra vida. Encontrarse en una casa o edificio vacío indica que hemos dejado atrás actitudes y hábitos antiguos.
3. Espiritualmente, cualquier experiencia que produzca un hueco significa el vacío y un final.

Vacuna
Véase también *inyección*
1. En la vida cotidiana, la vacunación es un acto que duele al principio, pero será bueno para nosotros. Por tanto, soñar que nos vacunan sugiere que es probable que alguien nos haga daño, tal vez emocional; sin embargo, lo que intentan hacernos acabará por ser útil.

2. Es muy fácil que otras personas nos influyan. La vacunación indica que las ideas y los sentimientos de otros pueden afectarnos.
3. En sueños, una vacuna sugiere adoctrinamiento espiritual.

Vadear
Véase también *agua*
1. Soñar que vadeamos una corriente de agua nos permite reconocer lo que pueden hacernos las emociones. Si el agua nos impide avanzar, debemos darnos cuenta de cómo nuestras emociones podrían entorpecer nuestro progreso. Si disfrutamos de la experiencia, podemos esperar que nuestra relación con la vida nos traiga satisfacción. A veces, la profundidad a que nos sumergimos puede darnos información sobre cómo abordamos las circunstancias exteriores.
2. A menudo, la sensación asociada con el vadear puede ser más relevante que el acto en sí. Por ejemplo, si percibimos que no estamos dentro del agua, sino en otra sustancia, como miel, tal vez el sueño nos indique cómo nos sentimos con respecto a nosotros mismos o a nuestras circunstancias.
3. Espiritualmente, vadear sugiere un proceso de limpieza relacionado con el bautismo. Muchas formas de meditación emplean el simbolismo de caminar a través de las aguas.

Vagabundo
Véase también *arquetipos*
1. Soñar con un vagabundo viejo y decrépito nos retrotrae a la parte de nosotros mismos que no se expresa por completo en la vida real. Es el marginado o gitano que llevamos dentro. Quizá seamos conscientes de que necesitamos irresponsabilidad.

2. El vagabundo personifica en nosotros al andarín, al amante de la libertad. En sueños, aparece con frecuencia cuando necesitamos libertad, pero también puede ilustrar que esa necesidad puede traer problemas y tristeza. También puede aparecer en sueños como el bufón o juglar. Existe una parte anárquica en todos nosotros, que el vagabundo puede representar.
3. Desde un punto de vista espiritual, aunque esta imagen sea negativa al principio, si estamos dispuestos a trabajar con ella, puede tener significado muy positivo: al final, el vagabundo siempre está en el sitio adecuado, en el momento adecuado y por las razones adecuadas.

Vagina
Véase también *cuerpo*
1. Muchas personas tienen algún tipo de inhibición acerca de su sexualidad o de ciertas partes del cuerpo. Sin embargo, pocos sueñan directamente con la misma vagina. Ésta suele representarse o simbolizarse de algún modo, por ejemplo mediante un pasillo oscuro u otra de las imágenes relacionadas con la feminidad.

Vale
1. Un vale, como comprobante, puede interpretarse en sueños como sugerencia de nuestra capacidad de darnos permiso para hacer algo. Si, por ejemplo, es un vale de descuento, quizá no nos valoremos adecuadamente o bien busquemos una alternativa fácil.
2. Un vale tiene el efecto de ampliar las oportunidades. Como suele tratarse de un intercambio entre dos partes, puede indicar la ayuda que otros pueden proporcionarnos.
3. Una invitación al inconsciente, en el sentido de que intentamos negociar de algún modo con nosotros mismos, aparecería en sueños como un vale.

Valla

1. Cuando soñamos con vallas, pensamos en barreras sociales o de clase o, quizá, en nuestra necesidad de intimidad. Tal vez nos percatemos de ciertas fronteras en las relaciones que pueden impedirnos alcanzar el tipo adecuado de trato que necesitamos. Es posible que tengamos algún tipo de dificultad para expresarnos.
2. Cuando nos encontramos con una valla o una barrera, es preciso hacer un esfuerzo extra para superar lo que aquélla represente.
3. Una valla puede ilustrar fronteras espirituales. El soñador necesita examinar lo que le restringe en su búsqueda espiritual.

Valle

1. Soñar que descendemos a un valle puede tener el mismo significado que bajar por las escaleras: es decir, descender al subconsciente o a partes desconocidas de nosotros mismos. El resultado quizá sea o bien depresión y tristeza, o bien el hallazgo de nuevas áreas productivas en nuestro interior.
2. Encontrarse en un valle puede representar el lado protector y femenino de nuestra naturaleza, así como la cualidad de tener los pies en la tierra. Abandonar un valle sugiere que salimos de un periodo de introversión, con objeto de funcionar adecuadamente en el mundo exterior.
3. El miedo a morir y a la muerte suele traducirse en sueños como la entrada a un valle, el valle de la muerte. Vale la pena recordar que, según se dice a menudo, la entrada a éste es un acto consciente; el soñador debería reconocer que actúa su propio temor subconsciente.

Vals

Véase *bailar*

Vampiro

1. Cuando se nos exige mucho y no nos sentimos capaces de cumplirlo, quizá aparezca un vampiro en sueños. En sentido figurado, se nos chupa la sangre. El vampiro o bebedor de sangre es una figura tan temible, que se acepta como encarnación del diablo.
2. Con frecuencia, el temor a las relaciones emocionales y sexuales puede aparecer en sueños con forma de vampiro. Puesto que el ser humano conserva el miedo a lo desconocido, los símbolos antiguos que han representado este miedo aún surgen en sueños. El súcubo y el íncubo que absorben la energía vital de los jóvenes se ilustran a menudo como vampiros.
3. En sueños, el vampiro representa el mal que amenaza la vida. Sin embargo, tal vez el soñador tenga una visión fantástica de los dominios del mal, por lo que se podría mantener alguna reserva.

Vapor

1. En sueños, el vapor puede sugerir presión emocional. Sentimos apasionamiento acerca de algo, sin saber necesariamente de qué se trata.
2. El vapor sugiere transformación y una experiencia transitoria, ya que se desvanece.
3. Observamos y somos conscientes del poder del espíritu.

Vara

Véase también *bastón, garrote, porra y varita*

1. Como mucha gente asocia la vara con alguna forma de castigo o sadismo, soñar con ella puede suponer expiación o masoquismo. Sin embargo, es más probable que intentemos aceptar algún trauma infantil.
2. Puesto que una vara también implica flexibilidad, quizá intentemos alcanzar

el equilibrio entre la voluntad de aceptar una situación y el rechazo a ésta.
3. La vara significa flagelarse a sí mismo.

Varita
Véase también *cetro* y *vara*
1. Cuando soñamos que utilizamos una varita mágica, somos conscientes de la influencia que tenemos sobre otras personas. Por el contrario, si otra persona emplea la varita, advertimos el poder de sugestión dentro del entorno, para mejorarlo o empeorarlo.
2. La varita suele entenderse como instrumento de fuerzas sobrenaturales y, por tanto, ésta es la imagen más importante. Nos percatamos de alguna fuerza exterior a nosotros que necesita controlarse.
3. Soñar con una varita puede simbolizar poderes *mágicos* que tal vez nos influyan.

Vecino
Véase *personas*

Vegetación
Véase también *bosque*, *malas hierbas* y *plantas*
1. En un sueño, la vegetación puede representar a menudo los obstáculos para crecer que colocamos delante de nosotros. Por ejemplo, una mata de zarzas puede sugerir enganchones molestos en nuestro avance, mientras que las ortigas quizá simbolicen cómo otras personas intentan impedir nuestro progreso. La imagen de vegetación también se relaciona con el bosque.
2. Si bien los obstáculos que creamos pueden causar dificultades, también existen, por debajo de ellos, abundancia y fertilidad a nuestra disposición. En sueños, una imagen puede ayudarnos a comprenderlo. Limpiar la vegetación, por ejemplo en un huerto, puede sugerir que eliminamos lo que ya no nos sirve.

3. En un sueño, la vegetación simboliza abundancia y capacidad de crecimiento a nivel espiritual.

Vela
Véase también *cera*, *pastel* y *vela de barco*
1. En épocas paganas, la vela representaba la dispersión de la oscuridad y una forma de adorar al poder. Soñar con velas muestra que intentamos aclarar algo que no comprendemos. Unas velas en una tarta de cumpleaños podrían indicar, por tanto, que señalamos la transición de lo antiguo a lo nuevo. Encender una vela representa valor y resistencia o la petición de algo que necesitamos.
2. Como hoy día las velas se consideran anticuadas, desde un punto de vista psicológico pueden representar conocimientos o sabiduría que no han cristalizado por completo. También pueden representar nuestro control de magia personal.
3. Iluminación, sabiduría, fuerza, belleza.

Vela de barco
Véase también *barco*, *navegar* y *viento*
1. Las velas de un barco sugieren la idea de aprovechar el poder disponible. Con frecuencia, su tipo será relevante. Unas velas antiguas sugerirían métodos anticuados, mientras que si fueran para una regata, quizá harían pensar en la técnica moderna. También es posible que el color sea importante (véase *colores*).
2. Las velas de una embarcación pueden representar embarazo y fertilidad. Por asociación, quizá indiquen también cómo utiliza una mujer su intelecto.
3. Las velas representan el espíritu, como fuerza que nos impulsa.

Velar
Véase también *funeral* y *luto*

1. Velar, como honra fúnebre, nos permite la oportunidad de sentir el dolor adecuadamente. Cuando en sueños nos encontramos en una situación así, debemos darnos cuenta de que quizá haya alguna razón en nuestra vida que nos haga pasar un periodo de luto. Debemos abandonar lo que nos es muy querido.
2. En la mayoría de las religiones, existe un periodo alrededor de una muerte en el que es apropiado expresar nuestros sentimientos. A veces, es más fácil hacerlo en compañía y con el apoyo de otras personas. Velar así en sueños indica que tal vez nos haga falta apoyo para superar un disgusto.
3. Espiritualmente, velar significa dolor apropiado.

Vellón
Véase también *lana*
1. La lana de oveja, que representa seguridad, calidez y confort, indicará con frecuencia las comodidades que podemos permitirnos.
2. Soñar con vellones de lana, por oposición a la misma oveja, significa un retorno a un conjunto de valores anterior. Se relaciona con las tareas que se nos exigen cuando partimos en el viaje del héroe. Quizá tengamos miedo de que lo que vamos a hacer es imposible, pero nuestro sentido de conservación no nos permitirá abandonar.
3. Tal vez estemos esperando una recompensa espiritual. En este caso, el mensaje sería «mantén el buen trabajo». Nuestra tarea alcanzará el éxito.

Velo
Véase también *ropa*
1. Cuando un objeto está velado en sueños, existe algún tipo de secreto que debe revelarse. Al soñar, quizá nos ocultemos algo a nosotros mismos, pero también podría ocurrir que otras personas nos mantengan en la ignorancia.
2. La mente tiene modos diferentes de indicar los pensamientos ocultos en sueños. El velo es uno de sus símbolos.
3. Un velo puede representar todo lo escondido y misterioso, por lo que se convierte en un aspecto de lo oculto.

Velocidad
1. En sueños, la velocidad identifica una intensidad de sentimientos que no suele estar disponible durante la vigilia. Como todo ocurre demasiado rápido, provoca una angustia en el soñador que le crea problemas.
2. Viajar a mucha velocidad sugiere que intentamos obtener algún resultado rápidamente. El exceso de velocidad, como en la infracción de tráfico, indica que estamos demasiado centrados en el resultado final, no en el modo de llegar hasta él.
3. Cuando nos desarrollamos espiritualmente, llega un momento en que perdemos la sensación de tiempo. Acelerar las cosas puede aparecer como retrasarlas y viceversa.

Venado
Véase *ciervo* **en** *animales*

Venda
1. Cuando en un sueño se pone una venda, se muestra el comienzo de una curación. Quizá existan sentimientos heridos o dolores emocionales que requieran atención.
2. Tal vez algún problema de nuestra vida nos haya hecho enfermar y nos haga falta dedicar atención a nuestra capacidad para curarnos. Si la venda se desprende, es posible que hayamos superado el problema, pero también que hayamos sido descuidados en cuanto a la responsabilidad por nosotros mismos.

3. Las vendas significan conservación, como en el caso de las momias. En este caso, el soñador puede analizar lo que quiere conservar en su vida y actuar en consecuencia.

Vendaval
Véase también huracán y viento
1. Encontrarnos en medio de un vendaval indica que nos sentimos zarandeados por circunstancias que escapan a nuestro control. Permitimos que éstas nos creen dificultades, cuando en realidad quizá sea preciso examinar lo que hacemos y buscar cobijo (es decir, retirarnos de la situación) o luchar hasta alcanzar algún tipo de refugio.
2. Puesto que el viento en sueños representa muchas veces asuntos espirituales, quizá nos tomemos a nosotros mismos demasiado en serio. Tal vez dejemos que las fuerzas interiores, que nos impulsarán hacia algo distinto, tengan excesivo significado.
3. Un vendaval no sólo puede simbolizar el espíritu que llevamos dentro, sino también el lado espiritual de las cosas, sobre todo el espíritu.

Veneno
1. Reconocer un veneno en sueños significa que debemos evitar una actitud, emoción o pensamiento que no será bueno para nosotros. En nuestro ambiente, existe algo que no sólo no es bueno ahora, sino que tampoco lo será en el futuro.
2. Las actitudes y creencias de otras personas pueden contaminar a menudo nuestro modo de pensar y sentir. A veces, esto se muestra en sueños como veneno.
3. Quizá estén presentes sustancias malignas que podrían contaminar nuestro avance espiritual.

Ventana
Véase edificios

Verano
Véase también estaciones
1. Durante un sueño, advertir que es verano sugiere que estamos en una buena época de nuestra vida. Podemos esperar éxito en ciertos proyectos que nos ocupan. Tenemos la capacidad de aprovechar al máximo lo que hemos hecho hasta el momento.
2. Desde un punto de vista psicológico, el significado del verano es doble. Debido a su asociación con las vacaciones y la diversión, podemos sentirnos más relajados. También disponemos de oportunidades para conocer a otras personas y establecer nuevas relaciones.
3. Esotéricamente, el verano representa el medio de la vida. Es un periodo de logros espirituales y de aptitud para planear el resto de la vida. Hemos aprendido de la experiencia y podemos ponerla en práctica a partir de ahora.

Verduras
Véase alimentos y cosecha

Verruga
1. Cualquier imperfección que nos llame la atención en sueños puede aceptarse como prueba de que existe una distorsión en nuestro modo de ver el mundo.
2. A menudo, nos perturba lo que se salga de lo normal o sea imperfecto. Alrededor de las verrugas y los métodos para librarse de ellas han surgido muchas leyendas populares. Soñar con verrugas se relaciona con la parte de nosotros mismos que sigue siendo supersticiosa.
3. Una distorsión de tipo espiritual quizá permita poco entendimiento al soñador. Si es así, éste debería tomarse tiempo y dejar que la distorsión siga su curso.

Vertical
Véase *posición*

Vesícula biliar
1. Soñar con la vesícula biliar, o con una operación de vesícula biliar, suele representar la necesidad de abandonar alguna actividad que no nos hace ningún bien. Asimilamos la información incorrecta, que nos causa problemas, y tenemos que librarnos de la amargura, malhumor o, incluso, culpa.

Vía de tren
Véase también *tren* en *viaje*
1. En sueños, una vía de tren significa el camino que queremos seguir en la vida. Podemos escoger una ruta e informarnos sobre ella. Una sola vía sugiere que sólo hay un camino hacia delante, mientras que varias muestran que existen muchas más oportunidades.
2. Desde un punto de vista psicológico, una vía de tren ilustra la idea de mantenerse centrados en un propósito, que quizá sea colectivo, y no desviarse de él. Un simbolismo temprano de la vía era la capacidad de pasar por alto los obstáculos, de rodear, atravesar o superar cualquier cosa que se interpusiera.
3. Espiritualmente, la vía de tren sugiere una dirección elegida, que suele ser bastante recta.

Viaje
Véase también *precio de un viaje*
1. La imagen de un viaje es muy poderosa en la elaboración de los sueños. Siempre que aparece la idea de un desplazamiento, éste se relaciona con el modo de desenvolvernos en la vida cotidiana y de avanzar en ella. Cada paso que damos hacia una mejor comprensión de nosotros mismos y el mundo en que vivimos puede ilustrarse como un viaje; los sueños de una persona reflejan sus avances. En el habla corriente, empleamos frases hechas para sugerir nuestra comprensión: hablamos de subidas y bajadas de ánimo, de encontrarse varado, etcétera. Todos los momentos son completamente únicos y se reflejan en sueños en calidad de tales. La mayoría de los sueños tratan del aquí y ahora, y nos proporcionan una fotografía de lo que ocurre en cada momento en particular. las imágenes reflejarán cómo nos sentimos, qué obstáculos existen, cómo podemos actuar y cuál podría o debería ser nuestro objetivo final. El sueño traerá imágenes del pasado o escenas reconocibles para ayudarnos a interpretar lo que sucede y a avanzar para encontrar nuestro destino.

La sensación de haber completado un viaje: llegar a casa, aterrizar, etcétera, indica que hemos cumplido con éxito nuestros propósitos. Los accidentes representan discusiones y conflictos, causados a menudo por nuestra propia agresividad. Evitar un accidente supone ser capaces de controlar nuestros impulsos. Si soñamos que un viaje difícil ha terminado, hemos atravesado las dificultades y obstáculos del pasado. Si nos encontramos obstáculos, somos conscientes de las dificultades que pueden surgir. Debemos advertir que nosotros mismos creamos los problemas; quizá nuestra actitud ante la vida sea la responsable. Cuando doblamos una esquina en sueños, hemos aceptado la necesidad de un cambio de dirección. Tal vez hayamos tomado una decisión importante. Si frenamos y avanzamos alternativamente, existe un conflicto entre la pereza y la energía. Cuando nos encontramos parados o en un atasco de tráfico, se nos impide avanzar, o nos lo impedimos nosotros. El sueño debe examinarse con cuidado, ya que quizá sea adecuado detenerse.

Accidentes e infracciones de tráfico (véase también *accidente*): los accidentes e infracciones quizá se relacionen con la sexualidad o la imagen de uno mismo; tal vez no estemos siendo lo bastante cuidadosos para que nuestra conducta sea buena. Un choque podría sugerir un conflicto con alguien, las riñas por el tráfico indicarían que no controlamos nuestras emociones, etcétera.

Carretera (véase también *camino* y *encrucijada*): en un sueño, la carretera sugiere nuestro camino individual hacia delante. Así como un vehículo simboliza el cuerpo del soñador y su modo exterior de ser, la carretera refleja su modo de actuar. Cualquier obstáculo ilustra las dificultades del camino elegido. Las curvas suponen cambios de dirección. Los cruces ofrecen alternativas, mientras que una calle sin salida (véase la entrada correspondiente) indicaría la falta de porvenir. Si en el sueño se destaca una parte determinada de la carretera, quizá se represente un cierto periodo de tiempo o se refleje un esfuerzo. Ir cuesta arriba ilustraría un esfuerzo extra, mientras que ir cuesta abajo significaría falta de control.

Conducir: todo el simbolismo de la conducción en sueños es bastante obvio. Conducir representa nuestros impulsos, necesidades y deseos básicos. Si nosotros estamos al volante, controlamos la acción. Si no estamos contentos cuando otra persona conduce, quizá no sintamos confianza y no queramos depender de ella. Cuando alguien nos releva al volante, estamos volviéndonos pasivos. Si adelantamos un coche, alcanzamos el éxito, aunque quizá de un modo competitivo. En cambio, cuando nos adelantan, tal vez nos parezca que otra persona es más fuerte que nosotros. De nuevo, nuestro modo de ser en la vida cotidiana aparece en el sueño: nuestros impulsos, miedos, dudas y agresividad se reflejan en cómo conducimos.

Destino (véase también *lugar de destino*): cuando el destino del viaje está claro, proporcionará alguna idea sobre los propósitos y objetivos del soñador. Tal vez nuestras esperanzas e ideales explícitos no se correspondan con los que tenemos en el subconsciente; la motivación interior podría ser completamente distinta a la conducta exterior, y los sueños mostrarían la discrepancia. A menudo, no sabemos la naturaleza exacta de nuestro objetivo hasta que no hayamos afrontado los obstáculos y retos del camino, y basta con tener un propósito para esa parte determinada del viaje.

Motor (véase también la entrada correspondiente): el motor representa el impulso sexual u otros impulsos instintivos, nuestra motivación básica.

Pasajero: Si somos pasajeros en un vehículo, tal vez tengamos la sensación de que las circunstancias nos impulsan y no hemos considerado de verdad nuestro propio camino hacia delante. Si llevamos a otros como pasajeros, tal vez nos hayamos responsabilizado de otras personas, a sabiendas o inadvertidamente.

Salida (véase también *marcharse*): tal vez soñemos con la salida del tren, el despegar de un avión, etcétera. Anteriormente, salir de viaje se interpretaba como símbolo de la muerte. Hoy día, se piensa más bien en un comienzo nuevo: abandonamos la vida anterior para emprender algo distinto. Cuando alguien presente en nuestra vida nos abandona, quizá soñemos con salidas de viaje y el dolor que produce la separación. En algunas circunstancias, soñar que queremos marcharnos pero no podemos sugiere que aún queda trabajo por hacer. Ser conscientes de la hora de salida podría indi-

car que advertimos un límite de tiempo en alguna circunstancia de nuestra vida.
2. El tipo de transporte quizá sugiera cómo atravesamos esta etapa determinada de nuestra vida. Antiguamente, el caballo se empleaba como imagen para ilustrar cómo afrontábamos la vida; hoy en día, se ha sustituido por el coche o el avión. El vehículo que aparece en sueños suele adaptarse a la visión que tenemos de nosotros mismos: por ejemplo, podríamos conducir un coche muy sencillo o un Rolls Royce. (Un soñador describió una aparición en un sueño como «un Rolls Royce que se cree un Mini.») Una imagen así podría ilustrar nuestro cuerpo o nuestra personalidad. Si el soñador conduce, quizá sienta que puede dirigir su propio destino. Si es un pasajero, tal vez le parezca que otros intentan controlar su vida. En caso de que viaje con amigos, podría ser consciente de un objetivo común, pero si no conoce a los compañeros, tal vez necesite explorar su capacidad de establecer relaciones sociales.

Autobús (véase también la entrada correspondiente): un viaje en autobús representa la parte de nuestra vida en que somos conscientes de la necesidad de viajar y de estar con otras personas. Tal vez tengamos un propósito común con ellas. Si hay problemas con los horarios, por ejemplo, perdemos un autobús, llegamos demasiado temprano o perdemos un enlace, no dominamos nuestra vida y quizá deberíamos reflexionar y plantearnos cómo deseamos continuarla. Cuando en sueños subimos al autobús equivocado o seguimos una ruta incorrecta, existe un conflicto entre deseos, y debemos advertir nuestra intuición. Suele tratarse de un aviso de una acción incorrecta. Si no podemos pagar el billete, no tenemos los recursos suficientes para seguir cierto modo de actuar. Quizá no hayamos prestado bastante atención a los detalles.

Avión (véase también la entrada correspondiente): un avión sugiere un viaje rápido, con cierta atención a los detalles. Quizá nos estemos embarcando en una nueva relación sexual. Un piloto es una imagen romántica del *animus* o el *sí mismo* (véase la introducción de este libro).

Barco (véase también la entrada correspondiente): la interpretación del sueño dependerá de qué clase de barco aparezca. Una barca pequeña de remos indicaría un viaje emocional, pero uno en el que se va solo. Un yate podría indicar un viaje similar, recorrido con estilo, mientras que un barco grande sugeriría la creación de nuevos horizontes, pero en compañía de otras personas. Lo que el barco haga en sueños tendrá relevancia como reflejo de nuestra vida cotidiana; por ejemplo, encallar, entrar en el puerto, etcétera. Un viaje largo apunta al abandono de amigos y familia, como lo haría escaparse al mar. Un desembarco indica el final de un proyecto, realizado o no. Perder el barco implica que no hemos prestado suficiente atención a los detalles, en un proyecto de la vigilia. Cualquier canal estrecho o río sugiere la experiencia del nacimiento. Un transbordador (véase también la entrada correspondiente) o barca de remos contiene todo el simbolismo del viaje a través de la laguna Estigia, después de la muerte. Supone el abandono de los deseos egoístas. Después de este viaje, podemos renacer a una vida o modo de vida mejor.

Bicicleta (véase también la entrada correspondiente): la bicicleta refleja juventud y libertad, así como quizá los primeros impulsos del despertar sexual.

Caminar (véase también la entrada correspondiente): si somos conscientes de que tenemos que caminar, el sueño suele sugerir que somos capaces de seguir solos durante esa parte del viaje, sin ayuda. Cuando salimos a dar un paseo, podemos disfrutar del proceso de recuperar energías y aclarar la mente.

Camión: un camión que aparece en sueños tiene el mismo significado que un coche, sólo que los impulsos y ambiciones representados se relacionan más bien con nuestro trabajo y con la manera de tratar con el mundo en general, desde un punto de vista comercial.

Coche, carro, carruaje (véanse también las entradas correspondientes): el coche es un reflejo del soñador y de cómo se desenvuelve en la vida. Representa el cuerpo, de modo que si algo falla con el vehículo, el sueño nos alerta sobre un problema físico. Por ejemplo, si el motor no funciona correctamente, no podemos acumular suficientes energías para continuar. Si el motor de arranque no funciona, el sueño sugeriría que necesitamos ayuda para comenzar un proyecto. A nosotros corresponde traducir el simbolismo a nuestra vida. Incluso en la vida cotidiana, se puede observar que el coche ilustra la imagen que una persona tiene de sí misma y, tal vez, de su sexualidad. Los neumáticos traseros podrían indicar el trasero del soñador, el volante nuestro modo de dirigir la vida, etcétera. Si los frenos no funcionan, no ejercemos un control adecuado sobre nuestra vida. Demasiadas personas en el coche sugerirían que nos sentimos excesivamente cargados de responsabilidad.

Motocicleta: la motocicleta es símbolo de juventud y atrevimiento masculino. En sueños, es una imagen de comportamiento independiente y representa a menudo el acto sexual. También puede ser símbolo de libertad. Los ángeles del infierno sugerirían algún tipo de conducta anarquista.

Tren: en general, un tren destaca la actitud del soñador hacia el comportamiento social y las relaciones con otras personas, además de consigo mismo. Un tren de vapor sugeriría que nos sentimos anticuados u obsoletos, mientras que un tren moderno de alta velocidad ilustraría rapidez y eficiencia. Si cogemos el tren, hemos conseguido que las circunstancias exteriores cooperen con nosotros para alcanzar algún objetivo determinado. Si perdemos el tren, no tenemos los recursos suficientes que nos permitan obtener éxito de modo adecuado, bien porque hemos olvidado algo o bien porque no hemos sido lo bastante cuidadosos. Tenemos miedo de perder una oportunidad. Asimismo, quizá nos parezca que las circunstancias exteriores nos controlan en algún grado. Con frecuencia, los sueños en que perdemos un tren y después lo tomamos, el mismo o uno posterior, sugieren que manejamos mejor nuestros recursos interiores. Cuando los sueños en que perdemos un tren se alternan con otros en que cogemos uno, el soñador intenta dilucidar su motivación. Abandonar el tren antes de que llegue a su destino supone que tenemos miedo de tener éxito en cierto proyecto. En este sueño, que también puede representar la eyaculación precoz, no parece que mantengamos el control. Abandonar el tren antes de que salga indica que el soñador ha cambiado de opinión sobre cierta situación de la vigilia. Los raíles y vías tendrán significado como caminos que nos permiten alcanzar nuestro destino (véase *vía de tren*). Ser conscientes de cómo avanza la vía quizá nos dé una idea sobre en qué dirección vamos; reconocer las señales que aparecen delante tendría el mismo significado. Descarrilar podría suponer que hacemos algo inadecuado. Un sueño en el que no queremos estar

en el tren acaso indicara la sensación de que las circunstancias exteriores nos influyen en exceso. Llegar a la estación indica que hemos completado esa etapa del viaje de nuestra vida. Tal vez estemos preparados para una nueva relación con el mundo en general. Los vagones del tren sugieren los distintos compartimentos o secciones de nuestra vida y cómo nos sentimos hacia ellos. Por ejemplo, si un vagón está desordenado o sucio, tal vez seamos conscientes de que debemos arreglar algún aspecto de nuestra vida.
3. La imagen de un viaje aparece con mayor frecuencia conforme avanza el tiempo y se acerca la muerte. Nos volvemos más conscientes de que nos acercamos a nuestro destino final.

Víbora
Véase también *serpiente* en *animales*
1. Una persona o situación *resbaladiza* está presente, de una forma u otra. Quizá existan circunstancias en las que no se pueda confiar en otra persona o que sean imposibles de controlar.
2. Como se acepta que cualquier serpiente representa temas relacionados con el sexo (aunque, en realidad, sea más correcto relacionarla con la sexualidad masculina), existen asuntos sin resolver que tienen que ver con sexo o miedo hacia la actividad sexual.
3. Donde exista una acción depravada o engañosa, existe la maldad.

Vicio
1. Soñar con el vicio sugiere que advertimos el lado de nosotros mismos que es rebelde y no encaja con la sociedad. Quizá debamos ajustar de algún modo nuestra conducta.
2. Los sueños nos permiten a menudo ciertos comportamientos que no intentaríamos normalmente en la vida cotidiana. Percatarnos de algún vicio en particular, como pereza, envidia o apatía, en uno de los personajes del sueño quizá nos permita manejar esa tendencia dentro de nosotros.
3. La conducta inaceptable puede manifestarse en forma de vicio. El soñador debería considerar según qué normas se juzga su conducta inaceptable y tratarla en consecuencia.

Víctima
Véase también *sadismo*
1. Con frecuencia, en sueños percibimos que nos ocurre algo que no podemos controlar. Somos víctimas, en el sentido de que estamos pasivos o impotentes dentro de la situación. Otras veces, nos damos cuenta de que tratamos a los demás de modo incorrecto. Los hacemos víctimas de nuestra agresividad anterior y no nos comportamos adecuadamente durante la vigilia.
2. Cuando creamos sin cesar situaciones en las que perdemos, esta tendencia se destaca en sueños, quizá con cierto dramatismo. Tal vez nos veamos como víctimas de robo, violación o asesinato, por ejemplo. Estos sueños no serán precognitivos, a menos que no identifiquemos adecuadamente nuestra capacidad para volvernos víctimas. La naturaleza del problema quizá se descubra mediante el contenido del sueño.
3. Si el soñador reprime su capacidad de desarrollar potencial espiritual, aparecerá en sueños como víctima, de lo que será responsable.

Victoria
1. Existen muchas maneras de alcanzar la victoria en sueños. La escena quizá sea un conflicto entre dos aspectos de nosotros mismos o se nos exija superar algu-

na dificultad. La sensación de logro que tenemos en sueños puede reproducirse en la vida de vigilia y nos infunde confianza en nuestras capacidades.

2. Desde un punto de vista psicológico, la victoria es la superación de obstáculos que nosotros mismos nos hemos puesto. En sueños, a menudo necesitamos un simulacro y una representación en imágenes de nuestras aptitudes, para lograr el éxito.

3. Si el soñador ha alcanzado cierto éxito espiritual, éste puede mostrarse como una victoria de alguna clase.

Vid

1. En sueños, la vid puede sugerir crecimiento y fructificación, de todo nuestro ser o de alguna de sus partes.

2. Cuando soñamos con vides, a menudo nos referimos a los distintos miembros de nuestra familia, incluidos los antepasados. Establecemos contacto con nuestro lado más espiritual, que ha crecido gracias a la experiencia compartida, más que a la individual.

3. Una vid o una viña puede simbolizar el crecimiento de naturaleza espiritual. También puede representar la fertilidad.

Vidrio

Véase también *transparencia*

1. Soñar con vidrio ilustra las barreras invisibles, pero muy tangibles, que quizá elevemos alrededor de nosotros, para protegernos de las relaciones con otras personas. Quizá también estas barreras sean las que elevan los demás o los aspectos de nosotros mismos que hemos construido en defensa propia.

2. Un sueño en el que rompemos vidrios supone que atravesamos estos obstáculos (véase *romper*). Hacemos añicos las emociones que nos mantienen atrapados y nos movemos a un espacio más amplio,

donde no permitimos que se construyan barreras. Los vidrios esmerilados o ahumados pueden indicar deseo de intimidad o nuestra visión oscurecida de determinada situación de nuestra vida.

3. La barrera entre esta vida y la siguiente.

Viejo

1. Cuando soñamos con algo viejo, entramos en contacto con el pasado; quizá necesitemos recuperar algún conocimiento, para aprovecharlo en la actualidad. Soñar con figuras históricas suele significar que somos conscientes de las cualidades que poseían esas personas. Acaso nos haga falta desarrollarlas en nosotros mismos.

2. En sueños, las personas viejas suelen sugerir pensamiento o sabiduría tradicional que surge de la experiencia (véase *personas*). Tal vez también tengamos que considerar nuestra actitud ante la muerte. Los edificios antiguos pueden significar un modo de vida pasado que creíamos haber dejado atrás. Las antigüedades representan a menudo elementos de nuestra experiencia pasada que valdría la pena conservar.

3. Existe un lado sabio en nosotros al que no siempre podemos acceder conscientemente. Un anciano que aparece en sueños (véase la introducción de este libro) nos relaciona con esta parte. También puede representar nuestros sentimientos sobre el tiempo y la muerte.

Viento

Véase también *brisa, corriente de aire, tiempo atmosférico* **y** *vendaval*

1. En sueños, el viento simboliza el intelecto. La interpretación del sueño dependerá de la fuerza del aire. Por ejemplo, la brisa sugeriría suavidad y placer; una idea o concepto que tenemos empieza a movernos. Un vendaval quizá indicase

un principio que defendemos apasionadamente, mientras que el viento del norte tal vez suponga una amenaza contra nuestra seguridad.
2. Desde un punto de vista ligeramente más psicológico, en sueños el viento puede sugerir el comienzo de una conciencia nueva y más profunda de nosotros mismos. Así como en el cristianismo se decía que el Espíritu Santo era un viento que soplaba con ímpetu, un sueño de este tipo puede representar algún tipo de revelación.
3. El poder del espíritu y el movimiento de la vida.

Viña
Véase vid

Vinagre
1. El vinagre, al tener sabor agrio, es una representación de todo lo que resulta problemático cuando asimilamos información. Por tanto, puede significar conocimientos difíciles de digerir.
2. Curiosamente, el vinagre es símbolo de la vida, porque conserva y, además, se trata de algo que queda después de un cambio en su estado original. En sueños, este simbolismo puede aparecer con mucha fuerza.
3. La conservación de la vida espiritual y todo lo que nos es muy querido se simbolizan mediante el vinagre, debido a sus propiedades conservantes.

Vino
Véase también *alcohol*
1. En sueños, el vino puede sugerir una ocasión feliz. Se trata de una sustancia que influye en nuestra conciencia y en la percepción de nuestro entorno. Una bodega puede representar la suma de nuestras experiencias pasadas, ya sean buenas o malas. Algunas personas interpretan que una botella de vino, como fuente de satisfacción, indica el pene y la masculinidad.
2. Como símbolo del *líquido de la vida*, el vino subraya nuestra capacidad de extraer lo mejor de nuestras experiencias y aprovechar lo que obtenemos, para alcanzar diversión y alegría. El vaso de vino puede tener dos significados. Primero, representa el recipiente de nuestra felicidad; segundo, sugiere embarazo. Un vaso de vino roto quizá ilustre el dolor o, en el sueño de una mujer, un aborto.
3. El vino puede representar posibilidades de abundancia espiritual, como en la parábola en que se convierte el agua en vino. También podría significar la asimilación de poder espiritual.

Violación
Véase *sexo*

Violencia
Véase también *asesinato, matar* y *pelea*
1. Cualquier clase de violencia que aparezca en sueños es un reflejo de nuestros sentimientos, a veces sobre nosotros, a veces sobre las situaciones que nos rodean. A menudo, vale la pena fijarse en el tipo de violencia, si queremos comprendernos por completo.
2. Cuando, debido a la presión social u otras circunstancias, somos incapaces de expresarnos adecuadamente, quizá nos comportemos con violencia en los sueños. Si otras personas son violentas con nosotros, es posible que debamos tener cuidado durante la vigilia, para no alterar a los demás.
3. Las escenas o actos de violencia en un sueño pueden representar una sensación de injusticia espiritual. El soñador debería asociarlas con acontecimientos espirituales recientes.

Virgen

1. Soñar que se es virgen sugiere un estado de inocencia y pureza. Un sueño en el que otra persona es virgen subraya los ideales de integridad y decencia.
2. La mente virginal, es decir, libre de engaño y malicia, es quizá más importante que la virginidad física. Este aspecto suele destacarse en sueños. En el sueño de una mujer, una imagen así sugiere que está en contacto con su propia psique.
3. Espiritualmente, existe cierta inocencia y pureza, que a menudo puede ponerse al servicio de los demás.

Visiones

1. Una vez que la mente está libre de restricciones conscientes, parece funcionar en distintos niveles. Por tanto, es posible advertir tres partes separadas en un sueño: el yo del sueño, el contenido y, por último, normalmente mediante imágenes, la información y los conocimientos. Éstos son las visiones de los sueños. Muchas personas han sugerido que este tipo de sueño produce una sensación distinta a la de otros, más mundanos.
2. Cuando están medio despiertas, medio dormidas, justo antes y después de dormirse, muchas personas experimentan imágenes muy fuertes, que se recuerdan de modo distinto a las del sueño. También podrían llamarse visiones.
3. Las manifestaciones espirituales o, más bien, manifestaciones del espíritu, se aceptan como visiones.

Visita

1. La visita de alguien en un sueño puede sugerir que podemos acceder a información, calidez o amor. Si se trata de un conocido, quizá esto pueda aplicarse a una situación de la vida real. Si no, tal vez exista una faceta de nuestra personalidad que intenta aparecer.
2. Visitar a otra persona en sueños significa que acaso debamos ampliar nuestros horizontes de algún modo. Podría ser física, emocional o espiritualmente.
3. La guía espiritual de uno mismo suele ponerse a nuestra disposición, por vez primera, durante el sueño.

Vitamina
Véase también *pastilla*

1. Soñar que tomamos vitaminas indica cierta preocupación por la salud. Quizá nos demos cuenta de que no nos alimentamos correctamente y nos haga falta algo de ayuda.
2. Desde un punto de vista ligeramente más esotérico, advertimos que no estamos haciendo lo mejor para nosotros y necesitamos algo más de la vida, para actuar de acuerdo con nuestras verdaderas posibilidades. Podría existir una situación en nuestra vida que necesite determinado tipo de asistencia.
3. Se necesita una vibración más elevada para progresar.

Viuda

1. Cuando una mujer sueña que está viuda, el sueño puede sugerir pérdida y tristeza. A veces, un sueño así puede señalar el cambio en la conciencia de una mujer, conforme avanza hacia la «vieja bruja» o la mujer sabia. Si una mujer sueña con una viuda, se destaca su capacidad de ser libre y emplear su sabiduría innata.
2. En el sueño de un hombre, una viuda quizá signifique una comprensión más profunda de las necesidades de una mujer. Tal vez el soñador reconozca que las mujeres no se vuelven necesariamente dependientes de él. Por supuesto, aquí influirá la relación con su madre.
3. Sabiduría espiritual femenina.

Volar
Véase también *alas* y *viaje*
1. Convencionalmente, soñar con un vuelo se relaciona con el sexo y la sexualidad, pero quizá sería más adecuado interpretar el sueño en términos de falta de inhibición y de libertad. Nos liberamos de limitaciones que tal vez nos impongamos nosotros mismos.
2. Volar hacia arriba supone avanzar hacia una apreciación más espiritual de nuestra vida, mientras que volar hacia abajo indica un intento de comprender el subconsciente y todo lo que implica.
3. Libertad espiritual.

Volcán
1. La imagen de un volcán en sueños es muy expresiva, en parte debido a su condición impredecible. Soñar con un volcán extinguido puede indicar o bien que hemos apagado nuestras pasiones, o bien que una situación difícil, que podría haber durado bastante, ha terminado.
2. Un volcán en erupción suele significar que no controlamos una situación o nuestras emociones, que pueden aflorar de manera dolorosa. Si la lava se destaca, los sentimientos serán muy profundos. Si se ha enfriado, ha existido una pasión profunda que ya se ha amortiguado. Cuando nos llama la atención la explosión, la sensación dominante tal vez sea la ira.
3. Un volcán representa una pasión espiritual profunda. A veces, ésta puede entrar en erupción con resultados aterradores.

Vomitar
Véase también *enfermedad* y *náuseas*
1. Sentir ganas de vomitar en un sueño supone identificar una sensación incómoda, de la que es preciso deshacerse. El sueño sugiere que descargamos y apartamos de nosotros sentimientos y emociones desagradables. Significaría que limpiamos algo de nuestro interior que nos hace sentir muy molestos. Quizá en la vida cotidiana haya alguna relación o situación que nos produzca náuseas. Soñar que vemos vomitar a otra persona indica que tal vez la hayamos disgustado y debamos compadecernos.
2. Desde un punto de vista psicológico, nuestras emociones nos gobiernan. El estómago es un centro nervioso que reacciona ante estímulos negativos, lo que puede derivar en vómitos durante un sueño. Intuitivamente, a menudo podemos ser conscientes de los problemas que nos rodean y sentirnos afectados por ellos. Cuando nos sentimos sobrecargados, quizá necesitemos arrojar fuera el trastorno que nos causan. Despertarse con ganas de vomitar sugiere que nos hemos visto afectados emocionalmente por la liberación ocurrida en los sueños que hayamos tenido.
3. Cuando espiritualmente algo no funciona bien en nuestro mundo, necesitamos erradicarlo, y un modo de hacerlo es vomitar. Además, la acción simboliza la descarga del mal. Quizá nos hayamos agarrado a sentimientos malos durante tanto tiempo, que han surgido algunos problemas en nuestro sistema espiritual.

Votar
1. Soñar que votamos en unas elecciones, ya sean al gobierno o en el trabajo, destaca nuestro deseo y capacidad de pertenecer a grupos. Si somos conscientes de que votamos lo mismo que los demás, aceptamos con gusto la práctica del grupo. Votar contra los demás indica la necesidad de rebelarse.
2. Si bien se supone que el proceso de votación es justo y equitativo, cuando soñamos con él quizá lo cuestionemos.

Soñar que nos eligen para un puesto supone buscar poder.
3. Desde un punto de vista espiritual, cuando hemos aceptado algo incondicionalmente, depositamos en ello nuestra confianza. Una oferta votiva es una petición espiritual.

Voto
Véase también *votar*
1. Un voto es un pacto o acuerdo entre dos personas o entre uno mismo y Dios. Soñar que hacemos un voto supone asumir responsabilidad por nuestra propia vida. Es más solemne que una simple promesa y los resultados son de mayor alcance.
2. Como un voto se hace en presencia de testigos, debemos ser conscientes del efecto que tendrá sobre otras personas. En sueños, esperamos que los demás nos ayuden a mantener nuestra promesa. Oír cómo intercambiamos promesas matrimoniales indica nuestro compromiso con la totalidad.
3. Un voto es una promesa espiritual entre el soñador y su universo.

Voz
1. La voz es un instrumento que empleamos para expresarnos. Todos tenemos conciencia interior de nuestro propio estado que, a veces, es difícil de exteriorizar. A menudo, en sueños somos capaces de utilizar la voz de formas más adecuadas. Muchas veces, se nos habla en sueños para que podamos recordar la información que nos dan.
2. Una voz que habla a través de uno mismo, o a uno, tiene dos áreas de significado. Si uno cree en el reino de los espíritus, se trata de una comunicación de un espíritu inmaterial. Desde un punto de vista más psicológico, cuando suprimimos ciertos lados de nuestra personalidad, éstos pueden aflorar en sueños como voces incorpóreas.
3. La voz de Dios es una expresión utilizada para describir la energía de una llamada espiritual.

W-Y

desde *whisky* hasta *yunque*

Whisky
Véase *alcohol*

Y
1. Se dice que esta letra representa la figura humana con los brazos extendidos, que intenta alcanzar la espiritualidad.
2. En términos espirituales, la y representa la dualidad que se convierte en unidad.
3. Búsqueda espiritual.

Yate
Véase *barco* en *viaje*

Yegua
Véase *caballo* en *animales*

Yin y yang
1. Este símbolo se ha popularizado mucho en Occidente durante los últimos años, como equilibrio de dos conceptos opuestos y complementarios. En sueños, indica el equilibrio entre la naturaleza instintiva e intuitiva de lo femenino y la naturaleza activa y racional de lo masculino.
2. Sin cesar buscamos el equilibrio, pero no necesariamente un estado de inercia. El símbolo del yin y el yang representa un estado de potencial dinámico.
3. El equilibrio perfecto se produce mediante esta energía, creada por dos conceptos opuestos y complementarios.

Yogui
Véase *gurú*

Yugo
Véase *arnés* y *ronzal*

Yunque
1. Según las circunstancias del sueño, el yunque puede representar la fuerza básica de la naturaleza, fuerza bruta o un modo de hacer saltar una chispa inicial. Al crear una situación en nuestra

vida en la que tendremos que pasar por pruebas, nos enfrentamos a fuerzas naturales.
2. Como símbolo de la chispa de la vida y de iniciación, el yunque era antiguamente una imagen muy poderosa. Hoy día, su significado se representa más a menudo mediante las bujías de un coche.
3. El yunque se relaciona con los dioses herreros de la mitología nórdica. Su simbolismo incluye forjar una nueva vida, crear comienzos nuevos...

Z
desde *zambullirse* hasta *zoológico*

Zambullirse
Véase también *sumergirse*
1. Zambullirnos en algo supone reconocer que nos enfrentamos a la incertidumbre. Entramos en algo desconocido, algo que quizá no hayamos hecho anteriormente, y corremos un riesgo. Muy a menudo, el peligro nos llevará hasta nuestras profundidades emocionales y aprenderemos algo nuevo sobre nosotros, que podremos emplear a partir de entonces.
2. Cuando nos enfrentamos a la incertidumbre durante la vigilia, con frecuencia nos hace falta asegurarnos de que tenemos el valor y el atrevimiento de seguir adelante con una actividad en particular. Muchas veces, soñar que nos zambullimos significa reconocer que tenemos la capacidad de seguir adelante.
3. El riesgo espiritual nos empuja hasta una situación en la que debemos zambullirnos.

Zapatos
Véase *ropa*

Zigzag
1. Cuando en sueños vemos un zigzag, observamos las posibilidades de que nos ocurra un accidente, como un rayo. Sucederá un acontecimiento que traerá consigo una descarga de energía. Después, las circunstancias volverán al equilibrio.
2. Desde un punto de vista psicológico, alcanzaremos un grado nuevo de conciencia, quizá incluso una revelación.
3. Potencial y crecimiento nuevo.

Zodiaco
1. Todo el mundo siente fascinación por los horóscopos, sin entender necesariamente el Zodiaco. A menudo, sólo cuando comenzamos el viaje de descubrirnos a nosotros mismos, aparecen imágenes y símbolos del Zodiaco. El animal o ser asociado con nuestro propio signo suele

aparecer, casi como recordatorio de principios básicos. El modo de tratar la imagen nos permitirá algún descubrimiento sobre cómo nos sentimos de verdad sobre nosotros mismos.
2. El Zodiaco simboliza nuestra relación con el universo. A veces, los signos se emplean en los sueños para ilustrar el tiempo o el paso del tiempo, así como sugerir las acciones que podríamos realizar. Por ejemplo, si soñamos con una muchacha que cabalga sobre una cabra, quizá tendríamos que buscar la perfección (Virgo) con tenacidad (Capricornio). Cada signo también regula una parte determinada del cuerpo; a menudo, un sueño podría alertarnos sobre un posible desequilibrio.
3. Las esferas de influencia son:

Aries: el símbolo es el carnero y gobierna la cabeza. El color asociado con el signo es el rojo; las piedras específicas son amatista y diamante.
Tauro: el símbolo es el toro y gobierna la garganta. Los colores asociados con el signo son azul y rojo; las piedras específicas son ágata musgosa y esmeralda.
Géminis: el símbolo son los gemelos (a menudo, varón y mujer) y gobiernan los hombros, brazos y manos. El color asociado con el signo es el amarillo; las piedras específicas son ágata y berilo.
Cáncer: el símbolo es el cangrejo y gobierna el estómago y la parte superior del aparato digestivo. Los colores asociados con el signo son violeta o verde esmeralda; las piedras específicas son adularina y perla.
Leo: el símbolo es el león y gobierna el corazón, los pulmones y el hígado. Los colores asociados con el signo son dorado y naranja; las piedras específicas son topacio y turmalina.
Virgo: el símbolo es la virgen y gobierna el abdomen y los intestinos. Los colores asociados con el signo son gris y azul marino; las piedras específicas son jaspe rosa y jade.
Libra: el símbolo es la balanza y gobierna la zona lumbar, los riñones y la piel. Los colores asociados con el signo son azul y violeta; las piedras específicas son ópalo y lapislázuli.
Escorpión: el símbolo es el escorpión y gobierna los genitales. Los colores asociados con el signo son rojo oscuro y púrpura; las piedras específicas son turquesa y rubí.
Sagitario: el símbolo es el arquero y gobierna las caderas, los muslos y el sistema nervioso. Los colores asociados con el signo son azul claro y naranja; las piedras específicas son carbunclo y amatista.
Capricornio: el símbolo es la cabra y gobierna las rodillas. Los colores asociados con el signo son violeta y verde; las piedras específicas son azabache y ónice negro.
Acuario: el símbolo es el aguador y gobierna la circulación y los tobillos. El color asociado con el signo es el azul eléctrico; las piedras específicas son granate y circón.
Piscis: el símbolo son los peces y gobierna los pies. Los colores asociados con el signo son verde mar y malva; las piedras específicas son coral y crisólito.

Zoológico

1. Soñar que nos encontramos en un zoológico sugiere la necesidad de comprender alguno de nuestros impulsos e instintos naturales. Quizá debamos ser más objetivos al evaluarnos.
2. Tal vez exista el impulso de regresar a modos de comportamiento más sencillos y elementales. Algunas personas son observadoras por naturaleza, y quizá se nos advierta que también debemos ser capaces de participar en la conducta ade-

cuada en el grupo al que pertenecemos. Por supuesto, podríamos ser conscientes de que a nosotros también nos observan, quizá en el ambiente laboral.

3. Soñar con un zoo puede advertir al soñador sobre las costumbres y las conductas apropiadas en una situación venidera.